중등교원 임용시험 대비

클리닉 전공수학

2 복소해석학 편

꼭 필요한 내용만 담은 이론서
필수예제, 연습문제와 해설
2025학년도 이전의 모든 기출문제와 해설수록

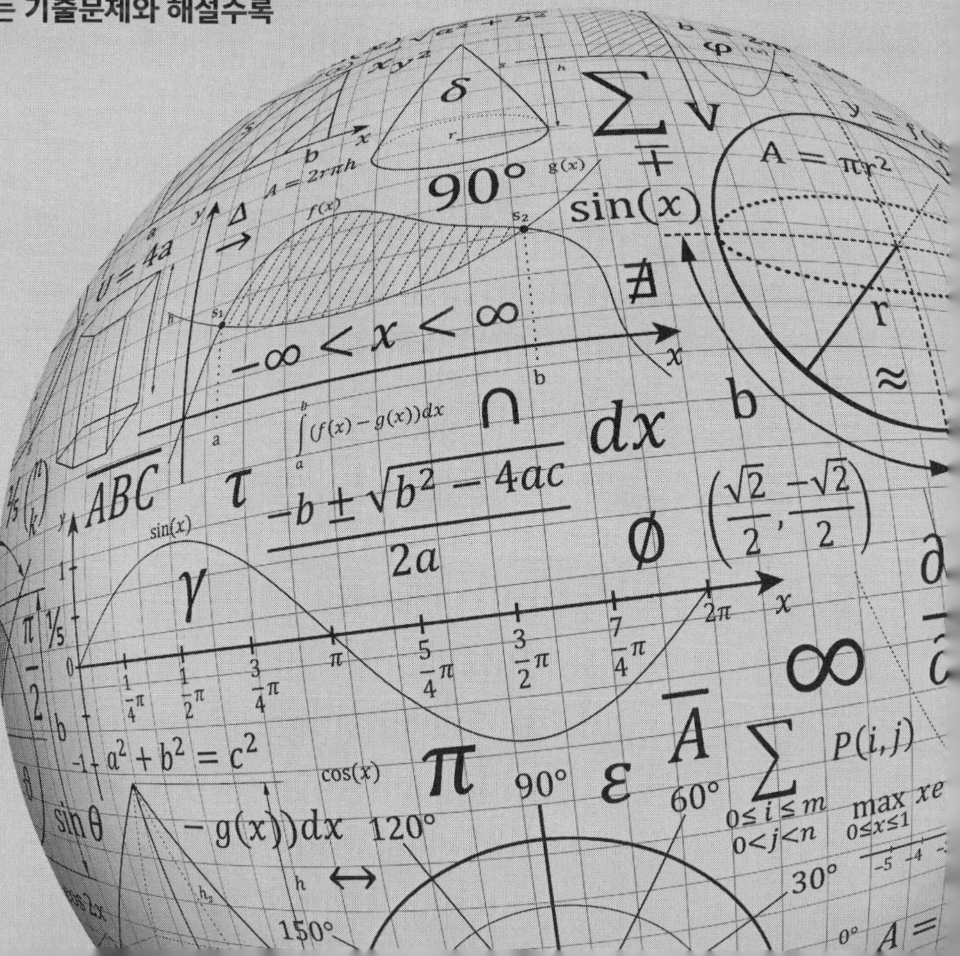

제 2 장 복소해석학
- Contents -

1. 복소수계와 복소함수 ··········· 2
  1.1. 복소수계의 정의와 극형식 ············ 2
  1.2. 복소수열의 극한 ············ 17
  1.3. 복소함수의 극한과 연속 ············ 24
  1.4. 초등함수(elementary functions) ············ 35

2. 해석함수(analytic function) ··········· 46
  2.1. 복소함수의 미분과 해석함수 ············ 46
  2.2. 코쉬-리만의 방정식 ············ 50
  2.3. 조화함수(harmonic function) ············ 60

3. 복소선적분 ··········· 64
  3.1. 복소선적분의 정의 ············ 64
  3.2. 그린의 정리와 코쉬-구르사의 정리 ············ 70

4. 코쉬의 적분공식 ··········· 79
  4.1. 코쉬의 적분공식 ············ 79
  4.2. 코쉬의 부등식과 응용 ············ 83
  4.3. 최대, 최소절댓값 정리 ············ 91
  4.4. 편각원리 ············ 100

5. 급수의 표현 ··········· 109
  5.1. 급수의 수렴 ············ 109
  5.2. 급수의 수렴판정법 ············ 110
  5.3. 함수열, 함수항급수의 점별수렴과 균등수렴 ············ 111
  5.4. 테일러의 정리와 로랑의 정리 ············ 118

6. 유수정리(residue theorem) ··········· 130
  6.1. 유수의 정의와 특이점의 분류 ············ 130
  6.2. 유수의 계산과 유수정리 ············ 139
  6.3. 유수정리의 실적분으로의 응용 ············ 149

7. 등각사상(conformal mapping) ··········· 162
  7.1. 등각사상의 기본성질 ············ 162
  7.2. 일차분수변환 ············ 164

기출문제 및 해설 ············ 168
연습문제 ············ 193
연습문제 해설 ············ 202
실복소해석학의 개념비교 ············ 219
찾아보기 ············ 224

1. 복소수계와 복소함수

1.1. 복소수계의 정의와 극형식

정 의 1.
실수계(real number system)의 알려진 성질을 이용하여 복소수계 $\mathbb{C}$ 를 구성하자.
(1) $\mathbb{C} := \{(x, y) | x, y \in \mathbb{R}\}$ 와
$$z_1 = (x_1, y_1) \in \mathbb{C}, \ z_2 = (x_2, y_2) \in \mathbb{C}$$
에 대하여
① $(x_1, y_1) = (x_2, y_2) \Leftrightarrow x_1 = x_2, \ y_1 = y_2$
② $z_1 + z_2 = (x_1 + x_2, y_1 + y_2)$
③ $z_1 \cdot z_2 = (x_1 x_2 - y_1 y_2, \ x_1 y_2 + y_1 x_2)$
이때, $\mathbb{C}$ 를 복소수계(Compex number system)라 한다.
(2) $(x, 0) =: x \in \mathbb{R}, \ (0, 1) =: i$ 라고 하면 $z \in \mathbb{C}$ 에 대하여
$$\begin{aligned} z &:= (x, y) \\ &= (x, 0) + (0, y) \\ &= (x, 0) + (y, 0)(0, 1) \\ &= x + yi. \end{aligned}$$
(3) ① $\text{Re} : \mathbb{C} \to \mathbb{R}, \ \text{Re}(x + yi) = x$,
② $\text{Im} : \mathbb{C} \to \mathbb{R}, \ \text{Im}(x + yi) = y$.
이때, $\text{Re}(z)$를 z의 **실수부**(real part), $\text{Im}(z)$를 z의 **허수부**(imaginary part)라고 한다.
(4) $z = x + yi \in \mathbb{C}$ 에 대하여
① $\overline{z} := x - yi$: z의 **공액복소수**(complex conjugate)
② $|z| := \sqrt{z\overline{z}} \ (= \sqrt{x^2 + y^2})$
   : z의 **절댓값**(absolute value 혹은 modulus)

보 기 1
위의 정의에서 주어진 복소수계의 연산 $+, \cdot$ 를 이용하여 다음을 증명하시오.
(1) $i^2 = -1$ (2) $(1+i)^2 = 2i$ (3) $(1-i)^2 = -2i$

풀 이
(1) $i^2 = (0, 1)(0, 1) = (0-1, 0+0) = (-1, 0) = -1$.
(2) $(1+i)^2 = (1, 1)(1, 1) = (1-1, 1+1) = (0, 2) = 2i$.
(3) $(1-i)^2 = (1, -1)(1, -1) = (1-1, -1-1) = (0, -2) = -2i$.

NOTE (실수의 공리계)
공 리 1 (체공리(field axioms))
$+, \cdot : \mathbb{R} \times \mathbb{R} \to \mathbb{R}$ s.t. $\forall a, b, c \in \mathbb{R}$
A1. $a+(b+c) = (a+b)+c$ (+에 대한 결합법칙)
A2. $\exists 0 \in \mathbb{R}$ s.t. $0+a = a (\forall a \in \mathbb{R})$
  (즉, +에 대한 항등원 $\in \mathbb{R}$)
A3. $\forall x \in \mathbb{R}, \exists -x \in \mathbb{R}$ s.t. $x+(-x) = 0$ (+에 대한 역원)
A4. $a+b = b+a$ (+에 대한 교환법칙)
M1. $a \cdot (b \cdot c) = (a \cdot b) \cdot c$ ($\cdot$에 대한 결합법칙)
M2. $\exists 1 \in \mathbb{R}$ s.t. $1 \cdot a = a$ ($\forall a \in \mathbb{R}$), $1 \neq 0$
  (즉, $\cdot$에 대한 항등원 $\in \mathbb{R}$)
M3. $\forall x \in \mathbb{R} \setminus \{0\}, \exists x^{-1} \in \mathbb{R}$ s.t. $x \cdot (x^{-1}) = 1$
  (즉, $\cdot$에 대한 역원 $\in \mathbb{R}$)
M4. $a \cdot b = b \cdot a$ ($\cdot$에 대한 교환법칙)
D. $a \cdot (b+c) = a \cdot b + a \cdot c$ (분배법칙)

공 리 2 (순서공리(Order axioms))
다음을 만족하는 실수의 부분집합 P가 존재한다.
(i) $a, b \in P$이면 $a+b \in P$이다. (가합성)
(ii) $a, b \in P$이면 $ab \in P$이다. (가법성)
(iii) $a \in \mathbb{R}$은 다음 세 조건 중 단 하나만 성립한다.
  $a \in P, \quad a = 0, \quad -a \in P$ (삼분법 혹은 삼일율)
여기서 P의 원소 $a(\in P)$를 양(positive)의 실수, $-a \in P$일 때 a를 음(negative)의 실수라고 한다.
$a, b \in \mathbb{R}$에 대하여 다음과 같이 부등식을 정의한다.
(1) $a > b$(혹은 $b < a$) $\Leftrightarrow a - b \in P$
(2) $a \geq b$(혹은 $b \leq a$) $\Leftrightarrow a - b \in P \cup \{0\}$

NOTE
(1) $\langle \mathbb{C}, +, \cdot \rangle$는 체이다.
(2) 순서공리의 확장
실수체 $\mathbb{R}$의 순서공리를 복소수체 $\mathbb{C}$로 확장하는 것은 불가능하다.
($\because$)
(1) 정리 1
(2) (i) $i \geq 0 \Rightarrow 0 > -1 = i^2 \geq 0$이므로 모순이다.
(ii) $i \leq 0 \Rightarrow 0 > -1 = i^2 \geq 0$이므로 모순이다.

<부등식의 원리>

임의의 $a, b, c \in \mathbb{R}$에 대하여
(1) $a<b$, $b<a$, $a=b$ 중 꼭 하나를 만족한다.
　　　　　　　　　　　　(삼분법 혹은 삼일율)
(2) $a<b$, $b<c \Rightarrow a<c$ (추이성)
(3) $a<b \Rightarrow a+c<b+c$ (가합성)
(4) $a<b \Rightarrow \begin{cases} ac<bc, & c>0 \\ ac>bc, & c<0 \end{cases}$

공 리 3 (완비성공리(completeness axiom))
　$\emptyset \neq E \subset \mathbb{R}$, E : 위로 유계 $\Rightarrow \exists \sup(E) \in \mathbb{R}$

<실수의 성질>
(1) 자연수의 정렬성의 원리(well-ordering principle)
　$\emptyset \neq E \subset \mathbb{N} \Rightarrow E$는 최소원소를 가진다.
(2) 아르키메데스(Archimedes)의 원리
　$a \in \mathbb{R} \Rightarrow \exists n \in \mathbb{N}$ s.t. $a<n$ (즉, $\mathbb{N}$: 위로 유계가 아니다.)

※따라서 $\forall \varepsilon > 0$, $\exists n \in \mathbb{N}$ s.t. $\dfrac{1}{n} < \varepsilon$.

(3) 유리수의 조밀성(density) **(04년시행기출)**
　$a, b \in \mathbb{R}$, $a<b \Rightarrow \exists q \in \mathbb{Q}$ s.t. $a<q<b$.
(4) 무리수의 조밀성(density)
　$a, b \in \mathbb{R}$, $a<b \Rightarrow \exists r \in \mathbb{R} \setminus \mathbb{Q}$ s.t. $a<r<b$.

정 리 1

$+, \cdot : \mathbb{C} \times \mathbb{C} \to \mathbb{C}$ s.t. 임의의 $z_1, z_2, z_3, z \in \mathbb{C}$에 대하여 다음이 성립한다.

A1. $z_1+(z_2+z_3)=(z_1+z_2)+z_3$ (+에 대한 결합법칙),
A2. $z+0=z$ (+에 대한 항등원 $\in \mathbb{C}$)
A3. $z+(-z)=0$ (단, $-z=(-1)z$) (+에 대한 역원)
A4. $z_1+z_2=z_2+z_1$, (+에 대한 교환법칙)
M1. $(z_1z_2)z_3=z_1(z_2z_3)$ (· 에 대한 결합법칙)
M2. $1z=z$ (즉, · 에 대한 항등원 $\in \mathbb{C}$)
M3. $z=x+yi \neq 0$일 때 $z\left(\dfrac{x}{x^2+y^2} - \dfrac{y}{x^2+y^2}i\right)=1$
　　　(즉, · 에 대한 역원 $\in \mathbb{R}$)
M4 $z_1z_2=z_2z_1$ (· 에 대한 교환법칙)
D. $z_1(z_2+z_3)=z_1z_2+z_1z_3$ (분배법칙).

증　명 (복소수계의 연산과 실수의 체공리를 이용하여 증명한다.)
$z_1 = (x_1, y_1)$, $z_2 = (x_2, y_2)$, $z_3 = (x_3, y_3)$, $z = (x, y)$라 하자.
그러면 다음이 성립한다.

A1. $(z_1 + z_2) + z_3 = (x_1 + x_2, y_1 + y_2) + (x_3, y_3)$
$\qquad\qquad = (x_1 + x_2 + x_3, y_1 + y_2 + y_3)$
$\qquad\qquad = (x_1, y_1) + (x_2 + x_3, y_2 + y_3) = z_1 + (z_2 + z_3)$.

A2. $z + 0 = (x, y) + (0, 0) = (x + 0, y + 0) = (x, y) = z$.

A3. $z + (-z) = (x, y) + (-1, 0)(x, y)$
$\qquad\qquad = (x, y) + (-x, -y) = (0, 0) = 0$.

A4. $z_1 + z_2 = (x_1 + x_2, y_1 + y_2) = (x_2 + x_1, y_2 + y_1) = z_2 + z_1$.

M1. $(z_1 z_2) z_3 = (x_1 x_2 - y_1 y_2, x_1 y_2 + y_1 x_2)(x_3, y_3)$
$= ((x_1 x_2 - y_1 y_2) x_3 - (x_1 y_2 + y_1 x_2) y_3, (x_1 x_2 - y_1 y_2) y_3 + x_3 (x_1 y_2 + y_1 x_2))$
$= (x_1 x_2 x_3 - x_1 y_2 y_3 - x_2 y_1 y_3 - x_3 y_1 y_2, y_1 x_2 x_3 + y_2 x_1 x_3 + y_3 x_1 x_2 - y_1 y_2 y_3)$
$= (x_1 (x_2 x_3 - y_2 y_3) - y_1 (x_2 y_3 + y_2 x_3), x_1 (x_2 y_3 + y_2 x_3) + (x_2 x_3 - y_2 y_3) y_1)$
$= (x_1, y_1)(x_2 x_3 - y_2 y_3, x_2 y_3 + y_2 x_3) = z_1 (z_2 z_3)$.

M2. $1z = (1, 0)(x, y) = (1x - 0y, 1y + 0x) = (x, y) = z$.

M3. $z\left(\dfrac{x}{x^2 + y^2} - \dfrac{y}{x^2 + y^2} i\right) = (x, y)\left(\dfrac{x}{x^2 + y^2}, -\dfrac{y}{x^2 + y^2}\right)$
$\qquad\qquad = (1, 0) = 1$.

M4. $z_1 \cdot z_2 = (x_1 x_2 - y_1 y_2, x_1 y_2 + x_2 y_1)$
$\qquad\qquad = (x_2 x_1 - y_2 y_1, y_2 x_1 + x_2 y_1) = z_2 \cdot z_1$.

D. $z_1 (z_2 + z_3)$
$= (x_1, y_1)(x_2 + x_3, y_2 + y_3)$
$= (x_1 x_2 - y_1 y_2 + x_1 x_3 - y_1 y_3, x_1 y_2 + y_1 x_2 + x_1 y_3 + y_1 x_3)$
$= (x_1 x_2 - y_1 y_2, x_1 x_3 - y_1 y_3) + (x_1 x_3 - y_1 y_3, x_1 y_3 + y_1 x_3)$
$= z_1 z_2 + z_1 z_3$.

정 리 2

복소수 $z = x + yi$, $z_1 = x_1 + y_1 i$, $z_2 = x_2 + y_2 i$ 에 대하여

(1) $|\text{Re}(z)| \leq |z|$, $|\text{Im}(z)| \leq |z|$

(2) ① $\text{Re}(z) = \dfrac{z + \bar{z}}{2}$　② $\text{Im}(z) = \dfrac{z - \bar{z}}{2i}$

(3) ① $\overline{\overline{z}} = z$
② $\overline{z_1 + z_2} = \overline{z_1} + \overline{z_2}$ ③ $\overline{z_1 \cdot z_2} = \overline{z_1} \cdot \overline{z_2}$
④ $\overline{\left(\dfrac{z_1}{z_2}\right)} = \dfrac{\overline{z_1}}{\overline{z_2}}$ $(z_2 \neq 0)$

(4) ① $|z_1 z_2| = |z_1||z_2|$ ② $|\overline{z}| = |z|$
③ $\left|\dfrac{z_1}{z_2}\right| = \dfrac{|z_1|}{|z_2|}$ $(z_2 \neq 0)$

(5) 삼각부등식
① $|z_1 + z_2| \leq |z_1| + |z_2|$ ② $||z_1| - |z_2|| \leq |z_1 - z_2|$

증 명

(1) $|\mathrm{Re}(z)|^2 = |x|^2 = x^2 \leq x^2 + y^2 = |x^2 + y^2| = |z|^2$,
$\qquad |\mathrm{Re}(z)| \leq |z|$.
$|\mathrm{Im}(z)|^2 = |y|^2 = y^2 \leq x^2 + y^2 = |x^2 + y^2| = |z|^2$,
$\qquad |\mathrm{Im}(z)| \leq |z|$.

(2) $z + \overline{z} = (x + yi) + (x - yi) = 2x = 2\mathrm{Re}(z)$ 이므로
$$\mathrm{Re}(z) = \frac{z + \overline{z}}{2}.$$
$z - \overline{z} = (x + yi) - (x - yi) = 2yi = 2i\mathrm{Im}(z)$ 이므로 $\mathrm{Im}(z) = \dfrac{z - \overline{z}}{2i}$.

(3) ① $\overline{\overline{z}} = \overline{\overline{x + yi}} = \overline{x - yi} = x + yi = z$.
② $\overline{z_1 + z_2} = \overline{(x_1 + y_1 i) + (x_2 + y_2 i)}$
$\quad = \overline{(x_1 + x_2) + (y_1 + y_2)i}$
$\quad = (x_1 + x_2) - (y_1 + y_2)i$
$\quad = (x_1 - y_1 i) + (x_2 - y_2 i)$
$\quad = \overline{x_1 + y_1 i} + \overline{x_2 + y_2 i} = \overline{z_1} + \overline{z_2}$.
③ $\overline{z_1 \cdot z_2} = \overline{(x_1 + y_1 i)(x_2 + y_2 i)}$
$\quad = \overline{(x_1 x_2 - y_1 y_2) + (x_1 y_2 + y_1 x_2)i}$
$\quad = (x_1 x_2 - y_1 y_2) - (x_1 y_2 + y_1 x_2)i$
$\quad = (x_1 - y_1 i)(x_2 - y_2 i) = \overline{z_1} \cdot \overline{z_2}$.
④ (i) $\dfrac{1}{z_2} = \dfrac{1}{z_2} \dfrac{\overline{z_2}}{\overline{z_2}} = \dfrac{1}{|z_2|^2}\overline{z_2}$ 이므로
$$\overline{\left(\dfrac{1}{z_2}\right)} = \overline{\dfrac{1}{|z_2|^2}\overline{z_2}} = \dfrac{1}{|z_2|^2}\overline{\overline{z_2}} = \dfrac{1}{z_2 \overline{z_2}} z_2 = \dfrac{1}{\overline{z_2}}.$$

(ii) $\overline{\left(\dfrac{z_1}{z_2}\right)} = \overline{\left(z_1 \dfrac{1}{z_2}\right)} = \overline{z_1} \cdot \overline{\left(\dfrac{1}{z_2}\right)} = \overline{z_1} \cdot \dfrac{1}{\overline{z_2}} = \dfrac{\overline{z_1}}{\overline{z_2}}.$

(4) ① $|z_1 z_2|^2 = (z_1 z_2)\overline{(z_1 z_2)} = z_1 z_2 \overline{z_1}\,\overline{z_2}$
$\qquad\qquad = (z_1 \overline{z_1})(z_2 \overline{z_2}) = |z_1|^2 |z_2|^2 = (|z_1||z_2|)^2.$

따라서 $|z_1 z_2| = |z_1||z_2|$ 이다.

② $|\overline{z}|^2 = \overline{z} \cdot \overline{\overline{z}} = \overline{\overline{z}} \cdot \overline{z} = z \cdot \overline{z} = |z|^2.$

③ $z_2 \neq 0$ 이므로 $1 = \left|\dfrac{z_2}{z_2}\right| = \left|z_2 \cdot \dfrac{1}{z_2}\right| = |z_2|\left|\dfrac{1}{z_2}\right|.$

따라서 $\left|\dfrac{1}{z_2}\right| = \dfrac{1}{|z_2|}$ 이다. 그러므로

$$\left|\dfrac{z_1}{z_2}\right| = |z_1|\left|\dfrac{1}{z_2}\right| = |z_1|\dfrac{1}{|z_2|} = \dfrac{|z_1|}{|z_2|}.$$

(5) ① $|z_1 + z_2|^2 = (z_1 + z_2)\overline{(z_1 + z_2)} = (z_1 + z_2)(\overline{z_1} + \overline{z_2})$
$\qquad\qquad = |z_1|^2 + |z_2|^2 + z_1\overline{z_2} + \overline{z_1}z_2$
$\qquad\qquad = |z_1|^2 + |z_2|^2 + z_1\overline{z_2} + \overline{(z_1\overline{z_2})}$
$\qquad\qquad = |z_1|^2 + |z_2|^2 + 2\operatorname{Re}(z_1\overline{z_2})$
$\qquad\qquad \leq |z_1|^2 + |z_2|^2 + 2|z_1\overline{z_2}|$
$\qquad\qquad = |z_1|^2 + |z_2|^2 + 2|z_1||z_2| = (|z_1| + |z_2|)^2.$

따라서 $|z_1 + z_2| \leq |z_1| + |z_2|$ 이다.

② (i) $|z_1| \leq |z_1 - z_2| + |z_2|$ 이므로 $|z_1| - |z_2| \leq |z_1 - z_2|.$

(ii) $|z_2| \leq |z_2 - z_1| + |z_1| = |z_1| + |z_1 - z_2|$ 이므로
$$-|z_1 - z_2| \leq |z_1| - |z_2|.$$

(i), (ii)에 의해
$$-|z_1 - z_2| \leq |z_1| - |z_2| \leq |z_1 - z_2|,\ ||z_1| - |z_2|| \leq |z_1 - z_2|.$$

보 기 2

(1) 함수 $d : \mathbb{C} \times \mathbb{C} \to \mathbb{R}$,
$$d(z_1, z_2) = |z_1 - z_2|\,(z_1,\ z_2 \in \mathbb{C})$$
는 $\mathbb{C}$ 상의 하나의 거리임을 보이시오.

(2) 다음을 차례로 증명하시오.

① $A \in \mathbb{C}$ 와 음이 아닌 두 실수 $B,\ C$에 대하여
$$B - 2\operatorname{Re}(\overline{\lambda}A) + |\lambda|^2 C \geq 0\ (\forall \lambda \in \mathbb{C})$$
이면 $|A|^2 \leq BC$이다.

NOTE (거리공간의 정의)
$X \neq \emptyset$에 대하여
(1) $d : X$상의 거리함수
(metric function)
정의
$\Leftrightarrow d : X \times X \to \mathbb{R}$ s.t. $\forall a,b,c \in X$

M_1 $d(a, b) \geq 0$
M_2 $d(a, b) = 0 \Leftrightarrow a = b$
M_3 $d(a, b) = d(b, a)$
M_4 $d(a, c) \leq d(a, b) + d(b, c)$.

(2) X상의 하나의 거리함수 d 에 대하여
$$\mathcal{B}_d = \{B_d(x, \varepsilon) \mid x \in X, \ \varepsilon > 0\}$$
이라 할 때
$\mathfrak{I}_d := \mathcal{B}_d$를 기저로 갖는 X상의 위상
$= \{G \subset X \mid \forall x \in G, \ \exists \epsilon > 0 \text{ s.t.}$
$B_d(x, \epsilon) \subset G\}$
이라 하고 $\mathfrak{I}_d$를 d에 의해 유도된 X상의 **거리위상**(metric topology)이라 한다. 위상공간 $(X, \mathfrak{I}_d)$ $(= (X, d))$를 하나의 **거리공간**(metric space)이라 한다.

② 코쉬-슈와르츠의 부등식(Cauchy-Schwarz inequality)
복소수 $a_1, a_2, \cdots, a_n \in \mathbb{C}$, $b_1, b_2, \cdots, b_n \in \mathbb{C}$ 에 대하여
$$\left|\sum_{k=1}^{n} a_k b_k\right|^2 \leq \left(\sum_{k=1}^{n} |a_k|^2\right)\left(\sum_{k=1}^{n} |b_k|^2\right).$$

풀 이
(1) M_1. $z_1 = x_1 + y_1 i \in \mathbb{C}$, $z_2 = x_2 + y_2 i \in \mathbb{C}$ 에 대하여
$d(z_1, z_2) = |z_1 - z_2| = |(x_1 - x_2) + (y_1 - y_2)i|$
$= \sqrt{(x_1 - x_2)^2 + (y_1 - y_2)^2} \geq 0$.

M_2. $d(z_1, z_2) = 0$
$\Leftrightarrow \sqrt{(x_1 - x_2)^2 + (y_1 - y_2)^2} = 0$
$\Leftrightarrow x_1 = x_2, \ y_1 = y_2$
$\Leftrightarrow z_1 = z_2$

M_3. $d(z_1, z_2) = |z_1 - z_2| = |(-1)(z_2 - z_1)|$
$= |-1||z_2 - z_1|$
$= 1 \cdot d(z_2, z_1) = d(z_2, z_1)$.

M_4. $d(z_1, z_2) + d(z_2, z_3) = |z_1 - z_2| + |z_2 - z_3|$
$\geq |(z_1 - z_2) + (z_2 - z_3)|$
$((\because)$ 삼각부등식$)$
$= |z_1 - z_3| = d(z_1, z_3)$.

따라서 d는 $\mathbb{C}$ 상의 거리이다.

(2) ① $C = 0$일 때, $\lambda = \dfrac{B}{A} (A \neq 0)$이라 택하면,
$$B - 2\mathrm{Re}(\overline{\lambda}A) = B - 2\mathrm{Re}(\overline{B}) = B - 2B = -B < 0$$
이므로 모순이다.

$C \neq 0$일 때, $\lambda = \dfrac{A}{C}$이라 택하면 부등식이 성립한다.

② 임의의 복소수 λ에 대하여
$$0 \leq \sum_{j=1}^{n} |a_j - \lambda b_j|^2 = \sum_{j=1}^{n} |a_j|^2 - 2\mathrm{Re}\left(\overline{\lambda}\sum_{j=1}^{n} a_j \overline{b_j}\right) + |\lambda|^2 \sum_{j=1}^{n} |b_j|^2$$
$$= B - 2\mathrm{Re}(\overline{\lambda}A) + |\lambda|^2 C$$

(단, $A = \sum_{j=1}^{n} a_j \overline{b_j}$, $B = \sum_{j=1}^{n} |a_j|^2$, $C = \sum_{j=1}^{n} |b_j|^2$)

①에 의해 $|A|^2 \leq BC$이고 따라서,
$$\left|\sum_{k=1}^{n} a_k b_k\right|^2 \leq \left(\sum_{k=1}^{n} |a_k|^2\right)\left(\sum_{k=1}^{n} |b_k|^2\right).$$

(등호가 성립하기 위한 필요충분조건은 모든 j에 대하여 $|a_j - \lambda b_j|^2 = 0$이 되는 λ가 존재하는 것이다.)

예 제 1

임의의 복소수 a와 b에 대하여 $|z|=1$이면
$$\left|\frac{az+b}{\overline{b}z+\overline{a}}\right|=1$$
임을 증명하시오.

풀 이

$|az+b|^2 = (az+b)\overline{(az+b)} = (az+b)(\overline{a}\,\overline{z}+\overline{b})$
$= a\overline{a}\,z\overline{z} + a\overline{b}\,z + \overline{a}\,b\overline{z} + b\overline{b}$
$= |a|^2|z|^2 + a\overline{b}\,z + \overline{a}\,b\overline{z} + |b|^2$
$= |a|^2 + a\overline{b}\,z + \overline{a}\,b\overline{z} + |b|^2|z|^2$
$= b\overline{b}\,z\overline{z} + a\overline{b}\,z + \overline{a}\,b\overline{z} + a\overline{a}$
$= (\overline{b}\,z+\overline{a})(b\overline{z}+a) = (\overline{b}\,z+\overline{a})\overline{(\overline{b}\,z+\overline{a})} = |\overline{b}\,z+\overline{a}|^2.$

따라서 $|az+b|=|\overline{b}\,z+\overline{a}|$가 되어 $\left|\dfrac{az+b}{\overline{b}z+\overline{a}}\right|=1$이다.

예 제

(1) 임의의 복소수 $z(\in\mathbb{C})$에 대하여
$$\sqrt{2}|z| \geq |\mathrm{Re}(z)| + |\mathrm{Im}(z)|$$
임을 보이시오.
(2) 복소 평면상의 세 점 0, z, w를 꼭지점으로 갖는 삼각형이 정삼각형이기 위한 필요충분조건은
$$|z|^2 = |w|^2 = 2\mathrm{Re}(z\overline{w})$$
임을 보이시오.
(3) $|z|<1$을 만족하는 복소수 z에 대하여 다음을 만족함을 보이시오.
① $\mathrm{Re}\left(\dfrac{1}{1-z}\right) > \dfrac{1}{2}$ ② $\mathrm{Re}\left(\dfrac{z}{1-z}\right) > -\dfrac{1}{2}$

풀 이

(1) $(\sqrt{2}|z|)^2 - (|Re(z)|+|Im(z)|)^2$
$= 2(x^2+y^2) - (x^2+y^2-2|x||y|)$
$= |x|^2 - 2|x||y| + |y|^2$
$= (|x|-|y|)^2 \geq 0.$

(2) $|z|=|w-z|=|w| \Leftrightarrow |z|^2=|w-z|^2=|w|^2$
(i) $|w-z|^2 = (w-z)\overline{(w-z)}$
$\qquad = |w|^2 + |z|^2 - w\overline{z} - z\overline{w} = |w|^2+|z|^2 - 2Re(z\overline{w})$

(ii) ($\Rightarrow$) $|z|^2 - 2Re(z\overline{w}) = |w-z|^2 - |w|^2 = 0$.
($\Leftarrow$) $|w-z|^2 - |z|^2 = |w|^2 - 2Re(z\overline{w}) = 0$.
(3) $z = x+iy$에 대하여
$1 > |z|^2 = x^2 + y^2 \Rightarrow 1 - x^2 - y^2 > 0$

① $\dfrac{1}{1-z} = \dfrac{1}{(1-x)+i(-y)} \times \dfrac{(1-x)+iy}{(1-x)+iy} = \dfrac{(1-x)+iy}{(1-x)^2+y^2}$

$\Rightarrow Re\left(\dfrac{1}{1-z}\right) - \dfrac{1}{2} = \dfrac{1-x}{(1-x)^2+y^2} - \dfrac{1}{2}$

$= \dfrac{2(1-x)-(1-x)^2-y^2}{2(1-x)^2+2y^2}$

$= \dfrac{1-x^2-y^2}{2(1-x)^2+2y^2} > 0$

$\Rightarrow Re\left(\dfrac{1}{1-z}\right) > \dfrac{1}{2}$

② $\dfrac{z}{1-z} = \dfrac{x+iy}{(1-x)+i(-y)} \times \dfrac{(1-x)+iy}{(1-x)+iy} = \dfrac{x-x^2-y^2+iy}{(1-x)^2+y^2}$

$\Rightarrow Re\left(\dfrac{z}{1-z}\right) + \dfrac{1}{2} = \dfrac{x-x^2-y^2}{(1-x)^2+y^2} + \dfrac{1}{2}$

$= \dfrac{2(x-x^2-y^2)+(1-x)^2+y^2}{2(1-x)^2+2y^2} = \dfrac{1-x^2-y^2}{2(1-x)^2+2y^2} > 0$

$\Rightarrow Re\left(\dfrac{z}{1-z}\right) > -\dfrac{1}{2}$.

95년시행기출
$|z-10i|=6$을 만족하는 복소수 z의 편각을 θ라고 할 때,
$$8\sin\theta + 6\cos\theta$$
의 최댓값과 최솟값의 곱은?

① 7 ② 14 ③ 21 ④ 28

20년시행기출
복소함수 $f(z)=\dfrac{1}{2}\left(z+\dfrac{1}{z}\right)$에 대하여, 집합 $\{z\in\mathbb{C}\,|\,|z|=2\}$에서 $|f(z)|$의 최댓값과 최솟값을 구하시오.
[2점]

정 의 2
$z \in \mathbb{C}$에 대하여 $z \neq 0$일 때
(1) ① $\arg(z) := z$와 x축의 양의 방향과의 사잇각
  (z의 **편각**(argument))
② $\text{Arg}(z) := \arg(z)$의 $(-\pi, \pi]$의 유일한 원소
  ($\arg(z)$의 **주치**(principal value))
따라서 $\arg z := \text{Arg } z + 2n\pi (n \in \mathbb{Z})$이다.
(2) $|z| =: r$, $\arg(z) =: \theta$에 대하여
$$x := r\cos\theta, \quad y := r\sin\theta$$
이라 할 때 $z = r(\cos\theta + i\sin\theta)(=: r\text{cis}\,\theta)$
  (z의 **극형식**(polar form))
$= x+iy\ (x,\,y \in \mathbb{R})$
  (z의 **직교형식**(cartesian form))

정리 3

세 복소수 $z = r(\cos\theta + i\sin\theta)$,
$z_1 = r_1(\cos\theta_1 + i\sin\theta_1)$, $z_2 = r_2(\cos\theta_2 + i\sin\theta_2)$
에 대하여

(1) $z_1 z_2 = r_1 r_2 (\cos(\theta_1 + \theta_2) + i\sin(\theta_1 + \theta_2))$

(2) $z^{-1} = \dfrac{1}{r}(\cos(-\theta) + i\sin(-\theta))$ $(z \neq 0)$

(3) $\dfrac{z_1}{z_2} = \dfrac{r_1}{r_2}(\cos(\theta_1 - \theta_2) + i\sin(\theta_1 - \theta_2))$ $(z_2 \neq 0)$

(4) 드 무아브르의 공식(De Moivre's formula)
$n \in \mathbb{Z}$에 대하여
$$z^n = r^n(\cos n\theta + i\sin n\theta).$$

(5) $z_1, z_2 \neq 0$일 때
$$z_1 = z_2 \Leftrightarrow r_1(\cos\theta_1 + i\sin\theta_1) = r_2(\cos\theta_2 + i\sin\theta_2)$$
$$\Leftrightarrow r_1 = r_2, \theta_1 = \theta_2 + 2n\pi (n \in \mathbb{Z})$$

94년시행기출
$\omega = \cos 20° + i\sin 20°$ ($i = \sqrt{-1}$)일 때
$$\dfrac{1}{|\omega + 2\omega^2 + 3\omega^3 + \cdots + 18\omega^{18}|}$$
의 값은?

① $\dfrac{1}{9}\sin 10°$ ② $\dfrac{1}{8}\sin 20°$

③ $\dfrac{2}{9}\sin 10°$ ④ $\dfrac{1}{9}\sin 20°$

증 명

(1) $z_1 z_2$
$= r_1 r_2((\cos\theta_1 \cos\theta_2 - \sin\theta_1 \sin\theta_2) + i(\sin\theta_1 \cos\theta_2 + \cos\theta_1 \sin\theta_2))$
$= r_1 r_2(\cos(\theta_1 + \theta_2) + i\sin(\theta_1 + \theta_2))$.

(2) $zz^{-1} = 1$이므로 (1)에 의해
$$z^{-1} = \dfrac{1}{r}(\cos(-\theta) + i\sin(-\theta)) \ (z \neq 0).$$

(3) $\dfrac{z_1}{z_2} = z_1 z_2^{-1}$이므로 (1), (2)에 의해
$$\dfrac{z_1}{z_2} = \dfrac{r_1}{r_2}(\cos(\theta_1 - \theta_2) + i\sin(\theta_1 - \theta_2)).$$

(4) 위의 정리 (1)에서 $z_1 = z_2 = \cdots = z_n = z$라 하면
$$z^n = r^n(\cos\theta + i\sin\theta)^n = r^n(\cos n\theta + i\sin n\theta).$$

(5) ($\Rightarrow$) $|z_1| = |z_2|$이므로 $r_1 = r_2$이고
$$\cos\theta_1 = \cos\theta_2, \sin\theta_1 = \sin\theta_2$$
이므로 $\theta_1 = \theta_2 + 2n\pi (n \in \mathbb{Z})$이다.
($\Leftarrow$) 자명하다.

NOTE (정리4)

(1) $a, b \in \mathbb{R}$ 에 대하여

정의 $a \equiv b \pmod{2\pi}$
$\Leftrightarrow a - b = 2\pi k \ (\exists k \in \mathbb{Z})$

(2) ① 매클로린급수전개의 예

㉠ $e^x = 1 + x + \dfrac{x^2}{2!} + \dfrac{x^3}{3!} + \cdots$
$= \sum_{n=0}^{\infty} \dfrac{x^n}{n!} \ (x \in \mathbb{R})$

㉡ $\sin x = x - \dfrac{x^3}{3!} + \dfrac{x^5}{5!} - \dfrac{x^7}{7!} \cdots$
$= \sum_{n=0}^{\infty} \dfrac{(-1)^n x^{2n+1}}{(2n+1)!} \ (x \in \mathbb{R})$

㉢ $\cos x = 1 - \dfrac{x^2}{2!} + \dfrac{x^4}{4!} - \dfrac{x^6}{6!} + \cdots$
$= \sum_{n=0}^{\infty} \dfrac{(-1)^n x^{2n}}{(2n)!} \ (x \in \mathbb{R})$

② 매클로린공식은 실함수에서 성립하지만, $x = i\theta$로 두고 e^x를 급수전개하면 오일러의 공식의 결과와 일치하는 결과를 얻는다.

$e^{i\theta} = 1 + \dfrac{i\theta}{1!} + \dfrac{(i\theta)^2}{2!} + \dfrac{(i\theta)^3}{3!} + \dfrac{(i\theta)^4}{4!} + \cdots$
$= \left(1 - \dfrac{\theta^2}{2!} + \dfrac{\theta^4}{4!} - \cdots\right)$
$\quad + i\left(\dfrac{\theta}{1!} - \dfrac{\theta^3}{3!} + \dfrac{\theta^5}{5!} - \cdots\right)$
$= \cos\theta + i\sin\theta.$

정 리 4

두 복소수 $z_1, z_2 \in \mathbb{C} \setminus \{0\}$에 대하여

(1) ① $\arg(z_1 z_2) = \arg(z_1) + \arg(z_2)$

② $\text{Arg}(z_1 z_2) \equiv \text{Arg}(z_1) + \text{Arg}(z_2) \pmod{2\pi}$.

(2) ① $\arg\left(\dfrac{z_1}{z_2}\right) = \arg(z_1) - \arg(z_2)$

② $\text{Arg}\left(\dfrac{z_1}{z_2}\right) \equiv \text{Arg}(z_1) - \text{Arg}(z_2) \pmod{2\pi}$.

(3) 오일러의 공식(Euler's formula)
$$e^{i\theta} = \cos\theta + i\sin\theta.$$

증 명

(1) 정리3 (1)에 의해 성립한다.
(2) 정리3 (3)에 의해 성립한다.
(3) 1.4절에서 소개되는 지수함수 exp의 정의에 의해
$e^{i\theta} = e^{0+i\theta} = e^0(\cos\theta + i\sin\theta) = \cos\theta + i\sin\theta.$

보 기 3

(1) 오일러의 공식을 이용하여 다음을 증명하시오.

① $\cos\theta = \dfrac{e^{i\theta} + e^{-i\theta}}{2}$ ② $\sin\theta = \dfrac{e^{i\theta} - e^{-i\theta}}{2i}$

(2) 복소수 $z = p + qi \in \mathbb{C}$ 에 대한 실계수다항식
$$f(z) = a_0 + a_1 z + \cdots + a_n z^n \ (a_0, a_1, \cdots, a_n \in \mathbb{R})$$
에 대하여
$$f(z) = 0 \Leftrightarrow f(\overline{z}) = 0$$
임을 보이시오.

풀 이

(1) ① $\dfrac{1}{2}(e^{i\theta} + e^{-i\theta}) = \dfrac{1}{2}((\cos\theta + i\sin\theta) + (\cos\theta + i\sin(-\theta)))$
$= \cos\theta.$

② $\dfrac{1}{2}(e^{i\theta} - e^{-i\theta}) = \dfrac{1}{2}((\cos\theta + i\sin\theta) - (\cos\theta + i\sin(-\theta)))$
$= \cos\theta.$

(2) $\overline{f(z)} = \overline{a_0} + \overline{a_1}\overline{z} + \cdots + \overline{a_n}(\overline{z})^n$
$= a_0 + a_1\overline{z} + \cdots + a_n(\overline{z})^n = f(\overline{z})$

이므로 자명하다.

예 제 3

(1) 0이 아닌 복소수 z에 대하여 다음 중 $z+\dfrac{1}{z}$이 실수이기 위한 필요충분조건인 것은?

① $\text{Im}(z)=0$　　　　② $|z|=1$
③ $\text{Im}(z)=0$ 이고 $|z|=1$이다.
④ $\text{Im}(z)=0$ 이거나 $|z|=1$이다.　⑤ $\text{Re}(z)=0$

(2) 다음 복소방정식의 해를 구하시오.

① $z^3=5i$　　　　② $z^6=-3$
③ $z^8=1+i$　　　④ $z^{10}=-1+i$
⑤ $(z+1)^5=16(1-\sqrt{3}\,i)$
⑥ $z^2+(1+2i)z+(i-1)=0$

NOTE (예제3)

(1) 자연수 n과
$$a=r_0 e^{i\theta_0}(\in\mathbb{C})(r_0>0)$$
에 대하여
$$z^n=a$$
$$\Leftrightarrow z=\sqrt[n]{r_0}(\cos((\theta_0+2k\pi)/n)$$
$$\qquad+i\sin((\theta_0+2k\pi)/n))$$
$$(k=0,1,2,\cdots,n-1)$$
$$\Leftrightarrow z=\alpha\omega^k\ (k=0,1,2,\cdots,n-1).$$
(단,
$$\alpha=\sqrt[n]{r_0}(\cos(\theta_0/n)+i\sin(\theta_0/n))$$
$$=\sqrt[n]{r_0}\,e^{\frac{\theta_0 i}{n}},\ \omega=e^{2\pi i/n}).$$

(2) [13년시행기출](현대대수학)
다항식 x^6+3의 유리수체 $\mathbb{Q}$ 위에서의 분해체를 K라 하면 갈루아군 $G(K/\mathbb{Q})$의 위수(order)는 6임을 증명하시오.

[정 답] ④

[풀 이] (1) $z=re^{i\theta}(r>0)$라 두면
$$z+\dfrac{1}{z}=\left(r+\dfrac{1}{r}\right)\cos\theta+i\left(r-\dfrac{1}{r}\right)\sin\theta\ :\ \text{실수}$$
$$\Leftrightarrow \left(r-\dfrac{1}{r}\right)\sin\theta=0$$
$$\Leftrightarrow r=1\ \text{혹은}\ \sin\theta=0$$
$$\Leftrightarrow |z|=1\ \text{혹은}\ \text{Im}(z)=0.$$

(2) ① $z=r(\cos\theta+i\sin\theta)$, $i=5\cdot\left(\cos\dfrac{\pi}{2}+i\sin\dfrac{\pi}{2}\right)$라 두고 드무아브르 공식을 이용하여 정리하면
$$r^3(\cos3\theta+i\sin3\theta)=z^3=5\cdot\left(\cos\dfrac{\pi}{2}+i\sin\dfrac{\pi}{2}\right)$$
$$\Leftrightarrow r^3=5,\ 3\theta=\dfrac{\pi}{2}+2n\pi$$
$$\Leftrightarrow r=\sqrt[3]{5},\ \theta=\dfrac{\pi/2+2n\pi}{3}=\cdots,\ \dfrac{\pi}{6},\ \dfrac{5}{6}\pi,\ \dfrac{9}{6}\pi,\ \cdots.$$
(즉, $z=\sqrt[3]{5}\left(\dfrac{\sqrt{3}+i}{2}\right),\ \sqrt[3]{5}\left(\dfrac{-\sqrt{3}+i}{2}\right),\ -\sqrt[3]{5}\,i$.)

[다른 방법] $z^3=5i(=5e^{\frac{\pi}{2}i})\Leftrightarrow z=\alpha\omega^k(k=0,1,2).$
$$\text{(단,}\ \alpha=\sqrt[3]{5}\,e^{\frac{\pi i}{6}},\ \omega=e^{\frac{2\pi i}{3}}).$$

② $z^6=-3(=3e^{\pi i})\Leftrightarrow z=\alpha\omega^k(k=0,1,2,\cdots,5).$
(단, $\alpha=\sqrt[6]{3}\,e^{\frac{\pi i}{6}},\ \omega=e^{\frac{2\pi i}{6}}=e^{\frac{\pi i}{3}}=\dfrac{1}{2}(1+\sqrt{3}\,i)$).

③ $z^8=1+i(=\sqrt{2}\,e^{\frac{\pi i}{4}})\Leftrightarrow z=\alpha\omega^k(k=0,1,2,\cdots,5).$

(단, $\alpha = \sqrt[16]{2}\, e^{\frac{\pi i}{32}}$, $\omega = e^{\frac{2\pi i}{8}} = e^{\frac{\pi i}{4}} = \dfrac{1}{\sqrt{2}}(1+i)$).

④ $z^{10} = -1 + i\,(=\sqrt{2}\, e^{\frac{3\pi i}{4}}) \Leftrightarrow z = \alpha\omega^k\,(k=0,1,2,\cdots,5)$.

(단, $\alpha = \sqrt[20]{2}\, e^{\frac{3\pi i}{40}}$, $\omega = e^{\frac{2\pi i}{10}} = e^{\frac{\pi i}{5}}$).

⑤ $(z+1)^5 = 16(1-\sqrt{3}\,i)(= 2^5 e^{\frac{5\pi i}{3}})$
$\Leftrightarrow z+1 = \alpha\omega^k\,(k=0,1,2,\cdots,4)$
$\Leftrightarrow z = \alpha\omega^k - 1\,(k=0,1,2,\cdots,4)$.

(단, $\alpha = 2e^{\frac{\pi i}{3}}$, $\omega = e^{\frac{2\pi i}{5}}$).

⑥ $z = x + iy$라 두면

(i) ㉠ 주어진 방정식으로 부터
$$\begin{cases} x^2 + x - (y^2 + 2y + 1) = 0 \cdots ① \\ 2xy + 2x + y + 1 = 0 \quad\quad \cdots ② \end{cases}.$$

㉡ ② $\Leftrightarrow (y+1)(2x+1) = 0$
$\Leftrightarrow y = -1\,(\cdots ②')$ 혹은 $x = -\dfrac{1}{2}\,(\cdots ②'')$

(ii) ㉠ (① ∩ ②')의 경우,
① ∩ ②' $\Leftrightarrow x = 0$ 또는 $x = -1 \Leftrightarrow z = x + iy = 0 - i, -1 - i$.
㉡ (① ∩ ②'')의 경우, 모순이다.
구하는 해는 $z = -i$ 또는 $z = -1 - i$.

> **NOTE** (복소방정식의 해와 복소선적분의 계산)
> (1) 복소평면 $\mathbb{C}$의 두 해석함수 $f(z)$, $g(z)$에 대하여 단순폐곡선 C 상의 선적분
> $$\int_C \frac{g(z)}{f(z)} dz$$
> 의 값을 구하려고 한다. 그러기 위해 피적분함수 $\dfrac{g(z)}{f(z)}$의 C와 C 내부의 점에서의 해석성을 확인해야 한다.
> (($\because$) Cauchy-Goursat의 정리)
> 이때 다음과 같은 의문을 갖게 된다.
> ① $f(z)$의 C와 C의 내부에서의 영점은 무엇인가?
> → 복소방정식의 계산
> ② $f(z)$의 C와 C의 내부에서의 영점은 몇 개인가?
> → 루셰의 정리를 이용
> (2) 복소방정식의 계산
> ① 직교형식 : z의 식 → x, y의 식
> ② 극형식 : z의 식 → r, θ의 식

유 제 1
다음 방정식의 해를 구하시오.
(1) $z^5 - 2 = 0$
(2) $z^5 - 10z^4 + 40z^3 - 80z^2 + 80z - 35 = 0$
(3) $z^4 + i = 0$
(4) $z^2 - (1+3i)z - 2 + 2i = 0$
(5) $(1 + (z-i) + (z-i)^2 + \cdots + (z-i)^9)(1 + i - z) = 2$

92년시행기출

방정식 $z^n = 1$의 모든 해를 극형식으로 나타낼 때 편각 θ들의 합을 S_n이라 하자. 이때, $\lim_{n \to \infty} \dfrac{S_n}{n}$의 값은? (단, $0 \leq \theta \leq 2\pi$)

① $\dfrac{\pi}{2}$ ② π ③ $\dfrac{3}{2}\pi$ ④ 2π

[정 답]
(1) $\sqrt[5]{2}\left(\cos\left(\dfrac{2n\pi}{5}\right) + i\sin\left(\dfrac{2n\pi}{5}\right)\right)(n \in \mathbb{Z})$
(2) $\sqrt[5]{3}\left(\cos\dfrac{2n\pi}{5} + i\sin\dfrac{2n\pi}{5}\right) + 2(n \in \mathbb{Z})$
(3) $\cos\left(\dfrac{3\pi}{8} + \dfrac{n\pi}{2}\right) + i\sin\left(\dfrac{3\pi}{8} + \dfrac{n\pi}{2}\right)(n \in \mathbb{Z})$
(4) $2i, \ 1+i$
(5) $\cos\left(\dfrac{\pi}{10} + \dfrac{n\pi}{5}\right) + i\sin\left(\dfrac{\pi}{10} + \dfrac{n\pi}{5}\right) + i(n \in \mathbb{Z})$

풀 이
(1) $z = r(\cos\theta + i\sin\theta)$라 두자. 그러면
$z^5 = 2$
$\Leftrightarrow r^5(\cos5\theta + i\sin5\theta) = 2(\cos0 + i\sin0)$
$\Leftrightarrow r^5 = 2, \ 5\theta = 0 + 2n\pi$
$\Leftrightarrow r = \sqrt[5]{2}, \ \theta = 0 + \dfrac{2}{5}n\pi$.

따라서 $z = \sqrt[5]{2}\left(\cos\dfrac{2}{5}n\pi + i\sin\dfrac{2}{5}n\pi\right) \ (n = 0, 1, 2, 3, 4)$

(2) $w = z - 2 = r(\cos\theta + i\sin\theta)$라 두자. 그러면
$z^5 - 10z^4 + 40z^3 - 80z^2 + 80z - 35 = (z-2)^5 - 3$
이므로
$z^5 - 10z^4 + 40z^3 - 80z^2 + 80z - 35 = 0$
$\Leftrightarrow w^5 = 3$
$\Leftrightarrow r^5(\cos5\theta + i\sin5\theta) = 3(\cos0 + i\sin0)$
$\Leftrightarrow r^5 = 3, \ 5\theta = 0 + 2n\pi \ (n \in \mathbb{Z})$
$\Leftrightarrow r = \sqrt[5]{3}, \ \theta = 0 + \dfrac{2}{5}n\pi \ (n \in \mathbb{Z})$

따라서 $z = w + 2$
$= \sqrt[5]{3}\left(\cos\dfrac{2n\pi}{5} + i\sin\dfrac{2n\pi}{5}\right) + 2 \ (n = 0, 1, 2, 3, 4)$.

(3) $z=r(\cos\theta+i\sin\theta)$라 두면 $z^4=-i$이므로
$$z^4=r^4(\cos4\theta+i\sin4\theta)=1\left(\cos\frac{3}{2}\pi+i\sin\frac{3}{2}\pi\right)$$
$\Leftrightarrow r^4=1,\ 4\theta=\frac{3}{2}\pi+2n\pi$

$\Leftrightarrow r=1,\ \theta=\frac{3}{8}\pi+\frac{1}{2}n\pi$.

따라서 $z=\cos\left(\frac{3}{8}\pi+\frac{1}{2}n\pi\right)+i\sin\left(\frac{3}{8}\pi+\frac{1}{2}n\pi\right)\ (n=0,\ 1,\ 2,\ 3)$.

(4) $z=x+iy(x,\ y\in\mathbb{R})$이라 두자. 그러면
$$z^2-(1+3i)z-2+2i=0$$
$\Leftrightarrow (x^2-y^2-x+3y-2)+i(2xy-3x-y+2)=0$

$\Leftrightarrow \begin{cases} x^2-y^2-x+3y-2=0 \\ 2xy-3x-y+2=0 \end{cases}$

$\Leftrightarrow \begin{cases} (x-y+1)(x+y-2)=0 \\ 2xy-3x-y+2=0 \end{cases}$

$\Leftrightarrow \begin{cases} x=0 \\ y=2 \end{cases}$ 혹은 $\begin{cases} x=1 \\ y=1 \end{cases}$

$\Leftrightarrow z=2i$ 혹은 $z=1+i$.

(5) $w=z-i=r(\cos\theta+i\sin\theta)$라 두면
$$2=(1+(z-i)+\cdots+(z-i)^9)(1+i-z)$$
$$=(1+w+\cdots+w^9)(1-w)$$
$$=\frac{1-w^{10}}{1-w}(1-w)$$
$$=1-w^{10}(즉,\ w^{10}=-1)$$이므로
$w^{10}=r^{10}(\cos10\theta+i\sin10\theta)=1(\cos\pi+i\sin\pi)$

$\Leftrightarrow r^{10}=1,\ 10\theta=\pi+2n\pi(n\in\mathbb{Z})$

$\Leftrightarrow r=1,\ \theta=\frac{\pi}{10}+\frac{n\pi}{5}(n\in\mathbb{Z})$.

따라서 $z=w+i=\cos\left(\frac{\pi}{10}+\frac{n\pi}{5}\right)+i\left(\sin\left(\frac{\pi}{10}+\frac{n\pi}{5}\right)+1\right)(n\in\mathbb{Z})$.

1.2. 복소수열의 극한

정 의 3

복소수계 $\mathbb{C}$ 는
$$d(z_1, z_2) = |z_1 - z_2| \quad (z_1, z_2 \in \mathbb{C})$$
를 거리로 가지는 거리위상공간이다. 따라서 $\mathbb{C}$ 상의 위상적 개념은 거리공간에서의 정의에 따라 자연스럽게 정의할 수 있다. 이제 집합 $A \subset \mathbb{C}$ 에 대하여 다음을 정의한다.

(1) $z_0 \in \mathbb{C}$, $\epsilon > 0$에 대하여
$$B(z_0, \varepsilon) := \{z \in \mathbb{C} \mid |z_0 - z| < \varepsilon\}$$
$\quad\quad\quad\quad$ (z_0의 ϵ-근방(ϵ-neighborhood))

(2) ① A : 개집합(open set)
$\overset{정의}{\Leftrightarrow} (\forall z \in \mathbb{C}, \exists \varepsilon > 0 \ s.t. \ B(z, \varepsilon) \subset A)$

② A : 폐집합(closed set) $\Leftrightarrow A^c$: 개집합

(3) ① $z(\in \mathbb{C})$: A의 집적점(accumulation point)
$\overset{정의}{\Leftrightarrow} (\forall \epsilon > 0, (B(z, \epsilon) \setminus \{z\}) \cap A \neq \varnothing)$

② $A' := \{z \in \mathbb{C} \mid z : A$의 집적점$\}$
$\quad\quad\quad$ (A의 도집합(derived set) (혹은 유도집합))

③ $\overline{A}$(혹은 $\text{cl}(A)) := \cap \{F \mid A \subset F, F :$ 폐집합$\}$
$\quad\quad\quad\quad\quad = A \cup A'$: A의 폐포(closure)
$\quad\quad$ (즉, $\overline{A}$는 A를 포함하는 가장 작은 폐집합이다.)

④ z : A의 폐포점(closure point) $\overset{정의}{\Leftrightarrow} z \in \overline{A}$

(4) A : 유계(bounded) $\overset{정의}{\Leftrightarrow} (\exists M > 0 \ s.t. \ (|z| \leq M \ (\forall z \in A)))$

(5) ① z : A의 내점(interior point)
$\overset{정의}{\Leftrightarrow} (\exists \varepsilon > 0 \ s.t. \ B(z, \varepsilon) \subset A)$

② z : A의 외점(exterior point)
$\overset{정의}{\Leftrightarrow} (\exists \varepsilon > 0 \ s.t. \ B(z, \varepsilon) \subset A^c) \Leftrightarrow z : A^c$의 내점

③ z : A의 경계점(boundary point)
$\overset{정의}{\Leftrightarrow} z : A$의 내점도 아니고 외점도 아니다.
$\Leftrightarrow \forall \varepsilon > 0, \ B(z, \varepsilon) \cap A \neq \varnothing, \ B(z, \varepsilon) \cap A^c \neq \varnothing$

(6) ① A : 비연결집합(disconnected set)
$\overset{정의}{\Leftrightarrow}$ $\exists\, G, H \subset \mathbb{C}$ s.t.
  (i) G, H : $\mathbb{C}$의 개집합   (ii) $G \cap A \neq \varnothing$, $H \cap A \neq \varnothing$
  (iii) $(G \cap H) \cap A = \varnothing$ (iv) $(G \cup H) \cap A = A$
$\Leftrightarrow \exists\, G_1, H_1 \subset A$ s.t.
  (i) G_1, H_1 : A의 개집합   (ii) $G_1 \neq \varnothing$, $H_1 \neq \varnothing$
  (iii) $G_1 \cap H_1 = \varnothing$ (iv) $G_1 \cup H_1 = A$

② A : 연결집합(connected set) $\overset{정의}{\Leftrightarrow}$ A : 비연결이 아니다.

(7) ① A : 영역(domain)(혹은 개연결집합)
$\overset{정의}{\Leftrightarrow}$ A : 개집합, 연결집합

② A : 면분(region)
$\overset{정의}{\Leftrightarrow}$ A : 영역에 경계점의 일부 혹은 전부를 포함한 집합

(8) ① $z, w \in \mathbb{C}$에 대하여
$[z, w] := \{tz + (1-t)w \mid 0 \leq t \leq 1\}$
  (z에서 w까지의 선분(line segment))

② $z_0, z_1, z_2, \cdots, z_n \in \mathbb{C}$에 대하여
$[z_0, z_1] \cup [z_1, z_2] \cup \cdots \cup [z_{n-1}, z_n]$: 꺾은선(polygonal line)

③ $D(\subset \mathbb{C})$: 꺾은선 연결 집합(polygonally connected set)
$\overset{정의}{\Leftrightarrow}$ $\forall z, w \in D$, $\exists\, z_1, z_2, \cdots, z_k \in D$ s.t.
$[z_0, z_1] \cup [z_1, z_2] \cup \cdots \cup [z_k, w] \subset D$.
이때, z는 w와 D 내에서 꺾은선 연결(polygonal connected)이다.

(9) $\overline{\mathbb{C}} := \mathbb{C} \cup \{\infty\}$
   (확대복소수계(extended complex number system))
   (단, ∞는 무한원점(point at infinity).)

NOTE (실수열의 극한과 관련된 사실)
(1) 실수열극한의 정의 : $\epsilon - N$방법
(2) 실수열극한의 성질
① 수렴하는 실수열의 극한값은 유일하다.
② 수렴하는 실수열은 유계이다.
(3) 실수열극한의 계산에 관한 정리
① 실수열의 조임정리
② 실수열의 비교극한정리
③ 실수열의 대수적성질
④ 실수열의 로피탈의 정리

⑤ 실수열의 단조수렴정리
(4) 실수열극한의 존재성에 관한 정리
① 실수열의 단조수렴정리
② 실수열의 부분수열판정법
③ 실수열의 코쉬판정법
④ 실수열의 상하극한비교판정법

정 의 4

$\mathbb{C}$ 상의 수열 $\{z_n\}$에 대하여

(1) $\lim\limits_{n \to \infty} z_n = z_0$ (혹은 $z_n \to z_0$)

$\overset{\text{정의}}{\Leftrightarrow} \forall \varepsilon > 0, \exists N \in \mathbb{N} \ \ s.t. \ (n \geq N \to |z_n - z_0| < \varepsilon)$.

$\Leftrightarrow |z_n - z_0| \xrightarrow{n \uparrow \infty} 0$ (실수열의 극한).

(2) $\{z_n\}$: **코쉬수열**(Cauchy)

$\overset{\text{정의}}{\Leftrightarrow} \forall \varepsilon > 0, \exists N \in \mathbb{N} \ \ s.t. \ (m > n \geq N \to |z_m - z_n| < \varepsilon)$.

정 리 5

복소수열
$$z_n = x_n + iy_n (n \in \mathbb{N}), \ w_n = u_n + iv_n (n \in \mathbb{N})$$
와 네 복소수 $z_0 = x_0 + iy_0, \ z = x + iy, \ w = u + iv, \ \alpha = \beta + i\gamma$
에 대하여 다음이 성립한다.

(1) $\lim\limits_{n \to \infty} z_n = z_0 \Leftrightarrow (\lim\limits_{n \to \infty} x_n = x_0, \ \lim\limits_{n \to \infty} y_n = y_0)$.

(2) $\lim\limits_{n \to \infty} z_n = z_0$ 일 때

① $\lim\limits_{n \to \infty} |z_n| = |z_0|$ ② $\lim\limits_{n \to \infty} \overline{z_n} = \overline{z_0}$.

(3) **복소수열극한의 성질**
① 수렴하는 복소수열의 극한값은 유일하다.
② 수렴하는 복소수열은 유계이다.
(4) **복소수열극한의 대수적성질**
$\lim\limits_{n \to \infty} z_n = z, \ \lim\limits_{n \to \infty} w_n = w \ (\alpha \in \mathbb{C})$일 때

① $\lim\limits_{n \to \infty} (z_n \pm w_n) = \lim\limits_{n \to \infty} z_n \pm \lim\limits_{n \to \infty} w_n (= z \pm w)$

② $\lim\limits_{n \to \infty} \alpha z_n = \alpha \lim\limits_{n \to \infty} z_n (= \alpha z)$

NOTE
실수와 복소수의 집합에 대한 개념상의 다음과 같은 비례식이 성립한다.
(1) $\mathbb{R}$: 개구간(개연결집합) : 선분
(개연결집합과 경계의 일부)
$= \mathbb{C}$: 영역(개연결집합) : 면분
(개연결집합과 경계의 일부)
(2) 영역 $= \begin{cases} \text{단순영결영역} \\ \text{다중연결영역} \end{cases}$

NOTE
(1) 복소수열 $\{z_n\}$에 대하여
$\{z_{n_k}\}$: $\{z_n\}$의 **부분수열**
　　　　　(subsequence)
$\Leftrightarrow \{n_k\}$: 자연수열 $s.t.$
$$n_1 < n_2 < n_3 < \cdots$$
(2) $\mathbb{C}$는 완비거리공간이다.
(3) ① 선분

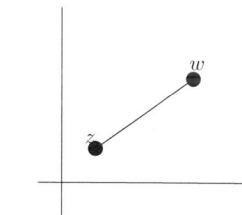

② 꺾은 선

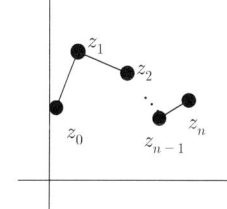

③ 꺾은선 연결

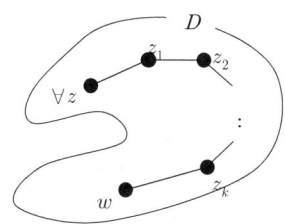

③ $\lim\limits_{n \to \infty} z_n w_n = \lim\limits_{n \to \infty} z_n \lim\limits_{n \to \infty} w_n (= zw)$

④ $\lim\limits_{n \to \infty} \dfrac{z_n}{w_n} = \dfrac{\lim\limits_{n \to \infty} z_n}{\lim\limits_{n \to \infty} w_n} \left(= \dfrac{z}{w}\right)$ $(w \neq 0,\ w_n \neq 0\ (\forall n \geq 1))$

(5) 복소수열에 대한 부분수열판정법
$\lim\limits_{n \to \infty} z_n = z_0 \Leftrightarrow (\forall \{z_{n_k}\} : \{z_n\}$의 부분수열, $\lim\limits_{k \to \infty} z_{n_k} = z_0)$.

(6) ① 유계수열에 대한 볼자노-와이어스트라스의 정리
  (Bolzano-Weierstrass)
모든 유계인 복소수열은 수렴하는 부분수열을 갖는다.

② 유계집합에 대한 볼자노-와이어스트라스의 정리
  (Bolzano-Weierstrass)
$A(\subset \mathbb{C})$: 유계집합, 무한집합 $\Rightarrow A' \neq \phi$.

(7) 코쉬의 판정법(Cauchy criterion)
복소수열 $\{z_n\}$에 대하여
$$\{z_n\} : 수렴 \Leftrightarrow \{z_n\} : 코쉬수열.$$

(8) $D(\subset \mathbb{C})$: 영역
 $\Rightarrow D$: (각 좌표축에 평행한) 꺾은선 연결집합.

증 명

(1) ($\Leftarrow$) $z_n = x_n + iy_n,\ z_0 = x_0 + iy_0 \in \mathbb{C}\ (n=1,\ 2,\ \cdots)$에 대하여
$0 \leq |z_n - z_0| = |(x_n - x_0) + i(y_n - y_0)| \leq |x_n - x_0| + |y_n - y_0|$,
$\lim\limits_{n \to \infty} x_n = x_0,\ \lim\limits_{n \to \infty} y_n = y_0$이므로 $|x_n - x_0| + |y_n - y_0| \to 0$
이다. 따라서 실수열극한의 조임정리에 의해
$$|z_n - z_0| \to 0,\ \lim\limits_{n \to \infty} z_n = z_0.$$

($\Rightarrow$) $0 \leq |x_n - x_0| = |\operatorname{Re}(z_n - z_0)| \leq |z_n - z_0| \to 0$,
 $0 \leq |y_n - y_0| = |\operatorname{Im}(z_n - z_0)| \leq |z_n - z_0| \to 0$
이다. 따라서 실수열극한의 조임정리에 의해
$$|x_n - x_0| \to 0,\ |y_n - y_0| \to 0$$
이고 $\lim\limits_{n \to \infty} x_n = x_0,\ \lim\limits_{n \to \infty} y_n = y_0$이다.

(2) $\lim\limits_{n\to\infty} z_n = z_0$일 때

① $0 \leq ||z_n| - |z_0|| \leq |z_n - z_0| \to 0$이다. 따라서 실수열극한의 조임정리에 의해
$$||z_n| - |z_0|| \to 0$$
이고 $\lim\limits_{n\to\infty} |z_n| = |z_0|$이다.

② $0 \leq |\overline{z_n} - \overline{z_0}| = |\overline{z_n - z_0}| = |z_n - z_0| \to 0$이다. 따라서 실수열 극한의 조임정리에 의해
$$|\overline{z_n} - \overline{z_0}| \to 0, \ \lim\limits_{n\to\infty} \overline{z_n} = \overline{z_0}.$$

(3) ① $\lim\limits_{n\to\infty} z_n = a_1 + ib_1, \ \lim\limits_{n\to\infty} z_n = a_2 + ib_2$이라 두자. 그러면 (1)과 실수열 극한의 유일성에 의해
$$a_1 = \lim\limits_{n\to\infty} x_n = a_2, \ b_1 = \lim\limits_{n\to\infty} y_n = b_2.$$

② "일반화된 증명"
(즉, 거리공간 (X, d)에서 $x_n \to x \ (\in X)$이면 $\{x_n\}$은 유계수열이다.)
$\epsilon = 1$에 대하여 $\exists N \in \mathbb{N}$ s.t. $n \geq N \to d(x_n, x) < 1$.
$K = \max\{d(x_1, x), d(x_2, x), \cdots, d(x_{N-1}, x), 1\}$에 대하여
$$d(x_n, x) \leq \begin{cases} K & , n = 1, 2, \cdots, N-1 \\ 1 \leq K & , n \geq N \end{cases}$$
이다. (즉, $d(x_n, x) \leq K(\forall n \geq N)$).
이제 $M = 2K$ 이라 두면
$$d(x_m, x_n) \leq d(x_m, x) + d(x, x_n) \leq K + K = M \ (\forall m, n \in \mathbb{N}).$$

(4) ① $\lim\limits_{n\to\infty}(z_n \pm w_n)$
$= \lim\limits_{n\to\infty}((x_n + iy_n) \pm (u_n + iv_n)) = \lim\limits_{n\to\infty}((x_n + u_n) \pm i(y_n + v_n))$
$= \lim\limits_{n\to\infty}(x_n + u_n) \pm i \lim\limits_{n\to\infty}(y_n + v_n) ((\because) \ (1))$
$= (x + u) \pm i(y + v) \ ((\because) \ 실수열 \ 극한의 \ 대수적 \ 성질)$
$= (x + iy) \pm (u + iv) = \lim\limits_{n\to\infty} z_n \pm \lim\limits_{n\to\infty} w_n.$

② $\alpha = \alpha_1 + i\alpha_2 \in \mathbb{C}$ 에 대하여
$\lim\limits_{n\to\infty} \alpha z_n = \lim\limits_{n\to\infty}\{(\alpha_1 x_n - \alpha_2 y_n) + i(\alpha_2 x_n + \alpha_1 y_n)\}$
$\quad = \lim\limits_{n\to\infty}(\alpha_1 x_n - \alpha_2 y_n) + i \lim\limits_{n\to\infty}(\alpha_2 x_n + \alpha_1 y_n)((\because) \ (1))$
$\quad = (\alpha_1 x_n - \alpha_2 y_n) + i(\alpha_2 x_n + \alpha_1 y_n) = \alpha z.$

$((\because)$ 실수열 극한의 대수적 성질)

③, ④ 실수열 극한의 대수적 성질과 (1)에 의해 자명하다.

(5) ($\Rightarrow$) $\{z_n\}$의 부분수열 $\{z_{n_k}\}$을 생각하자. $\lim_{n \to \infty} x_n = x_0$, $\lim_{n \to \infty} y_n = y_0$이므로 실수열에 대한 부분수열판정법에 의해
$$\lim_{k \to \infty} x_{n_k} = x_0, \quad \lim_{k \to \infty} y_{n_k} = y_0.$$
(1)에 의해 $\lim_{k \to \infty} z_{n_k} = x_0 + iy_0 = z_0$.

($\Leftarrow$) $\{z_n\}$은 자신의 부분수열이므로 자명하다.

(6) ① $z_n = x_n + iy_n (n \in \mathbb{N})$이라 하고 $\{z_n\}$: $\mathbb{C}$ 상의 유계수열이라 하자. 그러면 $\exists M > 0$ s.t. $|z_n| \leq M \ (\forall n \in \mathbb{N})$이다.

$\Rightarrow \{x_n\}$: $\mathbb{R}$ 상의 유계수열 $((\because) |x_n| = |\text{Re}(z_n)| \leq |z_n|)$,

$\quad\ \{y_n\}$: $\mathbb{R}$ 상의 유계수열 $((\because) |y_n| = |\text{Im}(z_n)| \leq |z_n|)$

$\Rightarrow \mathbb{R}$ 에서의 볼자노-와이어스트라스의 정리에 의해

$\quad \exists \{x_{n_k}\}$: $\{x_n\}$의 수렴부분수열 s.t. $x_{n_k} \to x_0 \ (\in \mathbb{R})$,

$\quad \exists \{y_{n_{k_l}}\}$: $\{y_{n_k}\}$의 수렴부분수열 s.t. $y_{n_{k_l}} \to y_0 \ (\in \mathbb{R})$.

$\Rightarrow z_{n_{k_l}} = x_{n_{k_l}} + iy_{n_{k_l}} \to x_0 + iy_0 = z_0 \in \mathbb{C}$.

② $\mathbb{C}$의 유계무한집합 A에 대하여 $\{z_n\}$을 $z_n \neq z_m \ (\forall n \neq m)$인 A상의 수열이라 하자. $\{z_n\}$은 유계복소수열이므로 유계수열에 대한 볼자노-와이어스트라스의 정리에 의해

$\quad \exists \{z_{n_k}\}$: $\{z_n\}$의 수렴부분수열 s.t. $z_{n_k} \to \exists z_0 \in \mathbb{C}$.

임의의 $\epsilon > 0$에 대해 $(B(z_0, \epsilon) \setminus \{z_0\}) \cap A \neq \phi$이므로 $z_0 \in A'$.

(즉, $A' \neq \phi$).

(7) ($\Rightarrow$) 거리공간에서 성립

($\Leftarrow$) $\{z_n\}$: $\mathbb{C}$ 상의 코쉬수열

$\Rightarrow z_n = x_n + iy_n (x_n, y_n \in \mathbb{R})$이라 할 때 $\{x_n\}$, $\{y_n\}$: 코쉬수열

$\quad ((\because) |z_n - z_m| \geq |\text{Re}(z_n - z_m)| = |x_n - x_m|,$

$\quad\quad |z_n - z_m| \geq |\text{Im}(z_n - z_m)| = |y_n - y_m|)$

$\Rightarrow \mathbb{R}$ 상의 코쉬판정법(즉, $\mathbb{R}$은 완비공간)에 의해
$$x_n \to \exists a \in \mathbb{R}, \ y_n \to \exists b \in \mathbb{R}$$
$\Rightarrow z_n = x_n + iy_n \to a + bi \in \mathbb{C}$.

(8) $z_0 \in D$ 일 때, 집합

$A := \{z \in D \mid z_0$는 z와 좌표축에 평행한 (각 좌표축에 평행한) 꺾은선 연결이다.$\}$

가 $A = D$을 만족함을 보이자.

(i) $\varnothing \neq A$: 개집합.

($\because$) ㉠ $z_0 \in A$이므로 $A \neq \varnothing$.

㉡ $w \in A (\subset D)$

$\Rightarrow w \in D$ 는 개집합이므로 $\exists\, r > 0$ s.t. $B(w, r) \subset D$

$\Rightarrow$ 임의의 $z \in B(w, r)$에 대하여 w와 z는 (각 좌표축에 평행한) 꺾은선 연결(아래의 그림 참조)이므로 z와 z_0도 (각 좌표축에 평행한) 꺾은선 연결이 되어 $z \in A$.

$\Rightarrow B(w, r) \subset A$

$\therefore\ A$: 개집합

(ii) $B := D \setminus A$: 개집합

($\because$) $w \in B (\subset D)$

$\Rightarrow w \in D$는 개집합이므로 $\exists\, r > 0$ s.t. $B(w, r) \subset D$

$\Rightarrow z \in B(w, r) \cap A$이라 할 때 z와 w는 (각 좌표축에 평행한) 꺾은선연결(그림 참조), z와 z_0는 (각 좌표축에 평행한) 꺾은선 연결이 되어 w와 z_0는 (각 좌표축에 평행한) 꺾은선 연결이다. 따라서 $w \in A$가 되어 모순이다. 그러므로 $B(w, r) \subset B$.

(iii) $B \neq \varnothing$이라 가정하면 $D = A \cup B$는 비연결이 되어 모순이다. 따라서 $B = \varnothing$, $D = A \cup B = A$.

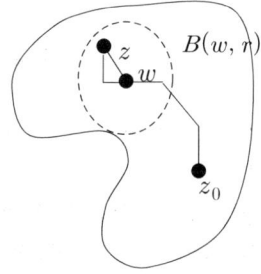

1.3. 복소함수의 극한과 연속

NOTE
◆ 실함수의 극한과 관련된 사실
(1) 실함수극한의 정의 : $\epsilon - \delta$방법
(2) 실함수극한의 성질
① 수렴하는 실함수의 극한값은 유일하다.
② 수렴하는 실함수는 적당한 빠진 근방에서 유계이다.
(3) 실함수극한의 계산과 수렴성에 관한 정리
① 실함수극한의 조임정리　　② 실함수극한의 비교극한정리
③ 실함수극한의 대수적성질　　④ 실함수극한의 단조수렴정리
(4) 실함수극한의 계산과 수렴성에 관한 정리
① 실함수극한의 단조수렴정리
② 실함수극한의 좌우극한비교판정법
③ 실함수극한의 수열판정법
◆ 실함수의 연속과 관련된 사실
・(점별)연속
(1) 실함수점별연속의 정의 : $\epsilon - \delta$방법
(2) 실함수점별연속의 판정법
① 실함수연속의 대수적성질　　② 실함수연속의 수열판정법
(3) 실함수점별연속의 성질
① 최대최소정리　　　　　　　② 중간값정리
・균등연속
(1) 실함수균등연속의 정의 : $\epsilon - \delta$방법
(2) 실함수균등연속의 판정법
① 립쉬츠조건을 이용한 방법　② 미분의 유계성을 이용한 방법
③ 하이네의 정리를 이용한 방법　④ 연속확장정리
(3) 실함수균등연속의 성질
① 코쉬의 보존성($\approx$ 연속의 수열판정법)
② 유계성의 보존성($\approx$ 최대최소정리)

정 의 5

집합 $D(\subset \mathbb{C})$, $f:D \to \mathbb{C}$ 에 대하여

(1) 복소함수극한의 정의

$z_0 \in D\,'$ 에 대하여

$$\lim_{z \to z_0} f(z) = w_0 (\in \mathbb{C})$$

$\overset{\text{정의}}{\Leftrightarrow}$ $\forall \varepsilon > 0$, $\exists \delta > 0$ s.t. $(0 < |z - z_0| < \delta \to |f(z) - w_0| < \varepsilon)$

(2) 복소함수의 연속의 정의

f : $z = z_0$ 에서 **연속**(continuous)

　　　　　(혹은 **점별연속**(pointwise continuous))

$\overset{\text{정의}}{\Leftrightarrow}$ $\lim_{z \to z_0} f(z) = f(z_0)$

$\Leftrightarrow$ $\forall \varepsilon > 0$, $\exists \delta = \delta(\varepsilon, z_0) > 0$ s.t.

$$(|z - z_0| < \delta \to |f(z) - f(z_0)| < \varepsilon).$$

(3) 복소함수의 균등연속의 정의

f : D 상에서 **균등연속**(uniformly continuous)(혹은 **평등연속**)

$\overset{\text{정의}}{\Leftrightarrow}$ $\forall \varepsilon > 0$, $\exists \delta(\varepsilon) > 0$ s.t.

$$(z, w \in D, |z - w| < \delta \to |f(z) - f(w)| < \varepsilon)$$

정 리 (함수극한의 성질)

(1) 함수의 극한이 존재하면 유일하다.

$$(\text{즉, } \lim_{z \to z_0} f(z) = w_1, \lim_{z \to z_0} f(z) = w_2 \Rightarrow w_1 = w_2)$$

(2) 함수의 극한이 존재하면 그 점의 적당한 근방에서 유계이다.

(즉, $\lim_{z \to z_0} f(z) = w (\in \mathbb{C}) \Rightarrow \exists \delta > 0$ s.t. f : $|z - z_0| < \delta$ 에서 유계.)

증　명(실함수의 증명과 동일하다.)

정 리 6

(1) 복소함수극한의 대수적 성질

$\alpha \in \mathbb{C}$, $z_0 \in A\,'$, 두 함수 $f, g : A \to \mathbb{C}$ 에 대하여

$$\lim_{z \to z_0} f(z) = w_1, \lim_{z \to z_0} g(z) = w_2 \ (\alpha \in \mathbb{C})$$

일 때 다음이 성립한다.

① $\lim_{z \to z_0}(f(z) \pm g(z)) = \lim_{z \to z_0} f(z) \pm \lim_{z \to z_0} g(z)(= w_1 \pm w_2)$

② $\lim_{z \to z_0} \alpha f(z) = \alpha \lim_{z \to z_0} f(z)(= \alpha w_1)$

③ $\lim_{z \to z_0} f(z)g(z) = \lim_{z \to z_0} f(z) \lim_{z \to z_0} g(z)(= w_1 w_2)$

④ $\lim_{z \to z_0} \dfrac{f(z)}{g(z)} = \dfrac{\lim_{z \to z_0} f(z)}{\lim_{z \to z_0} g(z)}\left(= \dfrac{w_1}{w_2}\right)$, $g(z) \neq 0(\forall z \in A)$, $B \neq 0$

(2) 복소함수연속의 대수적 성질

$\alpha \in \mathbb{C}$, $z_0 \in A$, 두 함수 $f, g : A \to \mathbb{C}$가 z_0에서 연속일 때

① $f+g$, fg, αf는 $z = z_0$에서 연속이다.

② $z = z_0$의 한 근방에서 $g(z) \neq 0$일 때 $\dfrac{f}{g}$는 $z = z_0$에서 연속이다.

(3) 합성함수의 연속성

세 집합 $A, B, C (\subset \mathbb{C})$와 두 함수 $A \xrightarrow{f} B \xrightarrow{g} C$에 대하여

① $f : z = z_0$에서 연속, $g : w = f(z_0)$에서 연속
  $\Rightarrow g \circ f : z = z_0$에서 연속.

② $f : A$ 상에서 연속, $g : B$ 상에서 연속
  $\Rightarrow g \circ f : A$ 상에서 연속.

NOTE (합성함수의 연속성)
위상공간 X, Y, Z와 함수
$f : X \to Y, g : Y \to Z$
에 대하여
$f : X$에서 연속, $g : Y$에서 연속
$\Rightarrow g \circ f : X$에서 연속.

증 명(실함수의 증명과 동일하다.)

(1) ① $\varepsilon > 0$일 때 $\lim_{z \to z_0} f(z) = w_1$이므로

$$\exists \delta_1 > 0 \ s.t. \ 0 < |z - z_0| < \delta_1 \to |f(z) - w_1| < \varepsilon/2,$$

$\lim_{z \to z_0} g(z) = w_2$이므로

$$\exists \delta_2 > 0 \ s.t. \ 0 < |z - z_0| < \delta_2 \to |g(z) - w_2| < \varepsilon/2.$$

이제 $\delta = \min\{\delta_1, \delta_2\}$이라 두자. 그러면 $0 < |z - z_0| < \delta$일 때

$$|(f(z) + g(z)) - (w_1 + w_2)| \leq |f(z) - w_1| + |g(z) - w_2|$$
$$< \varepsilon/2 + \varepsilon/2 = \varepsilon,$$
$$|(f(z) - g(z)) - (w_1 - w_2)| \leq |f(z) - w_1| + |-(g(z) - w_2)|$$
$$< \varepsilon/2 + \varepsilon/2 = \varepsilon.$$

따라서 $\lim_{z \to z_0}(f(z) \pm g(z)) = w_1 \pm w_2$.

② $\varepsilon > 0$일 때 $\lim_{z \to z_0} f(z) = w_1$이므로 $\exists \delta > 0$ s.t.

$$0<|z-z_0|<\delta \;\to\; |f(z)-w_1|<\frac{\varepsilon}{|\alpha|+1}.$$

그러므로 $0<|z-z_0|<\delta$

$$\Rightarrow |\alpha f(z)-\alpha z_1|=|\alpha||f(z)-w_1|<\frac{|\alpha|}{|\alpha|+1}\varepsilon<\varepsilon.$$

③ $\lim\limits_{z\to z_0}f(z)=w_1$ 이므로

$\exists\delta_1>0$ s.t. $0<|z-z_0|<\delta_1 \to |f(z)|<|w_1|+1$,

$\exists\delta_2>0$ s.t. $0<|z-z_0|<\delta_2 \to |f(z)-w_1|<\dfrac{\varepsilon}{2(|w_2|+1)}.$

$\lim\limits_{z\to z_0}g(z)=w_2$ 이므로

$\exists\delta_3>0$ s.t. $0<|z-z_0|<\delta_3 \to |g(z)-w_2|<\dfrac{\varepsilon}{2(|w_1|+1)}.$

이제 $\delta=\min\{\delta_1,\delta_2,\delta_3\}$ 이라 두자. 그러면 $0<|z-z_0|<\delta$ 일 때

$$\begin{aligned}&|f(z)\cdot g(z)-w_1\cdot w_2|\\&=|f(z)g(z)-f(z)w_2+f(z)w_2-w_1w_2|\\&\leq|f(z)||g(z)-w_2|+|f(z)-w_1||w_2|\\&<\varepsilon/2+\varepsilon/2=\varepsilon.\end{aligned}$$

④ $\lim\limits_{z\to z_0}\dfrac{1}{g(z)}=\dfrac{1}{w_2}$ 임을 보이자. $\lim\limits_{z\to z_0}g(z)=w_2$ 이므로

$\exists\delta_1>0$ s.t. $0<|z-z_0|<\delta_1\to |g(x)-w_2|<\dfrac{|w_2|}{2}.$

여기서

$$|w_2|-|g(z)|\leq|g(z)-w_2|<\frac{|w_2|}{2}\text{이므로}\;\frac{|w_2|}{2}<|g(z)|$$

이므로 $0<|z-z_0|<\delta_1 \Rightarrow \dfrac{1}{|g(z)|}<\dfrac{2}{|w_2|}.$ 또한

$\exists\delta_2>0$ s.t. $0<|z-z_0|<\delta_2 \Rightarrow |g(z)-w_2|<\dfrac{|w_2|^2}{2}\varepsilon.$

이제 $\delta=\min\{\delta_1,\delta_2\}$ 라 하면 $0<|z-z_0|<\delta$ 일 때

$$\left|\frac{1}{g(z)}-\frac{1}{w_2}\right|=\frac{|g(z)-w_2|}{|g(z)||w_2|}<\frac{2}{|w_2|^2}|g(z)-w_2|<\varepsilon.$$

따라서 ③에 의해

$$\lim_{z\to z_0}\frac{f(z)}{g(z)}=\lim_{z\to z_0}f(z)\cdot\frac{1}{g(z)}=\frac{1}{w_2}\cdot w_1=\frac{w_1}{w_2}.$$

(2) 함수극한의 대수적 성질에 의해
$$\lim_{z \to z_0}(f(z) \pm g(z)) = \lim_{z \to z_0} f(z) \pm \lim_{z \to z_0} g(z) = f(z_0) \pm g(z_0).$$
따라서 $f \pm g$는 $z = z_0$에서 연속이다. 같은 이유에 의해 fg, αf, $\dfrac{f}{g}$는 $z = z_0$에서 연속이다.

(3) ① $\varepsilon > 0$이 주어질 때 g는 $f(z_0)$에서 연속이므로 $\exists \delta_1 > 0$
$$\text{s.t. } |w - f(z_0)| < \delta_1 \to |g(w) - g(f(z_0))| < \varepsilon.$$
f는 $z = z_0$에서 연속이므로 $\exists \delta > 0$ s.t.
$$|z - z_0| < \delta \to |f(z) - f(z_0)| < \delta_1.$$
따라서 $|z - z_0| < \delta \Rightarrow |f(z) - f(z_0)| < \delta_1$
$$\Rightarrow |g(w) - g(f(z_0))| < \varepsilon.$$
따라서 $g \circ f$는 $z = z_0$에서 연속이다.
② ①에 의해 자명하다.

예 제 5

다음을 $\varepsilon - \delta$방법으로 증명하시오.
(1) $\lim\limits_{z \to 1+i}(2z+1) = 3+2i$ (2) $\lim\limits_{x+yi \to 2i}(2x+iy^2) = 4i$

풀 이

(1) 주어진 $\varepsilon > 0$에 대하여 $\delta := \varepsilon/2$이라 두자. 그러면
$$0 < |z - (1+i)| < \delta$$
$$\Rightarrow |(2z+1) - (3+2i)| = 2|z - (1+i)| < 2\delta = 2 \cdot \frac{\varepsilon}{2} = \varepsilon.$$

(2) $z = x + iy$($x, y \in \mathbb{R}$)이라 할 때 주어진 $\varepsilon > 0$에 대하여
$$\delta \equiv \min\{1, \varepsilon/7\}$$
이라 두자. 그러면 $0 < |z - 2i| < \delta$
$\Rightarrow \delta > |z - 2i| = |x + (y-2)i| \geq |x| \cdots$ ①,
$\quad \delta > |z - 2i| = |x + (y-2)i| \geq |y-2| \cdots$ ②,
$\quad 3 \geq |y| \cdots$ ③ ($\because$) $1 \geq \delta > |z - 2i| = |x + (y-2)i|$
$\quad\quad \geq |y - 2| \geq |y| - 2$.)
$\Rightarrow |(2x + iy^2) - 4i| \leq 2|x| + |y^2 - 4|$
$\quad\quad \leq 2|x| + (|y| + 2)|y - 2|$
$\quad\quad < 2\delta + (|y| + 2)\delta$ (($\because$) ①, ②)
$\quad\quad \leq 7\delta$ (($\because$) ③)
$\quad\quad \leq \varepsilon$. (($\because$) $\delta = \min\{1, \varepsilon/7\} \leq \varepsilon/7$))

정리 7 (복소함수의 연속과 극한의 수열판정법)

집합 $A(\subset \mathbb{C})$와 함수 $f:A \to \mathbb{C}$에 대하여

(1) 연속의 수열판정법

$z_0 \in A$에 대하여

$f : z_0$에서 연속 $\Leftrightarrow (\{z_n\} \subset A,\ z_n \to z_0 \Rightarrow f(z_n) \to f(z_0))$

(2) 함수극한의 수열판정법

$z_0 \in A'$에 대하여

$\lim_{z \to z_0} f(z) = w (\in \overline{\mathbb{C}}) \Leftrightarrow (\{z_n\} \subset A \setminus \{z_0\},\ z_n \to z_0 \Rightarrow f(z_n) \to w)$

NOTE
두 위상공간 X, Y에 대하여
(1) ① X : <u>제1 가산공간</u>,
 $f : X \to Y$에 대하여
 $f : X$ 상에서 연속
 $\Leftrightarrow f : X$ 상에서 점열연속.
② $\mathbb{R}, \mathbb{C} \Rightarrow$ 거리공간
 $\Rightarrow$ 제1 가산공간
(2) $f : X \to Y$가 연속일 때
① A : 컴팩트 $\Rightarrow f(A)$: 컴팩트.
② A : 연결 $\Rightarrow f(A)$: 연결.

증 명 (실함수의 증명과 동일하다.)

(1) ($\Rightarrow$) $\epsilon > 0$일 때 f는 $z = z_0$에서 연속이므로 $\exists \delta > 0$ s.t.
$$|z - z_0| < \delta \to |f(z) - f(z_0)| < \epsilon.$$
$z_n \to z_0$이므로 $\exists N \in \mathbb{N}$ s.t.
$$n \geq N \to |z_n - z_0| < \delta.$$
따라서 $n \geq N \Rightarrow |z_n - z_0| < \delta \Rightarrow |f(z_n) - f(z_0)| < \epsilon.$
그러므로 $\lim_{n \to \infty} f(z_n) = f(z_0)$이다.

($\Leftarrow$) $f : z = z_0$에서 불연속이라 할 때 연속의 정의에 의해
$\exists \epsilon_0 > 0$ s.t. $\forall \delta > 0,\ z \in A,\ |z - z_0| < \delta,\ |f(z) - f(z_0)| \geq \epsilon_0$.

$\Rightarrow \forall n \geq 1,\ \exists z_n \in A$ s.t. $(|z_n - z_0| < \frac{1}{n},\ |f(z_n) - f(z_0)| \geq \epsilon_0)$

$\Rightarrow z_n \to z_0$ 이지만 $f(z_n) \not\to f(z_0).$

(2) (1)과 비슷한 방법으로 보일 수 있다.

정리 8 (복소함수의 연속과 미분의 성질)

(1) 집합 $A(\subset \mathbb{C})$, 함수 $f : A \to \mathbb{C}$가 연속일 때
① A : <u>유계폐집합(컴팩트집합)</u>이면 다음을 만족한다.
 ㉠ $f(A)$: 유계폐집합(컴팩트집합)($\subset \mathbb{C}$)
 ㉡ $|f|(A) = \{|f(z)|\ |\ z \in A\}(\subset \mathbb{R})$: 유계폐집합(컴팩트집합)
  (따라서 실함수 $|f|$는 A에서 최댓값과 최솟값을 갖는다.)
 ㉢ $f : A$에서 균등연속(하이네의 정리)

NOTE
$\phi \neq E \subset \mathbb{R}$일 때
(1) E : 위로 유계
 $\Rightarrow \exists \sup(E) \in \overline{E},$
(2) E : 아래로 유계
 $\Rightarrow \exists \inf(E) \in \overline{E}.$

② A : 연결집합 $\Rightarrow f(A)$: 연결집합.
(2) 영역 D와 함수 $u : D(\subset \mathbb{R}^2) \to \mathbb{R}$ 일 때
$$u_x = u_y = 0 \ (\forall (x, y) \in D) \Leftrightarrow u : D\text{에서 상수함수}.$$
(단, $u_x = \dfrac{\partial u}{\partial x}$, $u_y = \dfrac{\partial u}{\partial y}$ 이다.)

증 명

(1) ① ㉠ 컴팩트집합의 연속상은 컴팩트집합이므로 A가 컴팩트집합이면 $f(A)$도 컴팩트집합이다.

㉡ $g = |f|$라 두면 g는 A에서 연속 ($\because$ 연속 $\circ$ 연속 $=$ 연속). A는 컴팩트집합이므로 $g(A)(\subset \mathbb{R})$도 컴팩트집합이다. 따라서 g는 A에서 최댓값과 최솟값을 갖는다.

(즉, $\exists \sup(A) \in \overline{g(A)} = g(A)$, $\exists \inf(A) \in \overline{g(A)} = g(A)$).

㉢ $\epsilon > 0$이라 하자. 그러면 f는 각 $z_\alpha \in A$에서 연속이므로

$$\exists \delta_\alpha > 0 \text{ s.t. } |z - z_\alpha| < \delta_\alpha (z \in A) \to |f(z) - f(z_\alpha)| < \frac{\epsilon}{2} \cdots (*).$$

$\{B_d(z_\alpha, \delta_\alpha/2) \mid z_\alpha \in A\}$는 A의 개피복이므로 A가 컴팩트집합이라는 사실에 의해

$$\exists \delta_1 > 0, \cdots, \delta_n > 0 \text{ s.t. } A \subset \cup_{k=1}^n B_d(z_k, \delta_k/2).$$

이제 $\delta := \min\{\delta_1/2, \delta_2/2, \cdots, \delta_n/2\}$이라 두자. 그러면

$|w_1 - w_2| < \delta \ (w_1, w_2 \in A)$

$\Rightarrow w_1 \in B_d\left(z_k, \dfrac{\delta_k}{2}\right)(\exists k \in \{1, 2, \cdots, n\})$

$\Rightarrow$ (*)에 의해 $|f(w_1) - f(z_k)| < \dfrac{\epsilon}{2}$,

$|w_2 - z_k| = |w_2 - w_1 + w_1 - z_k|$

$\leq |w_2 - w_1| + |w_1 - z_k| < \delta + \dfrac{\delta_k}{2} \leq \dfrac{\delta_k}{2} + \dfrac{\delta_k}{2} = \delta_k$

이므로 $w_2 \in B_d(z_k, \delta_k)$, $|f(w_2) - f(z_k)| < \dfrac{\epsilon}{2}$.

$\Rightarrow |f(w_1) - f(w_2)| \leq |f(w_1) - f(z_k)| + |f(z_k) - f(w_2)|$

$< \dfrac{\epsilon}{2} + \dfrac{\epsilon}{2} = \epsilon$.

따라서 f는 A에서 균등연속이다.

② 연결집합의 연속상은 연결집합이므로 A가 연결집합이면 $f(A)$도 연결집합이다.

(2) ($\Leftarrow$) $u \equiv c$(상수)이라 하자. 그러면 $(x_0, y_0) \in D$에 대하여
$$u_x(x_0, y_0) = \lim_{\Delta x \to 0} \frac{u(x_0 + \Delta x, y_0) - u(x_0, y_0)}{\Delta x}$$
$$= \lim_{\Delta x \to 0} \frac{c - c}{\Delta x} = 0,$$
$$u_y(x_0, y_0) = \lim_{\Delta y \to 0} \frac{u(x_0, y_0 + \Delta y) - u(x_0, y_0)}{\Delta y}$$
$$= \lim_{\Delta y \to 0} \frac{c - c}{\Delta y} = 0.$$

($\Rightarrow$) 예를 들어 아래 그림과 같은 경우에 대하여 평균값의 정리에 의해 다음이 성립한다.
$$u(a, b) - u(c, b) = (a - c) u_x(x_1, b) (\exists x_1 \in (a, b))$$
$$= (a - c) \times 0 = 0,$$
$$u(c, b) - u(c, d) = (b - d) u_y(c, y_1) (\exists y_1 \in (b, d))$$
$$= (b - d) \times 0 = 0.$$
따라서 $u(a, b) = u(c, b) = u(c, d)$.

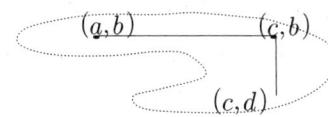

예 제 6

함수 $f : \mathbb{C} \to \mathbb{C}$ 가
$$f(z + w) = f(z) + f(w) (\forall z, w \in \mathbb{C})$$
이고 한 점 $c \in \mathbb{C}$에서 연속이다. 그러면 f는 $\mathbb{C}$ 상에서 연속임을 보이시오.

풀 이

임의의 $z_0 \in \mathbb{C}$에 대하여
$$\lim_{z \to z_0} f(z) = \lim_{z \to z_0} f(z - z_0 + c + z_0 - c)$$
$$= \lim_{z \to z_0} (f(z - z_0 + c) + f(z_0 - c))$$
$$= \lim_{w \to c} (f(w) + f(z_0 - c)) = \lim_{w \to c} f(w) + \lim_{w \to c} f(z_0 - c)$$
$$= f(c) + f(z_0 - c) \; ((\because) \; f : z = c \text{에서 연속})$$
$$= f(c + z_0 - c) = f(z_0)$$
이다. 따라서 f는 z_0에서 연속이다.

NOTE

함수 $f : \mathbb{C} \to \mathbb{C}$ 가
$$f(z+w) = f(z) + f(w) (\forall z, w \in \mathbb{C})$$
이면 다음을 만족한다.
(1) $f(0) = 0$
(2) $f(z_1 - z_2) = f(z_1) - f(z_2)$
$(z_1, z_2 \in \mathbb{C})$

$(\because)$
(1) $f(0) = f(0 + 0) = f(0) + f(0)$
(2) $z_1, z_2 \in \mathbb{C}$에 대하여
$(\because) \; 0 = f(0) = f(z_2 + (-z_2))$
$= f(z_2) + f(-z_2)$ 이므로
$f(-z_2) = -f(z_2),$
$f(z_1 - z_2) = f(z_1) + f(-z_2)$
$= f(z_1) - f(z_2).$

정 리 9

영역 $D(\subset \mathbb{C})$, $z_0 = x_0 + iy_0 \in D$, 함수 $f : D \to \mathbb{C}$,
$$f(z) = u(x, y) + iv(x, y)\ (z = x + iy \in D)$$
에 대하여
(1) 복소함수극한의 경로극한비교판정법
$$\exists \lim_{z \to z_0} f(z) = w (\in \overline{\mathbb{C}})$$
$\Leftrightarrow$ f의 극한값은 z_0로의 경로에 상관없이 w로서 일정하다.
(2) $f : z = z_0$에서 연속 $\Leftrightarrow$ (u, $v : z = z_0$에서 연속).

증 명
(1) 생략.
(2) ($\Rightarrow$) $\epsilon > 0$일 때 f는 z_0에서 연속이므로
$$\exists \delta > 0 \text{ s.t. } |z - z_0| < \delta \Rightarrow |f(z) - f(z_0)| < \epsilon.$$
따라서 $\|(x, y) - (x_0, y_0)\| (= |z - z_0|) < \delta\ ((x, y) \in \mathbb{R}^2)$이면
$$|u(x, y) - u(x_0, y_0)| \leq |f(x + iy) - f(x_0 + iy_0)| < \epsilon,$$
$$|v(x, y) - v(x_0, y_0)| \leq |f(x + iy) - f(x_0 + iy_0)| < \epsilon.$$
그러므로 u, v는 (x_0, y_0)에서 연속이다.
($\Leftarrow$) $\epsilon > 0$일 때 u, v는 (x_0, y_0)에서 연속이므로 $\exists \delta > 0$ s.t.
$$\|(x, y) - (x_0, y_0)\| < \delta\ ((x, y) \in \mathbb{R}^2$$
$$\Rightarrow |u(x, y) - u(x_0, y_0)| < \frac{\epsilon}{2},\ |v(x, y) - v(x_0, y_0)| < \frac{\epsilon}{2}.$$
따라서 $|z - z_0| < \delta\ (z = x + iy \in \mathbb{C})$이라면
$$|f(x + iy) - f(x_0 + iy_0)|$$
$$\leq |u(x, y) - u(x_0, y_0)| + |v(x, y) - v(x_0, y_0)|$$
$$< \frac{\epsilon}{2} + \frac{\epsilon}{2} = \epsilon.$$
그러므로 f는 z_0에서 연속이다.

1.3 복소함수의 극한과 연속

NOTE (극한의 존재성)
(1) ∃극한 ⇔ **방법(부분수열, 좌우, 경로)**에 상관없이 극한값이 일정
(2) 실복소극한의 존재성과 미분가능성

	수열극한의 존재성	함수극한의 존재성	→ 미분가능성
실함수	부분수열 판정법	좌우극한 비교판정법	→ 좌우미분계수 비교판정법
복소함수	부분수열 판정법	경로극한 비교판정법	→ 코쉬-리만의 정리

예 제 7
다음의 극한값은 존재하지 않는다. 그 이유를 쓰시오.
(1) $\lim\limits_{x+yi \to 0} \dfrac{x-yi}{x+yi}$
(2) $\lim\limits_{x+yi \to 0} \dfrac{2xy}{x^2+y^2}$

NOTE
$\lim\limits_{\substack{x=0 \\ y \to 0}} \dfrac{2xy}{x^2+y^2} = 0 = \lim\limits_{\substack{y=0 \\ x \to 0}} \dfrac{2xy}{x^2+y^2}$

풀 이

(1) $w \equiv \lim\limits_{x+yi \to 0} \dfrac{x-yi}{x+yi}$ 이라 가정하면

$$1 = \lim\limits_{\substack{y=0 \\ x \to 0}} \dfrac{x-yi}{x+yi} = w = \lim\limits_{\substack{x=0 \\ y \to 0}} \dfrac{x-yi}{x+yi} = -1$$

이 되어 모순이다. 따라서 극한값은 존재하지 않는다.

(2) $w \equiv \lim\limits_{x+yi \to 0} \dfrac{2xy}{x^2+y^2}$ 이라 가정하면

$$0 = \lim\limits_{\substack{x=0 \\ y \to 0}} \dfrac{2xy}{x^2+y^2} = w = \lim\limits_{\substack{y=kx \\ x \to 0}} \dfrac{2xy}{x^2+y^2} = \lim\limits_{x \to 0} \dfrac{2kx^2}{(1+k^2)x^2}$$

$$= \dfrac{2k}{1+k^2} = \begin{cases} 0 & k=0 \\ 1 & k=1 \end{cases}$$

이 되어 모순이다. 따라서 극한값은 존재하지 않는다.

유 제 2

다음 복소함수의 극한이 존재하는 것은?

① $\displaystyle\lim_{x+yi \to 0} \frac{x+2yi}{x+yi}$ ② $\displaystyle\lim_{x+yi \to 0} \frac{2x^2}{x^2+ixy}$

③ $\displaystyle\lim_{x+yi \to 0} \frac{2xyi}{x^2+iy^2}$ ④ $\displaystyle\lim_{z \to 0} \frac{1}{e^{1/z}-1}$

⑤ $\displaystyle\lim_{x+iy \to 0} \frac{xyi}{x+yi}$

[정 답] ⑤

[풀 이] ① $\displaystyle\lim_{\substack{x=0 \\ y \to 0}} \frac{x+2yi}{x+yi} = 2 \neq 1 = \lim_{\substack{y=0 \\ x \to 0}} \frac{x+2yi}{x+yi}$

② $\displaystyle\lim_{\substack{y=0 \\ x \to 0}} \frac{2x^2}{x^2+ixy} = 2 \neq \frac{2}{1+i} = \lim_{\substack{y=x \\ x \to 0}} \frac{2x^2}{x^2+ixy}$

③ $\displaystyle\lim_{\substack{y=0 \\ x \to 0}} \frac{2xyi}{x^2+iy^2} = 0 \neq \frac{2i}{1+i} \lim_{\substack{y=x \\ x \to 0}} \frac{2xyi}{x^2+iy^2}$

④ $\displaystyle\lim_{\substack{y=0 \\ x \to 0+}} \frac{1}{e^{\frac{1}{x+iy}}-1} = 0 \neq -1 = \lim_{\substack{y=0 \\ x \to 0-}} \frac{1}{e^{\frac{1}{x+iy}}-1}$

⑤ $\varepsilon > 0$에 대하여 $\delta := \varepsilon$이라 두자. 그러면

$0 < |x+iy| < \delta$

$\Rightarrow \left| \dfrac{xyi}{x+yi} \right| = \dfrac{|xyi|}{|x+yi|} \leq \begin{cases} \dfrac{|xyi|}{|x|} = |yi| & x \neq 0 \\ \dfrac{|xyi|}{|yi|} = |x| & y \neq 0 \end{cases}$

$\leq |x+yi| < \delta = \varepsilon.$

$\therefore \exists \displaystyle\lim_{x+iy \to 0} \frac{xyi}{x+yi} = 0.$

1.4. 초등함수(elementary functions)

도 입

실함수 $f(x)=e^x$는 실수의 집합에서 양의 실수의 집합으로의 전단사함수이고, 그것은 지수법칙

$$e_1^x e_2^x = e^{x_1+x_2}$$

를 만족한다. 또 그의 도함수는 자기 자신이고 그것은 다음과 같은 멱급수전개를 갖는다.

$$e^x = 1 + x + \frac{x^2}{2!} + \frac{x^3}{3!} + \cdots$$

복소함수

$$f(z) = e^z = e^{x+iy} (z = x+iy \in \mathbb{C})$$

를 정의하는데 있어서 우리는 그에 대응되는 실함수의 중요한 성질들을 그대로 보존하고 싶다. 만일 지수법칙이 성립해야 한다면

$$e^z = e^{x+iy} = e^x e^{iy}$$

이 되어야한다. 이제 e^{iy}에 대한 합리적인 정의를 만들어야한다. 만일 e^{iy}를 e^x와 똑같은 식으로 멱급수전개가 가능했다면 다음과 같이 될 것이다.

$$e^{iy} = 1 + iy + \frac{(iy)^2}{2!} + \frac{(iy)^3}{3!} + \cdots \quad ①$$

①을 실수부와 허수부로 분리하면,

$$e^{iy} = \left(1 - \frac{y^2}{2!} + \frac{y^4}{4!} - \cdots\right)$$
$$+ i\left(y - \frac{y^3}{3!} + \frac{y^5}{5!} - \cdots\right) \cdots ②$$
$$= \cos y + i \sin y$$

이므로 이것을 정의로 택하기로 한다.

NOTE

형식불역의 원리란 기존의 수 체계에서 인정된 성질(형식)은 그대로 유지(불역)한 체 수의 체계를 확장하는 대수적 구조의 확장 원리이다.

[수학교육학신론(황혜정외 5인)]

NOTE

(1) 두 집합 A, $B(\subset \mathbb{C})$와 f가 A에서 B로의 **이항관계**(binary relation) (즉, $f \subset A \times B$) 에 대하여

① f가 하나의 $z \in A$에 대하여 정확히 하나의 $w \in B$가 대응될 때 f를 **일가함수**(single-valued function)(혹은 **함수**(function))이라 하고,

② f가 하나의 $z \in A$에 대하여 둘 이상의 $w \in B$가 대응될 때 f를 **다가함수**(multi-valued function) 이라 한다.

(2) ① $\ln : (0, \infty) \to \mathbb{R}$ (일가)함수, $\log : \mathbb{C} \setminus \{0\} \to \mathbb{C}$ 다가함수, $\text{Log} : \mathbb{C} \setminus \{0\} \to \mathbb{C}$ (일가)함수.

② $x \in \mathbb{R} \setminus \{0\}$에 대하여
$$\text{Log}(x) = \begin{cases} \ln(x) & (x>0) \\ \ln(-x) + \pi i & (x<0) \end{cases}$$

③ 다가함수 $\log$의 편각을 반개구간 $((2k-1)\pi, (2k+1)\pi]\,(k \in \mathbb{Z})$ 로 줄이면 일가함수가 되고 이것을 $\log$의 하나의 **분지**(branch)라 한다.

특히 $k=0$ (즉, 편각이 $(-\pi, \pi]$)일 때의 분지(branch)를 $\log$의 **주분지**(principal branch)라 하고 Log라 표기한다. 이때,
$$\log z = \text{Log}\, z + 2n\pi i \ (n \in \mathbb{Z})$$
이다.

정 의 6

$z = x + iy \in \mathbb{C}\,(x, y \in \mathbb{R})$에 대하여 다음을 정의한다.

(1) $e^z := e^{x+iy} := e^x(\cos y + i \sin y)$

(2) $\sin z := \dfrac{e^{iz} - e^{-iz}}{2i}$, $\cos z := \dfrac{e^{iz} + e^{-iz}}{2}$, $\tan z := \dfrac{\sin z}{\cos z}$,

$\sec z := \dfrac{1}{\cos z}$, $\csc z := \dfrac{1}{\sin z}$, $\cot z := \dfrac{\cos z}{\sin z}$.

(3) $\sinh z := \dfrac{e^z - e^{-z}}{2}$, $\cosh z := \dfrac{e^z + e^{-z}}{2}$,

$\tanh z := \dfrac{\sinh z}{\cosh z}$.

(4) ① $\log z := \ln |z| + i \arg(z)$: 다가함수(multiple valued function),

② $\text{Log}\, z := \ln |z| + i \text{Arg}(z)$: (일가)함수(single valued function).

(5) ① $z^c := \exp(c \log z)\,(c \in \mathbb{C},\ z \neq 0)$: 다가함수,

② z^c의 주분지 $:= \exp(c \text{Log}(z))$: (일가)함수

정 리 10 (지수함수의 성질)

$z = x + iy$, $w = u + iv \in \mathbb{C}$에 대하여

(1) $e^{z+w} = e^z e^w$

(2) ① $|e^z| = e^x$ ② $\arg(e^z) = y + 2n\pi\ (n \in \mathbb{Z})$

(3) $e^z \neq 0$

(4) $e^z = 1 \Leftrightarrow z = 2n\pi i\ (n \in \mathbb{Z})$

(5) $e^z = e^w \Leftrightarrow z = w + 2n\pi i\ (n \in \mathbb{Z})$

(6) $e^{z + 2n\pi i} = e^z\ (n \in \mathbb{Z})$

증 명

(1) $e^{z+w} = e^{(x+y)+i(y+v)} = e^{x+u}(\cos(y+v) + i\sin(y+v))$
$= (e^x(\cos y + i \sin y))(e^u(\cos v + i \sin v)) = e^z e^w$.

(2) ① $|e^z| = |e^x(\cos y + i \sin y)| = |e^x||\cos y + i \sin y| = e^x$.

② $e^z = e^x(\cos y + i \sin y)$이므로 $\arg(e^z) = y + 2n\pi\ (n \in \mathbb{Z})$.

(3) $|e^z| = e^x > 0$ 이므로 $e^z \neq 0$.

(4) $e^z = 1 \Leftrightarrow e^x(\cos y + i \sin y) = 1 (= e^0(\cos 0 + i \sin 0))$
$\Leftrightarrow x = 0,\ y = 0 + 2n\pi i(n \in \mathbb{Z})$
$\Leftrightarrow z = x + iy = 0 + 2n\pi i(n \in \mathbb{Z})$.

I.4 초등함수   I. 복소수계와 복소함수   37

(5) $e^z = e^w \Leftrightarrow e^{z-w} = 1$ 이므로 (4)에 의해 $z - w = 2n\pi i (n \in \mathbb{Z})$.

(6) $e^{z+2n\pi i} = e^z e^{2n\pi i} = e^z$.

정 리 11-1 (삼각함수의 성질1)

$z, z_1, z_2 \in \mathbb{C}$ 에 대하여 다음이 성립한다.

(1) $\sin\left(\dfrac{\pi}{2} - z\right) = \cos z$

(2) ① $\sin z = 0 \Leftrightarrow z = n\pi (n \in \mathbb{Z})$,

② $\cos z = 0 \Leftrightarrow z = \dfrac{2n+1}{2}\pi \ (n \in \mathbb{Z})$

(3) ① $\sin : \mathbb{C}$ 상에서 비유계   ② $\cos : \mathbb{C}$ 상에서 비유계

(4) $\sin^2 z + \cos^2 z = 1$

(5) $\sin(z_1 + z_2) = \sin z_1 \cos z_2 + \cos z_1 \sin z_2$,

$\cos(z_1 + z_2) = \cos z_1 \cos z_2 - \sin z_1 \sin z_2$,

$\tan(z_1 + z_2) = \dfrac{\tan z_1 + \tan z_2}{1 - \tan z_1 \tan z_2}$.

(6) $\sin(-z) = -\sin z$, $\cos(-z) = \cos z$, $\tan(-z) = -\tan z$

(7) $\sin(2z) = 2\sin z \cos z$, $\cos(2z) = \cos^2 z - \sin^2 z$,

$\tan(2z) = \dfrac{2\tan z}{1 - \tan^2 z}$.

NOTE

$z, z_1, z_2 \in \mathbb{C}$ 일 때

(1) 3배각공식

① $\sin 3z = 3\sin z - 4\sin^3 z$

② $\cos 3z = 4\cos^3 z - 3\cos z$

(2) 반각공식

① $\sin^2 \dfrac{z}{2} = \dfrac{1 - \cos z}{2}$

② $\cos^2 \dfrac{z}{2} = \dfrac{1 + \cos z}{2}$

③ $\tan^2 \dfrac{z}{2} = \dfrac{1 - \cos z}{1 + \cos z}$

(3) $\lim\limits_{z \to 0} \dfrac{\sin z}{z} = 1 = \lim\limits_{z \to 0} \dfrac{\tan z}{z}$

(4) 실함수의 성질인 다음은 일반적으로 성립하지 않는다.

① $|\sin z| \leq 1 \ (\forall z \in \mathbb{C})$

② $|\cos z| \leq 1 \ (\forall z \in \mathbb{C})$

($\because$) 루빌의 정리

증 명

(1) $\sin\left(\dfrac{\pi}{2} - z\right) = \dfrac{1}{2i}(e^{i(\frac{\pi}{2}-z)} - e^{-i(\frac{\pi}{2}-z)}) = \dfrac{1}{2i}(e^{\frac{\pi}{2}i}e^{-iz} - e^{-\frac{\pi}{2}i}e^{iz})$

$\qquad = \dfrac{1}{2}(e^{iz} + e^{-iz}) = \cos z$.

(2) ① $\sin z = 0 \Leftrightarrow \dfrac{1}{2i}(e^{iz} - e^{-iz}) = 0$

$\qquad \Leftrightarrow 1 = e^{2iz}(= e^{-2y}(\cos 2x + i\sin 2x))$

$\qquad \Leftrightarrow e^{-2y} = 1, \ 2x = 0 + 2n\pi \ (n \in \mathbb{Z})$

$\qquad \Leftrightarrow z = x + iy = n\pi + 0 \cdot i = n\pi \ (n \in \mathbb{Z})$.

② $\cos z = 0 \Leftrightarrow -1 = e^{2iz}(= e^{-2y}(\cos 2x + i\sin 2x))$

$\qquad \Leftrightarrow -2y = 0, \ 2x = \pi + 2n\pi \ (n \in \mathbb{Z})$

$\qquad \Leftrightarrow z = x + iy = \dfrac{\pi}{2} + n\pi \ (n \in \pi)$.

(3) ① $|\sin(in)| = \frac{1}{2}|e^{-n} - e^{n}| = \frac{1}{2}(e^{n} - e^{-n}) \xrightarrow{n \uparrow \infty} \infty$.

[다른 방법](루빌의 정리를 이용)

② $\left|\cos\left(\frac{\pi}{2} - in\right)\right| = |\sin(in)|$
$$= \frac{1}{2}|e^{-n} - e^{n}| = \frac{1}{2}(e^{n} - e^{-n}) \xrightarrow{n \uparrow \infty} \infty.$$

(4) $\sin^2 z + \cos^2 z = \left(\frac{e^{iz} - e^{-iz}}{2i}\right)^2 + \left(\frac{e^{iz} + e^{-iz}}{2}\right)^2$
$$= -\frac{1}{4}(e^{2iz} - 2 + e^{-2iz}) + \frac{1}{4}(e^{2iz} + 2 + e^{-2iz}) = 1.$$

(5) ① $\sin z_1 \cos z_2 + \cos z_1 \sin z_2$
$$= \frac{e_1^{iz} - e_1^{-iz}}{2i} \frac{e_2^{iz} + e_2^{-iz}}{2} + \frac{e_1^{iz} + e_1^{-iz}}{2} \frac{e_2^{iz} - e_2^{-iz}}{2i}$$
$$= \frac{1}{4i}(2e_1^{iz}e_2^{iz} - 2e_1^{-iz}e_2^{-iz})$$
$$= \frac{e^{i(z_1+z_2)} - e^{-i(z_1+z_2)}}{2i} = \sin(z_1 + z_2).$$

② $\cos z_1 \cos z_2 - \sin z_1 \sin z_2$
$$= \frac{e_1^{iz} + e_1^{-iz}}{2} \frac{e_2^{iz} + e_2^{-iz}}{2} - \frac{e_1^{iz} - e_1^{-iz}}{2i} \frac{e_2^{iz} - e_2^{-iz}}{2i}$$
$$= \frac{1}{4}(2e_1^{iz}e_2^{iz} + 2e_1^{-iz}e_2^{-iz})$$
$$= \frac{e^{i(z_1+z_2)} + e^{-i(z_1+z_2)}}{2} = \cos(z_1 + z_2).$$

③ $\tan(z_1 + z_2) = \frac{\sin(z_1 + z_2)}{\cos(z_1 + z_2)} = \frac{\sin z_1 \cos z_2 + \cos z_1 \sin z_2}{\cos z_1 \cos z_2 - \sin z_1 \sin z_2}$
$$= \frac{\frac{\sin z_1}{\cos z_1} + \frac{\sin z_2}{\cos z_2}}{1 - \frac{\sin z_1}{\cos z_1} \frac{\sin z_2}{\cos z_2}} = \frac{\tan z_1 + \tan z_2}{1 - \tan z_1 \tan z_2}.$$

(6) ① $\sin(-z) = \frac{e^{-iz} - e^{iz}}{2i} = -\frac{e^{iz} - e^{-iz}}{2i} = -\sin z$.

② $\cos(-z) = \frac{e^{-iz} + e^{iz}}{2} = \frac{e^{iz} + e^{-iz}}{2} = \cos z$.

③ $\tan(-z) = \frac{\sin(-z)}{\cos(-z)} = \frac{-\sin z}{\cos z} = -\tan z$.

(7) (5)에서 $z_1 = z_2 = z$라 하면 자명하다.

정 리 11-2 (삼각함수의 성질 2)
$z=x+iy\in\mathbb{C}$ 에 대하여 다음이 성립한다.
(1) ① $\sin(iy)=i\sinh y$ ② $\cos(iy)=\cosh y$
(2) ① $\sin z=\sin(x+iy)=\sin x\cosh y+i\cos x\sinh y$
② $\cos z=\cos(x+iy)=\cos x\cosh y-i\sin x\sinh y$
(3) ① $\sin\bar{z}=\overline{\sin z}$ ② $\cos\bar{z}=\overline{\cos z}$
(4) ① $|\sin z|^2=\sin^2 x+\sinh^2 y$ ② $|\cos z|^2=\cos^2 x+\sinh^2 y$

정 리 12 (쌍곡선함수의 성질)
(1) $\cosh^2 z-\sinh^2 z=1$
(2) ① $\sinh(z_1+z_2)=\sinh z_1\cosh z_2+\cosh z_1\sinh z_2$.
② $\cosh(z_1+z_2)=\cosh z_1\cosh z_2+\sinh z_1\sinh z_2$.
(3) ① $\cosh(-z)=\cosh z$, ② $\sinh(-z)=-\sinh z$.

증 명

(1) $\cosh^2 z-\sinh^2 z=\left(\dfrac{e^z+e^{-z}}{2}\right)^2-\left(\dfrac{e^z-e^{-z}}{2}\right)^2=1$.

(2) ① $\sinh z_1\cosh z_2+\cosh z_1\sinh z_2$
$=\dfrac{e^{z_1}-e_1^{-z}}{2}\dfrac{e_2^z+e_2^{-z}}{2}+\dfrac{e_1^z+e_1^{-z}}{2}\dfrac{e_2^z-e_2^{-z}}{2}$
$=\dfrac{e^{z_1+z_2}-e^{-(z_1+z_2)}}{2}=\sinh(z_1+z_2)$.

② $\cosh z_1\cosh z_2+\sinh z_1\sinh z_2$
$=\dfrac{e^{z_1}+e_1^{-z}}{2}\dfrac{e_2^z+e_2^{-z}}{2}+\dfrac{e_1^z-e_1^{-z}}{2}\dfrac{e_2^z-e_2^{-z}}{2}$
$=\dfrac{e^{z_1+z_2}+e^{-(z_1+z_2)}}{2}=\cosh(z_1+z_2)$.

(3) ① $\cosh(-z)=\dfrac{e^{-z}+e^z}{2}=\dfrac{e^z+e^{-z}}{2}=\cosh z$,

② $\sinh(-z)=\dfrac{e^{-z}-e^z}{2}=-\dfrac{e^z-e^{-z}}{2}=-\sinh z$.

NOTE (Log의 성질)

Log는 일반적으로 아래의 성질을 만족하지 않는다.
(1) $\text{Log}(z_1 z_2) = \text{Log}(z_1) + \text{Log}(z_2)$
(2) $\text{Log}(z_1/z_2) = \text{Log}(z_1) - \text{Log}(z_2)$
($\because$)
(1) $z_1 = -1 + i,\ z_2 = i$
(2) $z_1 = -1,\ z_2 = -i$

정 리 13 (log의 성질)
(1) $\log(z_1 z_2) = \log z_1 + \log z_2$ (2) $\log(z_1/z_2) = \log z_1 - \log z_2$

증 명

(1) $\log(z_1 z_2) = \text{Log}|z_1 z_2| + i\arg(z_1 z_2)$,
$\log z_1 + \log z_2 = \text{Log}|z_1| + \text{Log}|z_2| + i(\arg z_1 + \arg z_2)$
$= \text{Log}|z_1 z_2| + i(\arg z_1 + \arg z_2)$.

정리4에 의해 $\arg(z_1 z_2) = \arg(z_1) + \arg(z_2)$ 이므로
$\log(z_1 z_2) = \log z_1 + \log z_2$.

(2) $\log(z_1/z_2) = \text{Log}|z_1/z_2| + i\arg(z_1/z_2)$
$= \text{Log}|z_1| - \text{Log}|z_2| + i\arg(z_1/z_2)$,
$\log z_1 - \log z_2 = \text{Log}|z_1| + i\arg(z_1) - \text{Log}|z_2| - i\arg(z_2)$
$= \text{Log}|z_1| - \text{Log}|z_2| + i(\arg(z_1) - \arg(z_2))$.

정리4에 의해 $\arg\left(\dfrac{z_1}{z_2}\right) = \arg(z_1) - \arg(z_2)$ 이므로
$\log(z_1/z_2) = \log z_1 - \log z_2$.

보 기 4

다음 초등함수의 값을 구하시오.
(1) $\log(-1)$ (2) $\log i$
(3) $\sin i$ (4) $e^{\pi i}$

풀 이

(1) $\log(-1) = \ln|-1| + i\arg(-1)$
$= \ln 1 + i(2n+1)\pi = i(2n+1)\pi\ (n \in \mathbb{Z})$.

(2) $\log i = \ln|i| + i\arg(i) = \ln 1 + i\left(\dfrac{\pi}{2} + 2n\pi\right) = i\left(\dfrac{\pi}{2} + 2n\pi\right)$
$(n \in \mathbb{Z})$.

(3) $\sin i = \dfrac{e^{i^2} - e^{-i^2}}{2i} = \dfrac{e^{-1} - e}{2i} = \dfrac{1}{2}\left(e - \dfrac{1}{e}\right)i$.

(4) $e^{\pi i} = e^{0 + \pi i} = e^0(\cos\pi + i\sin\pi) = 1(-1) = -1$.

I.4 초등함수

예 제 8
다음 초등함수의 값을 구하시오.
(1) $(-1)^i$ (2) $\sec i$
(3) i^i

풀 이

(1) $(-1)^i = \exp(i\log(-1))$
$\qquad = \exp(i(i(2n+1)\pi))$
$\qquad = e^{-(2n+1)\pi} \ (n \in \mathbb{Z}).$

(2) $\sec i = \dfrac{1}{\cos i} = \dfrac{2}{e^{i^2}+e^{-i^2}} = \dfrac{2}{e^{-1}+e} = \dfrac{2e}{e^2+1}.$

(3) $i^i = \exp(i\log i)$
$\qquad = \exp\left(i\left(\ln 1 + i\left(\dfrac{\pi}{2}+2n\pi\right)\right)\right)$
$\qquad = e^{-\left(\frac{\pi}{2}+2n\pi\right)} \ (n \in \mathbb{Z}).$

유 제 4
다음 초등함수의 값을 구하시오.
(1) $3^{\frac{1}{2}}$ (2) $(1+i)^i$ (3) $\tan i$
(4) $\log(-1)$ (5) $\text{Log}(2)$ (6) $\text{Log}(-2)$

풀 이

(1) $3^{\frac{1}{2}} = \exp\left(\frac{1}{2}\log 3\right) = \exp\left(\frac{1}{2}(\ln 3 + 2n\pi i)\right)(n \in \mathbb{Z})$
$= e^{\frac{1}{2}\ln 3}(\cos(n\pi) + i\sin(n\pi))(n \in \mathbb{Z})$
$= e^{\ln\sqrt{3}}(\pm 1) = \pm\sqrt{3}$.

(2) $(1+i)^i = \exp(i\log(1+i))$
$= \exp(i(\ln\sqrt{2} + i(\pi/4 + 2n\pi)))$
$= \exp(i\ln\sqrt{2} - (\pi/4 + 2n\pi)) \ (n \in \mathbb{Z})$.

(3) $\tan i = \frac{\sin i}{\cos i} = \frac{e^2 - 1}{e^2 + 1}i$.

(4) $\log(-1) = \ln|-1| + i\arg(-1)$
$= 0 + i(\pi + 2n\pi)(n \in \mathbb{Z})$
$= i(2n+1)\pi$.

(5) $\text{Log}(2) = \ln 2 + 0 \cdot i = \ln 2$.

(6) $\text{Log}(-2) = \ln 2 + \pi i$.

예 제 9-1

다음 방정식을 만족하는 모든 복소수 z를 $a + bi(a, b \in \mathbb{R})$의 꼴로 나타내시오.

(1) $e^z = \sqrt{3} - i$ (2) $\cos z = 2$ (3) $\text{Log } z = 1 + i$

풀 이

(1) $z = x + iy(x, y \in \mathbb{R})$이라 두자. 그러면
$e^z = \sqrt{3} - i$
$\Leftrightarrow e^x(\cos y + i\sin y) = 2(\cos(-\pi/6) + i\sin(-\pi/6))$
$\Leftrightarrow x = \ln 2, \ y = 2n\pi - \frac{\pi}{6}(n \in \mathbb{Z})$
$\Leftrightarrow z = \ln 2 + i\left(2n\pi - \frac{\pi}{6}\right)(n \in \mathbb{Z})$.

I.4 초등함수

(2) $z = x+iy(x,\ y\in\mathbb{R})$이라 두자. 그러면
$\cos z = 2$
$\Leftrightarrow 2 = \dfrac{1}{2}(e^{iz}+e^{-iz})$
$\Leftrightarrow 4 = w+1/w \ (w := e^{iz} = e^{-y}(\cos x+i\sin x))$
$\Leftrightarrow w^2-4w+1 = 0$
$\Leftrightarrow w = 2\pm\sqrt{3} = 2\pm\sqrt{3}(\cos 0+i\sin 0)$
$\Leftrightarrow y = -\ln(2\pm\sqrt{3}),\ x = 2n\pi(n\in\mathbb{Z})$
$\Leftrightarrow z = x+iy$
$\quad = 2n\pi + i\ln(2\pm\sqrt{3})(n\in\mathbb{Z})$.

(3) $\mathrm{Log}\,z = \ln|z|+i\mathrm{Arg}(z)$이다. 따라서
$\mathrm{Log}\,z = 1+i \Leftrightarrow \ln|z|=1,\ \mathrm{Arg}(z)=1$
$\qquad\qquad\quad \Leftrightarrow |z|=e,\ \mathrm{Arg}(z)=1.$
따라서 $z = e(\cos 1+i\sin 1)$.

NOTE
(1) $2+\sqrt{3} = \dfrac{1}{2-\sqrt{3}}$
(2) $\ln(2+\sqrt{3}) = -\ln(2-\sqrt{3})$
(수정완료)

예 제 9-2
다음 방정식을 만족하는 모든 복소수 z를 $a+bi(a,\ b\in\mathbb{R})$의 꼴로 나타내시오.
(1) $\sin z = \cosh(4)$　　　　(2) $\cos(2z) = 1+\cos^2 z$

풀 이
(1) $z = x+iy$에 대하여
$\cosh(4) = \sin z (= \sin x\cosh y+i\cos x\sinh y)$
$\Leftrightarrow \begin{cases}\sin x\cosh y = \cosh(4)\left(=\dfrac{e^4+e^{-4}}{2}\right) & \cdots\ \text{①} \\ \cos x\sinh y = \quad 0 & \cdots\ \text{②}\end{cases}$
$\Leftrightarrow \begin{cases}\sin x\cosh y = \cosh(4)\left(=\dfrac{e^4+e^{-4}}{2}\right) & \cdots\ \text{①} \\ \cos x = 0\ \cdots\ \text{②}' \ \text{혹은}\ \sinh y = 0\ \cdots\ \text{②}''\end{cases}$.

(i) $\sinh y = 0$인 경우(즉, $y=0$),
$\quad 1 < \dfrac{e^4+e^{-4}}{2} = \cosh(4) = \sin x\cosh y = \sin x\in[-1,1]$
이므로 모순이다.

(ii) $\cos x = 0$인 경우(즉, $x = \dfrac{\pi}{2}+n\pi\ (n\in\mathbb{Z})$),
$(0<)\cosh(4) = \sin x\cosh y = \pm\cosh y = \pm\dfrac{e^y+e^{-y}}{2}$.
따라서 구하는 해는

$$z = x+iy = \left(\frac{\pi}{2}+2n\pi\right) \pm 4i \, (n \in \mathbb{Z}).$$

(2) $z = x+iy$에 대하여
$$1+\cos^2 z = \cos(2z)(= 2\cos^2 z - 1)$$
$$\Leftrightarrow \pm\sqrt{2} = \cos z \,(= \cos x \cosh y - i \sin x \sinh y)$$
$$\Leftrightarrow \begin{cases} \sin x \sinh y = 0 & \cdots \text{①} \\ \cos x \cosh y = \pm\sqrt{2} & \cdots \text{②} \end{cases}.$$

(i) $\sinh y = 0$인 경우(즉, $y=0$),
$$\pm\sqrt{2} = \cos x \cosh y = \cos x \in [-1, 1]$$
이므로 모순이다.

(ii) $\sin x = 0$인 경우(즉, $x = n\pi \, (n \in \mathbb{Z})$),
$$\pm\sqrt{2} = \cos x \cosh y = \pm \cosh y = \pm \frac{e^y + e^{-y}}{2}$$
이므로 $e^y = \sqrt{2} \pm 1$, $y = \ln(\sqrt{2} \pm 1)$.
따라서 구하는 해는
$$z = x+iy = n\pi + i\ln(\sqrt{2} \pm 1) \, (n \in \mathbb{Z}).$$

유 제 5

다음 방정식을 만족하는 모든 복소수 z를 $a+bi(a, b \in \mathbb{R})$의 꼴로 나타내시오.
(1) $e^{2z} - 2e^z + 2 = 0$ (2) $\sin z = i$

풀 이

(1) $e^{2z} - 2e^z + 2 = 0$
$\Leftrightarrow e^z = 1+i \cdots$ ① 혹은 $e^z = 1-i \cdots$ ②
①에서 $z = x+iy(x, y \in \mathbb{R})$이라 두면
$e^x(\cos y + i \sin y) = e^z = 1+i = \sqrt{2}(\cos(\pi/4) + i\sin(\pi/4))$
$\therefore z = x+iy = \ln\sqrt{2} + i(\pi/4 + 2n\pi) \, (n \in \mathbb{Z})$
②에서 $z = x+iy(x, y \in \mathbb{R})$이라 두면
$e^x(\cos y + i \sin y) = e^z = 1-i$
$= \sqrt{2}(\cos(-\pi/4) + i(\sin(-\pi/4))$
$\therefore z = x+iy = \ln\sqrt{2} + i(-\pi/4 + 2n\pi)(n \in \mathbb{Z})$

(2) $z = x+iy(x, y \in \mathbb{R})$이라 두자. 그러면
$\sin z = i$
$\Leftrightarrow i = \dfrac{1}{2i}(e^{iz} - e^{-iz})$
$\Leftrightarrow -2 = w - 1/w \quad (w := e^{iz} = e^{-y}(\cos x + i \sin x))$
$\Leftrightarrow w^2 + 2w - 1 = 0$
$\Leftrightarrow w = -1 \pm \sqrt{2} = \begin{cases} (-1+\sqrt{2})(\cos 0 + i \sin 0) \\ (1+\sqrt{2})(\cos \pi + i \sin \pi) \end{cases}$
$\Leftrightarrow x = 2n\pi,\ y = -\ln(-1+\sqrt{2})$
   혹은 $x = (2n+1)\pi,\ y = -\ln(1+\sqrt{2}) \quad (n \in \mathbb{Z})$
$\Leftrightarrow z = x + iy z = 2n\pi + i \ln(1+\sqrt{2})$
   혹은 $z = (2n+1)\pi + i \ln(-1+\sqrt{2}) \quad (n \in \mathbb{Z})$.

2. 해석함수(analytic function)

2.1. 복소함수의 미분과 해석함수

도 입

실함수 f와 그의 원시함수 F에 대하여 미적분학의 기본정리를 받아들여

$$\int_a^a f(x)dx = F(a) - F(a) = 0 \text{ (단, } a \in \mathbb{R})$$

와 같이 자연스럽게 정의할 수 있다. 이것은 <u>적분구간의 시작과 끝이 같으면 적분값이 0</u>임을 뜻한다. 이와 같은 실적분의 성질은 시점과 종점이 같은 곡선(단순폐곡선)에 대한 복소선적분의 성질로 확장될 수 있는데 그것은 다음과 같다.

[단순연결영역에서의 Cauchy-Goursat의 정리]
복소평면상의 단순연결영역 D와 $f: D \to \mathbb{C}$에 대하여
(i) $f: D$에서 해석적
(ii) $C: D$내부의 단순폐곡선
이면 $\int_C f(z)dz = 0$이다.

이제 이 정리의 가정에 있는 복소함수의 해석성(analyticity)에 대해 알아보자.

정 의 7

영역 $D(\subset \mathbb{C})$, $f: D \to \mathbb{C}$, $z_0 \in D$에 대하여

(1) $f: z = z_0$에서 **미분가능**(differentiable)

$\overset{\text{정의}}{\Leftrightarrow} \exists \lim_{z \to z_0} \dfrac{f(z) - f(z_0)}{z - z_0} (=: f'(z_0))$

$\Leftrightarrow \exists \lim_{\Delta z \to 0} \dfrac{f(z_0 + \Delta z) - f(z_0)}{\Delta z} (=: f'(z_0))$

(2) ① $f: z = z_0$에서 **해석적**(analytic)
   (혹은 해석가능, 정칙(holomorphic))

$\overset{\text{정의}}{\Leftrightarrow} \exists \varepsilon > 0 \text{ s.t. } f: B(z_0, \varepsilon)(\subset D)$에서 미분가능

$\Leftrightarrow \exists \varepsilon > 0 \text{ s.t. } f(z) = \sum_{n=0}^{\infty} \dfrac{f^{(n)}(z_0)}{n!}(z - z_0)^n (\forall z \in B(z_0, \varepsilon))$

(즉, f는 z_0의 적당한 근방에서 <u>테일러급수전개(=해석)</u>가능하다.)
(($\because$) 복소함수에 관한 테일러정리(정리41(1))).

NOTE
(1) ① 해석점
  =미분가능점집합의 내점
② 해석점의 집합
  = Int(미분가능점의 집합)
(2) $z_0 (\in \mathbb{C}): f$의 **특이점**
      (singular point)
$\Leftrightarrow f: z_0$에서 해석적이지 않다.

2.1 복소함수의 미분과 해석함수

② $f : D$ 에서 해석적(analytic)
$\overset{정의}{\Leftrightarrow}$ D의 모든 점에서 해석적
$\Leftrightarrow$ D의 모든 점에서 미분가능 ($(\because)$ 영역 D는 개집합이다.)

(3) $f : D = \mathbb{C} \to \mathbb{C}$ 에 대하여
  f : 정함수(entire function)
$\overset{정의}{\Leftrightarrow}$ $f : \mathbb{C}$ 상에서 해석적 (즉, $\forall z \in \mathbb{C}$, $f : z$ 에서 해석적)
$\Leftrightarrow$ $f : \mathbb{C}$ 상에서 미분가능 (즉, $\forall z \in \mathbb{C}$, $f : z$ 에서 미분가능)

정 리 14 (복소함수의 미분공식 1)
두 미분가능함수 f, g와 복소상수 c 에 대하여 다음이 성립한다.

(1) $\dfrac{d}{dz} c = 0$ (2) $\dfrac{d}{dz} z = 1$

(3) $\dfrac{d}{dz}(c f(z)) = c f'(z)$ (4) $\dfrac{d}{dz}(z^n) = n z^{n-1}$

(5) $\dfrac{d}{dz}(f(z) + g(z)) = f'(z) + g'(z)$

(6) $\dfrac{d}{dz}(f(z) g(z)) = f'(z) g(z) + f(z) g'(z)$

(7) $\dfrac{d}{dz}\left(\dfrac{f(z)}{g(z)}\right) = \dfrac{f'(z) g(z) - f(z) g'(z)}{(g(z))^2}$

(8) $\dfrac{d}{dz}(f \circ g)(z) = f'(g(z)) \cdot g'(z)$: 연쇄율(chain rule)

증 명 (실해석학 정리30의 증명과 같다.)

정 리 15 (로피탈의 법칙(L'Hospital's law))
두 복소함수 f, g에 대하여
(i) f, $g : z_0$의 근방에서 미분가능
(ii) $\exists \lim\limits_{z \to z_0} \dfrac{f'(z)}{g'(z)}$ (iii) $\lim\limits_{z \to z_0} f(z) = \lim\limits_{z \to z_0} g(z) = 0$

이면 $\exists \lim\limits_{z \to z_0} \dfrac{f(z)}{g(z)} = \dfrac{f'(z_0)}{g'(z_0)}$ 이다.

증 명 (실해석학 정리36의 증명과 같다.)

> **보 기 5**
> $f:\mathbb{C} \to \mathbb{C}$ 가 다음과 같이 주어질 때 f의 미분가능점과 해석적인 점을 찾으시오.
> (1) $f(z) = \overline{z}$ (2) $f(z) = |z|^2$

풀 이
(1) $f : z_0 (\in \mathbb{C})$에서 미분가능이라 가정하면
$$\exists f'(z_0) = \lim_{\Delta z \to 0} \frac{\overline{(z_0 + \Delta z)} - \overline{z_0}}{\Delta z} = \lim_{\Delta z \to 0} \frac{\overline{\Delta z}}{\Delta z}.$$
복소함수의 극한값은 경로에 상관없이 일정하므로
$\Delta z := \Delta x + i\Delta y$라 할 때
$$f'(z_0) = \lim_{\substack{\Delta z \to 0 \\ \Delta y = 0}} \frac{\overline{\Delta z}}{\Delta z} = \lim_{\Delta x \to 0} \frac{\Delta x}{\Delta x} = 1,$$
$$f'(z_0) = \lim_{\substack{\Delta z \to 0 \\ \Delta x = 0}} \frac{\overline{\Delta z}}{\Delta z} = \lim_{\Delta y \to 0} \frac{-i\Delta y}{i\Delta y} = -1.$$
따라서 $1 = f'(z_0) = -1$이 되어 모순이다. 그러므로 복소평면상의 모든 점에서 미분불능이고 해석적인 점도 없다.

(2) (ⅰ) $z = x + iy (\neq 0)$에서 미분가능이라 가정하면
$$\exists f'(z) = \lim_{\Delta z \to 0} \frac{f(z + \Delta z) - f(z)}{\Delta z}.$$
$\Delta z = \Delta x + i\Delta y$라 할 때
$$f'(z) = \lim_{\substack{\Delta y = 0 \\ \Delta z \to 0}} \frac{(2x + \Delta x)\Delta x + (2y + \Delta y)\Delta y}{\Delta x + i\Delta y} = 2x,$$
$$f'(z) = \lim_{\substack{\Delta x = 0 \\ \Delta z \to 0}} \frac{(2x + \Delta x)\Delta x + (2y + \Delta y)\Delta y}{\Delta x + i\Delta y} = -2yi.$$
따라서 $2x = f'(z_0) = -2yi$가 되어 $z = x + iy (\neq 0)$라는 가정에 모순이다.

(ⅱ) $z = x + iy = 0$일 때
$$\frac{f(z + \Delta z) - f(z)}{\Delta z} = \frac{\Delta x^2 + \Delta y^2}{\Delta x + i\Delta y} = \frac{\Delta z \overline{\Delta z}}{\Delta z}$$
이고 $\exists \lim_{\Delta z \to 0} \frac{\Delta z \overline{\Delta z}}{\Delta z} = 0 = f'(z) = f'(0)$이다.

$((\because))$ $\varepsilon > 0$에 대하여, $\delta = \varepsilon$이라고 하면

$$0 < |\Delta z - 0| < \delta \implies \left|\frac{\Delta z \overline{\Delta z}}{\Delta z} - 0\right| = |\overline{\Delta z}| = |\Delta z| < \delta = \varepsilon)$$

그러므로 f는 $z = 0$에서만 미분가능이고 해석적인 점은 없다.

보 기 6

다음 복소함수의 극한을 구하시오.

(1) $\lim\limits_{z \to i} \dfrac{z^{10} + 1}{z^6 + 1}$ (2) $\lim\limits_{z \to 0} (\cos z)^{1/z^2}$

풀 이

(1) $f(z) = z^{10} + 1$, $g(z) = z^6 + 1$이라고 두면, $f(i) = g(i) = 0$이고 f, g는 i에서 해석적이므로 로피탈의 공식에 의하여

$$\lim_{z \to i} \frac{z^{10} + 1}{z^6 + 1} = \lim_{z \to i} \frac{10z^9}{6z^5} = \lim_{z \to i} \frac{5}{3} z^4 = \frac{5}{3}.$$

(2) $f(z) = Log \cos z$, $g(z) = z^2$이라고 두면, $f(0) = g(0) = 0$이고 f, g는 0에서 해석적이므로 로피탈의 공식에 의하여

$$\lim_{z \to 0} \frac{Log \cos z}{z^2} = \lim_{z \to 0} -\frac{\tan z}{2z} = -\frac{1}{2}.$$

따라서, $\lim\limits_{z \to 0} (\cos z)^{1/z^2} = e^{-\frac{1}{2}}$이다.

2.2. 코쉬-리만의 방정식

NOTE
(1) 코쉬-리만의 방정식을 이용하면 미분가능성(혹은 해석가능성)을 편리하게 확인 할 수 있다.
(2) ($\not\Leftarrow$) 반례 $f : \mathbb{C} \to \mathbb{C}$,
$$f(z) = \begin{cases} \dfrac{xy^2}{x^2+y^2}, & z=x+iy \neq 0 \\ 0, & z=x+iy=0 \end{cases}$$
$f : z=0$에서 코쉬-리만의 방정식을 만족하지만 미분불능이다. 따라서 ①의 ($\Leftarrow$)방향은 ㉠, ㉡을 만족할 때 성립한다.
(3) 실함수와 복소함수의 비교

	실함수	복소함수
수열 극한의 존재성	부분수열 판정법	부분수열 판정법
함수 극한의 존재성	좌우극한의 비교 (방법)	극한경로의 비교 (방법)
미분가능성	좌우미분 계수의 비교	코쉬-리만의 방정식 (x축, y축)

정 리 16 (직교형식에 대한 코쉬-리만의 정리)
영역 $D(\subset \mathbb{C})$, $z_0 = x_0 + iy_0 \in D$와 함수
$$f : D \to \mathbb{C}, \ f(x+iy) = u(x,y) + iv(x,y)$$
에 대하여`
(1) $\underline{u_x, u_y, v_x, v_y\text{가 } z_0\text{의 근방에서 존재하고 } z_0\text{에서 연속(*)}}$일 때
$\curvearrowright$ 항상 성립
$f : z=z_0$에서 미분가능 $\Leftrightarrow u_x|_{z=z_0} = v_y|_{z=z_0}, \ v_x|_{z=z_0} = -u_y|_{z=z_0}$.
$\curvearrowleft$ (*)를 만족할 때 성립(코쉬-리만의 방정식)
(2) f가 $z=z_0$에서 미분가능일 때
$$f'(z_0) = u_x + iv_x|_{z=z_0} \left(= \left.\frac{\partial f}{\partial x}\right|_{z=z_0}\right)$$
$$= v_y - iu_y|_{z=z_0} \left(= -i\left.\frac{\partial f}{\partial y}\right|_{z=z_0}\right).$$

증 명
(1) ($\Rightarrow$) $f : z=z_0(=x_0+iy_0)$에서 미분가능이면
$$\exists f'(z_0) = \lim_{\Delta z \to 0} \frac{f(z_0+\Delta z) - f(z_0)}{\Delta z}$$
$$= \begin{cases} \lim\limits_{\substack{\Delta x \to 0 \\ \Delta y = 0}} \dfrac{f(z_0+\Delta z) - f(z_0)}{\Delta z} =: ㉮ \\ \lim\limits_{\substack{\Delta y \to 0 \\ \Delta x = 0}} \dfrac{f(z_0+\Delta z) - f(z_0)}{\Delta z} =: ㉯ \end{cases}$$

(즉, ㉮$= f'(z_0) = $㉯).
$$㉮ = \lim_{\Delta x \to 0} \frac{(u(x_0+\Delta x, y_0) - u(x_0, y_0)) + i(v(x_0+\Delta x, y_0) - v(x_0, y_0))}{\Delta x}$$
$$= u_x + iv_x|_{z=z_0} \left(= \left.\frac{\partial f}{\partial x}\right|_{z=z_0}\right).$$
$$㉯ = \lim_{\Delta y \to 0} \frac{(u(x_0, y_0+\Delta y) - u(x_0, y_0)) + i(v(x_0, y_0+\Delta y) - v(x_0, y_0))}{i\Delta y}$$
$$= -i(u_y + iv_y)|_{z=z_0}$$
$$= v_y - iu_y|_{z=z_0} \left(= -i\left.\frac{\partial f}{\partial y}\right|_{z=z_0}\right).$$
㉮와 ㉯의 실수부와 허수부를 비교하면 코쉬-리만의 방정식을 얻는다.
(2) (1)에 의해 자명하다.

2.2 코쉬-리만의 방정식

정 리 17 (극형식에 대한 코쉬-리만의 정리)
영역 $D(\subset \mathbb{C})$, $z_0 = r_0 e^{i\theta_0} \in D \setminus \{0\}$와 함수
$$f : D \to \mathbb{C},\ f(re^{i\theta}) = u(r, \theta) + iv(r, \theta)\ (r \neq 0)$$
에 대하여

(1) $u_r,\ u_\theta,\ v_r,\ v_\theta$가 z_0의 근방에서 존재하고 z_0에서 연속(*)일 때
$f : z = z_0$에서 미분가능 ↶ 항상 성립
$$\Leftrightarrow u_r|_{z=z_0} = \frac{1}{r} v_\theta \bigg|_{z=z_0},\ v_r|_{z=z_0} = -\frac{1}{r} u_\theta \bigg|_{z=z_0}.$$
↶ (*)를 만족할 때 성립(코쉬-리만의 방정식)

(2) f가 $z = z_0$에서 미분가능할 때
$$f'(z_0) = e^{-i\theta}(u_r + iv_r)|_{z=z_0} \left(= e^{-i\theta} \frac{\partial f}{\partial r} \bigg|_{z=z_0} \right)$$
$$= \frac{1}{r} e^{-i\theta} (v_\theta - iu_\theta) \bigg|_{z=z_0} \left(= -\frac{i}{r} e^{-i\theta} \frac{\partial f}{\partial \theta} \bigg|_{z=z_0} \right).$$

NOTE
$$\frac{d}{dz} = \begin{cases} \dfrac{\partial}{\partial x} = -i \dfrac{\partial}{\partial y} & (\text{직교형식}) \\ e^{-i\theta} \dfrac{\partial}{\partial r} = -\dfrac{i}{r} e^{-i\theta} \dfrac{\partial}{\partial \theta} & (\text{극형식}) \end{cases}$$

증 명

(1) ($\Rightarrow$) $z = x + iy = r\cos\theta + ir\sin\theta$에서

(i) $x = r\cos\theta$에서 $\dfrac{\partial x}{\partial r} = \cos\theta$, $\dfrac{\partial x}{\partial \theta} = -r\sin\theta$,

　　$y = r\sin\theta$에서 $\dfrac{\partial y}{\partial r} = \sin\theta$, $\dfrac{\partial y}{\partial \theta} = r\cos\theta$.

(ii) $z = z_0$에서

㉠ $u_r - \dfrac{1}{r} v_\theta = \dfrac{\partial u}{\partial r} - \dfrac{1}{r} \dfrac{\partial v}{\partial \theta}$

$\qquad = \dfrac{\partial u}{\partial x} \dfrac{\partial x}{\partial r} + \dfrac{\partial u}{\partial y} \dfrac{\partial y}{\partial r} - \dfrac{1}{r} \left(\dfrac{\partial v}{\partial x} \dfrac{\partial x}{\partial \theta} + \dfrac{\partial v}{\partial y} \dfrac{\partial y}{\partial \theta} \right)$

　　(($\because$) 다변수함수의 연쇄법칙)

$\qquad = \cos\theta \left(\dfrac{\partial u}{\partial x} - \dfrac{\partial v}{\partial y} \right) + \sin\theta \left(\dfrac{\partial u}{\partial y} + \dfrac{\partial v}{\partial x} \right)$

$\qquad = 0.$

　　(($\because$) 직교형식에 대한 코쉬-리만의 정리에 의해
　　　　$u_x = v_y,\ u_y = -v_x$).

㉡ $v_r + \dfrac{1}{r} u_\theta = \dfrac{\partial v}{\partial r} + \dfrac{1}{r} \dfrac{\partial u}{\partial \theta}$

$\qquad = \dfrac{\partial v}{\partial x} \dfrac{\partial x}{\partial r} + \dfrac{\partial v}{\partial y} \dfrac{\partial y}{\partial r} + \dfrac{1}{r} \left(\dfrac{\partial u}{\partial x} \dfrac{\partial x}{\partial \theta} + \dfrac{\partial u}{\partial y} \dfrac{\partial y}{\partial \theta} \right)$

　　(($\because$) 다변수함수의 연쇄법칙)

$$= \cos\theta\left(\frac{\partial v}{\partial x} + \frac{\partial u}{\partial y}\right) + \sin\theta\left(\frac{\partial v}{\partial y} - \frac{\partial u}{\partial x}\right) = 0.$$

$((\because)$ 직교형식에 대한 코쉬-리만의 정리에 의해
$$u_x = v_y,\ u_y = -v_x).$$

$$\therefore u_r = \frac{1}{r}v_\theta,\ v_r = -\frac{1}{r}u_\theta.$$

(2) $z = x + iy = r\cos\theta + ir\sin\theta$ 에서

(i) $r = \sqrt{x^2 + y^2},\ \theta = \tan^{-1}\left(\frac{y}{x}\right)$

$$\frac{\partial r}{\partial x} = \frac{\partial}{\partial x}\left(\sqrt{x^2+y^2}\right) = \frac{x}{\sqrt{x^2+y^2}} = \frac{x}{r} = \cos\theta,$$

$$\frac{\partial \theta}{\partial x} = \frac{\partial}{\partial x}\left(\tan^{-1}\left(\frac{y}{x}\right)\right) = -\frac{y}{x^2+y^2} = -\frac{1}{r}\cdot\frac{y}{r} = -\frac{1}{r}\sin\theta.$$

(ii) $z = z_0$ 에서

$$u_x = \frac{\partial u}{\partial x} = \frac{\partial u}{\partial r}\frac{\partial r}{\partial x} + \frac{\partial u}{\partial \theta}\frac{\partial \theta}{\partial x}$$

$$= u_r\cos\theta + (-rv_r)\cdot\left(-\frac{1}{r}\sin\theta\right) = \cos\theta u_r + \sin\theta v_r,$$

$$v_x = \frac{\partial v}{\partial x} = \frac{\partial v}{\partial r}\frac{\partial r}{\partial x} + \frac{\partial v}{\partial \theta}\frac{\partial \theta}{\partial x}$$

$$= v_r\cos\theta + ru_r\cdot\left(-\frac{1}{r}\sin\theta\right)$$

$$= \cos\theta v_r - \sin\theta u_r.$$

따라서 직교형식의 미분공식에 의해

$$\begin{aligned}f'(z_0) &= u_x + iv_x\big|_{z=z_0} \\ &= (\cos\theta - i\sin\theta)u_r + (-i\sin\theta + \cos\theta)iv_r\big|_{z=z_0} \\ &= (\cos(-\theta) + i\sin(-\theta))(u_r + iv_r)\big|_{z=z_0} \\ &= e^{-i\theta}(u_r + iv_r)\big|_{z=z_0} \\ &= \frac{1}{r}e^{-i\theta}(v_\theta - iu_\theta)\big|_{z=z_0}.\end{aligned}$$

예 제 10

다음 함수의 미분가능인 점과 해석적인 점을 찾고 도함수를 구하시오.
(1) $f(z) = z^2$
(2) $f(z) = |z|^2$
(3) $f(z) = \dfrac{1}{z}$
(4) $f(z) = e^z$

풀 이

(1) $z = x + yi \, (x, y \in \mathbb{R})$에 대하여
$$u(x, y) := x^2 - y^2, \quad v(x, y) := 2xy$$
라 두면 $f(z) = x^2 - y^2 + 2xyi = u(x, y) + iv(x, y)$이다. 함수
$$u_x = 2x, \; u_y = -2y, \; v_x = 2y, \; v_y = 2x$$
는 $\mathbb{C}$에서 연속이다. 또한 임의의 $z = x + yi \in \mathbb{C}$에 대하여
$$u_x = 2x = v_y, \; v_x = 2y = -u_y$$
를 만족하므로, f는 $\mathbb{C}$ 상의 모든 점에서 미분가능이고, $\mathbb{C}$ 상의 모든 점에서 해석적이다. f의 도함수는
$$f'(z) = u_x + iv_x = (2x) + i(2y) = 2z.$$

(2) $z = x + yi \; (x, y \in \mathbb{R})$에 대하여,
$$u(x, y) := x^2 + y^2, \; v(x, y) := 0$$
라 두면 $f(z) = x^2 + y^2 + 0\,i = u(x, y) + iv(x, y)$이다. 함수
$$u_x = 2x, \; u_y = 2y, \; v_x = 0, \; v_y = 0$$
는 $\mathbb{C}$에서 연속이다. 따라서
$f : z(= x + iy)$에서 미분가능
$\Leftrightarrow u_x(= 2x) = v_y(= 0), \; v_x(= 0) = -u_y(= -2y)$
$\Leftrightarrow z = x + iy = 0.$
그러므로 f는 0에서만 미분가능이고 해석적인 점은 없다. 따라서
$$f'(0) = 2x + 0\,i \,|_0 = 0.$$

(3) $z = re^{i\theta}$에 대하여
$$u(r, \theta) := \dfrac{1}{r}\cos\theta, \; v(r, \theta) := -\dfrac{1}{r}\sin\theta$$
라 두면 $f(z) = \dfrac{1}{r}(\cos\theta - i\sin\theta) = u(r, \theta) + iv(r, \theta)$이다. 함수
$$u_r = -\dfrac{1}{r^2}\cos\theta, \; u_\theta = -\dfrac{1}{r}\sin\theta, \; v_r = \dfrac{1}{r^2}\sin\theta, \; v_\theta = -\dfrac{1}{r}\cos\theta$$
는 $z \neq 0$에서 연속이다. 따라서
$f : z = re^{i\theta}$에서 미분가능

08년시행모의평가

복소함수에 대한 설명으로 옳은 것을 <보기>에서 모두 고른 것은? [2점]

<보 기>
ㄱ. 함수 $f(z) = \text{Log}(z+3)$은 영역 $D = \{z \mid z = x + iy, \, x > -2, \, y > -1\}$에서 해석적(analytic)이다.
(단, $\text{Log}(z+3)$은 $z + 3 = re^{i\theta}$라 할 때, $r > 0$, $-\pi < \theta < \pi$인 범위에서 정의된 함수이다.)
ㄴ. 모든 복소수 $z = x + iy(x, y$는 실수)에 대하여 $f'(z) = xy^3$인 정함수 (entire function) f는 존재하지 않는다.
ㄷ. 복소평면에 어떤 단일폐곡선 C가 있다. 함수 $f(z)$가 곡선 C와 그 내부에서 연속이고
$$\int_C f(z)dz = 0$$
이라 하면, $f(z)$는 C의 내부에서 해석적이다.

① ㄴ   ② ㄱ, ㄴ   ③ ㄱ, ㄷ
④ ㄴ, ㄷ   ⑤ ㄱ, ㄴ, ㄷ

$$\Leftrightarrow u_r\left(=-\frac{1}{r^2}\cos\theta\right)=\frac{1}{r}v_\theta\left(=-\frac{1}{r^2}\cos\theta\right),$$
$$v_r\left(=\frac{1}{r^2}\sin\theta\right)=-\frac{1}{r}u_\theta\left(=\frac{1}{r^2}\sin\theta\right)$$
$\Leftrightarrow z\neq 0$.

그러므로 f는 $z\neq 0$인 모든 점에서 미분가능이고 해석적이다. f의 도함수는
$$f'(z)=-\frac{1}{r^2}(\cos 2\theta - i\sin 2\theta)(z\neq 0).$$

(4) $z=x+yi(x,\ y\in\mathbb{R})$이라 할 때
$$u(x,y):=e^x\cos y,\ v(x,y):=e^x\sin y$$
라 두면 $f(x+yi)=u(x,y)+iv(x,y)$이다. 함수
$$u_x=e^x\cos y,\ u_y=-e^x\sin y,\ v_x=e^x\sin y,\ v_y=e^x\cos y$$
는 모두 $\mathbb{C}$에서 연속이다. 또한 임의의 $z=x+yi\in\mathbb{C}$에 대하여
$$u_x=e^x\cos y=v_y,\ v_x=e^x\sin y=-u_y$$
를 만족하므로, f는 $\mathbb{C}$ 상의 모든 점에서 미분가능이고, $\mathbb{C}$ 상의 모든 점에서 해석적이다. f의 도함수는
$$f'(z)=u_x+iv_x=e^x(\cos y+i\sin y)=e^z.$$

유 제 6

다음 복소수 중 복소함수 $f(z) = z\,\text{Im}(z)^2$가 미분가능인 점은?
① $z = 1 + 2i$　　② $z = 1 - i$
③ $z = 3 + 4i$　　④ $z = -2$
⑤ $z = \sqrt{2} + \sqrt{3}\,i$

[정 답] ④
풀 이

$$u(x, y) := xy^2, \quad v(x, y) := y^3$$

이라 두자. 그러면 $f(z) = xy^2 + iy^3 = u(x, y) + iv(x, y)$에 대하여

$$u_x = y^2, \ u_y = 2xy, \ v_x = 0, \ v_y = 3y^2$$

은 $\mathbb{C}$ 상에서 연속이다.
따라서 f가 $z = x + iy$에서 미분가능
$\Leftrightarrow \begin{cases} u_x = y^2 = 3y^2 = v_y \\ v_x = 0 = -2xy = -u_y \end{cases}$
$\Leftrightarrow \begin{cases} x \in \mathbb{R} \\ y = 0 \end{cases}$
$\Leftrightarrow z = x + 0i \in \mathbb{R}$.

유 제 7

(1) 다음 함수
$$f(z) = x + 1 + ayi \quad (z = x + iy \in \mathbb{C})$$
가 복소평면 전체에서 해석적이 되도록 실수 상수 a를 구하시오.
(2) 다음 함수
$$f(z) = e^x \cos ay + ie^x \sin(y + b) + c \quad (단, z = x + iy)$$
가 복소평면 전체에서 해석적이 되도록 실수 상수 a, b, c를 구하시오.

12년시행기출
두 실수 a와 b에 대하여 복소함수
$$f(x + iy) = (x^3 - 2axy - bxy^2) \\ + i(2x^2 - ay^2 + bx^2y - y^3)$$
$(x, y$는 실수$)$
가 정함수(entire function)일 때, $a^2 + b^2$의 값은? [1.5점]
① 10　② 13　③ 17　④ 18　⑤ 20

풀 이

(1) $u(x,y) := x+1,\ v(x,y) := ay$
이라 두자. 그러면 $f(z) = x+1+ayi = u(x,y)+iv(x,y)$에 대하여
$$u_x = 1,\ u_y = 0,\ v_x = 0,\ v_y = a$$
은 $\mathbb{C}$ 상에서 연속이다.
따라서 f가 $\mathbb{C}$ 상에서 해석적
  $\Leftrightarrow f$가 $\mathbb{C}$ 상에서 미분가능
  $\Leftrightarrow \begin{cases} 1 = u_x = v_y = a \\ 0 = v_x = -u_y = 0 \end{cases} (\forall z = x+iy \in \mathbb{C})$.
  $\Leftrightarrow a = 1$.

(2) $u(x,y) := e^x \cos ay + c,\ v(x,y) := e^x \sin(y+b)$
이라 두자. 그러면
$$f(z) = e^x \cos ay + ie^x \sin(y+b) + c = u(x,y) + iv(x,y)$$
에 대하여
$$u_x = e^x \cos ay,\ u_y = ae^x \sin(ay),\ v_x = e^x \sin(y+b),$$
$$v_y = e^x \cos(y+b)$$
은 $\mathbb{C}$ 상에서 연속이다.
따라서 f가 $\mathbb{C}$ 상에서 해석적
  $\Leftrightarrow f$가 $\mathbb{C}$ 상에서 미분가능
  $\Leftrightarrow \begin{cases} e^x \cos ay = u_x = v_y = e^x \cos(y+b) \cdots ① \\ e^x \sin(y+b) = v_x = -u_y = ae^x \sin(ay) \cdots ② \end{cases}$
    $(\forall z = x+iy \in \mathbb{C})$.
②에서 $a=1$ 혹은 $a=-1$이다.
$a=1$인 경우, ①에 의해 $b = 2n\pi\ (n \in \mathbb{Z})$,
$a=-1$인 경우, ①에 의해 $b = 2n\pi\ (n \in \mathbb{Z})$, c는 임의의 실수이다.

2.2 코쉬-리만의 방정식

예 제 11

영역 D에서 정의된 복소함수
$$f : D \to \mathbb{C}$$
에 대하여 다음 물음에 답하시오.
(1) $f(z)$와 $\overline{f(z)}$가 D에서 동시에 해석적이면 f는 상수함수임을 보이시오.
(2) $f(z)$가 D에서 해석적이고 $|f(z)|$가 상수함수이면 $f(z)$는 상수함수임을 보이시오.

풀 이

(1) $f = u + iv$라 할 때 f가 해석적이므로
$$u_x = v_y, \ v_x = -u_y \cdots ①,$$
$\overline{f} = u - iv$가 해석적이므로
$$u_x = (-v)_y, \ (-v)_x = -u_y \cdots ②.$$
①, ②를 풀면 $u_x = u_y = v_x = v_y = 0$이므로 u와 v는 상수이다.
그러므로 $f = u + iv$는 상수함수이다.

(2) $|f(z)| = c$(복소상수)라 할 때
(i) $c = 0$인 경우, $|f(z)| = 0$이므로 $f(z) \equiv 0$.
(ii) $c \neq 0$인 경우, $f(z) = u(x,y) + iv(x,y)$는 D에서 해석적이고
$$(u(x,y))^2 + (v(x,y))^2 = c^2$$
이므로 양변을 각각 x, y에 관하여 편미분하면
$$u\frac{\partial u}{\partial x} + v\frac{\partial v}{\partial x} = 0 \cdots ①, \ u\frac{\partial u}{\partial y} + v\frac{\partial v}{\partial y} = 0 \cdots ②$$
함수 $f(z) = u + iv$는 D에서 해석적이므로 코쉬-리만의 방정식을 적용하면
$$\frac{\partial u}{\partial x} = \frac{\partial v}{\partial y}, \ \frac{\partial v}{\partial x} = -\frac{\partial u}{\partial y}$$
이고, 이를 ①, ②에 대입하면
$$u\frac{\partial u}{\partial x} - v\frac{\partial u}{\partial y} = 0 \cdots ①', \ u\frac{\partial u}{\partial y} + v\frac{\partial u}{\partial x} = 0 \cdots ②'$$
①', ②'에서 $\dfrac{\partial u}{\partial y}$를 소거하면
$$0 = (u^2 + v^2)\frac{\partial u}{\partial x} = c^2 \frac{\partial u}{\partial x} \text{이므로 } \frac{\partial u}{\partial x} = 0.$$
같은 방법으로 $\dfrac{\partial u}{\partial y} = \dfrac{\partial v}{\partial x} = \dfrac{\partial v}{\partial y} = 0$임을 알 수 있다. 따라서 영역

NOTE

(1) 영역 $D(\subset \mathbb{C})$와
$$f : D \to \mathbb{C}, \ f = u + iv$$
에 대하여
① f : D에서 미분가능
 $\Leftrightarrow f$: D에서 해석적
 $\Leftrightarrow f$: D에서 C^∞ 함수
 $\Rightarrow u, v$: D에서 C^∞ 함수
② ㉠ u : D에서 상수
 $\Leftrightarrow u_x = u_y = 0 \ (\forall z \in D)$
㉡ v : D에서 상수
 $\Leftrightarrow v_x = v_y = 0 \ (\forall z \in D)$

(2) **실함수와 복소함수의 비교**
① $f : I = (a, b)$(개구간) $\to \mathbb{R}$
가 연속일 때
 $|f| : I$에서 상수 $\Leftrightarrow f : I$에서 상수.
② $f : D$(영역$\subset \mathbb{C}) \to \mathbb{C}$
가 연속일 때
 $|f| : D$에서 상수 $\neq f : D$에서 상수.
$(\because)$
반례 : $f(z) = e^{iy} (z = x + iy \in \mathbb{C})$.

D에서 $\dfrac{\partial u}{\partial x} = \dfrac{\partial u}{\partial y} = \dfrac{\partial v}{\partial x} = \dfrac{\partial v}{\partial y} = 0$ 이므로 $f(z) = u + iv$는 상수함수이다.

※ 최대절댓값정리(Ⅰ)을 이용한 풀이도 가능하다.

04년시행기출
복소평면 $\mathbb{C}$ 안의 영역(domain) D에서 정의된 함수 $f : D \to \mathbb{C}$가 해석적(analytic)이고, 모든 $z \in D$에 대해
$$\text{Im} f(z) = 2\text{Re} f(z)$$
가 성립한다. $f(z)$는 D에서 상수임을 보이시오. [5점]

유 제 8

복소평면 $\mathbb{C}$ 안의 영역 D에서 정의된 함수
$$f(x+yi) = u(x, y) + iv(x, y) : D \to \mathbb{C}$$
가 D에서 해석적일 때 다음을 만족하는 함수 $f(z)$는 D에서 상수함수임을 보이시오.
$$u(x, y) + v(x, y) = 2 \,(\forall\, x+yi \in D)$$

풀 이

$x + yi \in D$에 대하여, f가 D에서 해석적이므로 코쉬-리만의 방정식
$$u_x = v_y \cdots ①, \quad v_x = -u_y \cdots ②$$
을 만족한다.
한편, $u(x, y) + v(x, y) = 2$을 x와 y에 관하여 편미분하면
$$u_x + v_x = 0 \cdots ③, \quad u_y + v_y = 0 \cdots ④$$
①, ②, ③, ④를 연립해서 풀면, $u_x = u_y = v_x = v_y = 0$
∴ f는 D에서 상수함수이다.

10년시행기출
복소수 $z = x + iy$ (x, y는 실수)에 대한 정함수(entire function)
$$f(z) = u(x, y) + iv(x, y)$$
가 다음 조건을 만족시킬 때 $f(-1+i)$의 값은? [2점]
(단, u와 v는 실숫값 함수이다.)

(가) 임의의 복소수 $z = x + iy$에 대하여
$$\dfrac{\partial u}{\partial x} + \dfrac{\partial v}{\partial y} = 0 \text{ 이다.}$$
(나) $f(1) = 0$, $f(i) = 1 + i$

① $1 - i$ ② $1 + i$ ③ $1 - 2i$
④ $1 + 2i$ ⑤ $2 - i$

NOTE
(1) 주어진 복소함수가 <u>상수함수임을 확인하는 것은 어떤 의미를 가질까?</u>
예를 들어 $f : \mathbb{C} \to \mathbb{C}$에 대하여
$$\dfrac{f(z)}{e^z} : \text{상수함수}(\equiv c) \Leftrightarrow f(z) = ce^z\,(\forall z)$$
$$\Rightarrow f(z) = f'(z) = f''(z) = \cdots \,(\forall z \in \mathbb{C})$$
(즉, f의 성질 $\fallingdotseq$ e^z의 성질)

(2) <u>상수함수임을 확인하는 방법</u>
① 코쉬-리만의 정리
② 코쉬의 부등식
③ 루빌의 정리
④ 최대최소절댓값 정리
⑤ 항등정리

정리 18 (복소함수의 미분공식 2)

(1) ① $\dfrac{d}{dz}z^n = nz^{n-1}$ ② $\dfrac{d}{dz}e^z = e^z$

(2) $\dfrac{d}{dz}\sin z = \cos z$, $\dfrac{d}{dz}\cos z = -\sin z$

(3) $\dfrac{d}{dz}\sinh z = \cosh z$, $\dfrac{d}{dz}\cosh z = \sinh z$

$\dfrac{d}{dz}\tanh z = \operatorname{sech}^2 z$, $\dfrac{d}{dz}\coth z = -\operatorname{csch}^2 z$

$\dfrac{d}{dz}\operatorname{sech} z = -\operatorname{sech} z \tanh z$, $\dfrac{d}{dz}\operatorname{csch} z = -\operatorname{csch} z \coth z$

(4) ① $\operatorname{Log} : D = \mathbb{C} \setminus \{z \in \mathbb{C} \mid \operatorname{Re}(z) \leq 0, \operatorname{Im}(z) = 0\} \to \mathbb{C}$,
$\operatorname{Log}(z) = \ln r + i\theta$
(단, $r = |z|$, $\theta = \operatorname{Arg}(z) \in (-\pi, \pi)$)

에 대하여

㉠ $\operatorname{Log} : D$에서 해석적, ㉡ $\dfrac{d}{dz}\operatorname{Log}(z) = \dfrac{1}{z}$ ($z \in D$).

② 고정된 실수 $\alpha(\in \mathbb{R})$에 대하여
$\log : D = \{z \in \mathbb{C} \mid \arg(z) \neq \alpha + 2n\pi \ (n \in \mathbb{Z}), z \neq 0\} \to \mathbb{C}$,
$\log(z) = \ln r + i\theta$
(단, $r = |z|$, $\theta = \operatorname{Arg}(z) + (\pi + \alpha) \in (\alpha, 2\pi + \alpha)$)

에 대하여

㉠ $\log : D$에서 해석적, ㉡ $\dfrac{d}{dz}\log(z) = \dfrac{1}{z}$ ($z \in D$).

증 명

(1) ① 코쉬-리만의 정리에 의해
$$\dfrac{d}{dz}z^n = \dfrac{\partial}{\partial x}(x+iy)^n = n(x+iy)^{n-1}\dfrac{\partial}{\partial x}(x+iy) = nz^{n-1}.$$

② 코쉬-리만의 정리에 의해
$$\dfrac{d}{dz}e^z = \dfrac{\partial}{\partial x}e^x(\cos y + i\sin y) = e^x(\cos y + i\sin y) = e^z.$$

(2) (3) 코쉬-리만의 정리에 의해 성립한다.

(4) ① (i) $u := \ln r$, $v := \theta$라 두면,
$$u_r = \dfrac{1}{r}, \ u_\theta = 0, \ v_r = 0, \ v_\theta = 1$$

은 D상에서 연속이다.

(ii) $u_r = \dfrac{1}{r} = \dfrac{1}{r}v_\theta$, $v_r = 0 = -\dfrac{1}{r}u_\theta$ ($\forall z = re^{i\theta} \in D$)

따라서 $\operatorname{Log}(z) = u + iv$는 D에서 미분가능이고 해석적이다.

② $f'(z) = \dfrac{1}{e^{i\theta}}(u_r + iv_r) = \dfrac{1}{e^{i\theta}}(\dfrac{1}{r} + i \cdot 0) = \dfrac{1}{re^{i\theta}} = \dfrac{1}{z}$ ($\forall z \in D$).

2.3. 조화함수(harmonic function)

정 의 8

영역 $D(\subset \mathbb{C})$에 대하여

(1) $h: D \to \mathbb{R}$ s.t.

(i) D에서 연속인 1계, 2계 편도함수를 가지고(즉, D에서 C^2)

(ii) D에서 $h_{xx} + h_{yy} = 0$(라플라스 방정식(Laplace equation))

$\overset{정의}{\Leftrightarrow} h$: D에서 조화적(harmonic)

혹은 조화함수(harmonic function)

(2) $u, v : D \to \mathbb{R}$ 에 대하여

v : u의 조화공액함수(harmonic conjugate function)

$\overset{정의}{\Leftrightarrow} f(x+yi) = u(x, y) + iv(x, y)$: D에서 해석적

$\Leftrightarrow$ (i) u, v : 조화함수이고

(ii) D에서 $u_x = v_y$, $v_x = -u_y$.

(즉, u, v가 D에서 코쉬-리만의 방정식을 만족)

NOTE

(1) 복소미분연산자

$$\frac{d}{dz} = \begin{cases} \dfrac{\partial}{\partial x} = -i\dfrac{\partial}{\partial y} \\ \qquad \text{(직교형식)} \\ e^{-i\theta}\dfrac{\partial}{\partial r} = -\dfrac{i}{r}e^{-i\theta}\dfrac{\partial}{\partial \theta} \\ \qquad \text{(극형식)} \end{cases}$$

$$\frac{d^2}{dz^2} = \begin{cases} \dfrac{\partial}{\partial x}\dfrac{\partial}{\partial x} = \dfrac{\partial^2}{\partial x^2} \\ (-i)\dfrac{\partial}{\partial y}\dfrac{\partial}{\partial x} = (-i)\dfrac{\partial^2}{\partial y \partial x} \\ (-i)\dfrac{\partial}{\partial x}\dfrac{\partial}{\partial y} = (-i)\dfrac{\partial^2}{\partial x \partial y} \\ (-i)^2\dfrac{\partial}{\partial y}\dfrac{\partial}{\partial y} = -\dfrac{\partial^2}{\partial y^2} \end{cases}$$

(2) $f : D(영역)(\subset \mathbb{C}) \to \mathbb{C}$, $f = u + iv$가 해석적일 때

$$f'(z) = \begin{cases} \dfrac{\partial f(z)}{\partial x} \\ -i\dfrac{\partial f(z)}{\partial y} \end{cases}.$$

따라서

$f''(z)$
$= (f'(z))'$
$= \begin{cases} \dfrac{\partial}{\partial x}\dfrac{\partial f}{\partial x} = \dfrac{\partial^2 f}{\partial x^2} = \dfrac{\partial^2 u}{\partial x^2} + i\dfrac{\partial^2 v}{\partial x^2} \\ -i\dfrac{\partial}{\partial y}\left(-i\dfrac{\partial f}{\partial y}\right) = -\dfrac{\partial^2 f}{\partial y^2} \\ \qquad = \left(-\dfrac{\partial^2 u}{\partial y^2}\right) + i\left(-\dfrac{\partial^2 v}{\partial y^2}\right) \end{cases}$

두 식을 비교하면

$\dfrac{\partial^2 u}{\partial x^2} + \dfrac{\partial^2 u}{\partial y^2} = 0$, $\dfrac{\partial^2 v}{\partial x^2} + \dfrac{\partial^2 v}{\partial y^2} = 0$

이다. 따라서

조화함수 = $\begin{cases} \text{해석함수의 실수부} \\ \text{해석함수의 허수부} \end{cases}$

보 기 7

(1) $u(x, y) = x^2 - y^2$는 조화함수임을 보이시오.

(2) $u(x, y) = x^2 - y^2$의 조화공액함수를 구하시오.

풀 이

(1) (i) u는 1계, 2계 편도함수가 존재하고 연속이다.

(ii) $u_{xx} = 2$, $u_{yy} = -2$ 이므로, $u_{xx} + u_{yy} = 0$.

따라서 u는 조화함수이다.

(2) $v(x, y)$를 $u(x, y)$의 조화공액함수라고 하면

$u_x = 2x = v_y \cdots ㉠$, $u_y = -2y = -v_x \cdots ㉡$.

㉠식을 y에 대하여 편적분하면

$v = \int v_y \, dy = \int 2x \, dy = 2xy + c(x)$(단, $c(x)$: y에 대한 상수).

양변을 x에 대하여 편미분하고 ㉡식과 비교하면

$2y + c(x)_x = v_x = 2y$

이므로 $c(x)_x = 0$, $c(x) = c$(실수상수). 따라서

$v(x, y) = 2xy + c$.

예 제 12

복소함수 $f : \mathbb{C} \to \mathbb{C}$가 $\mathbb{C}$ 상에서 해석적일 때 실수상수 a, b와 실함수 $u(x,y)$, $v(x,y)$를 각각 구하시오.
(1) $f(x+yi) = (ax^2 + x - y^2 + 1) + iv(x,y)$
(2) $f(x+yi) = u(x,y) + i(bx^2 - 2xy - 3y^2)$

풀 이

(1) $u(x,y) = ax^2 + x - y^2 + 1$이라고 하자. f가 $\mathbb{C}$ 상에서 해석적이므로, u는 $\mathbb{C}$ 상에서 조화함수이다.
∴ $u_{xx} + u_{yy} = 2a - 2 = 0$ ∴ $a = 1$.
또한 f가 $\mathbb{C}$ 상에서 해석적이므로,
$$u_x = 2x + 1 = v_y \cdots ①, \quad v_x = 2y = -u_y \cdots ②.$$
②식을 x에 대하여 편적분하면
$$v(x,y) = \int v_x dx = \int 2y dx = 2xy + c(y)$$
(단, $c(y)$: x에 대한 상수).
양변을 y에 대하여 편미분하고 ①식과 비교하면
$$2x + c(y)_y = v_y = 2x + 1$$
이므로 $c(y)_y = 1$, $c(y) = y + c$ (단, c는 실수상수이다.)
따라서 $v(x,y) = 2xy + y + c$이다.

(2) $v(x,y) = bx^2 - 2xy - 3y^2$이라고 하자. f가 $\mathbb{C}$ 상에서 해석적이므로, v는 $\mathbb{C}$ 상에서 조화함수이다.
∴ $v_{xx} + v_{yy} = 2b - 6 = 0$ ∴ $b = 3$
f가 $\mathbb{C}$ 상에서 해석적이므로
$$u_x = -2x - 6y = v_y \cdots ③, \quad v_x = 6x - 2y = -u_y \cdots ④.$$
③식을 x에 대하여 편적분하면
$$u(x,y) = \int u_x dx = \int (-2x - 6y) dx = -x^2 - 6xy + c(y).$$
(단, $c(y)$는 y에 대한 식이고 x에 대한 상수이다.)
양변을 y에 대하여 편미분하고 ④식과 비교하면
$$-6x + c(y)_y = u_y = -6x + 2y$$
이므로 $c(y)_y = 2y$, $c(y) = y^2 + c$.(단, c는 실수상수이다.)
따라서 $u(x,y) = -x^2 - 6xy + y^2 + c$이다.

21년시행기출 (21-1)

복소수 $z = x + iy$ (x, y는 실수)에 대한 함수
$$f(z) = e^{-3y}\cos(ax) + bx^2 - 4y^2 + iv(x,y)$$
가 정함수(entire function)가 되도록 하는 양의 실수 a, b의 값과, 이 때의 $f''\left(\dfrac{\pi}{2}\right)$의 값을 각각 풀이 과정과 함께 쓰시오.
(단, $v(x,y)$는 실숫값 함수이다.) [4점]

NOTE

영역 D와 u, v, $w : D \to \mathbb{R}$에 대하여
(1) $v : u$의 조화공액함수
⇔ $-u : v$의 조화공액함수
(2) ① $v : u$의 조화공액
⇔ ∃$k \in \mathbb{R}$ s.t.
   $v + k : u$의 조화공액
② $v, w : u$의 조화공액
⇒ $v - w :$ 상수함수.
(∵)
(1) $v : D$에서 u의 조화공액
⇔ $f = u + iv : D$에서 해석적
⇔ $-if = v + i(-u)$
   : D에서 해석적
⇔ $-u : v$의 조화공액.
(2) ① $v : u$의 조화공액
⇔ $f = u + iv : D$에서 해석적
⇔ $f = (u+iv) + ik = u + i(v+k)$
   : D에서 해석적
⇔ $v + k : u$의 조화공액
② $v, w : u$의 조화공액
⇒ $f = u + iv : D$에서 해석적,
   $g = u + iw : D$에서 해석적
⇒ $f - g = 0 + i(v - w)$
   : D에서 해석적
⇒ $v - w :$ 상수.

예 제 13

두 실함수 $u : D \to \mathbb{R}$, $v : D \to \mathbb{R}$에 대하여 D에서 v가 u의 조화공액함수이다. 그러면 $h = u^2 - v^2$는 D에서 조화적임을 보이시오. (단, D는 $\mathbb{C}$의 개연결집합이다.)

풀 이

(i) $h : D$에서 C^2-함수 ($\because$ $u, v : D$에서 C^2-함수)

(ii) $h_{xx} = (h_x)_x = (2uu_x - 2vv_x)_x$
$\qquad = 2(((u_x)^2 + uu_{xx}) - ((v_x)^2 + vv_{xx}))$,
$h_{yy} = (h_y)_y = 2(uu_y - vv_y)_y$
$\qquad = 2(((u_y)^2 + uu_{yy}) - ((v_y)^2 + vv_{yy}))$.

따라서
$\quad h_{xx} + h_{yy}$
$= 2((u_x)^2 - (v_x)^2 + (u_y)^2 - (v_y)^2) + 2u(u_{xx} + u_{yy}) - 2v(v_{xx} + v_{yy})$
$= 0$

($\because$) 직교형식에 대한 코쉬-리만의 정리에 의해
$$u_x = v_y, \; u_y = -v_x)).$$

[다른 풀이] $v : \mathbb{C}$ 상에서 u의 조화공액
$\Rightarrow f = u + iv : \mathbb{C}$ 상에서 해석적
$\Rightarrow f^2 = (u^2 - v^2) + 2uvi : \mathbb{C}$ 상에서 해석적
$\Rightarrow u^2 - v^2 : \mathbb{C}$ 상에서 조화적.

유 제 9

(1) 실함수 $u(x, y) = y^3 - 3x^2 y$는 복소평면 전체에서 조화적임을 보이고 u의 조화공액함수 $v(x, y)$를 구하시오.

(2) 실함수 $u(x, y) = x^3 + axy^2$이 복소평면 전체에서 조화적이기 위한 실수상수 a와 u의 조화공액함수 $v(x, y)$를 구하시오.

(3) 복소함수
$$f(x + yi) = (ax^2 - y^2 + 3x) + iv(x, y)$$
가 복소평면 전체에서 해석적이기 위한 실수상수 a와 실함수 $v(x, y)$를 구하시오.

(4) 두 실함수 u, v에 대하여 두 복소함수
$$f(x + iy) = u(x, y) + iv(x, y),$$
$$g(x + iy) = v(x, y) + iu(x, y)$$
가 모두 정함수일 때 f와 g는 모두 상수함수임을 보이시오.

97년시행기출
다음 조화함수의 조화공액을 구하여라.[7점]
$$u = \operatorname{Arg}(z) \, (-\pi < \operatorname{Arg}(z) < \pi)$$

16년시행기출
복소수 $z = x + iy$ (x, y는 실수)에 대한 함수
$$f(z) = (x^n y + xy^n + x + y) + iv(x, y)$$
가 $z = 1$에서 해석적(analytic)이 되도록 하는 자연수 n의 값과 이때의 $f'(1)$의 값을 각각 구하시오.
(단, $v(x, y)$는 실숫값 함수이다.) [2점]

2.3 조화함수

풀 이

(1) $u_{xx} + u_{yy} = -6y + 6y = 0 (\forall x+yi \in \mathbb{C})$이므로, u는 $\mathbb{C}$ 상에서 조화적이다. v를 u의 조화공액함수라고 하면
$$u_x = -6xy = v_y \cdots ①, \quad v_x = -3y^2 + 3x^2 = -u_y \cdots ②.$$
②식을 x에 대하여 편적분하면
$$v = \int v_x dx = x^3 - 3xy^2 + c(y) \quad (c(y) : x\text{에 대한 상수}).$$
양변을 y에 대하여 편미분하고 ①식과 비교하면
$-6xy + c(y)_y = v_y = -6xy$이므로 $c(y)_y = 0$, $c(y) = c$(실수상수).
따라서 $v(x, y) = x^3 - 3xy^2 + c$이다.

(2) u가 $\mathbb{C}$ 상에서 조화적이므로
$$u_{xx} + u_{yy} = 6x + 2ax = 0, \quad a = -3.$$
v를 u의 조화공액함수하고 하면
$$u_x = 3x^2 - 3y^2 = v_y \cdots ①, \quad v_x = 6xy = -u_y \cdots ②.$$
②식을 x에 대하여 편적분하면
$$v = \int v_x dx = 3x^2 y + c(y) \quad (c(y) : x\text{에 대한 상수}).$$
양변을 y에 대하여 편미분하고 ①식과 비교하면
$$3x^2 + c(y)_y = v_y = 3x^2 - 3y^2$$
이므로 $c(y)_y = -3y^2$, $c(y) = -y^3 + c$ (c : 실수상수).
따라서 $v(x, y) = 3x^2 y - y^3 + c$이다.

(3) $u(x, y) = ax^2 - y^2 + 3x$라고 하자. f가 $\mathbb{C}$ 상에서 해석적이므로, u는 $\mathbb{C}$ 상에서 조화적이다. 따라서
$$u_{xx} + u_{yy} = 2a - 2 = 0, \quad a = 1.$$
f가 $\mathbb{C}$ 상에서 해석적이므로
$$u_x = 2x + 3 = v_y \cdots ①, \quad v_x = 2y = -u_y \cdots ②.$$
②식을 x에 대하여 편적분하면
$$v = \int v_x dx = 2xy + c(y) \quad (c(y) : x\text{에 대한 상수}).$$
양변을 y에 대하여 편미분하고 ①식과 비교하면
$$2x + c(y)_y = v_y = 2x + 3$$
이므로 $c(y)_y = 3$, $c(y) = 3y + c$(단, c는 실수상수이다.).
따라서 $v(x, y) = 2xy + 3y + c$이다.

(4) v가 u의 조화공액함수이므로
$$u_x = v_y \cdots ①, \quad v_x = -u_y \cdots ②.$$
또한 u가 v의 조화공액함수이므로
$$v_x = u_y \cdots ③, \quad u_x = -v_y \cdots ④.$$
①식과 ④식에서 $u_x = v_y = 0$, ②식과 ③식에서 $v_x = u_y = 0$. 따라서 u와 v는 상수함수이다.

3. 복소선적분
3.1. 복소선적분의 정의

NOTE
곡선
$C : z(t) = x(t) + iy(t)\,(a \leq t \leq b)$
에 대하여
(1) $z(a)$를 시점(initial point), $z(b)$를 종점(terminal point)이라 하고, 시점과 종점이 일치하면 C를 폐곡선(closed curve)이라 한다.
(2) C가 자기 자신과 만나지 않을 때 단순곡선(simple curve)이라 한다.
(3) (1)과 (2)를 동시에 만족하는 곡선을 단순폐곡선 혹은 Jordan 곡선이라 한다.
(4) 단순폐곡선 C가 주어졌을 때 특별한 언급이 없으면 양의 방향(반시계방향)으로 매개화되었음을 뜻한다.
(5) C가 단순폐곡선이면 C의 여집합은 서로 소인 두 영역으로 이루어진다. (Jordan곡선 정리)
이 때, 유계인 영역을 C의 내부라 부르고 유계가 아닌 영역을 C의 외부라 부르며 곡선 C는 각 영역의 경계가 된다.

도 입
(1) 구간에서 정의된 함수의 적분
① 구간에서 정의된 벡터함수의 적분
$f : I = [a, b] \to \mathbb{R}^n$, $f(t) = (f_1(t), f_2(t), \cdots, f_n(t))\,(t \in I)$에 대하여
$$\int_a^b f(t)dt = \int_a^b (f_1(t)e_1 + f_2(t)e_2 + \cdots + f_n(t)e_n)dt$$
$$:= \int_a^b f_1(t)dt\,e_1 + \int_a^b f_2(t)dt\,e_2 + \cdots + \int_a^b f_n(t)dt\,e_n$$
$$= \left(\int_a^b f_1(t)dt, \int_a^b f_2(t)dt, \cdots, \int_a^b f_n(t)dt\right).$$
(단, $e_1 = (1, 0, \cdots, 0)$, $e_2 = (0, 1, \cdots, 0)$, $\cdots$, $e_n = (0, 0, \cdots, 1)$).
※단위벡터 $e_1, e_2, \cdots, e_n$은 실수가 아니지만, 실수일 때와 마찬가지로 적분이 선형성을 만족하도록 정의한다.
② 구간에서 정의된 복소함수의 적분
$f : I = [a, b] \to \mathbb{C}$, $f(t) = f_1(t) + if_2(t)\,(t \in I)$에 대하여
$$\int_a^b f(t)dt = \int_a^b (f_1(t) + if_2(t))dt$$
$$:= \int_a^b f_1(t)dt + i\int_a^b f_2(t)dt.$$
※허수 $i = \sqrt{-1}$은 실수가 아니지만, 실수일 때와 마찬가지로 적분이 선형성을 만족하도록 정의한다.
예를 들어,
$$\int_0^1 (t, t^2)dt = \left(\int_0^1 tdt, \int_0^1 t^2dt\right) = (1/2, 1/3),$$
$$\int_0^1 (t + it^2)dt = \int_0^1 tdt + i\int_0^1 t^2dt = \frac{1}{2} + \frac{1}{3}i.$$
(2) 유클리드공간 $\mathbb{R}^n$상의 선적분
$\mathbb{R}^n$의 개부분집합 U에 대하여
$$\alpha : [a, b] \to U, \ \alpha(t) = (x_1(t), \cdots, x_n(t))\,(t \in [a, b])$$
를 정칙곡선(조각적으로 C^1-함수) C, $\alpha([a, b]) \subset U$이다.

① 실함수의 선적분
$f : U \to \mathbb{R}^n$,
$$\int_C f := \int_a^b f(\alpha(t))\|\alpha'(t)\|dt \left(= \int_C f\,ds\right).$$
(단, $ds = \|\alpha'(t)\|dt$는 선요소, $T = \dfrac{\alpha'(t)}{\|\alpha'(t)\|}$는 단위접벡터이다.)

② 벡터함수의 선적분
$F : U \to \mathbb{R}^n$,
$F(x_1, x_2, \cdots, x_n) = (F_1(x_1, x_2, \cdots, x_n), \cdots, F_n(x_1, x_2, \cdots, x_n))$
에 대하여
$$\int_C F := \int_a^b F(\alpha(t)) \cdot \alpha'(t)\,dt \left(= \int_C F \cdot T\,ds\right)$$
$$= \int_a^b F_1(\alpha(t))\frac{dx_1}{dt}dt + \cdots + F_n(\alpha(t))\frac{dx_n}{dt}dt$$
$$= \int_a^b F_1\,dx_1 + \cdots + F_n\,dx_n. \left(\left(\because\right) \frac{dx_i}{dt}dt =: dx_i\,(1 \le i \le n)\right)$$

특히, $\int_C F = \int_a^b F_1\,dx + F_2\,dy\ (n=2)$,
$$\int_C F = \int_a^b F_1\,dx + F_2\,dy + F_3\,dz\ (n=2).$$

예를 들어, 평면 $\mathbb{R}^2$상의 $(0, 0)$에서 $(1, 1)$까지의 포물선 $y = x^2$ 상의 곡선을 C라 하자. 이때

· C의 매개화함수는
$$\alpha(t) = (t, t^2),\ ds = \|\alpha'(t)\|dt = \sqrt{1+4t^2}\,dt\ (0 \le t \le 1).$$
· 실함수 $f : \mathbb{R}^2 \to \mathbb{R}$, $f(x, y) = \sqrt{1+4y}$에 대하여
$$\int_C f = \int_0^1 f(t, t^2)\|(1, 2t)\|dt = \frac{7}{3}.$$

벡터함수 $F : \mathbb{R}^2 \to \mathbb{R}$, $F(x, y) = (y, x)$에 대하여
$$\int_C F = \int_0^1 y\,dx + x\,dy = \int_0^1 F(t, t^2) \cdot (1, 2t)\,dt = 1.$$

정 의 9-1 (복소함수의 적분)
$f : I = [a, b] \to \mathbb{C}$, $f(t) = f_1(t) + if_2(t)\,(t \in I)$에 대하여
$$\int_a^b f(t)\,dt := \int_a^b f_1(t)\,dt + i\int_a^b f_2(t)\,dt.$$

※ 구간 I가 유계폐구간이 아닌 경우도 실함수 특이적분(이상적분)을 이용하여 이 정의를 확장할 수 있다.

> **보 기**
> 다음의 구간에서 정의된 복소함수의 적분의 값을 구하시오.
> (1) $\int_0^1 (t^2 + it)^2 dt$ (2) $\int_0^{\pi/6} e^{2it} dt$
> (3) $\int_1^2 \left(\frac{1}{t} - i\right)^2 dt$

[정 답]

(1) $-\frac{2}{15} + \frac{1}{2}i$ (2) $\frac{1}{4}(\sqrt{3} + i)$ (3) $-\left(\frac{1}{2} + i\ln 4\right)$

> **정 리 19 (복소함수적분의 성질)**
> 두 복소함수
> $\quad f : [a, b] \to \mathbb{C}, \ f(t) = f_1(t) + if_2(t) \ (a \leq t \leq b),$
> $\quad g : [a, b] \to \mathbb{C}, \ g(t) = g_1(t) + ig_2(t) \ (a \leq t \leq b)$
> 와 $z_0 = x_0 + iy_0 \in \mathbb{C}$ 에 대하여 다음이 성립한다.
> **(1) 적분의 선형성**
> ① $\int_a^b z_0 f(t) dt = z_0 \int_a^b f(t) dt$
> ② $\int_a^b (f(t) + g(t)) dt = \int_a^b f(t) dt + \int_a^b g(t) dt$
> **(2)** $\int_b^a f(t) dt = -\int_a^b f(t) dt$
> **(3)** $\int_a^b f(t) dt = \int_a^c f(t) dt + \int_c^b f(t) dt \ (a < c < b)$
> **(4)** $\left|\int_a^b f(t) dt\right| \leq \int_a^b |f(t)| dt$

증 명

(1) ① $\int_a^b z_0 f(t) dt$

$= \int_a^b ((x_0 f_1(t) - y_0 f_2(t)) + i(x_0 f_2(t) + y_0 f_1(t)) dt$

$= \int_a^b (x_0 f_1(t) - y_0 f_2(t)) dt + i \int_a^b (x_0 f_2(t) + y_0 f_1(t)) dt$

 ((∵) 복소함수의 적분의 정의)

$= x_0 \int_a^b f_1(t) dt - y_0 \int_a^b f_2(t) dt + i \left(x_0 \int_a^b f_2(t) dt + y_0 \int_a^b f_1(t) dt\right)$

3.1 복소선적분의 정의

$\quad\quad ((\because) \text{ 실함수 리만적분의 선형성})$

$= (x_0 + iy_0)(\int_a^b f_1(t)dt + i\int_a^b f_2(t)dt) = z_0 \int_a^b f(t)dt.$

② $\int_a^b (f(t)+g(t))dt$

$= \int_a^b (f_1(t)+g_1(t))dt + i\int_a^b (f_2(t)+g_2(t))dt$

$= \int_a^b f_1(t)dt + \int_a^b g_1(t)dt + i\int_a^b f_2(t)dt + i\int_a^b g_2(t)dt$

$\quad ((\because) \text{ 리만적분의 성질})$

$= (\int_a^b f_1(t)dt + i\int_a^b f_2(t)dt) + (\int_a^b g_1(t)dt + i\int_a^b g_2(t)dt)$

$= \int_a^b f(t)dt + \int_a^b g(t)dt.$

(2) $\int_b^a f(t)dt = \int_b^a f_1(t)dt + i\int_b^a f_2(t)dt$

$\quad\quad\quad = -(\int_a^b f_1(t)dt + i\int_a^b f_2(t)dt) = -\int_a^b f(t)dt.$

$\quad\quad\quad ((\because) \text{ 리만적분의 성질})$

(3) $\int_a^b f(t)dt$

$= \int_a^b f_1(t)dt + i\int_a^b f_2(t)dt$

$= (\int_a^c f_1(t)dt + \int_c^b f_1(t)dt) + i(\int_a^c f_2(t)dt + \int_c^b f_2(t)dt)$

$\quad ((\because) \text{ 리만적분의 성질})$

$= (\int_a^c f_1(t)dt + i\int_a^c f_2(t)dt) + (\int_c^b f_1(t)dt + i\int_c^b f_2(t)dt)$

$= \int_a^c f(t)dt + \int_c^b f(t)dt.$

(4) $\int_a^b f(t)dt =: Re^{i\alpha} (R \geq 0, -\pi < \alpha \leq \pi)$이라 두자. 그러면

$\left| \int_a^b f(t)dt \right| = R = e^{-i\alpha} \int_a^b f(t)dt$

$\quad\quad\quad = \int_a^b e^{-i\alpha} f(t)dt \quad ((\because) (1) ①)$

$$= \text{Re}(\int_a^b e^{-i\alpha} f(t) dt)$$

$$((\because)\ e^{-i\alpha}\int_a^b f(t)dt = R \in \mathbb{R}.)$$

$$= \int_a^b \text{Re}(e^{-i\alpha} f(t)) dt$$

$$\leq \int_a^b |\text{Re}(e^{-i\alpha} f(t))|\ dt\ ((\because)\ \text{리만적분의 성질})$$

$$\leq \int_a^b |e^{-i\alpha} f(t)|\ dt\ ((\because)\ \text{리만적분의 성질})$$

$$= \int_a^b |f(t)|\ dt.$$

정 의 9-2

곡선 C는 조각적으로 C^1인
$$z : [a, b] \to \mathbb{C},\ z(t) = x(t) + iy(t)\ (a \leq t \leq b)$$
로 매개화되고 C를 포함하는 영역 D에 대하여
$$f : D \to \mathbb{C},\ f(z) = u(x, y) + iv(x, y),$$
$z_0 = x_0 + iy_0 \in \mathbb{C}$ 일 때

(1) 복소함수의 선적분
$$\int_C f(z) dz := \int_a^b f(z(t)) z'(t) dt$$
$$= \int_a^b (u(z(t)) + iv(z(t)))(x'(t) + iy'(t)) dt.$$

(2) 곡선 C의 길이(length)는
$$L := \int_a^b |z'(t)| dt\ \left(= \int_C |dz|\right).$$

23년시행기출(정의9)
복소평면에서 중심이 원점이고 반지름의 길이가 1인 원을 시계 반대방향으로 한 바퀴 도는 곡선 C에 대하여 적분
$$\int_C \overline{z} dz - \frac{1}{z} d\overline{z}$$
의 값을 구하시오.(단, $\overline{z}$는 z의 켤레복소수이다.) [2점]

정 리 (선적분의 잘 정의됨)

곡선 C의 두 매개화함수
$$z_1(t) = x_1(t) + iy_1(t)\ (a_1 \leq t \leq b_1),$$
$$z_2(t) = x_2(t) + iy_2(t)\ (a_2 \leq t \leq b_2)$$
에 대하여

(1) z_1, z_2 : C의 서로 동치인 매개변수표현
$\stackrel{\text{정의}}{\Leftrightarrow}$ 곡선 C의 두 매개화함수
$$z_1(t) = x_1(t) + iy_1(t)\ (a_1 \leq t \leq b_1),$$
$$z_2(t) = x_2(t) + iy_2(t)\ (a_2 \leq t \leq b_2)$$

3.1 복소선적분의 정의   3. 복소선적분

에 대하여
$\exists h : [a_2, b_2] \to [a_1, b_1]$ 순증가함수 s.t.
(i) $z_2(t) = z_1(h(t))$ $(t \in [a_2, b_2])$,
(ii) $h' : [a_2, b_2]$ 에서 조각적으로 연속.

(2) 선적분의 잘 정의됨
$z_1, z_2 : C$의 서로 동치인 매개변수표현일 때
$$\int_{a_1}^{b_1} f(z_1(t)) z_1'(t) dt = \int_{a_2}^{b_2} f(z_2(t)) z_2'(t) dt \left(= \int_C f(z) dz\right).$$

증 명
(2) $\int_{a_2}^{b_2} f(z_2(t)) z_2'(t) dt = \int_{a_2}^{b_2} f(z_1(h(t))) z_1'(h(t)) h'(t) dt$
$= \int_{a_1}^{b_1} f(z_1(s)) z_1'(s) ds$

(단, $s = h(t)(a_1 \leq t \leq b_1)$이라 할 때 실함수의 치환적분법에 의해 성립한다.)

예 제 14
(1) 곡선 C가 1에서 i까지의 반시계 방향을 갖는 단위원의 일부라고 할 때 다음 복소선적분을 구하시오.
① $\int_C e^z dz$ ② $\int_C (2x^2 - 2y^2 + 2 + 4xyi) dz$
(3) $z = 0$으로 부터 $z = 1 + i$에 이르는 선분을 C라 하자. 이때
$\int_C |z|^2 dz$의 값을 구하시오.
(4) 곡선 C가 1에서 -1까지 반시계 방향을 갖는 단위원의 일부라고 하자. 이때 $\int_C \bar{z} dz$의 값을 구하시오.

93년시행기출
복소평면에서 $z = 0$으로 부터 $z = 1 + i$에 이르는 선분을 C라 하자.
$$f(z) = y - x - i3x^2$$
일 때, $\int_C f(z) dz$의 값은?
① $1 - i$ ② $1 + i$ ③ $2 - i$ ④ $2 + i$

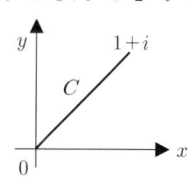

풀 이
(1) 곡선 C는
$$z(t) = \cos t + i \sin t \; (0 \leq t \leq \pi/2)$$
에 의해 매개화된다.
① $\int_C e^z dz = \int_0^{\frac{\pi}{2}} (e^{\cos t + i \sin t})(-\sin t + i \cos t) dt$

$$= \int_0^{\frac{\pi}{2}} (-e^{\cos t}\cos(\sin t)\cdot \sin t - e^{\cos t}\sin(\sin t)\cdot \cos t)dt$$
$$+ i\int_0^{\frac{\pi}{2}} (-e^{\cos t}\sin(\sin t)\cdot \sin t + e^{\cos t}\cos(\sin t)\cdot \cos t)dt$$
$$= e^{\cos t}\cos(\sin t)\Big|_0^{\pi/2} + ie^{\cos t}\sin(\sin t)\Big|_0^{\pi/2}$$
$$= e^{\cos t + i\sin t}\Big|_0^{\pi/2}$$
$$= e^i - e = (\cos 1 - e) + i\sin 1.$$

② $\int_C (2x^2 - 2y^2 + 2 + 4xyi)dz$
$$= \int_0^{\pi/2} (2\cos^2 t - 2\sin^2 t + 2 + 4i\sin t\cos t)(-\sin t + i\cos t)dt$$
$$= \int_0^{\pi/2} (-2\sin t\cos^2 t + 2\sin^3 t - 2\sin t - 4\sin t\cos^2 t)dt$$
$$+ i\int_0^{\pi/2} (2\cos^3 t - 2\sin^2 t\cos t + 2\cos t - 4\sin^2 t\cos t)dt$$
$$= \int_0^{\pi/2} (-2\sin 3t - 2\sin t)dt + i\int_0^{\pi/2} (2\cos 3t + 2\cos t)dt$$
$$= -\frac{8}{3} + \frac{4}{3}i.$$

(3) $\int_C |z|^2 dz = \int_0^1 (t^2 + t^2)(1+i)dt = 2(1+i)\int_0^1 t^2 dt = \frac{2}{3}(1+i).$

(4) $\int_C \overline{z}\,dz = \int_0^\pi \overline{e^{it}}\cdot (e^{it})'dt = i\int_0^\pi 1\,dt = \pi i.$

유 제 10

(1) 곡선 C가 다음과 같이 주어질 때, 복소선적분 $\int_C \overline{z}\,dz$를 구하시오.
① C는 0에서 $2+2i$로의 직선이다.
② C는 3을 중심으로 하는 반지름이 5인 반시계 방향의 상반원이다.
(2) 곡선 C가 1에서 i까지의 반시계 방향을 갖는 단위원의 일부라고 할 때 $\int_C (z^2 - 2|z| + \overline{z})dz$의 값을 구하시오.

풀 이

(1) ① 곡선 C는 $z(t)=t+it(0\leq t\leq 2)$에 의해 매개화된다. 따라서
$$\int_C \overline{z}\,dz = \int_0^2 f(z(t))z'(t)dt = \int_0^2 (t-it)(1+i)dt = 4.$$

② 곡선 C는 $z(t)=5e^{it}+3(0\leq t\leq \pi)$에 의해 매개화된다. 따라서
$$\int_C \overline{z}\,dz = \int_0^\pi f(z(t))z'(t)dt$$
$$= \int_0^\pi (5e^{-it}+3)5ie^{it}dt = -30+25\pi i.$$

(2) 곡선 C는 $z(t)=e^{it}(0\leq t\leq \pi/2)$에 의해 매개화된다. 따라서
$$\int_C (z^2-2|z|+\overline{z})dz = \int_0^{\pi/2}(e^{2it}-2+e^{-it})ie^{it}dt$$
$$= i\int_0^{\pi/2}(e^{3it}-2e^{it}+1)dt$$
$$= \left.\frac{1}{3}e^{3it}-2e^{it}+it\right|_0^{\pi/2} = \frac{5}{3}+\left(\frac{\pi}{2}-\frac{7}{3}\right)i.$$

NOTE (실함수리만적분의 성질)
$f, g : [a,b]$에서 리만적분가능, $\alpha \in \mathbb{R}$일 때
(1) 적분의 선형성
① $\alpha f : [a,b]$에서 적분가능,
$$\int_a^b \alpha f dx = \alpha \int_a^b f dx.$$
② $f+g : [a,b]$에서 적분가능,
$$\int_a^b (f+g)dx = \int_a^b f dx + \int_a^b g dx.$$
(2) $\int_b^a f dx = -\int_a^b f dx.$
(3) $\int_a^b f dx = \int_a^c f dx + \int_c^b f dx$
$(\forall c \in (a,b))$
(4) $f(x)\leq g(x)(\forall x \in [a,b])$이면
$$\int_a^b f(x)dx \leq \int_a^b g(x)dx.$$
(5) $\left|\int_a^b f(x)dx\right| \leq \int_a^b |f(x)|dx.$

예 제 15
다음 곡선의 길이를 구하시오.
(1) $z(t)=3e^{2it}+2\ (-\pi\leq t\leq \pi)$
(2) $z(t)=e^t\cos t + ie^t\sin t\ (-\pi\leq t\leq \pi)$
(3) $z(t)=3t^2+2t^3 i\ (0\leq t\leq 1)$

풀 이

(1) $L = \int_{-\pi}^{\pi}|z'(t)|dt = \int_{-\pi}^{\pi}|6ie^{2it}|dt = 6t|_{-\pi}^{\pi} = 12\pi.$

(2) $L = \int_{-\pi}^{\pi}|z'(t)|dt = \int_{-\pi}^{\pi}|e^t e^{it}(1+i)|dt$
$= \int_{-\pi}^{\pi}\sqrt{2}\,e^t dt = \sqrt{2}(e^\pi - e^{-\pi}).$

(3) $L = \int_0^1 |z'(t)|dt = \int_0^1 6t\sqrt{1+t^2}\,dt = 2(2\sqrt{2}-1).$

정 리 19-2 (복소선적분의 성질)

곡선 C는 조각적으로 C^1인
$$z(t)=x(t)+iy(t) : [a,b] \to \mathbb{C}$$
로 매개화되고 C를 포함하는 영역 D에 대하여
$$f, g : D \to \mathbb{C}, f(z)=u(x,y)+iv(x,y)$$
가 연속, $z_0=x_0+iy_0 \in \mathbb{C}$에 대하여 다음이 성립한다.

(1) 적분의 선형성

① $\int_C z_0 f(z)dz = z_0 \int_C f(z)dz$

② $\int_C (f(z)+g(z))dz = \int_C f(z)dz + \int_C g(z)dz$

(2) $\int_{-C} f(z)dz = -\int_C f(z)dz$

(단, $-C$는 C의 반대 방향의 곡선이다.)

(3) $\int_{C_1+C_2} f(z)dz = \int_{C_1} f(z)dz + \int_{C_2} f(z)dz$

(단, C_1+C_2는 C_1의 종점을 C_2의 시점에 연결한 곡선이다.)

(4) $\left| \int_C f(z)dz \right| \le \int_C |f(z)||dz|$

증 명

곡선 C의 매개화함수를 $z=z(t)(a \le t \le b)$이라 하고 리만적분의 성질(실함수)을 이용하여 다음과 같이 증명할 수 있다.

(1) ① $\int_C z_0 f(z)dz = \int_a^b z_0 f(z(t))z'(t)dt$

$= \int_a^b z_0 g(t)dt = z_0 \int_C f(z)dz$.

$((\because) \ g(t):=f(z(t))z'(t) : [a,b] \to \mathbb{C}$
이므로 정리19-1 (1) ①).

② $\int_C (f(z)+g(z))dz = \int_a^b (f(z(t))z'(t)+g(z(t))z'(t))dt$

$= \int_a^b f(z(t))z'(t)dt + \int_a^b g(z(t))z'(t)dt$

$((\because)$ 정리19-1 (1) ②).

$= \int_C f(z)dz + \int_C g(z)dz$.

(2) $\int_{-C} f(z)dz = \int_{-b}^{-a} f(z_1(t))z_1'(t)dt$

(단, $z_1(t):=z(-t)(-b \le t \le -a)$).

$$= \int_{-b}^{-a} f(z(-t))(z(-t))'(-1)dt$$

$$= \int_{b}^{a} f(z(s)) \cdot z'(s)ds$$

$\quad$ ((∵) $s := -t$ 이라 할 때
$\quad\quad$ 치환적분법에 의해 성립한다.)

$$= -\int_{a}^{b} f(z(s)) \cdot z'(s)ds \,((∵)\ 리만적분의\ 성질)$$

$$= -\int_{C} f(z)dz.$$

(3) C_1과 C_2의 두 매개화함수를 각각
$$z_1 = z_1(t)(a \leq t \leq c),\ z_2 = z_2(t)(c \leq t \leq b)$$
이라 할 때
$$z = z(t) = \begin{cases} z_1(t) & a \leq t \leq c \\ z_2(t) & c \leq t \leq b \end{cases}$$
는 $C_1 + C_2$의 매개화함수이다. 따라서

$$\int_{C_1+C_2} f(z)dz = \int_{a}^{b} f(z(t))z'(t)dt$$

$$= \int_{a}^{c} f(z(t))z'(t)dt + \int_{c}^{b} f(z(t))z'(t)dt$$

$\quad$ ((∵) 정리19-1 (3)).

$$= \int_{a}^{c} f(z_1(t))z_1'(t)dt + \int_{c}^{b} f(z_2(t))z_2'(t)dt$$

$$= \int_{C_1} f(z)dz + \int_{C_2} f(z)dz.$$

(4) $\left| \int_{C} f(z)dz \right| = \left| \int_{a}^{b} f(z(t))z'(t)dt \right|$

$$\leq \int_{a}^{b} |f((z(t))||z'(t)|dt = \int_{C} |f(z)||dz|.$$

$\quad$ ((∵) 정리19-1(4) ①)

예 제 14

(2) 곡선 C가 원점을 중심으로 하고 반지름 2인 원의 하반평면에 놓인 반시계 방향의 곡선이라고 할 때 다음을 증명하시오
$$\left| \int_{C} \frac{dz}{z^2 + 10} \right| \leq \frac{\pi}{3}$$

풀 이

(2) 곡선 C는 $z(t)=2e^{it}(-\pi \leq t \leq 0)$에 의해 매개화되므로
$$|z(t)|=|2(\cos t+i\sin t)|=2,$$

$$\left|\int_C \frac{1}{z^2+10}dz\right| \leq \int_C \frac{1}{|z^2+10|}|dz|$$
$$\leq \int_C \frac{1}{10-|z|^2}|dz|$$
$$\leq \frac{1}{6}\int_C |dz| = \frac{1}{6}\times(C\text{의 길이})=\frac{\pi}{3}.$$

3.2. 그린의 정리와 코쉬-구르사의 정리

정 리 20 (그린(Green)의 정리)
(i) R : $\mathbb{R}^2$의 <u>단순연결, 유계폐</u> 부분집합,
(ii) P, $Q : R(\subset \mathbb{R}^2) \to \mathbb{R}$ 는 C^1-함수
　　　　(즉, R에서 연속인 1계 편미분을 갖는다.)
일 때 R의 경계인 단순폐곡선 C에 대하여 다음을 만족한다.
$$\int_C P(x,y)dx+Q(x,y)dy = \iint_R \left(\frac{\partial Q}{\partial x}-\frac{\partial P}{\partial y}\right)dx\,dy.$$

NOTE
(실함수의 미적분학의 기본정리)
(1) 미적분학의 기본정리 I
(i) $f:[a,b]\to\mathbb{R}$는 연속,
(ii) $F:[a,b]\to\mathbb{R}$,
$$F(x)=\int_a^x f(t)dt\ (x\in[a,b])$$
$\Rightarrow F'(x)=f(x)\ (\forall x\in[a,b])$.
(2) 미적분학의 기본정리 II
(i) $f:[a,b]\to\mathbb{R}$는 리만적분가능
(ii) $F:[a,b]\to\mathbb{R}$는 미분가능
　s.t. $F'(x)=f(x)(x\in[a,b])$
$\Rightarrow \int_a^b f(x)dx=F(b)-F(a)$.

증 명
(R이 두 좌표축에 평행한 직사각형인 경우의 부분 증명)
곡선 C가 점 (x_0,y_0), (x_1,y_0), (x_1,y_1), (x_0,y_1)를 순서대로 지나는 단순폐곡선이라 하고 C를 네 개의 선분 C_1, C_2, C_3, C_4으로 순서대로 분할하자.
(i) $\int_C Pdx = \int_{C_1} Pdx + \int_{C_2} Pdx + \int_{C_3} Pdx + \int_{C_4} Pdx$,

$$\int_{C_1} Pdx + \int_{C_3} Pdx = \int_{x_0}^{x_1} P(x,y_0)dx + \int_{x_1}^{x_0} P(x,y_1)dx$$
$$= \int_{x_0}^{x_1} P(x,y_0)dx - \int_{x_0}^{x_1} P(x,y_1)dx$$
$$= \int_{x_0}^{x_1} (P(x,y_0)-P(x,y_1))dx$$
$$= -\int_{x_0}^{x_1} (P(x,y_1)-P(x,y_0))dx$$
$$= -\int_{x_0}^{x_1} P(x,y)\Big]_{y=y_0}^{y=y_1} dx$$

3.2 그린의 정리와 코쉬-구르사의 정리

$$=-\int_{x_0}^{x_1}\int_{y_0}^{y_1}\frac{\partial P}{\partial y}dydx$$

$((\because)$ 미적분학의 기본정리 II $)$

$$=-\int\int_R\frac{\partial P}{\partial y}dydx.$$

$\int_{C_2}Pdx+\int_{C_4}Pdx=\int_{x_1}^{x_1}P(x,y)dx+\int_{x_0}^{x_0}P(x,y)dx=0+0=0.$

따라서 $\int_C Pdx=-\int\int_R\frac{\partial P}{\partial y}dydx$ 이다.

(ⅱ) (ⅰ)과 같은 방식으로 $\int_C Qdx=\int\int_R\frac{\partial Q}{\partial x}dydx$ 임을 알 수 있다. 그러므로

$$\int_C Pdx+Qdy=-\int\int_R\frac{\partial P}{\partial y}dydx+\int\int_R\frac{\partial Q}{\partial x}dydx$$
$$=\int\int_R\left(\frac{\partial Q}{\partial x}-\frac{\partial P}{\partial y}\right)dydx.$$

> **정 리 21**
>
> (1) 단순연결영역에서의 코쉬-구르사(Cauchy-Goursat)의 정리
> (혹은 코쉬-구르사정리 Ⅰ)
>
> 단순연결영역 $D(\subset\mathbb{C})$와 $f:D\to\mathbb{C}$에 대하여
> (ⅰ) $C:D$ 내부의 단순폐곡선,
> (ⅱ) $f:C$와 C의 내부에서 해석적
> $\Rightarrow\int_C f(z)dz=0.$
>
> (2) 다중연결영역에서의 코쉬-구르사(Cauchy-Goursat)의 정리
> (혹은 코쉬-구르사정리 Ⅱ)
>
> 영역 $D(\subset\mathbb{C})$와 $f:D\to\mathbb{C}$에 대하여
> (ⅰ) $C:D$ 내부의 양의 방향의 단순폐곡선,
> (ⅱ) $C_1, C_2, \cdots, C_n : C$ 내부의 양의 방향으로의 단순폐곡선이고 각각의 C_i의 경계와 내부는 서로 만나지 않고,
> (ⅲ) $f:C$ 혹은 C의 내부이고 각각의 $C_i(i=1, 2, \cdots, n)$의 경계와 외부인 영역에서 해석적
> $\Rightarrow\int_C f(z)dz=\int_{C_1}f(z)dz+\cdots+\int_{C_n}f(z)dz.$

NOTE
(1) ① 단순연결영역(simply connected domain)
: 내부에 놓인 임의의 단순 폐곡선의 내부가 그 영역에 속하는 영역
② 다중연결영역(multiply connected domain)
: 단순연결영역이 아닌 연결영역
(2) 다중연결영역에서의 코쉬-구르사 정리

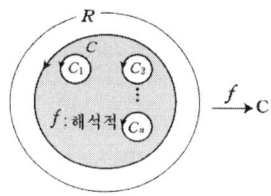

증 명
(1) "f'이 연속인 경우에 대한 부분증명"

$$\int_C f(z)dz = \int_C fdx + i\,fdy$$
$$= \iint_R \left(\frac{i\partial f}{\partial x} - \frac{\partial f}{\partial y}\right)dydx$$

  $((\because)$ R을 C와 C에 의해 둘러싸인 유계폐집합이라 할 때, 그린의 정리에 의해)

$$= \iint_R (if'(z) - if'(z))dydx = 0.$$

  $((\because)$ 코쉬-리만 정리에 의해 $-i\dfrac{\partial f}{\partial y} = f'(z) = \dfrac{\partial f}{\partial x}).$

(2) $n=1$인 경우(경로변경원리)

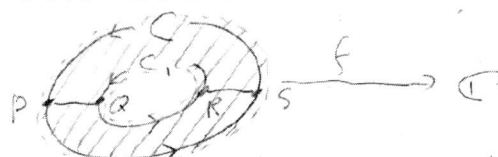

$\overline{C}$는 S에서 P로의 C의 위쪽 경로, $\underline{C}$는 P에서 S로의 C의 아래쪽 경로, $\overline{C_1}$은 R에서 Q로의 C_1의 위쪽 경로, $\underline{C_1}$은 Q에서 R로의 C_1의 아래쪽 경로라 할 때, (1)에 의해

$$\int_{\overline{C}+\overrightarrow{PQ}-\overline{C_1}+\overrightarrow{RS}} f(z)dz = 0, \quad \int_{\underline{C}+\overrightarrow{SR}-\underline{C_1}+\overrightarrow{QP}} f(z)dz = 0.$$

따라서 $0 = \displaystyle\int_{\overline{C}+\overrightarrow{PQ}-\overline{C_1}+\overrightarrow{RS}} f(z)dz + \int_{\underline{C}+\overrightarrow{SR}-\underline{C_1}+\overrightarrow{QP}} f(z)dz$

$$= \int_{\overline{C}+\underline{C}-\overline{C_1}-\underline{C_1}+\overrightarrow{PQ}+\overrightarrow{QP}+\overrightarrow{RS}+\overrightarrow{SR}} f(z)dz$$

$$= \int_C f(z)dz + \int_{-C_1} f(z)dz.$$

$\therefore \displaystyle\int_C f(z)dz = \int_{C_1} f(z)dz.$

NOTE
(1) 모레라(Morera)의 정리)(코쉬-구르사의 정리의 역)
  영역 $D(\subset \mathbb{C})$와 $f : D \to \mathbb{C}$에 대하여
  (ⅰ) $f : D$에서 연속,
  (ⅱ) $\displaystyle\int_C f(z)dz = 0$ ($\forall\, C : D$ 내부의 임의의 단순폐곡선)
  $\Rightarrow f : D$에서 해석적

(2) $R : \mathbb{R}^2$의 단순연결, 유계폐부분집합일 때 R의 경계인 단순폐곡선 C에 대하여 다음을 만족한다.

$$R \text{의 면적} = \frac{1}{2}\int_C -y\,dx + x\,dy.$$

증 명
(1) 모레라의 정리는 뒤에서 다루기로 한다.
(2) 그린의 정리에 의해 자명하다.

예 제 16
(1) 유클리드 평면 $\mathbb{R}^2$ 상의 단순폐곡선 C가 꼭지점
$$(1, 0),\ (1, -1),\ (2, -1),\ (2, 0)$$
를 갖는 정사각형 R의 경계를 반시계방향으로 매개화한 곡선일 때 선적분
$$\int_C x^2 y\,dx + (2x+1)y^2\,dy$$
의 값을 구하시오.
(2) 복소평면상의 반시계방향의 단순폐곡선 C는 넓이가 3인 영역 R의 경계일 때 선적분
$$\int_C (x^3 - 2y)dx + (3x + y^2)dy$$
의 값을 구하시오.
(3) 복소평면상의 반시계방향의 단순폐곡선 C에 대하여 복소선적분
$$\int_C ((x^2 - y^2 + 2x + 4) + i(2xy + 2y))dz$$
의 값을 구하시오.
(4) 복소평면 전체에서 연속인 실함수 v와 복소함수
$$f : \mathbb{C} \to \mathbb{C},\ f(x+iy) = (3x^2 + ay^2 + bx) + iv(x, y)$$
가 주어져있다. 임의의 단순폐곡선 C에 대하여 $\int_C f(z)dz = 0$이고 $f(1) = 1 + i$라 할 때 함수값 $f(-i)$를 구하시오.

02년시행기출
곡선 C는 다음 그림과 같이 $1,\ 1+i,\ i$를 연결한 두 선분과 단위원의 일부로 이루어져 있다. 이 때, $\int_C \overline{z}\,dz$의 값을 구하시오. [5점]
(단, $\overline{z}$는 z의 켤레복소수이다.)

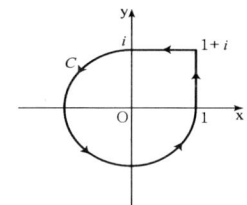

18년시행기출
복소평면에서 곡선 C가
$$C : z(t) = \begin{cases} e^{i\pi t}, & 0 \le t \le 1 \\ t-2, & 1 \le t \le 3 \end{cases}$$
일 때, 복소적분
$$\int_C ((x^2 - y^2 - y) + i(2xy - x))\,dz$$
의 값을 구하시오. (단, x, y는 실수이고 $z = x+iy$는 복소수이다.) [2점]

풀 이
(1) 그린의 정리에 의해
$$\int_C x^2 y\, dx + (2x+1)y^2\, dy = \int_{-1}^{0}\int_{1}^{2}(2y^2 - x^2)\, dx\, dy$$
$$= \int_{-1}^{0}\left(2y^2 - \frac{7}{3}\right)dy = -\frac{5}{3}.$$

(2) 그린의 정리에 의해
$$\int_C (x^3 - 2y)dx + (3x + y^2)dy$$
$$= \iint_R \left(\frac{\partial}{\partial x}(3x+y^2) - \frac{\partial}{\partial y}(x^3 - 2y)\right)dy\, dx$$
$$= \iint_R (3 - (-2))dy\, dx = 5 \times (R\text{의 넓이}) = 15.$$

(3) 그린의 정리에 의해
$$f(z) = (x^2 - y^2 + 2x + 4) + i(2xy + 2y)\,(z = x + iy \in \mathbb{C})$$
에 대하여
$$\int_C f(z)\, dz$$
$$= \iint_R f(z)dx + i f(z)dy = \iint_R \left(i\frac{\partial f}{\partial x} - \frac{\partial f}{\partial y}\right)dy\, dx$$
$$= \iint_R (i((2x+2) + i(2y)) - ((-2y) + i(2x+2)))dy\, dx$$
$$= \iint_R 0\, dy\, dx = 0.$$

(단, R은 C에 의해 둘러싸인 유계폐영역이다.)

(4) (i) 모레라의 정리에 의해 $f : \mathbb{C}$에서 해석적
$\Rightarrow u := 3x^2 + ay^2 + bx : \mathbb{C}$에서 조화적
$\Rightarrow 0 = u_{xx} + u_{yy} = 6 + 2a$(즉, $a = -3$)

(ii) $3 + b + iv(1, 0) = f(1 + 0i) = 1 + i$이므로 $b = -2$

(iii) $f : \mathbb{C}$에서 해석적이므로 $u = 3x^2 - 3y^2 - 2x$와 v는 코쉬-리만의 방정식을 만족한다. 따라서
$$6x - 2 = u_x = v_y,\ v_x = -u_y = 6y$$
이므로 $v = 6xy - 2y + c$. $f(1) = 1 + i$에 의해 $c = 1$이고
$$f(z) = (3x^2 - 3y^2 - 2x) + i(6xy - 2y + 1)$$
이다. 그러므로 $f(-i) = -3 + 3i$이다.

정리 22

(1) 미적분학의 기본정리(I)의 유사정리

단순연결영역 $D(\subset \mathbb{C})$, $a \in D$에 대하여
(i) $f : D \to \mathbb{C}$는 해석적,
(ii) $F : D \to \mathbb{C}$ s.t.
$$F(z) = \int_a^z f(u)du \, (z \in D).$$
$\Rightarrow F'(z) = f(z) (\forall z \in D).$
(단, a(시점)에서 z(종점)로의 D 내의 임의의 곡선 C에 대하여
$$\int_a^z f(u)du := \int_C f(z)dz.)$$

(2) 선적분의 기본정리 (미적분학의 기본정리(II)의 유사정리)

영역 $D(\subset \mathbb{C})$에 대하여
(i) $f : D \to \mathbb{C}$는 연속,
(ii) $F : D \to \mathbb{C}$는 미분가능
  s.t. $F'(z) = f(z)(\forall z \in D).$
$\Rightarrow \int_C f(z)dz = F(z_2) - F(z_1).$
(단, C는 D 상의 z_1에서 z_2로의 곡선이다.)

NOTE
(1) 미적분학의 기본정리 I
구간 $[a, b](\subset \mathbb{R})$에 대하여
(i) $f : [a, b] \to \mathbb{R}$는 연속,
(ii) $F : [a, b] \to \mathbb{R}$,
$$F(x) = \int_a^x f(t)dt \, (x \in [a, b])$$
$\Rightarrow F'(x) = f(x) \, (\forall x \in [a, b]).$

(2) 미적분학의 기본정리 II
구간 $[a, b](\subset \mathbb{R})$에 대하여
(i) $f:[a, b] \to \mathbb{R}$는 리만적분가능,
(ii) $F:[a, b] \to \mathbb{R}$는 미분가능
  s.t. $F'(x) = f(x)(x \in [a, b]).$
$\Rightarrow \int_a^b f(x)dx = F(b) - F(a).$

증 명

(1) ① 점 $a \in D$를 고정하자. 그러면
$$F : D \to \mathbb{C}, \; F(z) = \int_a^z f(u)du(z \in D)$$
는 잘 정의된다.
($\because$) 두 곡선 C_1, C_2는 D상의 a에서 z로의 두 곡선이라 할 때
$$\int_{C_1} f(z)dz - \int_{C_2} f(z)dz = \int_{C_1 - C_2} f(z)dz = 0.$$
(($\because$) 단순연결영역에 대한 코쉬-구르사의 정리에 의해 성립한다.)
따라서 $F(z) = \int_a^z f(u)du$는 점 z에만 의존하므로
$$F(z) = \int_a^z f(u)du = \int_{C_1} f(z)dz$$
라 정의하면 F는 잘 정의된다.(함숫값의 유일성)

② $z \in D$를 고정하면 $\varepsilon > 0$일 때 f는 점 z에서 연속이므로
$\exists \delta > 0$ s.t. $(u \in B(z, \delta)(\subset D) \to |f(u) - f(z)| < \epsilon)$.
따라서 $0 < |w - z| < \delta$이면
$$\left| \frac{F(w) - F(z)}{w - z} - f(z) \right|$$
$$= \left| \frac{1}{w - z} \left(\int_z^w f(u) du - f(z)(w - z) \right) \right|$$
$$= \left| \frac{1}{w - z} \int_z^w (f(u) - f(z)) du \right| \leq \frac{1}{|w - z|} \int_z^w |f(u) - f(z)||du|$$
$$< \frac{\epsilon}{|w - z|} \int_z^w |du| < \frac{\epsilon}{|w - z|} \cdot (w\text{에서 } z\text{로의 선분의 길이})$$
$$= \frac{\varepsilon}{|w - z|} |w - z| = \epsilon.$$

그러므로 $F'(z) = \lim_{w \to z} \dfrac{F(w) - F(z)}{w - z} = f(z)$이다.

(2) 곡선 C가 $z(t)(a \leq t \leq b)$에 의해 매개화되고
$$z(a) = z_1, \ z(b) = z_2$$
이라 하자. 그러면
$$\int_C f(z) dz = \int_a^b f(z(t)) z'(t) dt = \int_a^b F'(z(t)) z'(t) dt$$
$$= \int_a^b \frac{d}{dt} F(z(t)) dt$$
$$= F(z(b)) - F(z(a)) \ ((\because) \text{ 미적분학의 기본정리 II})$$
$$= F(z_2) - F(z_1).$$

예 제 17

곡선 C가 $z = 1$로부터 $z = \dfrac{i}{2}$에 이르는 복소평면상의 타원
$$x^2 + 4y^2 = 1$$
의 일부분일 때 다음의 선적분의 값을 구하시오.

(1) $\displaystyle\int_C z^3 dz$

(2) $\displaystyle\int_C ((x^2 - y^2 + 2x + 4) + i(2xy + 2y)) dz$

풀 이

(1) $f(z) = z^3$은 $\mathbb{C}$ 상에서 연속이고, $F(z) = \dfrac{1}{4} z^4$에 대하여,
$$F'(z) = f(z) \ (\forall z \in \mathbb{C})$$
이다. 따라서 선적분의 기본정리에 의해
$$\int_C f(z) dz = F\left(\frac{i}{2}\right) - F(1) = -\frac{15}{64}.$$

(2) $f(x+iy) = (x^2 - y^2 + 2x + 4) + i(2xy + 2y)$가 $\mathbb{C}$ 상에서 해석적이므로 $F = u + iv$에 대하여
$$f(z) = F'(z) = \frac{\partial}{\partial x} F(z) = u_x + iv_x \cdots ㉠,$$
$$f(z) = F'(z) = -i\frac{\partial}{\partial y} F(z) = v_y - iu_y \cdots ㉡.$$
㉠에 의해
$$u = \frac{1}{3}x^3 - xy^2 + x^2 + 4x + c_1(y), \quad v = x^2 y + 2xy + c_2(y).$$
㉡에 의해
$$-2xy - 2y = u_y = -2xy + \frac{\partial c_1(y)}{\partial y},$$
$$x^2 - y^2 + 2x + 4 = v_y = x^2 + 2x + \frac{\partial c_2(y)}{\partial y}.$$
$\therefore c_1(y) = -y^2 + c_1, \quad c_2(y) = -\frac{1}{3}y^3 + 4y + c_2.$ (c_1, c_2는 복소상수)
따라서
$$F(x+iy) = \left(\frac{1}{3}x^3 - xy^2 + x^2 + 4x - y^2\right) + i\left(x^2 y + 2xy - \frac{1}{3}y^3 + 4y\right)$$
이므로 선적분의 기본정리에 의해
$$\int_C f(z)dz = F\left(\frac{i}{2}\right) - F(1) = -\frac{67}{12} + \frac{47}{24}i.$$

유 제 11
(1) 반평면 $\mathrm{Re}(z) > 0$에 놓여 있으면서 두 점 $z = -2i$, $z = 2i$를 연결하는 임의의 곡선에 대하여 $\int_{-2i}^{2i} \frac{dz}{z} = \pi i$임을 보이시오.
(2) ① C가 $-1 + i$에서 1로의 곡선일 때 복소선적분
$$\int_C (z^3 - 6z^2 + 4)dz$$
를 구하시오.
② C가 $-i$에서 $2 + i$로의 곡선일 때 복소선적분 $\int_C (z^4 + z^2)dz$
를 구하시오.

풀 이
(1) $f(z) = \frac{1}{z}$은 $\mathrm{Re}(z) > 0$에서 연속이므로, 선적분의 기본정리에 의해 $\int_{-2i}^{2i} \frac{1}{z} dz = \mathrm{Log}\, z \,|_{-2i}^{2i} = \mathrm{Log}(2i) - \mathrm{Log}(-2i)$
$= \ln|2i| + i\,\mathrm{Arg}(2i) - \ln|-2i| - i\,\mathrm{Arg}(-2i) = \pi i.$

(2) ① $f(z)=z^3-6z^2+4$는 $\mathbb{C}$ 에서 연속이므로 선적분의 기본정리에 의해
$$\int_C (z^3-6z^2+4)dz = \frac{1}{4}z^4-2z^3+4z \Big|_{-1+i}^{1} = \frac{45}{4}.$$

② $f(z)=z^4+z^2$은 $\mathbb{C}$ 에서 연속이므로, 선적분의 기본정리에 의해
$$\int_C (z^4+z^2)dz = \frac{1}{5}z^5+\frac{1}{3}z^3 \Big|_{-i}^{2+i} = \frac{176}{15}i - \frac{104}{15}.$$

4. 코쉬의 적분공식

4.1. 코쉬의 적분공식

정 리 23

복소평면 $\mathbb{C}$ 상의 양의 방향(반시계 방향)의 단순폐곡선 C에 대하여
(i) $f : C$와 C의 내부에서 해석적,
(ii) $z_0 : C$ 내부의 한 점일 때 다음을 만족한다.
(1) 코쉬의 적분공식(Cauchy's integral formula)
① $\displaystyle\int_C \frac{f(z)}{z-z_0}dz = 2\pi i f(z_0)$,
② $\displaystyle\int_C \frac{f(z)}{(z-z_0)^{n+1}}dz = \frac{2\pi i f^{(n)}(z_0)}{n!}$ $(n=1,2,\cdots)$.
(2) 코쉬의 도함수공식
각 $n=1,2,\cdots$ 에 대하여
① $f : z=z_0$에서 n-계미분가능,
② $f^{(n)}(z_0) = \dfrac{n!}{2\pi i}\displaystyle\int_C \frac{f(z)}{(z-z_0)^{n+1}}dz$.

NOTE
(실함수와 복소함수의 미분가능성)
위의 코쉬의 도함수공식은 복소함수가 영역 D에서 1-계 미분가능이면 임의의 n-계 미분가능임을 의미한다. 그러나 실함수의 1-계 미분가능성은 n-계 미분가능성($n \geq 2$)을 보장하지는 않는다. 예를 들어 실함수(실해석학편 예제 32(1))
$$f : \mathbb{R} \to \mathbb{R},$$
$$f(x) = \begin{cases} x^2\sin(1/x) & x \neq 0 \\ 0 & x=0 \end{cases}$$
는 $\mathbb{R}$에서 1-계 미분가능하지만 도함수 f'은 $x=0$에서 불연속이다. 따라서 f는 그 점에서 2-계 미분불능이다.

증 명

(1) ① $\varepsilon > 0$일 때 f는 $z=z_0$에서 연속이므로 $\exists \delta > 0$ $s.t.$
$$|z-z_0| < \delta \;\to\; |f(z)-f(z_0)| < \frac{\varepsilon}{2\pi}$$
이다. 이제 $r = \dfrac{\delta}{2}$에 대하여 $C_1 : |z-z_0| = r$이라 두면
$$|f(z)-f(z_0)| < \frac{\varepsilon}{2\pi}\,(\forall z \in C_1)$$
이다. 따라서
$$\int_C \frac{f(z)}{z-z_0}dz = \int_{C_1} \frac{f(z)}{z-z_0}dz$$
$$((\because)\text{ 다중연결영역에서의 코쉬-구르사의 정리})$$
$$= \int_{C_1} \frac{(f(z)-f(z_0))+f(z_0)}{z-z_0}dz$$
$$= \int_{C_1} \frac{f(z)-f(z_0)}{z-z_0}dz + \int_{C_1} \frac{f(z_0)}{z-z_0}dz.$$

한편 $\int_{C_1} \dfrac{f(z_0)}{z-z_0} dz = f(z_0) \int_0^{2\pi} \dfrac{1}{(z_0+re^{it})-z_0} r i e^{it} dt$

$\qquad\qquad\qquad = f(z_0) \int_0^{2\pi} i\, dt = 2\pi i f(z_0)$

이므로

$\left| \int_C \dfrac{f(z)}{z-z_0} dz - 2\pi i f(z_0) \right| = \left| \int_C \dfrac{f(z)}{z-z_0} dz - \int_{C_1} \dfrac{f(z_0)}{z-z_0} dz \right|$

$\qquad\qquad\qquad = \left| \int_{C_1} \dfrac{f(z)-f(z_0)}{z-z_0} dz \right|$

$\qquad\qquad\qquad \leq \int_{C_1} \dfrac{|f(z)-f(z_0)|}{|z-z_0|} |dz|$

$\qquad\qquad\qquad \leq \int_{C_1} \dfrac{\varepsilon}{2\pi r} |dz| = \dfrac{\varepsilon}{2\pi r} 2\pi r = \varepsilon.$

여기서 $\varepsilon > 0$은 임의로 선택된 값이므로

$$\int_C \dfrac{f(z)}{z-z_0} dz = 2\pi i f(z_0).$$

② 절댓값이 충분히 작은 Δz에 대하여

$$f(z_0 + \Delta z) = \dfrac{1}{2\pi i} \int_C \dfrac{f(z)}{z-(z_0+\Delta z)} dz$$

이므로

$\dfrac{f(z_0+\Delta z)-f(z_0)}{\Delta z} = \dfrac{1}{\Delta z} \left(\dfrac{1}{2\pi i} \int_C \dfrac{f(z)}{z-(z_0+\Delta z)} dz \right.$

$\qquad\qquad\qquad \left. - \dfrac{1}{2\pi i} \int_C \dfrac{f(z)}{z-z_0} dz \right)$

$\qquad\qquad\qquad = \dfrac{1}{2\pi i} \int_C \dfrac{f(z)}{(z-(z_0+\Delta z))(z-z_0)} dz$

$\qquad\qquad\qquad \xrightarrow{\Delta z \to 0} \dfrac{1}{2\pi i} \int_C \dfrac{f(z)}{(z-z_0)^2} dz.$

따라서 $f^{(1)}(z_0)(=f'(z_0)) = \lim\limits_{\Delta z \to 0} \dfrac{f(z_0+\Delta z)-f(z_0)}{\Delta z}$

$\qquad\qquad\qquad = \dfrac{1}{2\pi i} \int_C \dfrac{f(z)}{(z-z_0)^2} dz.$

같은 방법에 의해

$f^{(2)}(z_0) = \lim\limits_{\Delta z \to 0} \dfrac{f^{(1)}(z_0+\Delta z)-f^{(1)}(z_0)}{\Delta z}$

$\qquad\quad = \lim\limits_{\Delta z \to 0} \dfrac{1}{\Delta z} \left(\dfrac{1}{2\pi i} \int_C \dfrac{f(z)}{(z-(z_0+\Delta z))^2} dz \right.$

$$-\frac{1}{2\pi i}\int_C \frac{f(z)}{(z-z_0)^2}dz\Bigg)$$

$$=\lim_{\Delta z\to 0}\frac{1}{\Delta z}\left(\frac{1}{2\pi i}\int_C \frac{f(z)(2\Delta z(z-z_0)-\Delta z^2)}{(z-(z_0+\Delta z))^2(z-z_0)^2}dz\right)$$

$$=\lim_{\Delta z\to 0}\frac{1}{2\pi i}\int_C \frac{f(z)(2(z-z_0)-\Delta z)}{(z-(z_0+\Delta z))^2(z-z_0)^2}dz$$

$$=\frac{2}{2\pi i}\int_C \frac{f(z)}{(z-z_0)^3}dz.$$

(2) (1)에 의해 자명하다.

> **예 제 18**
> 반시계방향의 단순폐곡선 C와 C의 내부의 한 점 z_0에 대하여 다음 복소선적분의 값을 구하시오.
> (1) $\int_C \frac{1}{z-z_0}dz$ (2) $\int_C \frac{1}{(z-z_0)^3}dz$

풀 이

(1) $f(z):=1$라 두면 f는 C와 C의 내부에서 해석적이므로 코쉬의 적분공식에 의하여

$$\int_C \frac{1}{z-z_0}dz = \int_C \frac{f(z)}{z-z_0}dz = 2\pi i\, f(z_0) = 2\pi i.$$

(2) $f(z)\equiv 1$라 두면 f는 C와 C의 내부에서 해석적이므로 코쉬의 적분공식에 의하여

$$\int_C \frac{1}{(z-z_0)^3}dz = \int_C \frac{f(z)}{(z-z_0)^3}dz = \frac{2\pi i f^{(2)}(z_0)}{2!} = 0.$$

예 제 19

코쉬의 적분공식을 이용하여 다음 적분값을 구하시오.

(1) $C : |z|=1$의 양의 방향으로의 원일 때 $\int_C \dfrac{\sin z}{4z+\pi} dz$

(2) $C : |z|=2$의 양의 방향으로의 원일 때 $\int_C \dfrac{e^{z^2}}{(z-i)^4} dz$

풀 이

(1) $f := \dfrac{1}{4}(\sin z)$는 C와 C의 내부에서 해석적, $z_0 = -\dfrac{\pi}{4}$는 C의 내부에 있으므로 코쉬의 적분공식에 의하여

$$\int_C \frac{\sin z}{4z+\pi} dz = \int_C \frac{(1/4)\sin z}{z-(-\pi/4)} dz$$
$$= 2\pi i f^{(0)}(-\pi/4)$$
$$= 2\pi i f(-\pi/4) = -\frac{\sqrt{2}}{4}\pi i.$$

(2) $f(z) := e^{z^2}$는 C와 C의 내부에서 해석적, $z_0 = i$는 C의 내부에 있으므로 코쉬의 적분공식에 의하여

$$\int_C \frac{e^{z^2}}{(z-i)^4} dz = \frac{2\pi i}{3!} f^{(3)}(i) = -\frac{4\pi}{3e}.$$

예 제

반시계방향의 원 $C : |z|=3$와 복소함수

$$f : \mathbb{C} \to \mathbb{C}, \ f(z) = \frac{e^{zt}}{z^2+1} (t \in \mathbb{R})$$

에 대하여 복소선적분 $\int_C f(z) dz$의 값을 구하시오.

풀 이

$f(z) = \dfrac{e^{zt}}{2i}\left(\dfrac{1}{z-i} - \dfrac{1}{z+i}\right)$이고 $g(z) = \dfrac{e^{zt}}{2i}$이라 할 때,

$$\int_C f(z) dz = \int_C \frac{e^{zt}/2i}{z-i} dz - \int_C \frac{e^{zt}/2i}{z-(-i)} dz$$
$$= 2\pi i \cdot g(i) - 2\pi i \cdot g(-i)$$
$$= 2\pi i \cdot \frac{1}{2i}(e^{i t} - e^{-it}) = 2\pi i \sin t.$$

4.2. 코쉬의 부등식과 응용

정 리 24 (코쉬의 부등식(Cauchy's inequality))
곡선 $C : |z-z_0|=r$에 대하여
(i) $f : C$와 C의 내부에서 해석적,
(ii) $|f(z)| \leq M \ (\forall z \in C)$
$\Rightarrow |f^{(n)}(z_0)| \leq \dfrac{Mn!}{r^n}(\forall n = 0, 1, 2, \cdots)$

증 명

코쉬의 적분공식에 의해 $f^{(n)}(z_0) = \dfrac{n!}{2\pi i} \int_C \dfrac{f(z)}{(z-z_0)^{n+1}} dz$ 이다.

따라서 $|f^{(n)}(z_0)| = \left| \dfrac{n!}{2\pi i} \int_C \dfrac{f(z)}{(z-z_0)^{n+1}} dz \right|$

$\leq \dfrac{n!}{2\pi} \int_C \dfrac{|f(z)|}{|(z-z_0)^{n+1}|} |dz|$

$\leq \dfrac{n!}{2\pi} \int_C \dfrac{M}{r^{n+1}} |dz| = \dfrac{n!M}{2\pi r^{n+1}} \int_C |dz|$

$= \dfrac{n!M}{2\pi r^{n+1}} 2\pi r = \dfrac{Mn!}{r^n}$.

정 리 25
(1) 루빌의 정리(Liouville's theorem)
함수 $f : \mathbb{C} \to \mathbb{C}$에 대하여
(i) $f : \mathbb{C}$ 상에서 미분가능(즉, 정함수),
(ii) $f : \mathbb{C}$ 상에서 유계
　　(즉, $\exists M > 0$ s.t. $|f(z)| \leq M \ (\forall z \in \mathbb{C})$)
$\Rightarrow f :$ 상수함수
(즉, $f : \mathbb{C}$ 상의 유계인 정함수 $\Leftrightarrow f : \mathbb{C}$ 상의 상수함수.)
(2) 대수학의 기본정리(Fundamental theorem of algebra)
$p(z) = a_0 + a_1 z + a_2 z^2 + \cdots + a_n z^n$: $n(\geq 1)$차 복소계수다항식
$\Rightarrow p(z)$는 적어도 하나의 영점을 갖는다.
(따라서 n차 복소계수다항식은 n개의 근을 갖는다.)

NOTE
(대수학의 기본정리의 보조정리)
$p(z) = a_0 + a_1 z + a_2 z^2 + \cdots + a_n z^n$
　　$(a_n \neq 0, n \geq 1)$
(1) $|z| = r(>1)$
에 대하여
　　$\dfrac{|a_n|}{2} r^n \leq |p(z)| \leq \dfrac{3|a_n|}{2} r^n$.
(2) $\lim\limits_{|z| \to \infty} |f(z)| = \infty$
($\because$)
(1) "$n = 2$일 때의 증명"
$p(z) = a_2 z^2 + a_1 z + a_0 (a_2 \neq 0)$일 때
충분히 큰 $|z| = r(>1)$에 대하여
(i) $|p(z)|$
$\leq r^2 \left(|a_2| + \dfrac{|a_1|}{r} + \dfrac{|a_0|}{r^2} \right)$
$\leq r^2 \left(|a_2| + \dfrac{|a_1| + |a_0|}{r} \right) \leq \dfrac{3|a_2|}{2} r^2$.
$\left(\because \dfrac{2(|a_1| + |a_0|)}{|a_2|} < r \right)$
(ii) $|p(z)| \geq r^2 \left(|a_2| - \dfrac{|a_1|}{r} - \dfrac{|a_0|}{r^2} \right)$
$\geq r^2 \left(|a_2| - \dfrac{|a_2|}{2} \right) = \dfrac{|a_2|}{2} r^2$.
(2) (1)에 의해 자명하다.

증 명
(1) $z_0 \in \mathbb{C}$ 일 때 코쉬의 부등식에 의해
$$|f^{(1)}(z_0)| \leq \frac{M\ 1!}{r} = \frac{M}{r}(\forall\, r > 0).$$
양변에 극한 $\lim_{r \to \infty}$ 을 취하면 $|f^{(1)}(z_0)| = 0$.
　　　　(즉, 임의의 $z_0 \in \mathbb{C}$ 에 대하여 $f'(z_0) = 0$).
따라서 f는 상수함수이다.
(2) 상수가 아닌 n차 다항식
$$p(z) = a_0 + a_1 z + a_2 z^2 + \cdots + a_n z^n (a_n \neq 0,\ n \geq 1)$$
에 대하여 $p(z) \neq 0 (\forall\, z \in \mathbb{C})$이라 가정하자.
(i) $\dfrac{1}{p(z)}$: 정함수
(($\because$) 영점을 갖지 않는 정함수의 역수 함수는 정함수이다.)
(ii) $\dfrac{1}{p(z)}$: $\mathbb{C}$ 상에서 유계.
($\because$) $p(z)$는 상수가 아니므로 $\lim\limits_{|z| \to \infty} |p(z)| = \infty$이다. 따라서 $\lim\limits_{|z| \to \infty} |1/p(z)| = 0$이다. 그러므로 $\dfrac{1}{p(z)}$ 는 $\mathbb{C}$ 상에서 유계이다.

위의 두 사실 (i), (ii)와 루빌의 정리에 의해 $\dfrac{1}{p(z)}$는 상수가 되어 $p(z)$가 상수 아닌 다항식이라는 사실에 모순이다.

보 기 8

다음 <보기>의 함수 중 복소평면 전체에서 유계인 함수를 모두 고르시오.

<보 기>		
ㄱ. $f(z) = \sin z$	ㄴ. $f(z) = \cos z$	ㄷ. $f(z) = z^2$

정 답 세 함수 모두 비유계이다.
풀 이 세 함수 모두 복소평면 전체에서 해석적인 함수이다. 따라서, 복소평면 전체에서 유계를 만족한다면 루빌의 정리에 의해 상수함수가 되어 모순이다.

예 제 20

(1) 함수 $f : \mathbb{C} \to \mathbb{C}$ 에 대하여 $\mathbb{C}$ 상에서 해석적이고 임의의 $z = x+iy \in \mathbb{C}$ 에 대하여
$$|f(z)| \leq A e^x \text{ (단, } A \text{는 양의 실수)}$$
이다. 이때, $f'(z) = f(z)$ ($\forall z \in \mathbb{C}$)임을 보이시오.

(2) 함수 $f : \mathbb{C} \to \mathbb{C}$ 에 대하여 $\mathbb{C}$ 상에서 해석적이고 임의의 $z \in \mathbb{C}$ 에 대하여
$$|f(z)| \leq A|z| \text{ (단, } A \text{는 양의 실수)}$$
이다. 이때, 적당한 복소상수 a_1에 대하여 $f(z) = a_1 z$ ($\forall z \in \mathbb{C}$)임을 보이시오.

NOTE
$f : D(\text{영역}) \to \mathbb{C}$ 에 대하여
(1) $f'(z) \equiv 0$ ($\forall z \in D$)
$\Leftrightarrow f(z) \equiv a (\exists a : \text{복소상수})$.
(2) ① $f''(z) \equiv 0$ ($\forall z \in D$)
$\Leftrightarrow f(z) = az + b (\exists a, b : \text{복소상수})$.
② $f^{(n)}(z) \equiv 0$ ($\forall z \in D$)
$\Leftrightarrow f(z) = a_0 + a_1 z + \cdots + a_{n-1} z^{n-1}$
($\exists a_0, a_1, \cdots, a_{n-1}$:복소상수).
($\because$) (1) ($\Leftarrow$) : 자명
($\Rightarrow$) $f = u + iv$에 대하여 $f'(z) = 0$
$\Rightarrow u_x = u_y = v_x = v_y = 0$
$\Rightarrow u \equiv \text{상수}, v \equiv \text{상수}$
$\Rightarrow f = u + iv \equiv \text{상수}$.
(2) ① ($\Leftarrow$) : 자명
($\Rightarrow$) $0 = f''(z) = (f'(z))'$
$\Rightarrow f'(z) = a(\text{복소상수}) = (az)'$
$\Rightarrow 0 = f'(z) - (az)' = (f(z) - az)'$
$\Rightarrow f(z) - az = b(\text{복소상수})$.
(즉, $f(z) = az + b$.)

풀 이

(1) $g(z) = \dfrac{f(z)}{e^z}$ ($z \in \mathbb{C}$)라 두면 $e^z \neq 0$ ($\forall z \in \mathbb{C}$)이므로 g는 정함수이다. 가정에 의해
$$|g(z)| = \frac{|f(z)|}{|e^z|} \leq A \ (\forall z \in \mathbb{C})$$
이다. 따라서 루빌의 정리에 의해
$$\exists c \in \mathbb{C} \text{ s.t. } c = g(z) = \frac{f(z)}{e^z} (z \in \mathbb{C}).$$
그러므로 $f(z) = ce^z$이고 $f'(z) = ce^z = f(z)$ ($z \in \mathbb{C}$)이다.

(2) (i) $C : |z - z_0| = r$
$\Rightarrow |f(z)| \leq A|z| \leq A(|z - z_0| + |z_0|) = A(r + |z_0|) (\forall z \in C)$
$\Rightarrow$ 코쉬의 부등식을 적용하면 $|f^{(2)}(z_0)| \leq \dfrac{A(r + |z_0|) \, 2!}{r^2}$.

위의 부등식은 임의의 $r > 0$에 대하여 성립하므로 $f''(z_0) = 0$이다. (즉, 임의의 $z \in \mathbb{C}$에 대하여 $f''(z) = 0$이다.)
따라서
$$\exists a_1, a_2 \in \mathbb{C} \text{ s.t. } f(z) = a_1 z + a_2 (z \in \mathbb{C})$$
이다.

(ii) 가정에 의해 $|f(0)| \leq A|0|$, $a_2 = f(0) = 0$이므로
$$f(z) = a_1 z (z \in \mathbb{C}).$$

[다른 풀이] 복소함수
$$g : \mathbb{C} \setminus \{0\} \to \mathbb{C}, \ g(z) = \frac{f(z)}{z} \ (z \in \mathbb{C} \setminus \{0\})$$
는 $\mathbb{C} \setminus \{0\}$에서 해석적, $|g(z)| \leq A (\forall z \in \mathbb{C} \setminus \{0\})$이다.
(즉, g는 $\mathbb{C} \setminus \{0\}$에서 유계)

NOTE (루빌의 정리의 응용)
(1) **실함수** $f:\mathbb{R}\to\mathbb{R}$에 대하여
  $f:\mathbb{R}$에서 미분가능, 유계
  $\not\Rightarrow f:$ 상수함수
(2) **복소함수** $f:\mathbb{C}\to\mathbb{C}$가 해석적일 때
① $f\neq$ 상수함수 $\Rightarrow \overline{f(\mathbb{C})}=\mathbb{C}$.
  (즉, f의 치역은 $\mathbb{C}$에서 조밀하다.)
② $\exists w_0\in\mathbb{C}$, $\exists \epsilon>0$ s.t.
  $|f(z)-w_0|\geq \epsilon\ (\forall z\in\mathbb{C})$
  $\Rightarrow f:$ 상수함수.
(3) **복소함수** $f:\mathbb{C}\to\mathbb{C}$가 정함수일 때
① 음이 아닌 정수 n에 대하여
  $|f(z)|\leq A|z|^n\ (\forall z\in\mathbb{C})$
  $\Rightarrow f: n$차 이하의 다항식
② 음이 아닌 실수 α에 대하여
  $|f(z)|\leq A|z|^\alpha\ (\forall z\in\mathbb{C})$
  $\Rightarrow f: [\alpha]$차 이하의 다항식
  (단, $[\alpha]$는 α보다 작거나 같은 최대의 정수이다.)
($\because$)
(1) 반례는
  $f:\mathbb{R}\to\mathbb{R},\ f(x)=\sin x\,(x\in\mathbb{R})$
  이다.
(2) 루빌의 정리에 의해 성립한다.
(3) 코쉬의 부등식에 의해 성립한다.

01년시행기출
복소평면 $\mathbb{C}$에서 해석적인 정함수(entire function) f가 임의의 $z\in\mathbb{C}$에 대하여 $\mathrm{Re}f(z)>1$을 만족시킨다. 이때, 상수함수임을 보여라. [5점]

98년시행기출
복소평면 $\mathbb{C}$에서 미분가능한 정함수(entire function)가 임의의 $z\in\mathbb{C}$에 대하여 조건
$$f(z)=f(z+2)=f(z+i)$$
를 만족하고, $f(0)=i$라고 한다. 이 때,

따라서 리만의 정리에 의해
$$\exists \hat{g}:\mathbb{C}\to\mathbb{C}\ \text{정함수}\ s.t.\ g(z)=\hat{g}(z)\ (\forall z\in\mathbb{C}\setminus\{0\}).$$
이제 $B=\max\{A,|\hat{g}(0)|\}$라 두면 가정에 의해
$$|\hat{g}(z)|=\begin{cases}\dfrac{|f(z)|}{|z|}\leq A\leq B, & z\in\mathbb{C}\setminus\{0\}\\ |\hat{g}(0)|\leq B, & z=0\end{cases}.$$
$\hat{g}$은 유계인 정함수가 되어 상수함수(($\because$) 루빌의 정리)이다.
(즉, $\exists a_1\in\mathbb{C}$ (상수) $s.t.\ \dfrac{f(z)}{z}=\hat{g}(z)=a_1(\forall z\in\mathbb{C}\setminus\{0\})$))
그러므로 $f(z)=a_1 z\ (\forall z\in\mathbb{C}\setminus\{0\})$이다.

예 제 22
정함수 $f:\mathbb{C}\to\mathbb{C}$,
$$f(x+iy)=u(x,y)+iv(x,y)(x+iy\in\mathbb{C})$$
에 대한 다음의 명제를 증명하시오.
(1) $|f(z)|\geq 1(\forall z=x+iy\in\mathbb{C})$이면 f는 상수함수이다.
(2) $u(x,y)\geq 0(\forall z=x+iy\in\mathbb{C})$이면 f는 상수함수이다.
(3) $v(x,y)<-1(\forall z=x+iy\in\mathbb{C})$이면 f는 상수함수이다.
(4) $u(x,y)+v(x,y)>0(\forall z=x+iy\in\mathbb{C})$이면 f는 상수함수이다.

풀 이

(1) 함수 $g(z)$를 $g(z)=\dfrac{1}{f(z)}$라 하자. 가정에 의해 $|f(z)|\geq 1$이므로 $g(z)$는 정함수이고, $|g(z)|=\left|\dfrac{1}{f(z)}\right|\leq 1$이므로 루빌의 정리에 의해 $g(z)$는 상수함수이다. 따라서, $f(z)$도 상수함수이다.

(2) 임의의 복소수 z에 대해 함수 $g(z)$를 $g(z)=\dfrac{1}{f(z)+1}$라 하자. 가정에 의해 $|f(z)+1|\geq 1$이므로 $g(z)$는 정함수이고, $|g(z)|=\left|\dfrac{1}{f(z)+1}\right|\leq 1$이므로 루빌의 정리에 의해 $g(z)$는 상수함수이다. 따라서, $f(z)$도 상수함수이다.

(3) 함수 $g(z)$를 $g(z)=\dfrac{1}{f(z)}$라 하자. 가정에 의해 $|f(z)|>1$이므로 $g(z)$는 정함수,
$$|g(z)|=\left|\dfrac{1}{f(z)}\right|<1$$
이므로 루빌의 정리에 의해 $g(z)$는 상수함수이다. 따라서, $f(z)$도 상수함수이다.

4.2 코쉬의 부등식과 응용

(4) $g(z) := \dfrac{1}{f(z)+1+i}$ 라 두면 가정에 의해

$$|f(z)-(-1-i)| = \sqrt{(u+1)^2+(v+1)^2}$$
$$= \sqrt{(u^2+v^2)+2(u+v)+2} > \sqrt{2}$$
$$(\forall z = x+iy \in \mathbb{C})$$

이므로 $g(z)$는 정함수이고,

$$|g(z)| = \left|\dfrac{1}{f(z)+1+i}\right| < \dfrac{1}{\sqrt{2}} \ (\forall z = x+iy \in \mathbb{C})$$

이므로 유계이다. 따라서 루빌의 정리에 의해 $g(z)$는 상수함수이고 $f(z)$도 상수함수이다.

유 제 12
정함수 $f : \mathbb{C} \to \mathbb{C}$ 에 대한 다음의 물음에 답하시오.
(1) $|f(z)| \leq 3\sqrt{|z|} \ (\forall |z| \geq 1)$ 일 때 f는 상수함수임을 보이시오.
(2) $|f(z)| \leq 3|z|^{5/4} \ (\forall |z| \geq 1)$, $f(0)=1$, $f(i)=1+2i$일 때 f는 $f(1)+f'(1+i)$의 값을 구하시오.

풀 이
(1) $z_0 \in \mathbb{C}$ 를 고정하자. 충분히 큰 r에 대하여
$$C : |z-z_0| = r$$
이라 할 때
$$|f(z)| \leq 3|z|^{1/2} \leq 3(|z-z_0|+|z|)^{1/2}$$
$$= 3(r+|z_0|)^{1/2} (\forall z \in C).$$

따라서 코쉬의 부등식을 적용하면
$$|f^{(1)}(z_0)| \leq \dfrac{3(r+|z_0|)^{1/2}\, 2!}{r} \xrightarrow{r \uparrow \infty} 0.$$

따라서 $f'(z_0)=0.$ (즉, 임의의 $z \in \mathbb{C}$에 대하여 $f'(z)=0$이다.)
그러므로 f는 상수함수이다.

(2) (i) $z_0 \in \mathbb{C}$를 고정하자. 충분히 큰 r에 대하여
$$C : |z-z_0| = r$$
이라 할 때
$$|f(z)| \leq 3|z|^{5/4} \leq 3(|z-z_0|+|z|)^{5/4}$$
$$= 3(r+|z_0|)^{5/4} (\forall z \in C).$$

따라서 코쉬의 부등식을 적용하면
$$|f^{(2)}(z_0)| \leq \dfrac{3(r+|z_0|)^{5/4}\, 2!}{r^2} \xrightarrow{r \uparrow \infty} 0.$$

$f(1+i)$의 값을 구하시오. [6점]
(단, i는 허수단위)

03년시행기출
복소평면 $\mathbb{C}$에서 해석적인 함수(entire function) f가 다음 두 조건을 모두 만족시키면 $f(z)=z$임을 보이시오. [5점]

(i) $f(1)=1$
(ii) 임의의 $z \in \mathbb{C}$에 대하여
$$|f(z)| \leq |z|$$

08년시행기출
복소수 전체의 집합 $\mathbb{C}$에서 $\mathbb{C}$로의 정함수(entire function) f가 모든 $z \in \mathbb{C}$에 대하여 두 조건
$$|f(z)| \leq 2|ze^z|, \ f'(1)=1$$
을 만족시킬 때, $f(1)$의 값은? [2점]

① $\dfrac{1}{3}$ ② $\dfrac{1}{2}$ ③ 1 ④ e ⑤ $2e$

17년시행기출
정함수(entire function) $f(z)$가 모든 복소수 z에 대하여 부등식
$$|f(z)| \leq |e^z-1|$$
을 만족시킨다. $f(1)=1$일 때, $f'(0)$의 값을 풀이 과정과 함께 쓰시오. [4점]
※ 다음 정리는 필요하면 증명 없이 사용할 수 있다.

양수 r에 대하여 영역
$$\{z \in \mathbb{C} \mid 0 < |z-a| < r\}$$
에서 함수 $g(z)$가 해석적이고 유계이면 $\lim\limits_{z \to a} g(z)$가 존재하고 함수
$$h(z) = \begin{cases} g(z), & 0 < |z-a| < r \\ \lim\limits_{w \to a} g(w), & z = a \end{cases}$$
는 $z=a$에서 해석적이다.

19년시행기출
다음 조건을 만족시키는 정함수(entire function) $f(z)$에 대하여 $|f(i)|$의 최솟값을 풀이 과정과 함께 쓰시오. [4점]

(가) 모든 복소수 z에 대하여
$$|f(z)+z^2| \geq 3$$
이다.
(나) $|f(2)| = 3$

23년시행기출(B11)

실수값을 갖는 두 함수 $u(x,y)$, $v(x,y)$와 복소수 $z = x+iy$ (x,y는 실수)에 대하여 복소함수 $f(z) = u(x,y)+iv(x,y)$는 정함수(전해석함수, entire function)이다. $\overline{f(\bar z)}$가 정함수임을 보이시오. 또한 $f'(i) = \pi$, $f(-i) = 1$이고 모든 실수 x, y에 대하여
$$\frac{\partial u}{\partial x}(x,y)\frac{\partial v}{\partial y}(x,y) - \frac{\partial u}{\partial y}(x,y)\frac{\partial v}{\partial x}(x,y) > (u(x,-y))^2 + (v(x,-y))^2$$
일 때, $\dfrac{f'(1-i)}{f(1+i)}$의 값을 풀이 과정과 함께 쓰시오. (단, $\bar z$는 z의 켤레복소수이다.) [4점]

NOTE

(1) 영역 $D(\subset \mathbb{C})$에서의 실함수
$$u : D \to \mathbb{R}$$
에 대하여
$u : D$에서 조화적
$\not\Rightarrow \exists f : D \to \mathbb{C}$ 해석함수 s.t. $\text{Re}(f) = u$.

※정리26은 D가 다중연결영역일 때는 성립하지 않는다.

(2) 클레로의 정리(Clairaut's theorem)
$(a,b) \in D$ ($\mathbb{R}^2$의 영역),
$f : D$ ($\mathbb{R}^2$의 영역) $\to \mathbb{R}$
가 연속인 2계 편도함수를 가질 때,
$$f_{xy}(a,b) = f_{yx}(a,b).$$
($\because$) (1) 반례는
$u : D = \mathbb{C} \setminus \{0\} \to \mathbb{R}$,
$u(x,y) = \log(x^2+y^2)$.

따라서 $f''(z_0) = 0$. (즉, 임의의 $z \in \mathbb{C}$에 대하여 $f''(z) = 0$이다.)
그러므로 $\exists a_1, a_2 \in \mathbb{C}$ s.t. $f(z) = a_1 z + a_2$ ($z \in \mathbb{C}$).
(ii) $f(0) = 1$, $f(i) = 1+2i$이므로 $f(z) = 2z+1$ ($z \in \mathbb{C}$),
$$f(1) + f'(1+i) = 5.$$
※ 이 문제의 가정이 $|f(z)| \leq 3|z|^{5/4}$ ($\forall z \in \mathbb{C}$)로 바뀌면
$$f(z) = 0 \ (\forall z \in \mathbb{C}).$$
($\because$) $f(z) = a_1 z + a_2$에서 $0 = f(0) = a_2$, $|a_1 z| \leq 3|z|^{5/4}$ (즉, $|a_1| \leq 3|z|^{1/4}$, $a_1 = 0$)이므로 $f(z) = 0$ ($\forall z \in \mathbb{C}$)가 된다.

정 리 26

(1) 단순연결영역 $D(\subset \mathbb{R}^2)$와 실함수 $u : D \to \mathbb{R}$에 대하여
$$\exists f : D \to \mathbb{C} \text{ 해석함수 s.t. } \text{Re}(f) = u(\text{ⓒ})$$
D가 단순연결영역일 때 성립 ⇗⇙ D가 영역일 때 성립
$u : D$에서 조화적(ⓐ)
D가 단순연결영역일 때 성립 ⇘⇖ D가 영역일 때 성립
$$\exists g : D \to \mathbb{C} \text{ 해석함수 s.t. } \text{Im}(g) = u(\text{ⓒ})$$
(2) $u : \mathbb{R}^2 \to \mathbb{R}$에 대하여
$u : \mathbb{R}^2$에서 유계, 조화함수 ⇔ $u : \mathbb{R}^2$에서 상수함수.

증 명

(1) "ⓒ ⇒ ⓐ" $f(z) = u+iv$라 할 때 f가 해석적이므로 u, v는 코시-리만 방정식
$$u_x = v_y, \ u_y = -v_x$$
를 만족한다. 두 식의 양변을 각각 x와 y에 대해 미분하면
$$u_{xx} = v_{yx}, \ u_{yx} = -v_{xx}$$
를 만족한다. $v_{xy} = v_{yx}$이므로 위의 두 식을 더하면 $u_{xx} + u_{yy} = 0$을 얻는다. 비슷한 방법으로 "ⓒ ⇒ ⓐ"을 증명할 수 있다.
"ⓐ ⇒ ⓒ" : 생략
"ⓒ ⇒ ⓒ" $g := if$, "ⓒ ⇒ ⓒ" $f := -ig$

(2) ($\Leftarrow$) 자명하다.
($\Rightarrow$) $u : \mathbb{C}$ 상에서 유계조화
$\Rightarrow \exists f : \mathbb{C} \to \mathbb{C}$ 해석함수 s.t. $u(z) = \text{Re}(f(z))$ ($z \in \mathbb{C}$)
$\Rightarrow g : \mathbb{C} \to \mathbb{C}$, s.t. $g(z) = e^{f(z)}$ ($z \in \mathbb{C}$)이라 두면
$|g(z)| = e^{u(z)}$이므로 $g : \mathbb{C}$에서 유계
$\Rightarrow$ 루빌의 정리에 의해 $g =: C$ ($\exists C$: 복소상수)
$\Rightarrow f(z)$: 상수함수
$\Rightarrow u(z) = \text{Re}(f(z))$: 상수함수.

정 리 27 (항등정리(Identity theorem))

영역 $D(\subset \mathbb{C})$, $z_0 \in D$에 대하여
(1) (i) $f : D$에서 해석적,
 (ii) $\{z_n\}$: D상의 수열 s.t.
$$z_n \to z_0,\ z_n \neq z_m(\forall n \neq m),\ f(z_n) = 0(\forall n \geq 1)$$
$\Rightarrow f(z) = 0\ (\forall z \in D)$
(2) (i) $f,\ g : D$에서 해석적,
 (ii) $\{z_n\}$: D상의 수열 s.t.
$$z_n \to z_0,\ z_n \neq z_m(\forall n \neq m),\ f(z_n) = g(z_n)(\forall n \geq 1)$$
$\Rightarrow f(z) = g(z)\ (\forall z \in D)$

NOTE

(1) 실함수와 항등정리
실함수에 대하여 위의 항등정리는 일반적으로 성립하지 않는다. 실함수

$$f : \mathbb{R} \to \mathbb{R},$$
$$f(x) = \begin{cases} x^2 \sin\left(\dfrac{\pi}{x}\right) & x \neq 0 \\ 0 & x = 0 \end{cases}$$

는 $\mathbb{R}$에서 미분가능이고

$$x_n = \frac{1}{n}(n = 1,\ 2,\ \cdots)$$

에 대하여

$$f(x_n) = 0(\forall n \in \mathbb{N}),\ x_n \to 0,$$
$$x_n \neq x_m (\forall n \neq m)$$

이다. 그러나 f는 원점의 임의의 근방에서 $f(x) \neq 0$이다.

(2) 위의 조건 $z_0 \in D$는 필수적이다. 상수가 아닌 복소함수

$$f(z) = e^{1/(1-z)}$$

는 $0 < |z - 1| < 1$에서 해석적이다.

$$z_n = 1 - \frac{1}{2n\pi i}(n = 1,\ 2,\ \cdots)$$

에 대하여 $z_n \to 1$, $f(z_n) = e^{2n\pi i} = 1$이다. 그러나 f는 $0 < |z-1| < 1$에서 $f(z) = 1$은 아니다.

증 명

$\{z_n\}$은 서로 다른 항으로 되어 있으므로 많아야 하나의 항에 대하여 $z_n = z_0$이므로 $z_n \neq z_0(\forall n \in \mathbb{N})$이라 가정하자. 또한 $z_n \to z_0$이므로 모든 항이 z_0의 근방에 있다고 가정할 수 있다.

($D = \{z \in \mathbb{C} \mid |z - z_0| < r\}$인 경우의 증명)

(1) $f : D = \{z \in \mathbb{C} \mid |z - z_0| < r\}$에서 해석적(즉, 급수전개가능)이므로 적당한 복소수열 $\{z_n\}$에 대하여

$$f(z) = \sum_{k=0}^{\infty} a_k(z - z_0)^k$$
$$= a_0 + a_1(z - z_0) + a_2(z - z_0)^2 + \cdots\ (z \in D)$$

$\Rightarrow f$는 z_0에서 연속이므로 연속의 수열판정법에 의해

$$a_0 = f(z_0) = f(\lim_{n \to \infty} z_n) = \lim_{n \to \infty} f(z_n) = \lim_{n \to \infty} 0 = 0(\text{즉},\ a_0 = 0)$$

$\Rightarrow f_1(z) := a_1 + a_2(z - z_0) + a_3(z - z_0)^2 + \cdots$
$$= \begin{cases} \dfrac{f(z)}{z - z_0} & z \neq z_0 \\ a_1 & z = z_0 \end{cases}(z \in D)$$

이라 할 때 f_1은 z_0에서 연속이므로 연속의 수열판정법에 의해

$$a_1 = f_1(z_0) = f_1(\lim_{n \to \infty} z_n) = \lim_{n \to \infty} f_1(z_n)$$
$$= \lim_{n \to \infty} \frac{f(z_n)}{z_n - z_0} = \lim_{n \to \infty} 0 = 0(\text{즉},\ a_1 = 0)$$

$\Rightarrow$ 같은 방법에 의해 $a_0 = a_1 = a_2 = \cdots = 0$

$\Rightarrow f(z) = a_0 + a_1(z - z_0) + a_2(z - z_0)^2 + \cdots = 0(\forall z \in D)$

(2) (1)에서의 f를 $f - g$로 바꾸면 자명하다.

예 제 23

(1) $f : \mathbb{C} \to \mathbb{C}$ 가
$$f\left(\frac{1}{n}\right) = \frac{1}{n^2} (\forall n \in \mathbb{N})$$
을 만족하고 해석적이면 $f(z) = z^2 (\forall z \in \mathbb{C})$임을 보이시오.

(2) $f : D = \{z \in \mathbb{C} \mid |z| < 1\} \to \mathbb{C}$ 가
$$f\left(\frac{1}{2n}\right) = f\left(\frac{1}{2n+1}\right) = \frac{1}{2n} (\forall n = 1, 2, \cdots)$$
을 만족하면 해석함수가 아님을 보이시오.

풀 이

(1) $g(z) = z^2$이라고 하자. f, g가 영역 $\mathbb{C}$에서 해석적이고 $\mathbb{C}$ 상의 수열 $z_n = \frac{1}{n}$이 존재하여 $\frac{1}{n} \to 0 \in \mathbb{C}$ 이고,
$$z_n \neq z_m (\forall n \neq m), \ f(z_n) = g(z_n)(\forall n \geq 1)$$
을 만족하므로 항등정리에 의해
$$f(z) = g(z) = z^2.$$

(2) $f\left(\frac{1}{2n}\right) = f\left(\frac{1}{2n+1}\right) = \frac{1}{2n} (\forall n = 1, 2, \cdots)$을 만족하는 해석함수가 존재한다고 가정하자.

(i) $f(z) = z (\forall z \in D = \{z \in \mathbb{C} \mid |z| < 1\})$

($\because$) $g : D \to \mathbb{C}$, $g(z) = f(z) - z(z \in D)$에 대하여

㉠ $g : D$에서 해석적

㉡ $z_n = \frac{1}{2n}(\forall n \in \mathbb{N})$라 두면
$$z_n \to 0, \ z_m \neq z_n (\forall m \neq n),$$
$$g(z_n) = f\left(\frac{1}{2n}\right) - \frac{1}{2n} = 0(\forall n \geq 1)$$
이다. 따라서 항등정리에 의해 $0 = g(z) = f(z) - z(z \in D)$이므로 $f(z) = z(z \in D)$이다.

(ii) 가정과 (i)에 의해 $\frac{1}{2n} = f\left(\frac{1}{2n+1}\right) = \frac{1}{2n+1}$가 되어 모순이다.

4.3. 최대, 최소절댓값 정리

정 리 28 (가우스의 평균값정리)
f가 폐원판 $R = \{z \in \mathbb{C} \mid |z - z_0| \leq r\}$에서 해석적이면
$$f(z_0) = \frac{1}{2\pi} \int_0^{2\pi} f(z_0 + re^{i\theta}) d\theta.$$

증 명
코쉬의 적분공식에 의하여
$$f(z_0) = \frac{1}{2\pi i} \int_{|z-z_0|=r} \frac{f(z)}{z - z_0} dz.$$
여기서 $z = z_0 + re^{i\theta}$라고 두면,
$$f(z_0) = \frac{1}{2\pi i} \int_0^{2\pi} \frac{f(z_0 + re^{i\theta})}{re^{i\theta}} rie^{i\theta} d\theta = \frac{1}{2\pi} \int_0^{2\pi} f(z_0 + re^{i\theta}) d\theta.$$

보 기
다음의 리만적분의 값을 구하시오.
(1) $I = \int_0^{2\pi} e^{\cos t} \left(\cos\left(\frac{\pi}{3} + \sin t\right) + i \sin\left(\frac{\pi}{3} + \sin t\right) \right) dt$
(2) $I = \int_0^{2\pi} \sinh(\cos t + i(\sin t + \pi/2)) dt$

[정 답] (1) $\pi(1 + \sqrt{3}i)$ (2) $2\pi i$
[해 설]
$z = \cos t + i \sin t = e^{it}$에 대하여
(1) $f(z) := e^z \cdot e^{\frac{\pi}{3}i}$라 하면 $f(z)$는 정함수이고,
$$2\pi f(0) = \int_0^t f(e^{it}) dt$$
$$= \int_0^{2\pi} e^{\cos t} \left(\cos\left(\frac{\pi}{3} + \sin t\right) + i \sin\left(\frac{\pi}{3} + \sin t\right) \right) dt.$$
따라서 $I = \pi(1 + \sqrt{3}i)$.
(2) $f(z) := \sinh\left(z + \frac{\pi}{2}i\right)$라 하면 $f(z)$는 정함수이고,
$$2\pi f(0) = \int_0^t f(e^{it}) dt$$
$$= \int_0^{2\pi} \sinh(\cos t + i(\sin t + \pi/2)) dt.$$
따라서 $I = 2\pi i$.

NOTE
(실함수의 평균값정리와 가우스 평균값정리)
$f : [a, b] \to \mathbb{R}$, $F'(x) = f(x)$
라고 가정하면, 구간 $[a, b]$에서 의 평균값은
$$\frac{\int_a^b f(x) dx}{b - a} = \frac{F(b) - F(a)}{b - a}$$
평균값정리에 의해 이 식은 $a < c < b$인 어떤 c에 대하여 $F'(c) = f(c)$와 같다.
이러한 입장에서 가우스의 평균값 정리는 원의 내부와 경계에서 해석적인 함수에 대해서 원주상의 값의 평균이 그 원의 중심에서의 함숫값과 같음을 보여준다.

18년시행기출
실숫값을 갖는 두 함수
$u(x, y)$,
$v(x, y) = e^{-y}(x \cos x - y \sin x)$
와 복소수 $z = x + iy$ (x, y는 실수)에 대하여 $f(z) = u(x, y) + iv(x, y)$가 정함수(entire function)이다. 곡선 C가
$x = \cos t, y = \sin t$ ($0 \leq t \leq 2\pi$)
로 정의된 원일 때,
$$\int_C -yu(x, y)dx + xu(x, y)dy = 6\pi$$
이다. $f(0)$의 값과 함수 $u(x, y)$를 각각 풀이 과정과 함께 쓰시오. [4점]
※ 다음 정리는 필요하면 증명 없이 사용할 수 있다.

복소평면의 열린 집합 D에서 해석적인 함수 $f : D \to \mathbb{C}$에 대하여, $r > 0$이고 $\{z \in \mathbb{C} \mid |z - z_0| \leq r\} \subset D$이면
$$f(z_0) = \frac{1}{2\pi} \int_0^{2\pi} f(z_0 + re^{it}) dt$$
이다.

> 예 제
> (1) 22년시행기출 동형문제
> 다음의 각 조화함수 $u : \mathbb{R}^2 \to \mathbb{R}$ 에 대한 리만적분
> $$I = \int_0^{2\pi} u(2\cos t - 1, 2\sin t + 1) dt$$
> 의 값을 구하시오.
> ① $u(x, y) = 3x^2y - y^3 - y$
> ② $u(x, y) = e^x(x\sin y + y\cos y)$
> (2) 18시행기출 동형문제
> 실숫값을 갖는 두 함수
> $u(x, y) = x^3 - 3xy^2 + y$, $v(x, y)$
> 와 복소수 $z = x + iy$ (x, y는 실수)에 대하여
> $f(z) = u(x, y) + iv(x, y)$
> 가 정함수이다. 곡선 C가
> $$x = 2\cos t, \ y = 1 + 2\sin t \ (0 \leq t \leq 2\pi)$$
> 로 정의된 원일 때,
> $$\int_C (xv(x, y) + yu(x, y))dx + (xu(x, y) - yv(x, y))dy = 4\pi$$
> 이다. $f(i)$의 값과 함수 $v(x, y)$를 각각 풀이 과정과 함께 쓰오.

[정 답] (1) ① 2π ② $\dfrac{2\pi}{e}(\cos(1) - \sin(1))$

(2) $f(z) = z^3 - iz + 2i$
$= (x^3 - 3xy^2 + y) + i(3x^2y - x - y^3 + 2)$.

[해 설]
(1) $f(z) = u(x, y) + iv(x, y)$에 대하여
$$2\pi f(-1 + i) = \int_0^t f(-1 + i + 2e^{it})dt$$
$$= \int_0^{2\pi} u(2\cos t - 1, 2\sin t + 1)dt + i\int_0^{2\pi} v(2\cos t - 1, 2\sin t + 1)dt$$
따라서 구하고자 하는 $I = 2\pi Re(f(-1 + i)) = 2\pi u(-1, 1)$.
① $I = 2\pi u(-1, 1) = 2\pi$
② $I = 2\pi u(-1, 1) = \dfrac{2\pi}{e}(\cos(1) - \sin(1))$.

4.3 최대, 최소절댓값 정리

정 리 29
(최대, 최소절댓값 정리(maximum, minimum modulus theorem))
(1) 영역 $D(\subset \mathbb{C})$와 함수 $f:D \to \mathbb{C}$에 대하여
① 최대절댓값 정리 I
(i) $f:D$에서 해석적 　　　(ii) $f \neq$ 상수함수 (D에서)
을 만족하면 $|f(z)|$는 D에서 **최댓값**을 갖지 않는다.
② 최소절댓값 정리 I
(i) $f:D$에서 해석적 　　　(ii) $f \neq$ 상수함수 (D에서)
(iii) $f(z) \neq 0$ ($\forall z \in D$)
을 만족하면 $|f(z)|$는 D에서 **최솟값**을 갖지 않는다.
(2) D : 유계인 영역($\subset \mathbb{C}$)와 $f:R=\overline{D} \to \mathbb{C}$에 대하여
① 최대절댓값 정리 II
(i) $f:R=\overline{D}$에서 연속　　(ii) $f:D$에서 해석적
(iii) $f \neq$ 상수함수(D에서)
을 만족하면 $|f(z)|$는 $\overline{D}$에서 **최댓값**을 갖고 그 최댓값은 D의 경계에서만 갖는다.
② 최소절댓값 정리 II
(i) $f:R=\overline{D}$에서 연속　　(ii) $f:D$에서 해석적
(iii) $f \neq$ 상수함수(D에서)
(iv) $f(z) \neq 0$ ($\forall z \in \overline{D}$)
을 만족하면 $|f(z)|$는 $\overline{D}$에서 **최솟값**을 갖고 그 최솟값은 D의 경계에서만 갖는다. (단, $\overline{D}$는 D의 폐포이다.)

증 명
(1) ① (귀류법) 적당한 $z_0 \in D$가 존재하여
$$|f(z_0)| = \sup_{z \in D} |f(z)|$$
이라 가정하자. 그러면 집합 D는 개집합이므로
$$\exists R > 0 \text{ s.t. } B(z_0, R) \subset D.$$
(단, $B(z_0, R) = \{z \in \mathbb{C} \mid |z-z_0| < R\}$)
㉠ $B(z_0, R)$에서 $|f(z)|$는 상수.
($\because$) $B(z_0, R)$에서 $|f(z)| \neq$ 상수
$\Rightarrow \exists z_1 = z_0 + r_1 e^{i\theta_1} \in B(z_0, R)$ s.t. $|f(z_1)| < |f(z_0)|$
$\Rightarrow |f(z_0)| \leq \dfrac{1}{2\pi}\displaystyle\int_0^{2\pi} \left|f(z_0 + r_1 e^{i\theta})\right| d\theta$
　　　(($\because$) 가우스의 평균값정리)

NOTE (최대, 최소 절댓값정리(I))
(1) 실해석학 예제 41(1)
두 연속함수 $f, g:[a,b] \to \mathbb{R}$에 대하여
① $f(x) \geq 0$ ($\forall x \in [a,b]$)일 때
㉠ $\displaystyle\int_a^b f(x)\,dx = 0 \Leftrightarrow f(x) = 0$
　　　　　　　　($\forall x \in [a,b]$)
㉡ $\displaystyle\int_a^b f(x)\,dx > 0$
$\Leftrightarrow f(x_0) > 0$ ($\exists x_0 \in [a,b]$)
② $f(x) \geq g(x)$ ($\forall x \in [a,b]$)일 때
㉠ $\displaystyle\int_a^b f(x)\,dx = \int_a^b g(x)\,dx$
$\Leftrightarrow f(x) = g(x)$ ($\forall x \in [a,b]$)
㉡ $\displaystyle\int_a^b f(x)\,dx > \int_a^b g(x)\,dx$
$\Leftrightarrow f(x_0) = g(x_0)$ ($\exists x_0 \in [a,b]$)
(2) 복소해석학 예제11(2)
$f:D$(영역)($\subset \mathbb{C}$) $\to \mathbb{C}$
가 해석적일 때
$|f(z)| : D$에서 상수함수
$\Leftrightarrow f(z) : D$에서는 상수함수.

NOTE (최대, 최소 절댓값정리(II))
$A(\subset \mathbb{C})$에 대하여
　　A : 유계 $\Rightarrow \overline{A}$: 유계.
(따라서 $\overline{A}$는 유계폐집합(컴팩트)).
($\because$)
(i) A : 유계일 때
$\exists M > 0$ s.t. $|z| \leq M$ ($\forall z \in A$).
(ii) $z \in \overline{A}$
$\Rightarrow \exists \{z_n\} \subset A$ s.t. $\lim_{n \to \infty} z_n = z$
$\Rightarrow |z| = |\lim_{n \to \infty} z_n| = \lim_{n \to \infty} |z_n| \leq M$.

$$< \frac{1}{2\pi}\int_0^{2\pi}|f(z_0)|\,d\theta = |f(z_0)|$$

이므로 모순이다.

ⓒ ㉠과 예제11(2)에 의해 f는 $B(z_0, R)$에서 상수함수가 되어
$$\exists\,c(\text{복소상수})\ \text{s.t.}\ f(z)=c\ (\forall z\in B(z_0, R)).$$

⇒ 임의의 $n\in\mathbb{N}$에 대하여 $z_n = z_0 + \dfrac{R}{n+1}\in B(z_0, R)$,
$$z_n\to z_0\in B(z_0, R),\ f(z_n)=c\ (\forall n\in\mathbb{N})$$

⇒ 항등정리에 의해 $f(z)=c\ (\forall z\in D)$가 되어 f는 D에서 상수함수이다. 이것은 가정에 모순이다.

② $g:D\to\mathbb{C}$, $g(z)=\dfrac{1}{f(z)}\ (z\in D)$이라 두자. 그러면
$$g: D\text{에서 해석적},\ g\neq\text{상수}(D\text{에서})$$

⇒ $|g|=\dfrac{1}{|f|}$: D에서 최댓값을 갖지 않는다.

 (($\because$) 최대절댓값정리 I)

⇒ $|f|$: D에서 최솟값을 갖지 않는다.

(2) ① ㉠ $|f|$는 컴팩트집합 $\overline{D}$에서 연속이므로 최댓값 $|f(z_0)|$ ($\exists\,z_0\in\overline{D}$)을 갖는다.

ⓒ 여기서 최대절댓값정리 I 에 의해 $|f|$의 최댓값은 D에 있지 않다. 따라서
$$z_0\in\overline{D}\setminus D = \overline{D}\setminus\text{Int}(D) = \text{Bd}(D).$$
(즉, $|f|$는 D의 경계에서만 최댓값을 갖는다.)

② $g:D\to\mathbb{C}$, $g(z)=\dfrac{1}{f(z)}\ (z\in D)$이라 두자.

㉠ $g:D$에서 해석적, $g\neq$상수(D에서), $g:\overline{D}$에서 연속

ⓒ 최대절댓값정리II에 의해 $|g|=\dfrac{1}{|f|}$는 $\overline{D}$의 경계에서만 최댓값을 갖는다. 따라서 $|f| : \overline{D}$의 경계에서만 최솟값을 갖는다.

예 제 24

다음의 집합 R상에서 $|f(z)|$의 최댓값 M, 최솟값 m을 각각 구하시오.

(1) $f(z)=\dfrac{z^2}{z+2}$, $R=\{z\in\mathbb{C}\,|\,|z|\leq 1\}$.

(2) $f(z)=\overline{z}\,e^{iz}$, $R=\{z\in\mathbb{C}\,|\,1\leq|z|\leq 2,\ \text{Im}(z)\geq 0\}$.

풀 이

(1) ㉠ $R = \{z \in \mathbb{C} \mid |z| \leq 1\}$이라 할 때
(i) $f(z)$는 R에서 연속,
(ii) $f(z)$는 R의 내부에서 해석적,
(iii) $f(z)$는 R에서 상수함수가 아니다.
따라서 최대절댓값정리에 의해 $|f(z)|$는 R의 경계
$$\text{Bd}(R) = \{e^{it} \mid 0 \leq t \leq 2\pi\} = \{\cos t + i \sin t \mid 0 \leq t \leq 2\pi\}$$
에서만 최댓값을 갖는다.
$$|f(e^{it})| = \frac{1}{\sqrt{(\cos t + 2)^2 + \sin^2 t}} = \frac{1}{\sqrt{5 + 4\cos t}}$$
따라서 $|f(z)|$는 $t = \pi$(즉, $z = -1$)일 때만 R에서의 최댓값
$$M = |f(-1)| = 1$$
을 갖는다.

㉡ $|f(z)| \geq 0 (\forall z \in R)$이고 $|f(0)| = 0$이므로 $|f(z)|$는 $z = 0$에서만 R에서의 최솟값 $m = 0$를 갖는다.

(2) (i) $g(z) = ze^{iz}$라 하면
$|g(z)| = |z||e^{iz}| = |\bar{z}||e^{iz}| = |f(z)|(\forall z \in R)$이므로
$$\max\{|f(z)| \mid z \in R\} = \max\{|g(z)| \mid z \in R\}$$
이다.

(ii) $R_1 = \{z = e^{i\theta} \in \mathbb{C} \mid 0 \leq \theta \leq \pi\}$,
$R_2 = \{z = 2e^{i\theta} \in \mathbb{C} \mid 0 \leq \theta \leq \pi\}$,
$R_3 = \{z = x + iy \in \mathbb{C} \mid 1 \leq x \leq 2, y = 0\}$,
$R_4 = \{z = x + iy \in \mathbb{C} \mid -2 \leq x \leq -1, y = 0\}$

에 대하여 $g(z)$는 R에서 해석적이므로 최대, 최소절댓값정리에 의해 $|g(z)|$는 $\text{Bd}(R) = R_1 \cup R_2 \cup R_3 \cup R_4$에서 최댓값과 최솟값을 갖는다.

① $z \in R_1$인 경우, $z = \cos\theta + i\sin\theta$이므로
$|g(z)| = |z||e^{-\sin\theta + i\cos\theta}| = e^{-\sin\theta}$.
$\max_{z \in R_1}|g(z)| = \max\{e^{-\sin\theta} \mid 0 \leq \theta \leq \pi\} = 1$,
$\min_{z \in R_1}|g(z)| = \min\{e^{-\sin\theta} \mid 0 \leq \theta \leq \pi\} = e^{-1}$.

② $z \in R_2$인 경우, $z = 2\cos\theta + 2i\sin\theta$이므로
$|g(z)| = |z||e^{-2\sin\theta + 2i\cos\theta}| = 2e^{-2\sin\theta}$.
$\max_{z \in R_2}|g(z)| = \max\{2e^{-2\sin\theta} \mid 0 \leq \theta \leq \pi\} = 2$,
$\min_{z \in R_2}|g(z)| = \min\{2e^{-2\sin\theta} \mid 0 \leq \theta \leq \pi\} = 2e^{-2}$.

③ $z \in R_3$인 경우, $|g(z)| = |xe^{ix}| = |x|$ $(1 \leq x \leq 2)$.

05년시행기출
복소평면 $\mathbb{C}$ 안의 영역(domain)
$$D = \{z \mid |z| < 2\}$$
에서 정의된 함수 $f : D \to \mathbb{C}$가 해석적(analytic)이고, 모든 $z \in D$에 대하여 $|f(z)| \leq \sqrt{5}$이다. $f(0) = 2 + i$일 때, $f(1) + f'(i)$의 값을 구하시오. [4점]

09년시행기출
다음은 주어진 문제의 풀이를 단계별로 제시한 것이다. (가), (나), (다), (라)에 알맞은 것은? [2.5점]

< 문 제 >
복소수 전체 집합을 $\mathbb{C}$라 하자.
$$D = \{z \in \mathbb{C} \mid |z| < 2\}$$
이고, 함수 $f : D \to \mathbb{C}$가 D에서 해석적(analytic)이라 하자. $f(0) = f'(0) = 0$, $f''(0) \neq 0$이고 $f(1/3) = i/12$이며 모든 $z \in D$에 대해서 $|f(z)| \leq 3$일 때, $f(2i/3)$의 값은?

< 풀 이 >
<1단계> 함수 f가 D에서 해석적이므로 $f(z) = \sum_{n=0}^{\infty} a_n z^n$이 되고, 따라서 $f(z) = \boxed{\text{(가)}} \cdot g(z)$의 꼴이다. (단, $g(z)$는 D에서 해석적이며 $g(0) \neq 0$이다.)
<2단계> $0 < r < 2$인 r에 대하여 $|z| = r$일 때, $|g(z)| \leq \boxed{\text{(나)}}$이 성립한다. 여기서 최대 절댓값 정리를 적용하면 $|z| \leq r$일 때, $|g(z)| \leq \boxed{\text{(나)}}$이다. 이 명제는 임의의 $r < 2$에 대하여 성립하므로 모든 $z \in D$에 대하여 $|g(z)| \leq \boxed{\text{(다)}}$이다.
<3단계> 위의 결과와 $f\left(\frac{1}{3}\right) = \frac{i}{12}$를 사용하여 $g(z)$를 구할 수 있고, 이를 이용하면 $f\left(\frac{2i}{3}\right) = \boxed{\text{(라)}}$임을 알 수 있다.

	(가)	(나)	(다)	(라)
①	z	$3/r$	$3/2$	$i/12$
②	z	$3/r$	$3/2$	$-1/3$
③	z^2	$3/r$	$3/2$	$i/12$
④	z^2	$3/r^2$	$3/4$	$-1/3$
⑤	z^2	$3/r^2$	$3/4$	$-i/3$

22년시행기출
실수 a에 대하여 함수
$u : \mathbb{R}^2 \to \mathbb{R}$를
$u(x,y) = x^2 - 2xy + ay^2 + 4x - 6y$
라 하자.
$a = -1$일 때 적분
$$\int_0^{2\pi} u(1+2\cos\theta, 2\sin\theta)d\theta$$
의 값을 이 과정과 함께 쓰시오.
또한 $a = 2$일 때 $u(x,y)$의 최솟값을 풀이 과정과 함께 쓰시오. [4점]

$\max_{z \in R_3}|g(z)| = \max\{|x| \mid 1 \leq x \leq 2\} = 2$.
$\min_{z \in R_3}|g(z)| = \min\{|x| \mid 1 \leq x \leq 2\} = 1$.
④ $z \in R_4$인 경우, $|g(z)| = |xe^{ix}| = |x|$ $(-2 \leq x \leq -1)$.
$\max_{z \in R_4}|g(z)| = \max\{|x| \mid -2 \leq x \leq -1\} = 2$.
$\min_{z \in R_4}|g(z)| = \min\{|x| \mid -2 \leq x \leq -2\} = 1$.
따라서 구하는 최댓값은 2, 최솟값은 $2e^{-2}$.

유 제 13

(1) 다음의 집합
$$R = \{z \in \mathbb{C} \mid 0 \leq \text{Re}(z) \leq 1, 0 \leq \text{Im}(z) \leq 1\}$$
상에서 $f(z) = \sin z$의 절댓값 $|f(z)|$의 최댓값 M, 최솟값 m을 각각 구하시오.

(2) 복소평면 $\mathbb{C}$ 안의 영역 $D = \{z \mid |z| < 2\}$에서 정의된 함수
$$f : D \to \mathbb{C}$$
가 해석적이고, 모든 $z \in D$에 대하여 $|f(z)| \geq \sqrt{5}$이다. $f(0) = 2 + i$일 때, $f(1) + f'(i)$의 값을 구하시오.

풀 이

(1) 함수 $f : R \to \mathbb{C}$, $f(z) = \sin z (z \in R)$이라 두자. 그러면 최대절댓값정리 II 에 의해 $|f(z)|$는 R에서 최댓값을 갖고 R의 경계($= \text{Bd}(R)$)에서만 갖는다. 네 집합
$R_1 := \{x + iy \in \mathbb{C} \mid 0 \leq x \leq 1, y = 0\}$,
$R_2 := \{x + iy \in \mathbb{C} \mid x = 1, 0 \leq y \leq 1\}$,
$R_3 := \{x + iy \in \mathbb{C} \mid 0 \leq x \leq 1, y = 1\}$,
$R_4 := \{x + iy \in \mathbb{C} \mid x = 0, 0 \leq y \leq 1\}$
에 대하여 $\text{Bd}(R) = R_1 \cup R_2 \cup R_3 \cup R_4$이므로 각 $R_i (1 \leq i \leq 4)$에서
$$|f(z)|^2 = \frac{1}{4}(e^{-2y} + e^{2y} - 2\cos 2x)$$
의 최댓값을 구하자.

(i) $z = x + iy \in R_1$에 대하여
$$|f(z)|^2 = \sin^2 x \quad (0 \leq x \leq 1).$$
따라서 $|f(z)|^2$의 R_1에서의 최댓값은 $\sin^2 1$.

(ii) $z = x + iy \in R_2$에 대하여
$$|f(z)|^2 = \frac{1}{4}(e^{-2y} + e^{2y} - 2\cos 2) \quad (0 \leq y \leq 1).$$

따라서 $|f(z)|^2$의 R_2에서의 최댓값은 $\frac{1}{4}(e^{-2}+e^2-2\cos2)$,

(ⅲ) $z=x+iy\in R_3$에 대하여
$$|f(z)|^2=\frac{1}{4}(e^{-2}+e^2-2\cos2x) \ (0\le x\le 1).$$

따라서 $|f(z)|^2$의 R_3에서의 최댓값은 $\frac{1}{4}(e^{-2}+e^2-2\cos2)$,

(ⅳ) $z=x+iy\in R_4$에 대하여
$$|f(z)|^2=\frac{1}{4}(e^{-2y}+e^{2y}-2) \ (0\le y\le 1).$$

따라서 $|f(z)|^2$의 R_4에서의 최댓값은 $\frac{1}{4}(e^{-2}+e^2-2)$.

(ⅰ), (ⅱ), (ⅲ), (ⅳ)에서 가장 큰 값은 $\frac{1}{4}(e^{-2}+e^2-2\cos2)$이다.

따라서
$$\max_{z\in R}|f(z)|=\max_{z\in\text{Bd}(R)}|f(z)|=\sqrt{\frac{1}{4}(e^{-2}+e^2-2\cos2)}.$$

(2) 가정에 의해 f는 D의 내부점 $z=0$에서 최댓값을 갖는다. 따라서 최대절댓값정리 I에 의해 f는 상수함수이다. 그러므로 $f(1)+f'(i)=(2+i)+0=2+i$이다.

NOTE

위상수학	실해석학	복소해석학
컴팩트의 연속상은 컴팩트이다. (즉, 컴팩트=위상적성질)	최대최소정리	최대최소 절댓값정리
	내부극값정리	
연결의 연속상은 연결이다. (즉, 연결=위상적성질)	중간값 정리 (근, 고정점, 교점의 존재성, 개수)	루셰의 정리 (근, 고정점, 교점의 존재성, 개수)

정리 30

$R>0$, $f : D=\{z\in \mathbb{C}\mid |z|<R\} \to \mathbb{C}$에 대하여

(1) 슈와르츠의 보조정리(Schwartz's lemma)
(ⅰ) $f : D$에서 해석적, (ⅱ) $f(0)=0$,
(ⅲ) $|f(z)|\leq M$ ($\forall z\in D$)
일 때 다음이 성립한다.

① $r<R$에 대하여 $|f(z)|\leq \dfrac{rM}{R}$ ($\forall |z|=r$),

② $|f(z)|=\dfrac{rM}{R} \Leftrightarrow f(z)=\dfrac{M}{R}e^{i\alpha}z$ ($\exists \alpha\in \mathbb{R}$, $\exists z\in D$).

(2) (ⅰ) $f : D$에서 해석적,
(ⅱ) $f(0)=f^{(1)}(0)=f^{(2)}(0)=\cdots=f^{(n-1)}(0)=0$,
(ⅲ) $|f(z)|\leq M$ ($\forall z\in D$)
일 때 다음이 성립한다.

① $r<R$에 대하여 $|f(z)|\leq \dfrac{r^n M}{R^n}$ ($\forall |z|=r$)

② $|f(z)|=\dfrac{rM}{R} \Leftrightarrow f(z)=\dfrac{M}{R^n}e^{i\alpha}z^n$
 ($\exists \alpha\in \mathbb{R}$, $\exists z\in D$ s.t. $|z|=r$)

(3) (ⅰ) $f : D$에서 해석적,
(ⅱ) $|f(z)|\leq M$ ($\forall z\in D$)
$\Rightarrow$ $r<R$에 대하여 $|f(z)-f(0)|\leq \dfrac{2rM}{R}$ ($\forall |z|=r$)

증 명

(1) ① $f(0)=0$이고 $f(z)$가 영역 D에서 해석적이므로
$$f(z)=a_1 z + a_2 z^2 + a_3 z^3 + \cdots = zg(z)$$
를 만족하는 D에서 해석적인 함수 $g(z)$가 존재한다. $g(z)$에 최대 절댓값 정리를 적용하면
$$\max_{|z|=r}|g(z)| \leq \max_{|z|=R'}|g(z)| \quad (r<R'<R)$$
즉, $\max_{|z|=r}\left|\dfrac{f(z)}{z}\right| \leq \max_{|z|=R'}\left|\dfrac{f(z)}{z}\right|$ $(r<R'<R)$
을 만족한다. 따라서,
$$\max_{|z|=r}|f(z)| \leq \dfrac{r}{R'}\max_{|z|=R'}|f(z)| \leq \dfrac{r}{R'}M$$
을 만족한다. $r<R'<R$인 임의의 실수 R'에 대하여 위 부등식

이 만족하므로
$$|f(z)| \leq \max_{|z|=r}|f(z)| \leq \frac{r}{R}M.$$

② ($\Rightarrow$) $|f(z)| = \dfrac{rM}{R}$일 때
$$\max_{|z|=r}|g(z)| \leq \max_{|z|=R'}|g(z)|$$
의 등호가 만족하여야 하므로 $g(z)$는 상수함수여야 한다. 이 때, $|g(z)| = \dfrac{M}{R}$을 만족하므로 어떤 실수 α가 존재하여
$$g(z) = \frac{M}{R}e^{i\alpha}$$
이다. 따라서, $f(z) = \dfrac{M}{R}e^{i\alpha}z$이다.

($\Leftarrow$) 자명하다.

(2) $f(z) = z^n g(z)$라 두고 (1)과 같은 방법에 의해 증명된다.

(3) $g(z) = f(z) - f(0)$라 두면
$g(0) = f(0) - f(0) = 0$, $|g(z)| \leq |f(z)| + |f(0)| \leq 2M(\forall z \in D)$
이다. 따라서 슈와르츠의 보조정리에 의해
$$|f(z)| \leq \frac{2r}{R}M(\forall |z| = r).$$

> **NOTE**
> 위의 정리를 이용한 루빌의 정리의 증명 :
> $f : \mathbb{C} \to \mathbb{C}$가 정함수, $|f(z)| \leq M(\forall z \in \mathbb{C})$이라 가정하자. 고정된 $z_0 \in \mathbb{C}$에 대하여 $|z_0| = r_0$이라 두자.
> $\Rightarrow$ $\epsilon > 0$에 대하여 $\dfrac{2r_0 M}{\epsilon} - r_0 < N$인 $N \in \mathbb{N}$을 택하고
> $R \equiv r_0 + N$이라 두면 $|z_0| = r_0 < r_0 + N = R$,
> $|f(z_0) - f(0)| \leq \dfrac{2r_0}{R}M < \epsilon((\because)$ 위의 정리30 (3)에 의해)
> $\Rightarrow f(z_0) = f(0)$
> 여기서 z_0는 임의로 선택된 복소수이므로 f는 상수함수이다.

4.4. 편각원리

NOTE
(위수 k인 영점의 동치조건)
$f : D(영역)(\subset \mathbb{C}) \to \mathbb{C}$, $z_0 \in \mathbb{C}$
와 $k(\in \mathbb{Z}^+)$에 대하여
  z_0 : f의 위수 k인 영점
$\Leftrightarrow$ (i) z_0 : f의 해석점,
  (ii) $\exists \lim_{z \to z_0} \dfrac{f(z)}{(z-z_0)^k} = l$
    $\neq 0, \infty$.
$\Leftrightarrow$ $\exists \{a_n\}_{n=0}^{\infty}$: 복소수열, $\exists \epsilon > 0$
s.t.
(i) $f(z) = \sum_{n=0}^{\infty} a_n (z-z_0)^n$
    $(|z-z_0| < \epsilon)$,
(ii) $a_0 = a_1 = \cdots = a_{k-1} = 0$,
    $a_k \neq 0$.
(즉,
$f(z) = a_k(z-z_0)^k + a_{k+1}(z-z_0)^{k+1}$
    $+ \cdots$ $(|z-z_0| < \epsilon))$.
$\Leftrightarrow$ (i) z_0 : f의 해석점,
  (ii) $f(z_0) = f^{(1)}(z_0) = \cdots$
    $= f^{(k-1)}(z_0) = 0$, $f^{(k)}(z_0) \neq 0$.
(($\because$) 복소함수의 테일러의 정리
    정리 42 (1)).

정 의 (영점, 극의 정의)

$f : D(영역)(\subset \mathbb{C}) \to \mathbb{C}$, $z_0 \in \mathbb{C}$ 와 $k(\in \mathbb{Z}^+)$에 대하여

(1) z_0 : f의 위수 k인 영점(zero)
  (혹은 중복도(multiplicity) k인 영점)
$\overset{정의}{\Leftrightarrow}$ $\exists g$: z_0에서 해석적 s.t. $f(z) = (z-z_0)^k g(z)$, $g(z_0) \neq 0$.
특히, $k = 1$일 때 z_0를 f의 단순영점(simple zero)이라 한다.

(단, $f^{(k)}(z_0) := \begin{cases} f의 \ z_0에서의 \ k-계 \ 미분계수 & (k \in \mathbb{Z}^+) \\ f(z_0) & (k=0) \end{cases}$).

(2) ① z_0 : f의 특이점(singularity) $\overset{정의}{\Leftrightarrow}$ f : z_0에서 해석적이지 않다.

② z_0 : f의 고립특이점(isolated singularity)
$\overset{정의}{\Leftrightarrow}$ (i) z_0 : f의 특이점,
  (ii) $\exists \varepsilon > 0$ s.t. $f : B(z_0, \varepsilon) \setminus \{z_0\}$에서 해석적.

③ z_0 : f의 위수 k인 극(pole)
$\overset{정의}{\Leftrightarrow}$ (i) z_0 : f의 고립특이점,
  (ii) $\exists \lim_{z \to z_0} (z-z_0)^k f(z) = l \neq 0, \infty$.

특히, $k = 1$일 때 z_0를 f의 단순극(simple pole)이라 한다.

보 기

다음의 함수 $f(z)$의 모든 영점의 위수와 극의 위수를 각각 구하시오.

(1) $f(z) = \dfrac{(z-1)^4 (z-2)^5}{(z-3)^5}$, $D = \{z \in \mathbb{C} \mid |z| < 4\}$.

(2) $f(z) = \dfrac{(z-4)^4 (z^2+3)^2}{(z+1)^5}$, $D = \{z \in \mathbb{C} \mid |z| < 5\}$.

(3) $f(z) = \dfrac{(z^2+3)^5}{(z+1) \sin z^2}$, $D = \{z \in \mathbb{C} \mid |z| < 2\}$.

(4) $f(z) = \dfrac{1 - \cos(z^3)}{(z+1) \sin z^2}$, $D = \{z \in \mathbb{C} \mid |z| < 2\}$.

풀 이
(1) f의 영점은 $z=1, 2$, 극은 $z=3$이다. $(\{1, 2, 3\} \subset D)$
(i) ㉠ $z=1$에서 영점의 위수는 4.
$((\because)$ $f(z)=(z-1)^4 g(z)$, $g(1) \neq 0$이라 할 때 $g(z)$는 $z=1$근방에서 해석적이고,
$f(1)=f^{(1)}(1)=f^{(2)}(1)=f^{(3)}(1)=0$, $f^{(4)}(1) \neq 0)$
㉡ $z=2$에서 영점의 위수는 5.
$((\because)$ $f(z)=(z-2)^5 g(z)$, $g(1) \neq 0$이라 할 때 $g(z)$는 $z=2$근방에서 해석적이고,
$f(2)=f^{(1)}(2)=f^{(2)}(2)=f^{(3)}(2)=f^{(4)}(2)=0$, $f^{(5)}(2) \neq 0)$
따라서 모든 영점의 위수는 $N=9$.
(ii) $z=3$에서 극의 위수는 5
$((\because) \lim_{z \to 3}(z-3)^5 f(z) \neq 0, \infty).$
따라서 모든 극의 위수는 $P=5$.
(2) f의 영점은 $z=4, -i\sqrt{3}, i\sqrt{3}$, 극은 $z=-1$.
$(\{-1, i\sqrt{3}, ,-i\sqrt{3}, 4\} \subset D)$
(i) ㉠ $z=4$에서 영점의 위수는 4.
$((\because)$ $f(z)=(z-4)^4 g(z)$, $g(1) \neq 0$이라 할 때 $g(z)$는 $z=4$근방에서 해석적이고,
$f(4)=f^{(1)}(4)=f^{(2)}(4)=f^{(3)}(4)=0$, $f^{(4)}(4) \neq 0)$
㉡ $z=i\sqrt{3}$에서 영점의 위수는 2.
$((\because)$ $f(z)=(z-i\sqrt{3})^2 g(z)$, $g(i\sqrt{3}) \neq 0$이라 할 때 $g(z)$는 $z=i\sqrt{3}$ 근방에서 해석적이고,
$f(i\sqrt{3})=f^{(1)}(i\sqrt{3})=f^{(2)}(i\sqrt{3})=0$, $f^{(3)}(i\sqrt{3}) \neq 0)$
㉢ $z=-i\sqrt{3}$에서 영점의 위수는 2. $((\because)㉡$의 방법과 동일)
따라서 모든 영점의 위수는 $N=8$.
(ii) $z=-1$에서 극의 위수는 5
$((\because) \lim_{z \to 3}(z+1)^5 f(z) \neq 0, \infty).$
따라서 모든 극의 위수는 $P=5$.
(3)
(i) f의 영점은 $z=i\sqrt{3}, -i\sqrt{3}$.
㉠ $z=i\sqrt{3}$에서 영점의 위수는 5.

$((\because)\ f(z)=(z-i\sqrt{3})^5 g(z),\ g(i\sqrt{3})\neq 0$이라 할 때 $g(z)$는 $z=i\sqrt{3}$ 근방에서 해석적이고,
$f(i\sqrt{3})=f^{(1)}(i\sqrt{3})=\cdots=f^{(4)}(i\sqrt{3})=0,\ f^{(5)}(i\sqrt{3})\neq 0)$

ⓒ $z=-i\sqrt{3}$에서 영점의 위수는 5. ((∵)ⓒ의 방법과 동일)

따라서 f의 영점의 위수는 $N=10$.

(ⅱ) f의 극은 $z=-1,\ z=0,\ z=\pm\sqrt{\pi},\ z=\pm i\sqrt{\pi}$.

$((\because)\ (z+1)\sin z^2=0 \Leftrightarrow z=-1,\ z^2=n\pi,\ |z|<2$
$\Leftrightarrow z=-1,\ z=0,\ z=\pm\sqrt{\pi},\ z=\pm i\sqrt{\pi}\ )$

㉠ $z=0$에서 극의 위수는 2.

$((\because)\ \lim_{z\to 0} z^2 f(z)\neq 0,\ \infty)$

ⓒ $z=-1$에서 극의 위수는 1.

$((\because)\ \lim_{z\to -1}(z+1)f(z)\neq 0,\ \infty)$

ⓒ $z^2=\pi,\ z^2=-\pi$인 모든 z에 대하여 각각의 위수는 1.

((∵)위의 방법과 동일)

따라서 f의 모든 극의 위수는 $P=7$.

(4) f의 영점은 $z=0$,

극은 $z=-1,\ z=\pm\sqrt{\pi},\ z=\pm i\sqrt{\pi}$.

(ⅰ) ㉠ $z=0$에 대하여

$f(z)=z^4 g(z)$라 하면 (단, $g(0)\neq 0,\ g(z)$는 해석적)

$\lim_{z\to 0}\dfrac{f(z)}{z^4}\neq 0,\ \infty$이므로 f의 $z=0$에 대한 영점의 위수는 4.

따라서 f의 모든 영점의 위수는 $N=4$.

(ⅱ) ㉠ $z=-1$에서 극의 위수는 1.

$((\because)\ \lim_{z\to -1}(z+1)f(z)\neq 0,\ \infty)$

ⓒ $z^2=\pi,\ z^2=-\pi$인 모든 z에 대하여 각각의 위수는 1.

((∵)위의 방법과 동일)

따라서 f의 모든 극의 위수는 $P=5$.

정 리 31-1

두 함수 $f, g : D(\text{영역})(\subset \mathbb{C}) \to \mathbb{C}$, D상의 단순폐곡선 C에 대하여 다음이 성립한다.

(1) 편각원리(Arguement principle)

f가 세 조건
 (i) C의 내부에서 유한개의 극을 가지고,
 (ii) 극을 제외한 C와 C의 내부에서 해석적,
 (iii) $f(z) \neq 0 \ (\forall z \in C)$
을 만족한다. 그러면

$$\frac{1}{2\pi} \Delta_C \arg f(z) = \frac{1}{2\pi i} \int_C \frac{f'(z)}{f(z)} dz$$
$$= N - P.$$

(단, C 내부의 $f(z)$의 영점의 개수가 N, 극의 개수가 P이다.)

증 명

(1) ① $\dfrac{1}{2\pi i} \int_C \dfrac{f'(z)}{f(z)} dz = N - P$

($\because$) f가 C내부에서 무한히 많은 영점을 가진다고 하면 항등정리에 의해 $f(z) \equiv 0$가 되어 모순이다. 따라서 C내부의 f의 영점은 유한개이다.

C 내부의 영점들이 $z_1, z_2, \cdots, z_n$이고 위수가 각각 $\alpha_1, \alpha_2, \cdots, \alpha_n$이라고 하자. 또 C 내부의 f의 극들이 $w_1, w_2, \cdots, w_m$이고 위수가 각각 $\beta_1, \beta_2, \cdots, \beta_m$이라고 하자.

f의 각 영점과 극을 중심으로 하고 서로 만나지 않도록 C 내부의 원들을 만들 수 있다. z_j를 중심으로 하는 원을 C_j, w_k를 중심으로 하는 원을 Γ_k라고 하자.

f가 $C_j(j=1, 2, \cdots, n)$에서 해석적이고, z_j이외의 영점을 가지지 않으므로, C_j와 C_j의 내부에서

$$f(z) = (z - z_j)^{\alpha_j} F_j(z)$$

로 나타낼 수 있다.(단, $F_j(z)$는 C_j와 C_j의 내부에서 해석적이고 영점을 갖지 않는다.)

$\therefore \dfrac{1}{2\pi i} \int_{C_j} \dfrac{f'(z)}{f(z)} dz = \dfrac{1}{2\pi i} \int_{C_j} \left(\dfrac{\alpha_j}{z - z_j} + \dfrac{F_j'(z)}{F_j(z)} \right) dz$

$= \dfrac{1}{2\pi i} \int_{C_j} \dfrac{\alpha_j}{z - z_j} dz + \dfrac{1}{2\pi i} \int_{C_j} \dfrac{F_j'(z)}{F_j(z)} dz = \alpha_j$

4.4 편각원리

또한 w_k가 f의 위수 β_k인 극이므로, Γ_k의 w_k를 제외한 내부와 Γ_k상에서

$$f(z) = \frac{H_k(z)}{(z-w_k)^{\beta_k}}$$

로 나타낼 수 있다. (단, $H_k(z)$는 Γ_k와 Γ_k의 내부에서 해석적이고 영점을 갖지 않는다.)

$$\therefore \frac{1}{2\pi i}\int_{\Gamma_k}\frac{f'(z)}{f(z)}dz = \frac{1}{2\pi i}\int_{\Gamma_k}\left(-\frac{\beta_k}{(z-w_k)}+\frac{H_k'(z)}{H_k(z)}\right)dz$$

$$=-\frac{1}{2\pi i}\int_{\Gamma_k}\frac{\beta_k}{(z-w_k)}dz + \frac{1}{2\pi i}\int_{\Gamma_k}\frac{H_k'(z)}{H_k(z)}dz = -\beta_k$$

따라서 코쉬-구르사의 정리에 의해

$$\frac{1}{2\pi i}\int_C \frac{f'(z)}{f(z)}dz$$

$$=\frac{1}{2\pi i}\left(\sum_{j=1}^n\int_{C_j}\frac{f'(z)}{f(z)}dz + \sum_{k=1}^m\int_{\Gamma_k}\frac{f'(z)}{f(z)}dz\right)$$

$$=\sum_{j=1}^n\left(\frac{1}{2\pi i}\int_{C_j}\frac{f'(z)}{f(z)}dz\right)+\sum_{k=1}^m\left(\frac{1}{2\pi i}\int_{\Gamma_k}\frac{f'(z)}{f(z)}\right)dz$$

$$=\sum_{j=1}^n \alpha_j - \sum_{k=1}^m \beta_k = N-P.$$

② $\frac{1}{2\pi}\Delta_C \arg(f(z)) = N-P$

$(\because)\ 2\pi i(N-P) = \int_C \frac{f'(z)}{f(z)}dz$

$$=\int_C (\log f(z))'dz$$

$$=\int_C (\ln|f(z)|+i\arg(f(z)))'dz$$

$$=\ln|f(z)|\big|_C + i\arg(f(z))\big|_C$$

$$= 0 + i\Delta_C \arg f(z)\ \ ((\because) \text{시점}=\text{종점})$$

$\therefore \dfrac{1}{2\pi}\Delta_C \arg f(z) = N-P.$

보 기

다음의 함수 $f(z)$의 주어진 곡선 C상의 선적분 $\int_C \frac{f'(z)}{f(z)} dz$의 값을 구하시오.

(1) $f(z) = \frac{(z-1)^4(z-2)^5}{(z-3)^5}$, $C : |z| = 4$.

(2) $f(z) = \frac{(z-4)^4(z^2+3)^2}{(z+1)^5}$, $C : |z| = 5$.

(3) $f(z) = \frac{(z^2+3)^5}{(z+1)\sin z^2}$, $C : |z| = 2$.

(4) $f(z) = \frac{1-\cos(z^3)}{(z+1)\sin z^2}$, $C : |z| = 2$.

풀 이

(1) f는 $f(z) \neq 0$이고 C와 C내부에서 유한개의 극을 제외하고 해석적이므로

편각의 원리에 의해 $\int_C \frac{f'(z)}{f(z)} dz = 2\pi i(N-P) = 8\pi i$.

$((\because) N = 9, P = 5)$.

(2) f는 $f(z) \neq 0$이고 C와 C내부에서 유한개의 극을 제외하고 해석적이므로

편각의 원리에 의해 $\int_C \frac{f'(z)}{f(z)} dz = 2\pi i(N-P) = 6\pi i$.

$((\because) N = 8, P = 5)$.

(3) f는 $f(z) \neq 0$이고 C와 C내부에서 유한개의 극을 제외하고 해석적이므로

편각의 원리에 의해 $\int_C \frac{f'(z)}{f(z)} dz = 2\pi i(N-P) = 6\pi i$.

$((\because) N = 10, P = 7)$.

(4) f는 $f(z) \neq 0$이고 C와 C내부에서 유한개의 극을 제외하고 해석적이므로

편각의 원리에 의해 $\int_C \frac{f'(z)}{f(z)} dz = 2\pi i(N-P) = -2\pi i$.

$((\because) N = 4, P = 5)$.

4.4 편각원리

예 제
다음 복소선적분의 값을 구하시오.
(1) $\int_{|z|=5} \dfrac{\cos z}{\sin z} dz$ [11시행기출]
(2) $\int_{|z-4i|=5} \dfrac{\sin z - \cos z}{\sin z + \cos z} dz$ [11시행기출 동형문제]
(3) $\int_{|z|=1} \dfrac{\sin(2z)}{\cos^2 z - 2} dz$ (※예제9-2 (2))
(4) $\int_{|z|=1} \dfrac{\sin(2z)}{\sin^2 z + 1} dz$ (※유제5 (2))

11년시행기출
복소평면에서 $C = \{z \in C \mid |z| = 5\}$가 반시계방향으로 한 바퀴 도는 곡선일 때,
$$\dfrac{1}{2\pi i} \int_C \dfrac{\cos z}{\sin z} dz$$
의 값은? [2점]
① -1 ② 0 ③ 1 ④ 2 ⑤ 3

풀 이
(1) $f(z) = \sin z$에 대하여 $f(z)$는 해석적이므로 극은 없다.
따라서 $P = 0$.
(ⅰ) $N = 3$
$((\because) \ 0 = \sin z \Leftrightarrow z = n\pi \ (n \in \mathbb{Z})$
$\qquad\qquad \Leftrightarrow z = 0, \ z = \pi, \ z = -\pi.)$
(ⅱ) 편각원리에 의해
$$\int_{|z|=5} \dfrac{\cos z}{\sin z} dz = \int_{|z|=5} \dfrac{(\sin z)'}{\sin z} dz = 2\pi i (N - P) = 6\pi i.$$

(2) $f(z) = \sin z + \cos z$에 대하여 $f(z)$는 해석적이므로 극은 없다.
따라서 $P = 0$.
(ⅰ) $N = 2$
$((\because) \ 0 = \sin z + \cos z$
$\Leftrightarrow 0 = \sqrt{2}(\sin z \cdot 1/\sqrt{2} + \cos z \cdot 1/\sqrt{2})$
$\Leftrightarrow 0 = \sqrt{2} \sin(z + \pi/4)$
$\Leftrightarrow z + \pi/4 = n\pi \ (n \in \mathbb{Z})$
$\Leftrightarrow z = \cdots, -\dfrac{5}{4}\pi, -\dfrac{\pi}{4}, \dfrac{3}{4}\pi, \cdots$
$\Rightarrow z \in D = \{z \mid |z - 4i| < 5\}$이므로 $z = -\dfrac{\pi}{4}, \dfrac{3}{4}\pi$.
(ⅱ) 편각원리에 의해
$$\int_{|z-4i|=5} \dfrac{\sin z - \cos z}{\sin z + \cos z} dz = \int_{|z-4i|=5} \dfrac{(\sin z + \cos z)'}{\sin z + \cos z} dz$$
$$= 2\pi i (N - P) = 4\pi i.$$

(3) $f(z) = \cos^2 z - 2$에 대하여 $f(z)$는 해석적이므로 극은 없다.
따라서 $P = 0$.

(i) $\cos^2 z - 2$에 대하여
$\cos^2 z - 2 = 0 \Leftrightarrow \cos z = \pm \sqrt{2}$
$\qquad\qquad \Leftrightarrow z = n\pi \pm i \ln(\sqrt{2}+1)(n \in \mathbb{Z})$
$\qquad\qquad\qquad ((\because)\ 예제9\text{-}2(2))$
$z = n\pi \pm i \ln(\sqrt{2}+1)$에 대하여 $|z|<1 \Leftrightarrow n=0$
$\qquad\qquad\qquad\qquad\qquad \Leftrightarrow z = \pm i \ln(\sqrt{2}+1)$.
$\therefore N = 2$.
$((\because)\ z_0 = i\ln(\sqrt{2}+1)$은 $\cos^2 z - 2$의 위수가 1 인 영점이다.
$\lim_{z \to z_0} \dfrac{\cos^2 z - 2}{(z-z_0)} dz = \lim_{z \to z_0} -2\cos z \sin z = -2\sin(z_0) \neq 0.)$

(ii) 편각원리에 의해
$\displaystyle \int_{|z|=1} \dfrac{\sin(2z)}{\cos^2 z - 2} dz \int_{|z|=1} \dfrac{-(\cos^2 z - 2)'}{\cos^2 z - 2} dz$
$\qquad\qquad\qquad\qquad = -2\pi i(N-P) = -4\pi i$.

(4) $f(z) = \sin^2 z + 1$에 대하여 $f(z)$는 해석적이므로 극은 없다.
따라서 $P = 0$.

(i) $\sin^2 z + 1$에 대하여
$\sin^2 z + 1 = 0 \Leftrightarrow \sin z = \pm i$
$\qquad\qquad \Leftrightarrow z = 2n\pi \pm i\ln(\sqrt{2}+1)$,
$\qquad\qquad\quad z = (2n+1)\pi \pm i\ln(\sqrt{2}+1)(n \in \mathbb{Z})$
$\qquad\qquad\qquad ((\because)\ 유제5\ (2))$

㉠ $z = 2n\pi \pm i\ln(\sqrt{2}+1)$에 대하여 $|z|<1 \Leftrightarrow n=0$
$\qquad\qquad\qquad\qquad\qquad \Leftrightarrow z = \pm i\ln(\sqrt{2}+1)$.
$\therefore N = 2$.
$((\because)\ z_0 = i\ln(\sqrt{2}+1)$은 $\sin^2 z + 1 = 0$의 위수가 1 인 영점이다.
$\lim_{z \to z_0} \dfrac{\sin^2 z + 1}{(z-z_0)} dz = \lim_{z \to z_0} 2\cos z \sin z = 2\sin(z_0) \neq 0.)$

㉡ $z = (2n+1)\pi \pm i\ln(\sqrt{2}+1)$에 대하여 $|z|<1$
$\qquad\qquad\qquad\qquad\quad$ 만족하는 n은 존재하지않는다.

(ii) 편각원리에 의해
$\displaystyle \int_{|z|=1} \dfrac{\sin(2z)}{\sin^2 z + 1} dz \int_{|z|=1} \dfrac{(\sin^2 z + 1)'}{\sin^2 z + 1} dz$
$\qquad\qquad\qquad\qquad = 2\pi i(N-P) = 4\pi i$.

4.4 편각원리

정리 31-2

두 함수 $f, g : D(\text{영역})(\subset \mathbb{C}) \to \mathbb{C}$, D 상의 단순폐곡선 C에 대하여 다음이 성립한다.

(2) 루셰의 정리(Rouche's theorem)

f, g가 두 조건
(ⅰ) C와 C의 내부에서 해석적,
(ⅱ) $|f(z)| > |g(z)|$ ($\forall z \in C$)
을 만족한다. 그러면
　　(C 내부에서의 $f+g$ 의 영점의 수)
　=(C 내부에서의 f 의 영점의 수).

증 명

(2) h를 $\dfrac{g}{f}$, N_1, N_2를 각각 $f+g$, f의 C 내부에서의 영점의 수라 하자.

(ⅰ) $|h(z)| < 1$ ($\forall z \in C$)이므로 $\displaystyle\int_C \dfrac{(1+h)'}{(1+h)} dz = 0$

(ⅱ) $N_1 - N_2 = \dfrac{1}{2\pi i} \displaystyle\int_C \left(\dfrac{f'+g'}{f+g} - \dfrac{f'}{f} \right) dz$

$= \dfrac{1}{2\pi i} \displaystyle\int_C \left(\dfrac{f'+f'h+fh'}{f+fh} - \dfrac{f'}{f} \right) dz$

($\because g = fh,\ g' = f'h + fh'$)

$= \dfrac{1}{2\pi i} \displaystyle\int_C \left(\dfrac{f'+f'h+fh'-f'-f'h}{f(1+h)} \right) dz$

$= \dfrac{1}{2\pi i} \displaystyle\int_C \left(\dfrac{(1+h)'}{1+h} \right) dz = 0.$

$\therefore N_1 = N_2$.

예 제 26

(1) ① $P(z) = z^{10} + 10z^3 - 100$의 모든 영점은 $1 < |z| < 2$임을 보이시오.
② $Q(z) = z^{10} + 10z^3 + z - 100$의 모든 고정점은 $1 < |z| < 2$임을 보이시오.
(2) 복소선적분 $\displaystyle\int_{|z|=2} \dfrac{z^7(z^2+3)}{z^{10}+10z^3-100} dz$의 값을 구하시오.

풀 이

(1) ① (i) 모든 영점이 $|z|<2$ ($C_2 : |z|=2$의 내부)에 존재한다.

($\because$) $f(z)=z^{10}$, $g(z)=10z^3-100$이라 두면
$|g(z)| \leq 10|z|^3+100=180<2^{10}=|z|^{10}=|f(z)|(\forall z \in C_2)$
이다. 따라서 루셰의 정리에 의해
$$f(z)+g(z)(=P(z))\text{의 } C_2\text{내부의 영점의 수}$$
$$=f(z)(=z^{10})\text{의 } C_2\text{내부의 영점의 수}$$
$$=10.$$
(※대수학의 기본정리에 의해 10차 다항식 $P(z)$의 영점은 10개이므로 $P(z)$의 모든 영점은 C_2의 내부에 있게 된다.)

(ii) $|z|<1$ ($C_1 : |z|=1$의 내부)에는 영점이 존재하지 않는다.

($\because$) $f(z)=-100$, $g(z)=z^{10}+10z^3$이라 두면
$|g(z)| \leq |z|^{10}+10|z|^3=11<100=|f(z)|(\forall z \in C_1)$
이다. 따라서 루셰의 정리에 의해
$$f(z)+g(z)(=P(z))\text{의 } C_1\text{내부의 영점의 수}$$
$$=f(z)(=-100)\text{의 } C_1\text{내부의 영점의 수}$$
$$=0.$$
(※C_1의 내부에는 $P(z)$의 영점이 존재하지 않는다.)

(iii) $|z|=1$($C_1 : |z|=1$)에는 영점이 존재하지 않는다.

($\because$) $\exists z_0 \in C_1$ s.t. $z_0^{10}+10z_0^3-100=0$라고 가정하면
$$0=|z_0^{10}+10z_0^3-100|$$
$$\geq 100-|z_0^{10}+10z_0^3|$$
$$\geq 100-(|z_0|^{10}+10|z_0|^3)=89(\text{즉, } 0 \geq 89)$$
이므로 모순이다.

② $z : Q(z)$의 고정점 $\Leftrightarrow z^{10}+10z^3+z-100=z$
$$\Leftrightarrow z^{10}+10z^3-100=0$$
$$\Leftrightarrow z : P(z)\text{의 영점}$$
이므로 ①에 의해 모든 고정점은 $1<|z|<2$이다.

(2) (i) $P(z)=z^{10}+10z^3-100$이라 할 때, 곡선 $C : |z|=2$ 내부의 $P(z)$의 영점의 수는 $N=10(($\because$) (1) ①). $P(z)$는 정함수이므로 $P=0$.

(ii) 편각원리에 의해

4.4 편각원리

$$\int_{|z|=2} \frac{z^7(z^2+3)}{z^{10}+10z^3-100}\,dz = \frac{1}{10}\int_{|z|=2}\frac{P'(z)}{P(z)}\,dz$$
$$= \frac{2\pi}{10}(N-P) = 2\pi.$$

07년시행기출

복소방정식 $z+e^{-z}=2$는 $|z-2|<2$에서 오직 한 개의 복소수 근을 가짐을 보이고, 그 근이 실근임을 보이시오. [4점]

유 제 15

(1) ① $P(z) = z^5 + 6z^3 + 2z + 10$의 모든 영점은 $1 < |z| < 3$임을 보이시오.

② 복소선적분 $\displaystyle\int_{|z|=2}\frac{P'(z)}{P(z)}\,dz$의 값을 구하시오.

(2) 복소평면상의 단위원 $|z|=1$의 내부에서 복소함수
$$f(z) = \frac{z^2-4}{z^2+4} + \frac{2z^2-1}{z^2+6}$$
의 영점의 수를 구하시오.

풀 이

(1) ① (i) 모든 영점이 $|z| < 3$ ($C_2 : |z|=3$의 내부)에 존재한다. ($\because$) $f(z) = z^5$, $g(z) = 6z^3 + 2z + 10$이라 두면
$|f(z)| = |z|^5 = 243 > 178 = 6|z|^3 + 2|z| + 10 \geq |g(z)|$ ($\forall z \in C_2$)
이다. 따라서 루셰의 정리에 의해

$\qquad f(z) + g(z)(=P(z))$의 C_2내부의 영점의 수
$\qquad = f(z)(= z^5)$의 C_2내부의 영점의 수
$\qquad = 5$.

(※대수학의 기본정리에 의해 $P(z)$(5차 다항식)의 영점은 5개이므로 $P(z)$의 모든 영점은 C_2의 내부에 있게 된다.)

(ii) $|z| < 1$ ($C_1 : |z|=1$의 내부)에는 영점이 존재하지 않는다.

($\because$) $f(z) = 10$, $g(z) = z^5 + 6z^3 + 2z$이라 두면
$\qquad |f(z)| = 10 > 9 = |z|^5 + 6|z|^3 + 2|z| \geq |g(z)|$ ($\forall z \in C_1$)
이다. 따라서 루셰의 정리에 의해

$\qquad f(z) + g(z)(=P(z))$의 C_1내부의 영점의 수
$\qquad = f(z)(= 10)$의 C_1내부의 영점의 수
$\qquad = 0$.

(※C_1의 내부에는 $P(z)$의 영점이 존재하지 않는다.)

(iii) $|z| = 1$ ($C_1 : |z|=1$)에는 영점이 존재하지 않는다.

($\because$) $\exists z_0 \in C_1$ s.t. $P(z_0) = 0$이라 가정하면

$$0 = |z_0^5 + 6z_0^3 + 2z_0 + 10|$$
$$\geq 10 - |z_0^5 + 6z_0^3 + 2z_0|$$
$$\geq 10 - (|z_0|^5 + 6|z_0|^3 + 2|z_0|) = 1 \text{(즉, } 0 \geq 1\text{)이므로 모순이다.}$$

② (i) $P(z) = z^5 + 6z^3 + 2z + 10$이라 할 때, 곡선 $C : |z| = 3$ 내부의 $P(z)$의 영점의 수는 $N = 5((\because) \ (1) \ ①)$. $P(z)$는 정함수이므로 $P = 0$.

(ii) 편각원리에 의해 $\displaystyle\int_{|z|=2} \frac{P'(z)}{P(z)} dz = 2\pi(N-P) = 10\pi$.

(2) (i) $f(z) = \dfrac{z^2-4}{z^2+4} + \dfrac{2z^2-1}{z^2+6} = 0 \ (|z| \leq 1$일 때)
$\Leftrightarrow (z^2-4)(z^2+6) + (2z^2-1)(z^2+4) = 0$
$\Leftrightarrow 3z^4 + 9z^2 - 28 = 0$.

(ii) 이제 $P(z) = 3z^4 + 9z^2 - 28$, $C : |z| = 1$이라 하고
$$\alpha(z) = -28, \ \beta(z) = 3z^4 + 9z^2$$
이라 두자. 그러면 α, β는 C와 C의 내부에서 해석적이고
$$|\alpha(z)| = 28 > 12 = 3|z|^4 + 9|z|^2 \geq |\beta(z)| \ (\forall z \in C)$$
이다. 따라서 루셰의 정리에 의해
$P(z)(=\alpha(z) + \beta(z))$의 C 내부에서의 영점의 수
$= \alpha(z)$의 C 내부에서의 영점의 수
$= 0$.

그러므로 $\dfrac{z^2-4}{z^2+4} + \dfrac{2z^2-1}{z^2+6} = 0$의 $|z| = 1$ 내부에서의 근은 존재하지 않는다.

예 제
(1) $f(z)$가 $|z| \leq 1$에서 해석적이고 $|z| = 1$상에서 $|f(z)| < 1$이라 하자. 그러면 f의 단위원 내부에서 정확히 한 개의 고정점을 가짐을 보이시오.
(2) 루셰의 정리를 이용하여 대수학의 기본정리를 증명하시오.

풀 이
(1) (i) $g(z) = f(z) - z$라 두면
$$z_0 : f\text{의 고정점} \Leftrightarrow z_0 : g(z)\text{의 영점}$$
이므로 $g(z)$가 $C : |z| = 1$ 내부에서 정확히 한 개의 영점을 가짐을 보이자.

(ii) $h(z) = -z$ 라 하면 $f(z)$와 $h(z)$는 C와 C의 내부에서 해석적이고
$$|h(z)| = |-z| = 1 > |f(z)| \, (\forall z \in C)$$
이다. 따라서 루쉐의 정리에 의해

$g(z)(=f(z)+h(z))$의 C 내부에서의 영점의 수
$= h(z)$의 C 내부에서의 영점의 수
$= 1$.

그러므로 $g(z)$는 C 내부에서 정확히 1개의 영점을 가지므로, $f(z)$는 C 내부에서 정확히 1개의 고정점을 가진다.

(2) $P_n(z) = a_0 + a_1 z + \cdots + a_{n-1} z^{n-1} + a_n z^n \, (a_n \neq 0)$,
$P_{n-1}(z) = a_0 + a_1 z + \cdots + a_{n-1} z^{n-1}$이라 할 때
$$P_n(z) = P_{n-1}(z) + a_n z^n \quad (a_n \neq 0)$$
이다. 그러면

(i) $|z| = r > 1$에 대하여 $f(z) = a_n z^n$, $g(z) = P_{n-1}(z)$이라 두면
$$\left| \frac{g(z)}{f(z)} \right| = \left| \frac{P_{n-1}(z)}{a_n z^n} \right|$$
$$\leq \frac{(|a_0| + |a_1|r + |a_2|r^2 + \cdots + |a_{n-1}|r^{n-1})}{|a_n| \cdot r^n}$$
$$\leq \frac{(|a_0|r^{n-1} + |a_1|r^{n-1} + |a_2|r^{n-1} + \cdots + |a_{n-1}|r^{n-1})}{|a_n| \cdot r^n}$$
$$= \frac{(|a_0| + |a_1| + \cdots + |a_{n-1}|)}{|a_n| r} < 1,$$

$r > \max\left\{ \dfrac{|a_0| + |a_1| + \cdots + |a_{n-1}|}{|a_n|}, 1 \right\}$를 만족하는 r에 대하여
$$|g(z)| < |f(z)| \, (\forall |z| = r).$$

(ii) $C : |z| = r$이라 할 때 위의 (i)과 루쉐의 정리에 의해

$f(z) + g(z)(= P_n(z))$의 C 내부에서의 영점의 수
$= f(z)(= a_n z^n)$의 C 내부에서의 영점의 수
$= n((\because)$ 대수학의 기본정리$)$.

4.4 편각원리

정 리 32
(1) 후위츠의 정리(Hurwitz's theorem)
단순폐곡선 C, C와 C내부에서 해석적인 복소함수열 $\{f_n(z)\}$에 대하여
(i) $f_n \xrightarrow{\text{unif}} f$ (C와 C의 내부에서)
(ii) $f(z) \neq 0$ ($\forall z \in C$)
⇒ 적당한 $\exists N \in \mathbb{N}$에 대하여 s.t. $n \geq N$
  → ($f_n(z)$의 C내부에서의 영점의 수= $f(z)$의 C내부에서의 영점의 수).
(2) 개사상정리(open mapping theorem)
상수함수가 아닌 해석함수 f에 대하여
① E : 개집합 ⇒ $f(E)$: 개집합,
② E : 영역 ⇒ $f(E)$: 영역.

증 명 (복소함수열에 대한 균등수렴의 정의(정의11)를 참조)
(1) f는 C와 C의 내부에서 해석적이므로
$$m := \min_{z \in C} |f(z)| > 0 \; ((\because) \; f(z) \neq 0 \; (\forall z \in C))$$
이다. $\{f_n(z)\}$의 균등수렴성에 의해 $\exists N \in \mathbb{N}$ s.t.
$$n \geq N \to |f_n(z) - f(z)| < m (\leq |f(z)|)$$
$$(C\text{와 } C\text{의 내부에서}).$$
$$(\text{즉, } |f_n(z) - f(z)| < |f(z)| \; (\forall z \in C))$$
루셰의 정리에 의해 $n \geq N$에 대하여
$(f(z)$의 C내부의 영점의 수)
$=(f(z) + (f_n(z) - f(z)))$의 C내부의 영점의 수).
$=(f_n(z)$의 C내부의 영점의 수).
(2) 생략.

NOTE (실, 복소해석학의 주요 정리들의 증명관계)

```
                                          슈와르츠의 보조정리
                                               ⇑
     테일러정리  ⇒  항등정리  ⇒  최대절댓값 정리  ⇒  최소절댓값 정리
                          ⇙        ⇑
     루셰의 정리  ⇐  편각의 원리    가우스의 평균값정리
                          ⇖      ⇗
  다중연결영역에 대한  ⇒  코쉬의 적분공식  ⇒  테일러정리, 로랑의 정리
  코쉬-구르사의 정리(Ⅱ)  ⇙    ⇘              ⇓
         ⇑        코쉬의 부등식  리만의 정리    유수정리
  단순연결영역에 대한      ⇓
  코쉬-구르사의 정리(Ⅰ) 루빌의 정리 ⇒ 대수학의 기본정리
         ⇑                         ⇑
    그린의 정리, 코쉬-리만의 방정식    루셰의 정리
         ⇑
  미적분학의 기본정리(Ⅱ)      연속의 수열판정법
         ⇑                         ⇓
     평균값정리  ⇐  롤의 정리  ⇐  최대최소정리
                     ⇑            ⇑
               내부극값정리  볼자노-와이어스트라스의 정리 ⇒ 코쉬판정법
                                  ⇑
                              축소구간성질
                                  ⇑      ⇖ 단조수렴정리
                              완비성공리    ⇗
```

5. 급수의 표현

5.1. 급수의 수렴

정 의 10

복소수열 $\{z_n\}$, 부분합 $s_n \equiv \sum_{k=1}^{n} z_k$에 대하여

(1) $\sum_{n=1}^{\infty} z_n$: 수렴(convergent)(혹은 가합(summable))

$\overset{\text{정의}}{\Leftrightarrow} \exists \lim_{n \to \infty} s_n$.

이때, $\sum_{n=1}^{\infty} a_n := \lim_{n \to \infty} s_n$ 이다.

(2) $\sum_{n=1}^{\infty} z_n$: 절대수렴(absolutely convergent)

$\overset{\text{정의}}{\Leftrightarrow} \sum_{n=1}^{\infty} |z_n|$: 수렴.

정 리 33

복소수열 $\{z_n\}$, $\{w_n\}$과 $\alpha \in \mathbb{C}$, 부분합 $s_n = \sum_{k=1}^{n} z_k$에 대하여

(1) $\sum_{n=1}^{\infty} z_n$: 수렴, $\sum_{n=1}^{\infty} w_n$: 수렴할 때

① $\sum_{n=1}^{\infty} (z_n + w_n)$: 수렴, $\sum_{n=1}^{\infty} (z_n + w_n) = \sum_{n=1}^{\infty} z_n + \sum_{n=1}^{\infty} w_n$

② $\sum_{n=1}^{\infty} \alpha z_n$: 수렴, $\sum_{n=1}^{\infty} \alpha z_n = \alpha \sum_{n=1}^{\infty} z_n$

(2) 복소수항급수에 관한 코쉬판정법

$\sum_{k=1}^{n} z_n$: 수렴 (즉, $\{s_n\}$: 수렴)

$\Leftrightarrow \{s_n\}$: 코쉬수열

$\Leftrightarrow \forall \varepsilon > 0, \exists N \in \mathbb{N}$ s.t.

$m > n \geq N \to \varepsilon > |s_m - s_n| = |a_{n+1} + \cdots + a_m| = \left| \sum_{k=n+1}^{m} a_k \right|$.

(3) $\sum_{n=1}^{\infty} z_n$이 절대수렴하면 $\sum_{n=1}^{\infty} z_n$은 수렴한다.

※ $\sum_{n=1}^{\infty} z_n$는 수렴하고 $\sum_{n=1}^{\infty} |z_n| = \infty$(즉, 절대수렴하지 않는다.)일 때

$\sum_{n=1}^{\infty} z_n$는 조건수렴(conditionally convergent)한다고 한다.

(4) $\sum_{n=1}^{\infty} z_n$이 수렴할 때

① $\lim_{n \to \infty} z_n = 0$ (일반항판정법)

② $\lim_{n \to \infty} (z_n + z_{n+1} + \cdots) = 0$

※ 대우명제에서 $\lim_{n \to \infty} z_n \neq 0$이면 $\sum_{n=1}^{\infty} z_n$은 수렴하지 않는다.

(5) $\sum_{k=1}^{n} z_n (= s \in \mathbb{C})$: 수렴

$\Rightarrow \forall \{s_{n_k}\} : \{s_n\}$의 부분수열, $\lim_{k \to \infty} s_{n_k} = s$

5.2. 급수의 수렴판정법

정 리 34

복소수항급수 $\sum_{n=1}^{\infty} z_n$에 대하여

(1) 근판정법(root test)

$r := \overline{\lim_{n \to \infty}} \sqrt[n]{|a_n|}$이라 할 때

(i) $r < 1 \Rightarrow \sum_{n=1}^{\infty} z_n$: 수렴(절대수렴),

(ii) $1 < r \Rightarrow \sum_{n=1}^{\infty} z_n$: 발산,

(iii) $r = 1 \Rightarrow \sum_{n=1}^{\infty} z_n$: 판정불능.

(2) 비판정법(ratio test)

$z_n \neq 0 \ (\forall n \in \mathbb{N})$일 때 $r := \lim_{n \to \infty} \frac{|z_{n+1}|}{|z_n|}$이라 할 때

(i) $r < 1 \Rightarrow \sum_{n=1}^{\infty} z_n$: 수렴(절대수렴),

(ii) $1 < r \Rightarrow \sum_{n=1}^{\infty} z_n$: 발산,

(iii) $r = 1 \Rightarrow \sum_{n=1}^{\infty} z_n$: 판정불능.

증 명

실함수의 증명과 같다.

5.3. 함수열, 함수항급수의 점별수렴과 균등수렴

정 의 11
집합 $E(\subset \mathbb{C})$ 상의 함수열 $f_n : E \to \mathbb{C}$ $(n=1, 2, \cdots)$ 에 대하여
(1) ① E 상에서 $f_n \to f$
$\qquad$ (E상에서 **점별수렴**(pointwise converge))
$\overset{\text{정의}}{\Leftrightarrow}$ 각 $z \in E$에 대하여 $\lim f_n(z) = f(z)$
$\Leftrightarrow$ 각 $z \in E$에 대하여 $\forall \varepsilon > 0, \ \exists N = N(\varepsilon, z) \in \mathbb{N}$ s.t.
$\qquad\qquad (n \geq N \to |f_n(z) - f(z)| < \varepsilon)$

② E 상에서 $f_n \xrightarrow{\text{unif}} f$
$\qquad$ (E상에서 **균등수렴**(uniformly converge) (혹은 **평등수렴**))
$\overset{\text{정의}}{\Leftrightarrow}$ $\forall \varepsilon > 0, \ \exists N = N(\varepsilon) \in \mathbb{N}$ s.t.
$\qquad\qquad (n \geq N \to (|f_n(z) - f(z)| < \varepsilon \ (\forall x \in E)))$
$\Leftrightarrow$ $\forall \varepsilon > 0, \ \exists N = N(\varepsilon) \in \mathbb{N}$ s.t.
$\qquad\qquad (n \geq N \to \|f_n - f\|_\infty < \varepsilon)$
$\Leftrightarrow$ $a_n := \|f_n - f\|_\infty \to 0$.
(이때, $f_n \rightrightarrows f$ 혹은 $f_n \twoheadrightarrow f$로 나타내기도 한다.)

(2) ① $\{f_n(z)\}$: E 상에서 **점별수렴**(pointwise converge)
$\overset{\text{정의}}{\Leftrightarrow}$ $\exists f : E \to \mathbb{C}$ s.t. $f_n \to f$

② $\{f_n(z)\}$: E 상에서 **균등수렴**(uniformly converge)
$\qquad\qquad\qquad$ (혹은 **평등수렴**)
$\overset{\text{정의}}{\Leftrightarrow}$ $\exists f : E \to \mathbb{C}$ s.t. $f_n \xrightarrow{\text{unif}} f$

(3) ① $\sum_{n=1}^{\infty} f_n(z)$: E 상에서 **점별수렴**(pointwise converge)
$\overset{\text{정의}}{\Leftrightarrow}$ $\{s_n(z)\}$: E 상에서 점별수렴

② $\sum_{n=1}^{\infty} f_n(z)$: E 상에서 **균등수렴**(uniformly converge)
$\qquad\qquad\qquad$ (혹은 **평등수렴**)
$\overset{\text{정의}}{\Leftrightarrow}$ $\{s_n(z)\}$: E 상에서 균등수렴
(단, $s_n(z) = \sum_{k=1}^{n} f_k(z)$이다.)

이때 $\sum_{n=1}^{\infty} f_n(z) := \lim_{n \to \infty} s_n(z)$라 쓴다.

정 리 35

집합 $E(\subset \mathbb{C})$상의 함수열 $f_n : E \to \mathbb{C}\ (n=1, 2, \cdots)$에 대하여

(1) 함수열의 균등코쉬판정법

$\{f_n(z)\}$: E에서 균등수렴

$\Leftrightarrow \forall \varepsilon > 0,\ \exists N = N(\varepsilon) \in \mathbb{N}\ s.t.$
$(m > n \geq N \to (|f_m(z) - f_n(z)| < \varepsilon\ (\forall z \in E)))$

$(\Leftrightarrow \{f_n(z)\}$: E에서 **균등코쉬 함수열**
 (uniform Cauchy sequence))

(2) 함수항급수의 균등코쉬판정법

$\sum_{n=1}^{\infty} f_n$: E 상에서 균등수렴

$\Leftrightarrow \{s_n\}$: E 상에서 균등코쉬 함수열

$\Leftrightarrow \forall \varepsilon > 0,\ \exists N = N(\varepsilon) \in \mathbb{N}\ s.t.$
$m > n \geq N \to |s_m(z) - s_n(z)| < \varepsilon\ (\forall z \in E)$

(단, $s_n(z) = \sum_{k=1}^{n} f_k(z)$)

(3) 와이어스트라스 M-판정법

$\exists \{M_n\}$: 실수열 $s.t.$

 (i) $0 \leq |f_n(z)| \leq M_n\ (\forall z \in E)$ (ii) $\sum_{n=1}^{\infty} M_n$: 수렴

$\Rightarrow \sum_{n=1}^{\infty} f_n(z)$: E에서 균등수렴

증 명

실함수의 증명과 같다.

예 제 27

함수열 $f_n(z)=z^n\,(n=1,\ 2,\ 3,\ \cdots)$에 대하여 다음 물음에 답하시오.
(1) $\{f_n\}$은 $A=\{z\in\mathbb{C}\mid |z|<1\}$에서 점별수렴하나, 균등수렴하지 않음을 보이시오.
(2) $\{f_n\}$은 $B=\{z\in\mathbb{C}\mid |z|\leq r\}$에서 균등수렴함을 보이시오.
(단, $r<1$.)

풀 이

(1) ① **점별수렴성**

($\because$) (i) $z=0$인 경우 자명하다.

(ii) $z\in A\setminus\{0\}$인 경우, $\varepsilon>0$에 대하여 $N>\dfrac{\ln\varepsilon}{\ln|z|}$인 자연수 N을 택하면 $n\geq N$일 때
$$|z^n-0|=|z|^n\leq |z|^N<\varepsilon.$$
따라서 A에서 $f_n\to 0$ (점별수렴).

② **균등수렴성**

($\because$) 함수열 $\{z^n\}$이 균등수렴한다고 가정하자. 그러면 $\varepsilon=\dfrac{1}{3}$에 대하여 $\exists N\in\mathbb{N}$ s.t.
$$n\geq N\to (|z^n-0|<\dfrac{1}{3}\,(\forall z\in A)).$$

그러나 $z=\left(\dfrac{1}{2}\right)^{\frac{1}{N}}$라 두면 $|z|^n\leq |z|^N=\left(\left(\dfrac{1}{2}\right)^{\frac{1}{N}}\right)^N=\dfrac{1}{2}>\dfrac{1}{3}$

이므로 모순이다. 따라서 함수열 $\{f_n(z)\}$은 A에서 균등수렴하지 않는다.

(2) (i) $r=0$인 경우 자명하다.

(ii) $0<r<1$인 경우, $\varepsilon>0$에 대하여 $N>\dfrac{\ln\varepsilon}{\ln r}$인 자연수 N을 택하면 $n\geq N$일 때 $|z^n-0|\leq r^n\leq r^N<\varepsilon$을 만족한다. 따라서 함수열 $\{z^n\}$은 B에서 균등수렴한다.

NOTE
(1) $\log(z)$의 주분지 $= \text{Log}(z)$
(2) z^c의 주분지 $= \exp(c\text{Log}(z))$

예 제 28
복소평면상의 영역 $\text{Re}(z) > 1 (z \in \mathbb{C})$에 대하여 급수
$$\sum_{n=1}^{\infty} \frac{1}{n^z}$$
는 수렴함을 보이시오.
(단, 복소함수 $n^z (z \in \mathbb{C})$은 주분지를 갖는다.)

풀 이
$z = x + iy \ (x, y \in \mathbb{R})$라 할 때
$|n^z| = |\exp(z \text{Log}(n))|$
$\quad = |\exp(x \ln n + iy \ln n)|$ (단, $\ln$: 실수의 자연로그)
$\quad \quad (\because \text{Log}(n) = \ln n + i \text{Arg}(n) = \ln n)$
$\quad = |e^{x \ln n}(\cos(y \ln n) + i \sin(y \ln n))|$
$\quad = e^{x \ln n}$
$\quad = n^x$

이므로 $\sum_{n=1}^{\infty} \left| \frac{1}{n^z} \right| \leq \sum_{n=1}^{\infty} \frac{1}{n^x}$이고 $x = \text{Re}(z) > 1$이므로 p-급수판정법에 의해 $\sum_{n=1}^{\infty} \frac{1}{n^x}$는 수렴하므로 $\sum_{n=1}^{\infty} \left| \frac{1}{n^z} \right|$는 절대수렴한다.

정 리 36 (함수열의 균등수렴성)
(1) 균등수렴성과 연속
집합 $E(\subset \mathbb{C})$상의 함수열 $f_n : E \to \mathbb{C} \ (n = 1, 2, \cdots)$에 대하여
① (i) $f_n : z = z_0 \ (\in E)$에서 연속$(\forall n \in \mathbb{N})$
(ii) E에서 $f_n \xrightarrow{\text{unif}} f$
$\Rightarrow f : z = z_0 (\in E)$에서 연속
(즉, z_0가 E의 집적점일 때
$\lim_{z \to z_0} \lim_{n \to \infty} f_n(z) = \lim_{z \to z_0} f(z) = f(z_0) = \lim_{n \to \infty} f_n(z_0) = \lim_{n \to \infty} \lim_{z \to z_0} f_n(z)$
이다.)

② (ⅰ) $f_n : E$에서 연속($\forall n \in \mathbb{N}$) (ⅱ) E에서 $f_n \xrightarrow{\text{unif}} f$

$\Rightarrow f : E$에서 연속

(2) 균등수렴성과 선적분

$C : E$상의 곡선, C에서 $f_n \xrightarrow{\text{unif}} f$이면

$$\int_C \lim_{n \to \infty} f_n dx = \lim_{n \to \infty} \int_C f_n dx.$$

증 명

실해석학의 정리62(1), (2)와 비슷한 방법으로 증명된다.

정 리 37 (코쉬-아다마르(Cauchy-Hadamard)의 정리)

멱급수 $\sum_{n=0}^{\infty} a_n(z-z_0)^n (z \in \mathbb{R})$에 대하여

$$R = \begin{cases} \infty & , \overline{\lim_{n \to \infty}} \sqrt[n]{|a_n|} = 0 \\ \dfrac{1}{\overline{\lim_{n \to \infty}} \sqrt[n]{|a_n|}} & , 0 < \overline{\lim_{n \to \infty}} \sqrt[n]{|a_n|} < \infty \\ 0 & , \overline{\lim_{n \to \infty}} \sqrt[n]{|a_n|} = \infty \end{cases}$$

이라 할 때

(1) $0 < R < \infty$인 경우,

① $|z-z_0| < R \Rightarrow \sum_{n=0}^{\infty} a_n(z-z_0)^n$: (절대)수렴,

② $|z-z_0| > R \Rightarrow \sum_{n=0}^{\infty} a_n(z-z_0)^n$: 발산,

③ $|z-z_0| = R \Rightarrow \sum_{n=0}^{\infty} a_n(z-z_0)^n$: 판정불능.

(2) $R = 0$인 경우,

① $z = z_0 \Rightarrow \sum_{n=0}^{\infty} a_n(z-z_0)^n$: (절대)수렴,

② $z \neq z_0 \Rightarrow \sum_{n=0}^{\infty} a_n(z-z_0)^n$: 발산.

(3) $R=\infty$인 경우, 모든 $z\in\mathbb{C}$에서 $\sum_{n=0}^{\infty}a_n(z-z_0)^n$: (절대)수렴.

이때, R을 멱급수 $\sum_{n=0}^{\infty}a_n(z-z_0)^n$의 **수렴반경**(radius of convergence)이라 한다. 또한 멱급수 $\sum_{n=0}^{\infty}a_n(z-z_0)^n$가 그 내부에서 수렴하게 되는 z_0를 중심으로 하는 가장 큰 원을 **수렴원**(circle of convergence)이라 한다. 특히,

$\exists\lim_{n\to\infty}\frac{|a_n|}{|a_{n+1}|}$ 혹은 $\lim_{n\to\infty}\frac{|a_n|}{|a_{n+1}|}=\infty \Rightarrow R=\lim_{n\to\infty}\frac{|a_n|}{|a_{n+1}|}$.

정 리 38

멱급수 $\sum_{n=0}^{\infty}a_n(z-z_0)^n (z\in\mathbb{C})$에 대하여

(1) (ⅰ) $\sum_{n=0}^{\infty}a_n(z_1-z_0)^n$: 수렴 (ⅱ) $|z-z_0|<|z_1-z_0|$

$\Rightarrow \sum_{n=0}^{\infty}a_n(z-z_0)^n$: 절대수렴

(2) (ⅰ) $\sum_{n=0}^{\infty}a_n(z_2-z_0)^n$: 발산 (ⅱ) $|z_2-z_0|<|z-z_0|$

$\Rightarrow \sum_{n=0}^{\infty}a_n(z-z_0)^n$: 발산

정 리 39

멱급수 $f(z)=\sum_{n=0}^{\infty}a_n(z-z_0)^n$의 수렴반경 $R(>0)$에 대하여

(1) **멱급수의 균등수렴성과 연속성**

$0<\rho<R$에 대하여 $\sum_{n=0}^{\infty}a_n(z-z_0)^n$는 $|z-z_0|\leq\rho$에서 균등수렴.

(2) **멱급수의 균등수렴성과 미분**

$|z-z_0|<R$에서

① f는 미분가능(따라서 해석적),

② $\frac{d}{dz}f(z)=\sum_{n=1}^{\infty}na_n(z-z_0)^{n-1}$.

③ f는 n-계 미분가능($\forall n\geq 1$).

5.3 함수열, 함수항급수의 점별수렴과 균등수렴

보 기 9
다음 복소수항 무한급수의 수렴반경을 구하시오.
(1) $\sum_{n=1}^{\infty} \frac{1}{3^n}(z-i)^n$ (2) $\sum_{n=1}^{\infty} \frac{1}{n} z^n$

풀 이

(1) $a_n = \frac{1}{3^n}$ 라 할 때 수렴반경은

$$R = \lim_{n \to \infty} \frac{|a_n|}{|a_{n+1}|} = \lim_{n \to \infty} \frac{|1/3^n|}{|1/3^{n+1}|} = 3.$$

(2) $a_n = \frac{1}{n}$ 라 할 때 수렴반경은

$$R = \lim_{n \to \infty} \frac{|a_n|}{|a_{n+1}|} = \lim_{n \to \infty} \frac{|1/n|}{|1/n+1|} = 1.$$

정 리 40
(1) 유일성정리(Uniqueness theorem)

멱급수 $\sum_{n=1}^{\infty} a_n(z-z_0)^n$, $\sum_{n=1}^{\infty} b_n(z-z_0)^n$ 에 대하여

$\exists R > 0$ s.t.

$\sum_{n=1}^{\infty} a_n(z-z_0)^n = \sum_{n=1}^{\infty} b_n(z-z_0)^n = f(z)$ $(|z-z_0| < R)$

$\Rightarrow a_n = b_n (\forall n = 0, 1, 2, \cdots)$.

(2) 멱급수의 연산
$R_1, R_2 > 0$ 에 대하여

$$f(z) = \sum_{n=0}^{\infty} a_n(z-z_0)^n \; (|z-z_0| < R_1),$$

$$g(z) = \sum_{n=0}^{\infty} b_n(z-z_0)^n \; (|z-z_0| < R_2).$$

① $f(z) + g(z) = \sum_{n=0}^{\infty} (a_n + b_n)(z-z_0)^n (|z-z_0| < R = \min\{R_1, R_2\})$,

② $f(z) g(z) = \sum_{n=0}^{\infty} c_n(z-z_0)^n \; (|z-z_0| < R = \min\{R_1, R_2\})$.

(단, $c_k = \sum_{m=0}^{k} a_m b_{k-m} = \sum_{i+j=k, i,j \geq 0} a_i b_j$).

③ $g(z_0) \neq 0$일 때 적당한 $\sigma > 0$에 대하여

$\frac{f(z)}{g(z)} = \sum_{n=0}^{\infty} c_n(z-z_0)^n \; (|z-z_0| < \sigma)$. (단, $a_n = \sum_{m=0}^{n} c_m b_{n-m}$)

5.4. 테일러의 정리와 로랑의 정리

NOTE (실함수의 테일러정리)
(1) $f:[a,b] \to \mathbb{R}$에 대하여
(i) $f:[a,b]$에서 C^m-함수
(ii) $f:(a,b)$에서 $n+1$계 미분가능
(iii) $f(x)=P_n(x)+R_n(x)$ ($x \in (a,b]$)
(단, $P_n(x) = \sum_{k=0}^{n} \frac{f^{(k)}(a)}{k!}(x-a)^k$
: f의 a에서의 n차 테일러 다항식)
이라 하자. 그러면 $a < x \le b$에 대하여 $\exists t_x \in (a,x)$ s.t.
$$R_n(x) = \frac{f^{(n+1)}(t_x)}{(n+1)!}(x-a)^{n+1}.$$
(라그랑지의 나머지식)

NOTE
(1) f가 정함수이면 각 $z_0 \in \mathbb{C}$에 대하여
$$f(z) = \sum_{n=0}^{\infty} \frac{f^{(n)}(z_0)}{n!}(z-z_0)^n$$
$(z \in \mathbb{C})$
(2) 매클로린급수전개의 예
$e^z = \sum_{n=0}^{\infty} \frac{z^n}{n!}$ ($\forall z \in \mathbb{C}$)
$\sin z = \sum_{n=0}^{\infty} \frac{(-1)^n z^{2n+1}}{(2n+1)!}$ ($\forall z \in \mathbb{C}$)
$\cos z = \sum_{n=0}^{\infty} \frac{(-1)^n z^{2n}}{(2n)!}$ ($\forall z \in \mathbb{C}$)
$\sinh z = \sum_{n=0}^{\infty} \frac{z^{2n+1}}{(2n+1)!}$ ($\forall z \in \mathbb{C}$)
$\cosh z = \sum_{n=0}^{\infty} \frac{z^{2n}}{(2n)!}$ ($\forall z \in \mathbb{C}$)
$\log(1+z) = \sum_{n=1}^{\infty} \frac{(-1)^{n-1}}{n} z^n$
$(|z|<1)$
$(1+z)^\alpha = \sum_{n=0}^{\infty} \binom{\alpha}{n} z^n$ ($|z|<1$)
(3) 로랑정리에 의해
$a_{-1} = \frac{1}{2\pi i} \int_C \frac{f(z)}{(z-z_0)^0} dz$
$= \frac{1}{2\pi i} \int_C f(z) dz$
이므로 $\int_C f(z) dz = 2\pi i a_{-1}$.

정 리 41

(1) 테일러의 정리(Taylor's theorem)
$f: |z-z_0| < R$에서 미분가능(따라서 해석적)일 때
(단, $0 < R \le \infty$)
$$f(z) = \sum_{n=0}^{\infty} \frac{f^{(n)}(z_0)}{n!}(z-z_0)^n \quad (|z-z_0|<R).$$
: f의 $z=z_0$에서의 **테일러급수전개**(Taylor expansion)
특히 $z_0 = 0$일 때
$$f(z) = \sum_{n=0}^{\infty} \frac{f^{(n)}(0)}{n!} z^n \quad (|z|<R).$$
: f의 **매클로린급수전개**(Maclaurin expansion)

(2) 로랑의 정리(Laurent's theorem)
$f: R_1 < |z-z_0| < R_2$에서 미분가능(따라서 해석적)일 때
(단, $0 \le R_1 < R_2 \le \infty$)
$$f(z) = \sum_{n=-\infty}^{\infty} a_n (z-z_0)^n \quad (R_1 < |z-z_0| < R_2).$$
: f의 $z=z_0$에서의 **로랑급수전개**(Laurent expansion)
(단, $n \in \mathbb{Z}$과 $R_1 < \rho < R_2$에 대하여 $C: |z-z_0| = \rho$의 반시계방향의 원, $a_n = \frac{1}{2\pi i} \int_C \frac{f(z)}{(z-z_0)^{n+1}} dz$)

증 명
(1) 한 점 $z \in D = \{z \in \mathbb{C} \mid |z-z_0| < R\}$이 주어질 때
$$|z-z_0| < \rho < R$$
에 대하여 $C: |z-z_0| = \rho$라 두자. 이 때
(i) 각 $u \in C$에 대하여
$$\frac{1}{u-z} = \frac{1}{(u-z_0)-(z-z_0)} = \frac{1}{u-z_0} \frac{1}{1-\frac{z-z_0}{u-z_0}}$$
$$= \frac{1}{u-z_0} + \frac{z-z_0}{(u-z_0)^2} + \frac{(z-z_0)^2}{(u-z_0)^3} + \cdots$$
$$((\because) \left| \frac{z-z_0}{u-z_0} \right| < 1)$$

$$= \sum_{n=0}^{\infty} \frac{(z-z_0)^n}{(u-z_0)^{n+1}}.$$

(ii) $\sum_{n=0}^{\infty} (z-z_0)^n \dfrac{f(u)}{(u-z_0)^{n+1}}$: C 상에서 균등수렴한다.

($\because$) f는 곡선 C(컴팩트집합)에서 연속이므로
$$\exists K > 0 \text{ s.t. } |f(u)| \le K (\forall z \in C)$$
$$\Rightarrow \left| (z-z_0)^n \frac{f(u)}{(u-z_0)^{n+1}} \right| \le |z-z_0|^n \frac{|f(u)|}{|u-z_0|^{n+1}}$$
$$\le |z-z_0|^n \frac{K}{\rho^{n+1}}$$
$$= \frac{K}{\rho} \left(\frac{|z-z_0|}{\rho} \right)^n =: M_n (\forall u \in C),$$

$\sum_{n=0}^{\infty} M_n$: 수렴(($\because$) $\dfrac{|z-z_0|}{\rho} < 1$).

$\Rightarrow$ 와이어스트라스 M-판정법에 의해
$$\sum_{n=0}^{\infty} (z-z_0)^n \frac{f(u)}{(u-z_0)^{n+1}} : C\text{상에서 균등수렴.}$$

(iii) $f(z) = \dfrac{1}{2\pi i} \int_C \dfrac{1}{u-z} f(u) du$ (($\because$) 코쉬의 적분공식)

$$= \frac{1}{2\pi i} \int_C \sum_{n=0}^{\infty} (z-z_0)^n \frac{f(u)}{(u-z_0)^{n+1}} du \quad ((\because) \text{ (i)})$$
$$= \frac{1}{2\pi i} \sum_{n=0}^{\infty} (z-z_0)^n \int_C \frac{f(u)}{(u-z_0)^{n+1}} du \quad ((\because) \text{ (ii)})$$
$$= \frac{1}{2\pi i} \sum_{n=0}^{\infty} (z-z_0)^n \frac{2\pi i}{n!} f^{(n)}(z_0).$$

(($\because$) 코쉬의 적분공식에 의해
$$\int_C \frac{f(u)}{(u-z_0)^{n+1}} du = \frac{2\pi i}{n!} f^{(n)}(z_0))$$
$$= \sum_{n=0}^{\infty} \frac{f^{(n)}(z_0)}{n!} (z-z_0)^n.$$

15년시행기출

복소함수 $f(z) = \dfrac{e^z}{e^{2z}+1}$ ($|z| < \dfrac{\pi}{2}$)의 점 $z_0 = 0$에 관한 테일러(Taylor) 급수 전개를 $f(z) = \sum_{n=0}^{\infty} a_n z^n$이라 하자. 음이 아닌 모든 정수 n에 대하여 $a_{2n+1} = 0$임을 보이시오. 또한 복소평면에서 시계반대방향의 단위원 $C : |z| = 1$에 대하여 $\int_C \dfrac{f(z)}{z^3} dz$의 값을 풀이 과정과 함께 쓰시오. [4점]

(2) $A=\{z\in\mathbb{C}\mid R_1<|z-z_0|<R_2\}$라 하자. $z\in A$일 때 적당한 양의 실수 $R_1{}',\ R_2{}'$가 존재하여
$$R_1<R_1{}'<|z-z_0|<R_2{}'<R_2$$
를 만족한다.

[1 단계] f는 $A_1=\{z\in\mathbb{C}\mid R_1{}'\le|z-z_0|\le R_2{}'\}$에서 해석적이므로
$$C_1:|z-z_0|=R_1{}',\ C_2:|z-z_0|=R_2{}'$$
라 할 때 코쉬-구르사정리와 코쉬적분공식에 의해
$$f(z)=\frac{1}{2\pi i}\int_{C_2}\frac{f(u)}{u-z}du-\frac{1}{2\pi i}\int_{C_1}\frac{f(u)}{u-z}du.$$

[2 단계] ① 각 $n\in\mathbb{N}\cup\{0\}$에 대하여
$$a_n:=\frac{1}{2\pi i}\int_{C_2}\frac{f(u)}{(u-z_0)^{n+1}}du$$
이라 할 때 $\frac{1}{2\pi i}\int_{C_2}\frac{f(u)}{u-z}du=\sum_{n=0}^{\infty}a_n(z-z_0)^n$.

($\because$) ㉠ 임의의 $u\in C_2$에 대하여
$$\frac{1}{u-z}=\frac{1}{(u-z_0)-(z-z_0)}=\frac{1}{(u-z_0)\left(1-\dfrac{z-z_0}{u-z_0}\right)}$$
$$=\frac{1}{u-z_0}\left(1+\frac{z-z_0}{u-z_0}+\left(\frac{z-z_0}{u-z_0}\right)^2+\left(\frac{z-z_0}{u-z_0}\right)^3+\cdots\right)$$
$$=\sum_{n=0}^{\infty}\frac{(z-z_0)^n}{(u-z_0)^{n+1}}.$$

㉡ f는 컴팩트집합 C_2에서 연속이므로 $\exists M>0$ s.t
$$|f(u)|\le M\ (\forall u\in C_2).$$
$$\left|\frac{(z-z_0)^n}{(u-z_0)^{n+1}}f(u)\right|\le\frac{M|z-z_0|^n}{R_2{}'^{n+1}}=:M_n(\forall n\in C_2)$$
이고 $\dfrac{|z-z_0|}{R_2{}'}<1$이므로 $\sum M_n$은 수렴한다. 따라서 와이어스트라스-M판정법에 의해
$$\sum_{n=0}^{\infty}\frac{(z-z_0)^n}{(u-z_0)^{n+1}}f(u)$$
는 C_2상에서 균등수렴한다.

㉢ $\dfrac{1}{2\pi i}\int_{C_2}\dfrac{f(u)}{u-z}du$

$=\sum_{n=0}^{\infty}\left(\dfrac{1}{2\pi i}\int_{C_2}\dfrac{f(u)}{(u-z_0)^{n+1}}(z-z_0)^n du\right)$

$=\sum_{n=0}^{\infty}\left(\dfrac{1}{2\pi i}\int_{C_2}\dfrac{f(u)}{(u-z_0)^{n+1}}du\right)(z-z_0)^n$

$=\sum_{n=0}^{\infty}a_n(z-z_0)^n.$

② 각 $n\in\mathbb{N}$에 대하여

$$a_n := \dfrac{1}{2\pi i}\int_{C_1}\dfrac{f(u)}{(u-z_0)^{-n+1}}du$$

이라 할 때 $-\dfrac{1}{2\pi i}\int_{C_1}\dfrac{f(u)}{u-z}du = \sum_{n=-1}^{-\infty}a_n(z-z_0)^n.$

(∵) ㉠ 임의의 $u\in C_1$에 대하여

$-\dfrac{1}{u-z} = \dfrac{1}{z-u} = \dfrac{1}{(z-z_0)-(u-z_0)}$

$= \dfrac{1}{(z-z_0)\left(1-\dfrac{u-z_0}{z-z_0}\right)}$

$= \dfrac{1}{z-z_0}\left(1+\dfrac{u-z_0}{z-z_0}+\left(\dfrac{u-z_0}{z-z_0}\right)^2+\left(\dfrac{u-z_0}{z-z_0}\right)^3+\cdots\right)$

$= \sum_{m=0}^{\infty}\dfrac{(u-z_0)^m}{(z-z_0)^{m+1}}.$

㉡ $\sum_{m=0}^{\infty}\dfrac{(u-z_0)^m}{(z-z_0)^{m+1}}f(u)(u\in C_1)$는 C_1 상에서 와이어스트라스-M 판정법에 의해 C_1 상에서 균등수렴한다.

ⓒ $-\dfrac{1}{2\pi i}\int_{C_1}\dfrac{f(u)}{u-z}du$

$= \displaystyle\sum_{m=0}^{\infty}\left(\dfrac{1}{2\pi i}\int_{C_1}\dfrac{f(u)}{(z-z_0)^{m+1}}(u-z_0)^m\,du\right)$

$= \displaystyle\sum_{m=0}^{\infty}\left(\dfrac{1}{2\pi i}\int_{C_1}f(u)(u-z_0)^m\,du\right)\dfrac{1}{(z-z_0)^{m+1}}$

$= \displaystyle\sum_{n=1}^{\infty}\left(\dfrac{1}{2\pi i}\int_{C_1}f(u)(u-z_0)^{n-1}\,du\right)\dfrac{1}{(z-z_0)^n}$

$= \displaystyle\sum_{n=1}^{\infty}\left(\dfrac{1}{2\pi i}\int_{C_1}\dfrac{f(u)}{(u-z_0)^{-n+1}}\,du\right)\dfrac{1}{(z-z_0)^{-n}}$

$= \displaystyle\sum_{n=1}^{\infty}a_{-n}(z-z_0)^{-n} = \sum_{n=-1}^{-\infty}a_n(z-z_0)^n.$

(ⅲ) $n=0,\ \pm 1,\ \pm 2,\ \cdots$ 에 대하여

$a_n = \begin{cases}\dfrac{1}{2\pi i}\displaystyle\int_{C_2}\dfrac{f(u)}{(u-z_0)^{n+1}}du = \dfrac{1}{2\pi i}\int_C\dfrac{f(u)}{(u-z_0)^{n+1}}du\ (n\geq 0)\\[2mm] \dfrac{1}{2\pi i}\displaystyle\int_{C_1}\dfrac{f(u)}{(u-z_0)^{n+1}}du = \dfrac{1}{2\pi i}\int_C\dfrac{f(u)}{(u-z_0)^{n+1}}du\ (n\leq -1)\end{cases}.$

(단, $C : |z-z_0|=\rho,\ R_1 < \rho < R_2$).

따라서 $f(z) = \displaystyle\sum_{n=0}^{\infty}a_n(z-z_0)^n + \sum_{n=-1}^{-\infty}a_n(z-z_0)^n$

$= \displaystyle\sum_{n=-\infty}^{\infty}a_n(z-z_0)^n\ (R_1 < |z-z_0| < R_2).$

예 제 29

(1) 복소함수 $f(z)=\dfrac{1}{(z-1)^2}$을 $z_0=0$를 중심으로 급수전개할 때 z^3의 계수는?

(2) 복소함수 $f(z)=\dfrac{5z-2}{z(z-1)}$을 $z_0=0$을 중심으로 급수전개할 때 z^{-1}의 계수를 a, $z_0=1$을 중심으로 급수전개할 때 $(z-1)^{-1}$의 계수를 b라 하면 $a+b$는?

(3) 복소함수 $f(z)=\dfrac{\sin z - z}{z^3}$을 $z_0=0$를 중심으로 급수전개할 때 z^{-1}의 계수는?

(4) 복소함수 $f(z)=\dfrac{z^3-1}{\sin z^2}$을 $z_0=0$를 중심으로 급수전개할 때 z^{-2}의 계수는?

NOTE
(복소함수의 급수전개방법)
(1) 멱급수의 중심(z_0)가 해석점인 경우
① 테일러 정리(매클로린 전개공식)를 이용
② 무한등비급수공식을 이용
(2) 멱급수의 중심(z_0)가 해석점이 아닌 경우
① 무한등비급수공식을 이용
 : 분수함수의 꼴
② 매클로린 전개공식를 이용
 : exp, sin, cos이 분자와 분모에 있는 분수함수의 꼴
※ 급수전개에서 적당히 치환하면 편리하다.

풀 이

(1) f는 $|z|<1$에서 해석적이고 $f^{(n)}(z)=(-1)^n\dfrac{(n+1)!}{(z-1)^{n+2}}$이므로 $f^{(n)}(0)=(n+1)!$,
테일러의 정리에 의해
$$f(z)=\sum_{n=0}^{\infty}\dfrac{f^{(n)}(0)}{n!}z^n=\sum_{n=0}^{\infty}(n+1)z^n \quad (\forall |z|<1)$$
이다. 따라서 z^3의 계수는 4이다.

(2) (i) $z_0=0$
$f : A_1=\{z \mid 0<|z-0|<1\}$에서 해석적이고
$$f(z)=\dfrac{5z-2}{z(z-1)}=\dfrac{2-5z}{z}\dfrac{1}{1-z}$$
$$=\left(\dfrac{2}{z}-5\right)(1+z+z^2+\cdots)$$
$$=\dfrac{2}{z}-3-3z-3z^2-\cdots \quad (\forall z \in A_1).$$
따라서 $a=2$이다.

08년시행기출
집합 X에서 X로의 함수 f를
$$f(t)=\begin{cases} t\cos\dfrac{1}{t}, & t\neq 0 \\ 0, & t=0 \end{cases}$$
으로 정의할 때, <보 기>에서 옳은 것을 모두 고른 것은? [2점]
(단, $\mathbb{R}$는 실수 전체의 집합이고 $\mathbb{C}$는 복소수 전체의 집합이다.)

<보 기>
ㄱ. $X=\mathbb{R}$ 일 때 f는 $t=0$에서 연속이다.
ㄴ. $X=\mathbb{C}$ 일 때 f는 $t=0$에서 연속이다.
ㄷ. $X=\mathbb{C}$ 일 때
$$f(t)=\sum_{n=0}^{\infty}(-1)^n\dfrac{t^{1-2n}}{(2n)!}$$
은 모든 $t\in\mathbb{C}-\{0\}$에 대하여 성립한다.
ㄹ. $X=\mathbb{C}$ 일때 $\displaystyle\int_{|t|=1}f(t)dt=2\pi i$야

① ㄱ, ㄷ   ② ㄱ, ㄹ   ③ ㄴ, ㄹ
④ ㄱ, ㄴ, ㄷ   ⑤ ㄱ, ㄷ, ㄹ

(ii) $z_0 = 1$

f는 $A_2 = \{z \mid 0 < |z-1| < 1\}$에서 해석적이고 $z-1 = w$이라 할 때 $f(z) = \dfrac{5(w+1) - 2}{(w+1)w}$ $(w \neq 0, -1)$

$$= \frac{5w+3}{w} \frac{1}{w+1}$$

$$= (5 + 3w^{-1}) \frac{1}{1-(-w)}$$

$$= (5 + 3w^{-1})(1 + (-w) + (-w)^2 + \cdots) \quad (|w| < 1)$$

$$= 3w^{-1} + 2 - 2w + 2w^2 - \cdots + 2(-1)^n w^n + \cdots$$

$$= 3(z-1)^{-1} + 2 - 2(z-1) + 2(z-1)^2 -$$
$$\cdots + 2(-1)^n (z-1)^n + \cdots \quad (\forall z \in A_2).$$

따라서 $b = 3$이다. (i)과 (ii)에 의하여 $a + b = 5$이다.

(3) $f : A_1 = \{z \mid 0 < |z-0| < 1\}$에서 해석적이고

$$f(z) = \frac{\sin z - z}{z^3}$$

$$= \frac{1}{z^3}\left(z - \frac{z^3}{3!} + \frac{z^5}{5!} - \frac{z^7}{7!} + \cdots - z\right)$$

$$= \frac{1}{z^3}\left(-\frac{z^3}{3!} + \frac{z^5}{5!} - \frac{z^7}{7!} + \cdots\right)$$

$$= -\frac{1}{3!} + \frac{z^2}{5!} - \frac{z^4}{7!} + \cdots (\forall z \in A_1)$$

따라서, z^{-1}의 계수는 0이다.

(4) $z \neq 0$일 때

$$f(z) = \frac{z^3 - 1}{\sin z^2} = \frac{z^3 - 1}{z^2 - \dfrac{(z^2)^3}{3!} + \dfrac{(z^2)^5}{5!} - \dfrac{(z^2)^7}{7!} \cdots}$$

$$= \frac{z - \dfrac{1}{z^2}}{1 - \dfrac{z^4}{3!} + \dfrac{z^8}{5!} - \dfrac{z^{12}}{7!} + \cdots}$$

충분히 작은 r에 대해 $f : A_2 = \{z \mid 0 < |z-0| < r\}$에서 해석적이고 $|z| < r$일 때, $\left|\dfrac{z^4}{3!} - \dfrac{z^8}{5!} + \dfrac{z^{12}}{7!} - \cdots\right| < 1$이므로

$$f(z) = \frac{z^3-1}{\sin z^2}$$
$$= \left(z - \frac{1}{z^2}\right)\left(1 + \left(\frac{z^4}{3!} - \frac{z^8}{5!} + \frac{z^{12}}{7!} - \cdots\right) + \left(\frac{z^4}{3!} - \frac{z^8}{5!} + \frac{z^{12}}{7!} - \cdots\right)^2 + \cdots\right)$$

따라서, z^{-2}의 계수는 -1이다.

> **유 제 16**
> 다음의 복소함수 $f(z)$를 주어진 z_0를 중심으로 급수전개하시오.
> (1) $f(z) = \dfrac{1}{z^2+1}$, $z_0 = i$
> (2) $f(z) = \dfrac{e^z}{1-z}$, $z_0 = 0$
> (3) $f(z) = (1-z^2)\sin z$, $z_0 = 0$
> (4) $f(z) = \cot z$, $z_0 = 0$
> (5) $f(z) = z\cos\left(\dfrac{1}{z}\right)$, $z_0 = 0$

풀 이

(1) $0 < |z-i| < 2$이므로 $0 < \dfrac{|z-i|}{2} < 1$이고

$$f(z) = \frac{1}{z^2+1} = \frac{1}{(z+i)(z-i)}$$
$$= \frac{1}{z-i} \cdot \frac{1}{2i-(i-z)}$$
$$= \frac{1}{z-i} \cdot \frac{\frac{1}{2i}}{1 - \frac{i-z}{2i}} \left((\because)\ \left|\frac{i-z}{2i}\right| = \frac{|z-i|}{2} < 1\right)$$
$$= \frac{1}{z-i} \cdot \frac{1}{2i}\left(1 + \left(\frac{i-z}{2i}\right)^2 + \left(\frac{i-z}{2i}\right)^2 + \cdots\right).$$

(2) $e^z = 1 + \dfrac{z}{1!} + \dfrac{z^2}{2!} + \cdots$ 이고 $|z| < 1$이므로

$$f(z) = \frac{e^z}{1-z} = \left(1 + \frac{z}{1!} + \frac{z^2}{2!} + \cdots\right)(1 + z + z^2 + \cdots)$$
$$= 1 + 2z + \frac{5}{2}z^2 + \cdots \quad (|z| < 1).$$

(3) $\sin z = z - \dfrac{z^3}{3!} + \dfrac{z^5}{5!} - \cdots$ 이므로

$$f(z) = (1-z^2)\sin z = (1-z^2)\left(z - \dfrac{z^3}{3!} + \dfrac{z^5}{5!} - \cdots\right)$$

$$= z - \dfrac{7}{6}z^3 + \dfrac{21}{120}z^5 - \cdots.$$

(4) $f(z) = \cot z = \dfrac{\cos z}{\sin z} = \dfrac{1 - \dfrac{z^2}{2!} + \dfrac{z^4}{4!} - \cdots}{z - \dfrac{z^3}{3!} + \dfrac{z^5}{5!} - \cdots}$

$$= \dfrac{1}{z}\left(\dfrac{1 - \dfrac{z^2}{2!} + \dfrac{z^4}{4!} - \cdots}{1 - \left(\dfrac{z^2}{3!} + \dfrac{z^4}{5!} - \cdots\right)}\right)$$

$$= \left(\dfrac{1}{z} - \dfrac{z}{2!} + \dfrac{z^3}{4!} - \cdots\right)$$
$$\times \left(1 + \left(\dfrac{z^2}{3!} - \dfrac{z^4}{5!} + \cdots\right) + \left(\dfrac{z^2}{3!} - \dfrac{z^4}{5!} + \cdots\right)^2 + \cdots\right).$$

(5) $f(z) = z\left(1 - \dfrac{1}{2!z^2} + \dfrac{1}{4!z^4} - \dfrac{1}{6!z^6} + \cdots\right)$

$$= z - \dfrac{1}{2!z} + \dfrac{1}{4!z^3} - \cdots \quad (z \neq 0)$$

유 제 17

$f(z) = 1/(z-1)(z-2)$를 다음의 각 영역에서 주어진 z_0에 대하여 $\displaystyle\sum_{n=-\infty}^{\infty} a_n (z-z_0)^n$의 꼴로 나타내시오.

(1) $0 < |z-1| < 1$, $z_0 = 1$ (2) $1 < |z| < 2$, $z_0 = 0$

(3) $|z| < 1$, $z_0 = 0$ (4) $|z| > 2$, $z_0 = 0$

풀 이

(1) $f(z) = \dfrac{1}{(z-1)(z-2)} = \dfrac{1}{z-1} \dfrac{-1}{1-(z-1)}$

$$= \dfrac{-1}{z-1}(1 + (z-1) + (z-1)^2 + \cdots)$$
$$\qquad\qquad\qquad\qquad (0 < |z-1| < 1 \text{일 때})$$
$$= -(z-1)^{-1} - 1 - (z-1) - (z-1)^2 - \cdots.$$

(2) $f(z) = \dfrac{-1}{z-1} + \dfrac{1}{z-2}$ 이고

$$\dfrac{-1}{z-1} = \dfrac{-\dfrac{1}{z}}{1-\dfrac{1}{z}} = -\dfrac{1}{z}\left(1 + \dfrac{1}{z} + \dfrac{1}{z^2} + \cdots\right)(|z| > 1),$$

$$\dfrac{1}{z-2} = \dfrac{-\dfrac{1}{2}}{1-\left(\dfrac{z}{2}\right)} = -\dfrac{1}{2}\left(1 + \dfrac{z}{2} + \left(\dfrac{z}{2}\right)^2 + \cdots\right)(|z| < 2).$$

그러므로 $f(z) = \left(-\dfrac{1}{z} - \dfrac{1}{z^2} - \cdots\right) + \left(-\dfrac{1}{2} - \dfrac{z}{2^2} - \cdots\right)$ 이다.

(3) $f(z) = \dfrac{-1}{z-1} + \dfrac{1}{z-2}$

$$\dfrac{-1}{z-1} = \dfrac{1}{1-z} = 1 + z + z^2 + \cdots \quad ((\because)|z| < 1),$$

$$\dfrac{1}{z-1} = \dfrac{-\dfrac{1}{2}}{1-\dfrac{z}{2}} = -\dfrac{1}{2}\left(1 + \left(\dfrac{z}{2}\right) + \left(\dfrac{z}{2}\right)^2 + \cdots\right)\left((\because)\left|\dfrac{z}{2}\right| < 1\right).$$

따라서 $f(z) = (1 + z + z^2 + \cdots)\left(-\dfrac{1}{2} - \dfrac{z}{2^2} - \dfrac{z^2}{2^3} + \cdots\right)$

$$= \dfrac{1}{2} + \left(1 - \dfrac{1}{2^2}\right)z + \left(1 - \dfrac{1}{2^3}\right)z^2 + \cdots.$$

(4) $f(z) = \dfrac{-1}{z-1} + \dfrac{1}{z-2}$ 에서

$$\dfrac{-1}{z-1} = \dfrac{-\dfrac{1}{z}}{1-\dfrac{1}{z}} = -\dfrac{1}{z}\left(1 + \dfrac{1}{z} + \left(\dfrac{1}{z}\right)^2 + \cdots\right) \quad \left((\because)\left|\dfrac{1}{z}\right| < 1\right),$$

$$\dfrac{1}{z-2} = \dfrac{\dfrac{1}{z}}{1-\dfrac{2}{z}} = \dfrac{1}{z}\left(1 + \dfrac{2}{z} + \left(\dfrac{2}{z}\right)^2 + \cdots\right) \quad \left((\because)\left|\dfrac{2}{z}\right| < 1\right).$$

따라서

$$f(z) = -\dfrac{1}{z}\left(1 + \dfrac{1}{z} + \left(\dfrac{1}{z}\right)^2 + \cdots\right) + \dfrac{1}{z}\left(1 + \dfrac{2}{z} + \left(\dfrac{2}{z}\right)^2 + \cdots\right)$$

$$= \dfrac{1}{z^2} + \dfrac{1}{z^3}(-1 + 2^2) + \dfrac{1}{z^4}(-1 + 2^3) + \cdots.$$

11년시행기출

복소평면에서 영역 $D=\{z\in\mathbb{C}\,|\,|z|<1\}$ 에 대하여 연속함수 $f:D\to\mathbb{C}$ 가 해석적(analytic, holomorphic)이기 위한 필요충분조건을 <보기>에서 있는 대로 고른 것은? [2점]

<보기>
ㄱ. D에서 $f(z)$로 수렴하는 멱급수 $\sum_{n=0}^{\infty}a_n z^n$ 이 존재한다.
ㄴ. D에 포함되는 모든 단순단힌경로 (단순폐곡선, simple closed contour) C에 대하여 $\int_C f(z)dz=0$이다.
ㄷ. D에서 $\dfrac{dF}{dz}=f$를 만족하는 해석함수 F가 존재한다.

① ㄱ   ② ㄱ, ㄴ   ③ ㄱ, ㄷ
④ ㄴ, ㄷ   ⑤ ㄱ, ㄴ, ㄷ

정 리 42

(1) 모레라(Morera)의 정리(코쉬-구르사정리의 역)
영역 $D(\subset\mathbb{C})$와 $f:D\to\mathbb{C}$에 대하여
(ⅰ) $f:D$에서 연속,
(ⅱ) $\int_C f(z)dz=0$ ($\forall C:D$내부의 임의의 단순폐곡선).
$\Rightarrow f:D$에서 해석적.

(2) 균등수렴과 해석성
영역 $D(\subset\mathbb{C})$와 함수열 $f_n:D\to\mathbb{C}\,(n=1,\,2,\,\cdots)$에 대하여
(ⅰ) K에서 $f_n \xrightarrow{\text{unif}} f$ ($\forall K:D$의 컴팩트 부분집합),
(ⅱ) $f_n:D$에서 해석적($\forall n\geq 1$).
$\Rightarrow$ ① $f:D$에서 해석적 ② $\displaystyle\lim_{n\to\infty}\frac{d}{dz}f_n(z)=\frac{d}{dz}\lim_{n\to\infty}f_n(z)$.

증 명

(1) ① 점 $a\in D$를 고정하자. 그러면
$$F:D\to\mathbb{C},\ F(z)=\int_a^z f(u)du\,(z\in D)$$
는 잘 정의된다.
($\because$) 두 곡선 $C_1,\,C_2$는 D상의 a에서 z로의 두 곡선이라 할 때
$$\int_{C_1}f(z)dz-\int_{C_2}f(z)dz=\int_{C_1-C_2}f(z)dz=0.$$
(($\because$) 위의 가정 (ⅱ)에 의해 성립한다.)
따라서 $F(z)=\int_a^z f(u)du$는 점 z에만 의존하므로
$$F(z)=\int_a^z f(u)du=\int_{C_1}f(z)dz$$
라 정의하면 F는 잘 정의된다.
② f는 연속이므로 정리22(1)과 같은 방법에 의해
$$f(z)=F'(z)(\forall z\in D).$$
$\Rightarrow$ 코쉬의 적분공식에 의해 $f=F':D$상에서 미분가능
 (즉, $F:D$에서 1계미분가능하면 무한번 미분가능하다.)
$\Rightarrow f:D$상에서 해석적.

(2) ① $z_0 \in D$일 때 $\exists R > 0$ s.t. $K := \overline{B(z_0, R)} \subset D$

㉠ $f : B(z_0, R)$에서 연속

($\because$) $f_n : K$에서 해석적이므로 연속($\forall n \geq 1$), K에서

$$f_n \xrightarrow{\text{unif}} f$$

이므로 f는 K에서 연속이다.

㉡ $\forall C : B(z_0, R)$의 내부의 단순폐곡선, $\int_C f(z)dz = 0$

($\because$) $\int_C f(z)dz = \int_C \lim_{n \to \infty} f_n(z)dz = \lim_{n \to \infty} \int_C f_n(z)dz = \lim_{n \to \infty} 0 = 0.$

㉠, ㉡와 모레라의 정리에 의해 f는 $B(z_0, R)$에서 해석적이다.

② 생략.

6. 유수정리(residue theorem)

6.1. 유수의 정의와 특이점의 분류

정 의 12

f의 $z=z_0$에서의 급수전개 $f(z)=\sum_{n=-\infty}^{\infty} a_n(z-z_0)^n$에 대하여
$$\text{Res}[f, z_0] := a_{-1}$$
을 f의 z_0에서의 **유수(residue)**라고 부른다.

예 제 30

다음의 복소함수 $f(z)$의 점 z_0에서의 유수 $\text{Res}[f, z_0]$를 구하시오.
(1) $f(z)=\dfrac{2z+4}{z^2-1}$, $z_0=1$.   (2) $f(z)=\dfrac{z+1}{z^3\sin z^2}$, $z_0=0$.

풀 이

(1) $f(z)=\dfrac{2z+4}{z^2-1}=\dfrac{2z+4}{(z-1)(z+1)}$

$\qquad =\dfrac{2w+6}{w(w+2)}$ ($z-1=:w$로 치환)

$\qquad =(2+6w^{-1})\cdot \dfrac{1}{2}\cdot \dfrac{1}{1-(-w/2)}$

$\qquad =\left(1+\dfrac{3}{w}\right)\left(1-\dfrac{w}{2}+\dfrac{w^2}{4}-\dfrac{w^3}{8}+\cdots\right)$

$\qquad =\cdots +3w^{-1}+\cdots$.

따라서 $\text{Res}\left[\dfrac{2z+4}{z^2-1}, 1\right]=a_{-1}=3$이다.

(2) (ⅰ) $z^3\sin z^2 = z^3\left(z^2-\dfrac{z^6}{3!}+\dfrac{z^{10}}{5!}-\cdots\right)$

$\qquad\qquad = z^5\left(1-\dfrac{z^4}{3!}+\dfrac{z^8}{5!}-\cdots\right)$,

(ⅱ) $f(z)=\dfrac{z+1}{z^3\sin z^2}=\dfrac{z+1}{z^5}\cdot \dfrac{1}{1-(z^4/3!-z^8/5!+\cdots)}$

$\qquad =\left(\dfrac{1}{z^5}+\dfrac{1}{z^4}\right)\left(1+\left(\dfrac{z^4}{3!}-\dfrac{z^8}{5!}+\cdots\right)+\left(\dfrac{z^4}{3!}-\dfrac{z^8}{5!}+\cdots\right)^2+\cdots\right)$

6.1 유수의 정의와 특이점의 분류

$$= \frac{1}{z^5} + \frac{1}{z^4} + \frac{1}{6z} + \frac{1}{6} + \cdots \quad (|z| < 1).$$

여기서 공비 $r = \frac{z^4}{3!} - \frac{z^8}{5!} + \cdots$ 에 대하여

$$|r| \leq \frac{1}{3!} + \frac{1}{5!} + \frac{1}{7!} + \cdots \leq \frac{1}{2^2} + \frac{1}{2^3} + \frac{1}{2^4} + \cdots = \frac{1}{2} < 1 (|z| < 1)$$

이므로 무한등비급수공식을 이용할 수 있다. 따라서

$$\mathrm{Res}\left[\frac{z+1}{z^3 \sin z^2}, 0\right] = \frac{1}{6}.$$

정 의 13

$f : D \to \mathbb{C}$, $z_0 \in \mathbb{C}$ 일 때
(1) z_0에서 f가 해석적이지 않을 때 z_0를 f의 **특이점**(singularity),
(2) z_0 : f의 **고립특이점**(isolated singularity)
$\overset{\text{정의}}{\Leftrightarrow}$ (i) $\exists \varepsilon > 0$ s.t. $f : B(z_0, \varepsilon) \setminus \{z_0\}$에서 해석적,
(ii) f는 z_0에서 해석적이지 않다.

도 입

f는 z_0에서 고립특이점을 가지며 로랑급수 표현

$$f(z) = \sum_{n=-\infty}^{\infty} a_n (z - z_0)^n \quad (0 < |z - z_0| < R)$$

을 갖는다 하자. 이 경우 z_0에서 특이점을 다음 형태로 구별한다.
(i) $n = -1, -2, -3, \cdots$ 에 대하여 $a_n = 0$이면 f는 z_0에서 **제거가능특이점**을 갖는다.
(ii) $n = -k-1, -k-2, -k-3, \cdots$ 에 대하여 $a_{-k} \neq 0$이고 $a_n = 0$이면 f는 z_0에서 **위수 k인 극**을 갖는다.
(iii) 무한히 많은 음의 정수 n에 대해서 $a_n \neq 0$이면 f는 z_0에서 **진성특이점**을 갖는다.

NOTE
위상공간 $(X, \mathfrak{I})$, $A \subset X$에 대하여
(1) $A' := \{x \in X | \forall G : x$의 개근방,
$(G \setminus \{x\}) \cap A \neq \phi\}$
(A의 도집합)
(2) ① x : A의 **집적점**
(accumulation point)
$\Leftrightarrow x \in A'$
② x : A의 **고립점**(isolated point)
$\Leftrightarrow x \in A \setminus A'$
$\Leftrightarrow \exists G : x$의 개근방
s.t. $G \cap A = \{x\}$.

NOTE(확장된 복소함수극한의 정의)
$z_0 \in \mathbb{C}$에 대하여

(1) $\lim\limits_{z \to z_0} f(z) = \infty$
  $\Leftrightarrow \lim\limits_{z \to z_0} |f(z)| = \infty$

(2) $\lim\limits_{z \to \infty} f(z) = L \ (\in \mathbb{C})$
  $\Leftrightarrow \lim\limits_{|z| \to \infty} f(z) = L$

(3) $\lim\limits_{z \to \infty} f(z) = \infty$
  $\Leftrightarrow \lim\limits_{|z| \to \infty} |f(z)| = \infty$

NOTE
(1) $f : D(\subset \mathbb{C}) \to \mathbb{C}$, $z_0 \in \mathbb{C}$에 대하여 $z_0(\in \mathbb{C})$는 f의

$$\begin{cases} \text{해석점} \\ \text{특이점} \begin{cases} \text{고립특이점} \begin{cases} \text{제거가능특이점} \\ \ (\approx \text{해석점}) \\ \text{위수 } k \geq 1 \text{인 극} \\ \text{진성특이점} \end{cases} \\ \text{고립특이점이 아닌 특이점} \end{cases} \end{cases}$$

(2) 고립특이점의 분류순서
고립특이점 → 제거가능? → 위수 k인 극? → 진성특이점?

NOTE
$f : D \to \mathbb{C}$, $z_0 \in \mathbb{C}$일 때 f의 고립특이점 z_0는 다음 세 조건 중 단 하나만을 만족한다.
(1) z_0 : f의 제거가능특이점(removable singularity)($\approx$ 해석점)
$\overset{\text{정의}}{\Leftrightarrow} \exists \lim\limits_{z \to z_0} f(z)$

$\Leftrightarrow \exists \varepsilon > 0$ s.t. $f : B(z_0, \varepsilon) \setminus \{z_0\}$에서 유계
  $((\because)$ 리만의 정리(정리43 (1)))
(2) z_0 : f의 위수 $k(\in \mathbb{Z}^+)$인 극(pole)
$\overset{\text{정의}}{\Leftrightarrow} \exists \lim\limits_{z \to z_0} (z - z_0)^k f(z) = l \neq 0, \infty$.
이때, z_0는 $(z-z_0)^k f(z)$의 제거가능특이점이 된다.
(3) (1), (2)를 모두 만족하지 않는 고립특이점을 **진성특이점**(essential singularity)라 한다.

예 제 31

다음 함수 $f(z)$의 고립특이점 z_0에서의 특이점을 분류하시오.

(1) $f(z) = \dfrac{\sin^2 z}{z^2 \cos z}$, $z_0 = 0$ (2) $f(z) = \dfrac{1 - e^{z^2}}{\sin^2 z \cos z}$, $z_0 = 0$

(3) $f(z) = \dfrac{\cos z - 1}{z^2 \sin z}$, $z_0 = 0$ (4) $f(z) = \dfrac{z^3 e^z}{z^{10} - 1}$, $z_0 = 1$

(5) $f(z) = \dfrac{\sin z \cos z}{z^4}$, $z_0 = 0$ (6) $f(z) = e^{\frac{1+2z}{z}}$, $z_0 = 0$

풀 이

(1) $\lim\limits_{z \to 0} f(z) = \lim\limits_{z \to 0} \dfrac{\sin^2 z}{z^2} = \left(\lim\limits_{z \to 0} \dfrac{\sin z}{z}\right)^2 = 1$. 따라서 0은 f의 제거가능 특이점이다.

(2) $\lim\limits_{z \to 0} f(z) = \lim\limits_{z \to 0} \dfrac{1 - e^{z^2}}{\sin^2 z}$

$= \lim\limits_{z \to 0} \dfrac{-2z e^{z^2}}{2 \sin z \cos z}$ ((∵) 로피탈의 정리)

$= -\lim\limits_{z \to 0} \dfrac{e^{z^2}}{\cos z} = -1$.

따라서 0은 f의 제거가능 특이점이다.

(3) $\lim\limits_{z \to 0} z f(z) = \lim\limits_{z \to 0} \dfrac{\cos z - 1}{z \sin z}$

$= \lim\limits_{z \to 0} \dfrac{-\sin z}{\sin z + z \cos z}$ ((∵) 로피탈의 정리)

$= -\lim\limits_{z \to 0} \dfrac{\cos z}{\cos z + (\cos z - z \sin z)}$ ((∵) 로피탈의 정리)

$= -\dfrac{1}{2} \neq 0, \infty$.

따라서 0은 f의 단순극이다.

(4) $\lim_{z \to 1}(z-1)f(z) = \lim_{z \to 1} \frac{(z^4 - z^3)e^z}{z^{10} - 1}$

$= \lim_{z \to 1} \frac{(z^4 + 3z^3 - 3z^2)e^z}{10z^9}$ $((\because)$ 로피탈의 정리$)$

$= \frac{e}{10} \neq 0, \infty.$

따라서 1은 f의 단순극이다.

(5) $\lim_{z \to 0} z^3 f(z) = \lim_{z \to 0} z^3 \frac{\sin z \cos z}{z^4}$

$= \lim_{z \to 0} \frac{\sin z}{z} \lim_{z \to 0} \cos z = 1 \neq 0, \infty.$

따라서 0은 f의 위수 3인 극이다.

(6) (i) $f(z) = e^2 e^{\frac{1}{z}} = e^2 \left(1 + \frac{1}{1!} \cdot \frac{1}{z} + \frac{1}{2!} \cdot \frac{1}{z^2} + \cdots \right).$

(ii) 임의의 $k \in \mathbb{Z}^+$에 대하여 $\not\exists \lim_{z \to 0} z^k e^{\frac{1}{z}}$

$(\because) \lim_{\substack{x \to 0+ \\ y \equiv 0}} z^k e^{\frac{1}{z}} = \lim_{\substack{x \to 0+ \\ y \equiv 0}} z^k \left(1 + \frac{1}{1!}\left(\frac{1}{z}\right) + \frac{1}{2!}\left(\frac{1}{z}\right)^2 + \cdots\right)$

$= \lim_{x \to 0+} x^k \left(1 + \frac{1}{1!}\left(\frac{1}{x}\right) + \frac{1}{2!}\left(\frac{1}{x}\right)^2 + \cdots\right)$

$\geq \lim_{x \to 0+} \frac{x^k}{(k+1)! x^{k+1}} = \frac{1}{(k+1)!} \lim_{x \to 0+} \frac{1}{x} = \infty.$

따라서 0은 f의 진성특이점이다.

※ $\not\exists \lim_{z \to 0} e^{\frac{1}{z}}$

$(\because) \lim_{\substack{x \to 0+ \\ y \equiv 0}} e^{\frac{1}{z}} = \lim_{x \to 0+} e^{\frac{1}{x}} = \infty \neq 0 = \lim_{x \to 0-} e^{\frac{1}{x}} = \lim_{\substack{x \to 0- \\ y \equiv 0}} e^{\frac{1}{z}}.$

6.1 유수의 정의와 특이점의 분류

유 제 19
다음 복소함수의 특이점을 모두 찾고 분류하시오.

(1) $f(z) = \dfrac{\cos z}{z^2}$ (2) $f(z) = \dfrac{z^2 + 3z - 1}{z + 2}$

(3) $f(z) = \dfrac{e^z}{(z-1)^3}$ (4) $f(z) = \dfrac{z+1}{(z^2+4)(z-1)^3}$

(5) $f(z) = \cot(\alpha z) \ (\alpha \neq 0)$

풀 이
(1) 특이점은 0이고 위수 2인 극이다.
(2) 특이점은 -2이고 위수 1인 극(즉, 단순극)이다.
(3) 특이점은 1이고 위수 3인 극이다.
(4) 특이점은 $2i$, $-2i$, 1이고 각각은 위수가 1, 1, 3인 극이다.
(5) 특이점은 $\dfrac{n\pi}{\alpha}$이고 위수 1인 극이다.($n \in \mathbb{Z}$)
($\alpha z = n\pi$인 z는 모두 특이점)

예 제 32
복소함수 $f : \mathbb{C} \setminus \{0\} \to \mathbb{C}$가 $\mathbb{C} \setminus \{0\}$에서 해석적이고
$$|f(z)| \leq |z| + \dfrac{1}{\sqrt{|z|}} \ (\forall z \in \mathbb{C} \setminus \{0\})$$
이라 하자. 이때 f는 $z = 0$에서 제거가능특이점을 가짐을 보이고 $f''(i)$의 값을 풀이과정과 함께 구하시오.

16년시행기출
복소평면 $\mathbb{C}$의 영역
$$D = \{z \in \mathbb{C} \mid 0 < |z| < 1\}$$
에 대하여 함수 $f : D \to \mathbb{C}$는 해석적 (analytic)이다. 임의의 $z \in D$에 대하여 함수 $f(z)$가 부등식
$$|f(z)| \leq 1 + \ln\left(\dfrac{1+|z|}{2|z|}\right)$$
를 만족시킨다. $z=0$은 함수 $f(z)$의 제거 가능 특이점(없앨 수 있는 특이점, removable singular point)임을 보이고, $f\left(\dfrac{1}{2}\right) = 1$일 때 $f\left(\dfrac{1+i}{3}\right)$의 값을 풀이 과정과 함께 쓰시오. [4점]

풀 이
(ⅰ) ㉠ $0 < r$에 대하여 $C : |z - 0| = r$에 대하여
$$a_n = \dfrac{1}{2\pi i} \int_C \dfrac{f(z)}{(z-0)^{n+1}} dz \ (n \in \mathbb{Z})$$
이라 두면 로랑의 정리에 의해
$$f(z) = \sum_{n=-\infty}^{\infty} a_n (z-0)^n \ (0 < |z| < \infty),$$

ⓒ $|a_n| \leq \dfrac{1}{2\pi} \displaystyle\int_C \dfrac{|f(z)|}{|z|^{n+1}} |dz|$

$\leq \dfrac{1}{2\pi} \displaystyle\int_C \dfrac{r + (1/\sqrt{r})}{r^{n+1}} |dz|$

$= \dfrac{r + (1/\sqrt{r})}{r^n} = r^{1-n} + r^{-\frac{1+2n}{2}}$ ($\forall r > 0$).

(ii) ㉠ $n = 2, 3, \cdots$ 에 대하여 $r^{1-n} + r^{-\frac{1+2n}{2}} \xrightarrow{r \nearrow \infty} 0$ 이므로

$$a_2 = a_3 = \cdots = 0,$$

ⓒ $n = -1, -2, \cdots$ 에 대하여 $r^{1-n} + r^{-\frac{1+2n}{2}} \xrightarrow{r \searrow 0} 0$ 이므로

$$a_{-1} = a_{-2} = \cdots = 0.$$

$\therefore f(z) = \displaystyle\sum_{n=-\infty}^{\infty} a_n (z-0)^n = a_0 + a_1 z$ $(0 < |z| < \infty)$.

$\therefore \exists \lim_{z \to 0} f(z) = a_0$ 이므로 0 는 f 의 제거가능특이점, $f''(0) = 0$.

12년시행기출

<조건>을 만족시키는 고립특이점(isolated singularity) $z = 0$을 갖는 복소함수만을 <보기>에서 있는 대로 고른 것은? [2.5점]

< 조 건 >
임의의 $w \in \mathbb{C}$에 대하여 $\lim_{n \to \infty} z_n = 0$이고 $\lim_{n \to \infty} f(z_n) = w$인 수열 $\{z_n\}$이 존재한다.

< 보 기 >
ㄱ. $f(z) = z \sin \dfrac{1}{z}$ ㄴ. $f(z) = \dfrac{\sin z}{e^z - 1}$
ㄷ. $f(z) = \dfrac{1}{\sin z}$

① ㄱ ② ㄴ ③ ㄱ, ㄴ
④ ㄱ, ㄷ ⑤ ㄴ, ㄷ

정 리 43

복소함수 f의 고립특이점 $z_0 \in \mathbb{C}$에 대하여 다음이 성립한다.

(1) 리만(Riemann)의 정리

z_0 : f의 제거가능특이점 (즉, $\exists \lim_{z \to z_0} f(z)$).

$\Leftrightarrow f : B(z_0, \delta) \setminus \{z_0\}$에서 유계 ($\exists \delta > 0$).

(2) ① 카소라티(Casorati)-와이어슈트라스의 정리

z_0 : f의 진성 특이점, $D = \{z \in \mathbb{C} \mid 0 < |z - z_0| < \delta\}$ $(\delta > 0)$
$\Rightarrow f(D)$: $\mathbb{C}$에서 조밀하다.
(즉, $w \in \mathbb{C}$, $\epsilon > 0$일 때 $\exists z \in \mathbb{C}$ s.t.
$0 < |z - z_0| < \delta$, $|f(z) - w| < \epsilon$.)

② z_0 : f의 진성특이점
$\Leftrightarrow$ 임의의 $\delta > 0$와 임의의 $w \in \mathbb{C}$에 대하여
$\exists \{z_n\} : B(z_0, \delta) \setminus \{z_0\}$ 상의 수열 s.t. $z_n \to z_0$, $f(z_n) \to w$.

증 명

(1) ($\Rightarrow$) $\exists \lim_{z \to z_0} f(z)(=: w)$이라 할 때 함수극한의 정의에 의해 자명하다.

($\Leftarrow$) 로랑의 정리에 의해 $0<|z-z_0|<\delta$에서

$$f(z)=\sum_{n=0}^{\infty}a_n(z-z_0)^n+\sum_{n=1}^{\infty}\frac{b_n}{(z-z_0)^n}.$$

$r<\delta$에 대하여 $C:|z-z_0|=r$라 하면

$$b_n=\frac{1}{2\pi i}\int_C\frac{f(z)}{(z-z_0)^{-n+1}}dz\ (n=1,\ 2,\ \cdots).$$

f는 유계이므로 $M>0$이 존재해서 $0<|z-z_0|<\delta$일 때 $|f(z)|\le M$.

따라서 $|b_n|\le\frac{1}{2\pi}\cdot\frac{M}{r^{-n+1}}2\pi r=Mr^n\ (n=1,\ 2,\ \cdots)$. 이때 $r\to 0$이면 $b_n=0$이므로 $f(z)=\sum_{n=0}^{\infty}a_n(z-z_0)^n$이다. 그러므로 z_0는 f의 제거가능특이점이다.

(2) ① z_0는 f의 고립특이점이므로 $0<|z-z_0|<\delta$에서 f는 해석적이다. $0<|z-z_0|<\delta$에서 $|f(z)-w|\ge\epsilon>0$라 하면 $g(z)=\frac{1}{f(z)-w}$는 $0<|z-z_0|<\delta$에서 해석적이며, $|g(z)|\le\frac{1}{\epsilon}$이므로 g는 $0<|z-z_0|<\delta$에서 유계이다.

따라서 리만 정리에 의해 z_0는 g의 제거가능 특이점이고, 이 점에서 해석적이 되도록 g를 정의할 수 있다.

(i) $g(z_0)\ne 0$이면, $0<|z-z_0|<\delta$일 때 함수 $f(z)$는

$$f(z)=\frac{1}{g(z)}+w$$

이고, $f(z_0)$를 $f(z_0)=\frac{1}{g(z_0)}+w$로 정의하면 f는 z_0에서 해석적이 된다. 그런데 이는 z_0가 f의 진성특이점이 아닌 제거가능특이점임을 뜻하므로 모순이다.

(ⅱ) $g(z_0)=0$이면, $g(z)$는 $0<|z-z_0|<\delta$에서 항상 0이 될 수 없으므로 z_0는 m차 영점이다. (단, $m\in\mathbb{Z}^+$) 그러면 z_0는 f의 m차 극이 되므로 z_0가 진성특이점이라는 데 모순이다.

(i), (ⅱ)에 의해 정리가 증명된다.

② (⇒) ①에서 $\epsilon = \dfrac{1}{n}(n \in \mathbb{N})$이라 두면 자명하다.

(⇐) (i) 임의의 $\delta > 0$와 임의의 $w \in \mathbb{C}$에 대하여 $\{z_n\}$는 $B(z_0, \delta) \setminus \{z_0\}$상의 수열 s.t.

$$z_n \to z_0, \quad \lim_{n \to \infty} f(z_n) = w$$

임을 가정하자.

(ii) z_0는 f의 고립특이점이므로 z_0는 제거가능특이점이거나 위수 k인 극, 또는 진성특이점이다.

㉠ z_0가 f의 제거가능특이점인 경우, $\lim\limits_{z \to z_0} f(z) = \alpha$인 $\alpha \in \mathbb{C}$가 존재한다. $w \neq \alpha$에 대하여, 함수한의 수열판정법에 의해

$$\lim_{n \to \infty} f(z_n) = \lim_{z \to z_0} f(z) = \alpha \neq w.$$

㉡ z_0가 위수 k인 극인 경우, $\lim\limits_{z \to z_0} |f(z)| = \infty$.

따라서 $\lim\limits_{n \to \infty} f(z_n) = \infty$이므로 모순이다. 그러므로 z_0는 f의 진성특이점이다.

6.2. 유수의 계산과 유수정리

정 리 44 (유수의 계산공식)
복소함수 f와 $z_0 \in \mathbb{C}$에 대하여
(1) 제거가능특이점의 유수
  z_0가 f의 제거가능 특이점(혹은 해석점)일 때
  $$\text{Res}[f, z_0] = 0.$$
(2) 위수 k인 극의 유수
  z_0가 f의 위수 $k(\in \mathbb{N})$인 극일 때
  $$\text{Res}[f, z_0] = \frac{1}{(k-1)!} \lim_{z \to z_0} \frac{d^{k-1}}{dz^{k-1}} (z-z_0)^k f(z).$$
(3) 단순극의 유수
  z_0가 f의 단순극일 때
  ① $\text{Res}[f, z_0] = \lim_{z \to z_0} (z-z_0) f(z)$,
  ② 특히, $f(z) = \dfrac{p(z)}{q(z)}$ 일 때, $\text{Res}\left[\dfrac{p(z)}{q(z)}, z_0\right] = \dfrac{p(z_0)}{q'(z_0)}$.
(단, $p(z)$와 $q(z)$는 z_0에서 해석적, $p(z_0) \neq 0$.)

NOTE (유수의 계산방법)
(1) 계산공식을 적용하여 유수를 계산하는 방법 (극의 위수를 알 수 있는 경우와 낮은 위수를 갖는 경우)
(2) 로랑급수전개를 통하여 유수를 계산하는 방법 (극의 위수를 알 수 없는 경우와 높은 위수를 갖는 경우)

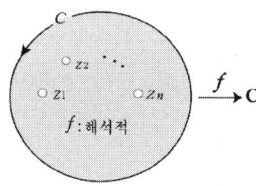

증 명
(3) ① (2)에서 $k=1$을 대입한다.
② $\text{Res}\left[\dfrac{p(z)}{q(z)}, z_0\right] = \lim_{z \to z_0} \dfrac{(z-z_0)p(z)}{q(z)}$
$= \lim_{z \to z_0} \dfrac{p(z) + (z-z_0)p'(z)}{q'(z)}$
$\quad ((\because) \text{로피탈의 정리})$
$= \dfrac{p(z_0)}{q'(z_0)}.$

09년시행기출

복소평면에서 곡선 C가 $C: z(t)=e^{it}$ $(0\le t\le 2\pi)$로 나타내지는 단위원일 때, 다음 복소적분값 A, B에 대하여 $\dfrac{A}{B}$의 값은? [2점]

$$A=\int_C (e^{z^2}+z^2 e^{\frac{1}{z}})dz,$$
$$B=\int_C \frac{1-z}{\sin z}dz.$$

① $\dfrac{1}{6}$ ② $\dfrac{1}{4}$ ③ $\dfrac{1}{3}$ ④ $\dfrac{1}{2}$ ⑤ 1

10년시행기출

복소평면에서 곡선 C는 $C: z(t)=e^{it}$ $(0\le t\le 2\pi)$로 나타내어지는 단위원이다. 자연수 n에 대하여 복소적분

$$\int_C z^n(e^z+e^{\frac{1}{z}})dz$$

의 값을 a_n이라 할 때, $\displaystyle\lim_{n\to\infty}\dfrac{a_{n+1}}{a_n}$의 값은? [1.5점]

① 0 ② $\dfrac{1}{4}$ ③ $\dfrac{1}{2}$ ④ $\dfrac{3}{4}$ ⑤ 1

13년시행기출

다음 4개의 복소함수
$$f_1(z)=z,\quad f_2(z)=\bar{z},$$
$$f_3(z)=e^z,\quad f_4(z)=e^{\bar{z}}$$
로 생성되는 복소 벡터 공간
$$\{a_1f_1+a_2f_2+a_3f_3+a_4f_4\,|\,a_1,a_2,a_3,a_4\in\mathbb{C}\}$$
를 V라 하자. 여기서 $\bar{z}$는 z의 켤레복소수이다. 복소평면 $\mathbb{C}$ 상의 시계반대방향의 단위원 $C: |z|=1$에 대하여 사상(map) $T: V\to\mathbb{C}$를 다음과 같이 정의하자.
$$T(f)=\int_C f(z)dz$$
T가 선형사상임을 증명하시오. 선형사상 T의 핵(kernel) $\ker(T)$의 기저를 구하고, $\ker(T)$를 이용하여 $T^{-1}(2)=\{f\in V|\,T(f)=2\}$를 나타내시오.

예 제 33

다음 함수 $f(z)$의 고립특이점 z_0에서의 유수 $\text{Res}[f,z_0]$를 구하시오.

(1) $f(z)=\dfrac{\sin^2 z}{z^2\cos z}$, $z_0=0$ (2) $f(z)=\dfrac{1-e^{z^2}}{\sin^2 z\cos z}$, $z_0=0$

(3) $f(z)=\dfrac{\cos z-1}{z^2\sin z}$, $z_0=0$ (4) $f(z)=\dfrac{z^3 e^z}{z^{10}-1}$, $z_0=1$

(5) $f(z)=\dfrac{\sin z\cos z}{z^4}$, $z_0=0$ (6) $f(z)=e^{\frac{1+2z}{z}}$, $z_0=0$

풀 이

(1) 위의 예제 31에 의해 $z_0=0$은 f의 제거가능특이점이다. 따라서 $\text{Res}[f,z_0]=0$.

(2) 위의 예제 31에 의해 $z_0=0$은 f의 제거가능특이점이다. 따라서 $\text{Res}[f,z_0]=0$.

(3) 위의 예제 31에 의해 $z_0=0$은 f의 단순극이다. 따라서

$$\text{Res}[f,z_0]=\lim_{z\to 0}zf(z)=\lim_{z\to 0}\dfrac{\cos z-1}{z\sin z}$$
$$=\lim_{z\to 0}\dfrac{-\sin z}{\sin z+z\cos z}\ ((\because)\text{로피탈의 정리})$$
$$=-\lim_{z\to 0}\dfrac{\cos z}{\cos z+(\cos z-z\sin z)}\ ((\because)\text{로피탈의 정리})$$
$$=-\dfrac{1}{2}.$$

(4) 위의 예제에 의해 $z_0=1$은 f의 단순극이다. 따라서 단순극의 유수공식을 이용하면

$$\text{Res}[f,z_0]=\lim_{z\to 1}\dfrac{z^3 e^z}{(z^{10}-1)'}=\lim_{z\to 1}\dfrac{z^3 e^z}{10z^9}=\dfrac{e}{10}.$$

(5) $f(z)=\dfrac{\sin z\cos z}{z^4}$

$\qquad=\dfrac{1}{2}z^{-4}\sin(2z)$

$$= \frac{1}{2}z^{-4}\left(\frac{1}{1!}(2z)^1 - \frac{1}{3!}(2z)^3 + \frac{1}{5!}(2z)^5 - \cdots\right)$$

$$= \cdots + \left(-\frac{2}{3}\right)z^{-1} + \cdots$$

이므로 $\text{Res}[f, z_0] = -\frac{2}{3}$.

(6) 위의 예제에 의해 $z_0 = 0$은 f의 진성특이점이다. 이 때

$$f(z) = e^2 e^{\frac{1}{z}} = e^2\left(1 + \frac{1}{1!} \cdot \frac{1}{z} + \frac{1}{2!} \cdot \frac{1}{z^2} + \cdots\right).$$

따라서 $\text{Res}[f, z_0] = e^2$.

정 리 45 (유수정리(residue theorem))

(i) $z_1, z_2, \cdots, z_n$: 양의 방향으로의 단순폐곡선 C의 내부의 점,
(ii) $f : z_1, z_2, \cdots, z_n$을 제외한 C와 C의 내부에서 해석적.

$$\Rightarrow \int_C f(z)dz = 2\pi i \sum_{k=1}^{n} \text{Res}[f, z_k].$$

증 명

각각의 특이점 $z_k(k=1, 2, \cdots)$를 중심으로 하고 C내부에 포함되는 원 C_k를 $k \neq j$일 때 C_k와 C_j의 경계와 내부가 서로 만나지 않도록 그린다. 다중연결영역에 대한 코쉬-구르사의 정리에 의해

$$\int_C f(z)dz = \int_{C_1} f(z)dz + \cdots + \int_{C_n} f(z)dz$$

이다. 각 $k=1, 2, \cdots$ 에 대하여 $f(z) = \sum_{n=-\infty}^{\infty} a_n(z-z_k)^n$이라 두면 로랑의 정리에 의해

$$\int_{C_k} f(z)dz = 2\pi i a_{-1} = 2\pi i \text{Res}[f, z_k]$$

이므로 정리가 증명된다.

21년시행기출(21-2)
복소평면에서 중심이 i이고 반지름의 길이가 2인 원을 시계 반대방향으로 한 바퀴 도는 곡선 C에 대하여 선적분

$$\int_C \left\{\frac{4e^{-iz}}{(z+6i)(z-2i)} + \overline{z}\right\}dz$$

의 값을 풀이 과정과 함께 쓰시오.
(단, $\overline{z}$는 z의 켤레복소수이다.) [4점]

22년시행기출
복소방정식 $z^3 - z - 4 = 0$이 영역 $\{z \in \mathbb{C} \mid |z| < 2\}$에서 갖는 근의 개수를 풀이 과정과 함께 쓰시오. 또한 원점을 중심으로 하고 반지름의 길이가 2인 원을 시계반대방향으로 한 바퀴 도는 곡선을 C라 할 때, 선적분

$$\int_C \frac{1}{(z-3)(z^3-z-4)}dz$$

의 값을 풀이 과정과 함께 쓰시오.
(단, 다중 근의 경우 중복되는 수만큼 근의 개수로 인정한다.)
[4점]

※ 다음 정리는 필요하면 증명 없이 사용할 수 있다.

> 함수 $f(z)$와 $g(z)$가 단순닫힌곡선 (simple closed curve) γ와 그 내부에서 해석적이라 하자. 곡선 γ 위의 모든 점 z에 대하여 부등식 $|g(z)| < |f(z)|$이 성립하면 두 함수 $f(z)$와 $f(z) + g(z)$는 γ 내부에서 같은 개수의 영점(zero)을 갖는다.

94년시행기출

복소적분 $\oint_{|z|=1} e^{\frac{1}{z^2}} dz$의 값은?
(단, $i=\sqrt{-1}$)

① $2\pi i$ ② πi ③ $\frac{\pi}{2}i$ ④ 0

95년시행기출

$\int_{|z|=3} \frac{z^3+3z-1}{(z-1)(z+2)} dz$의 값은?
(단, z는 복소수)

① $8\pi i$ ② $12\pi i$ ③ $16\pi i$ ④ $20\pi i$

96년시행모의평가

복소선적분 $\int_{|z|=3} \frac{(e^z-1)dz}{z(z-1)(z-i)}$을 계산하시오. [3점]

96년시행기출

복소선적분 $\int_{|z|=1} z^3 \cos\left(\frac{1}{z}\right) dz$을 구하여라. [4점]

98년시행추가임용기출

$\int_{|z|=2} \frac{(z^2+7)e^{2z}}{(z-3)(z+1)^2} dz$의 값을 구하시오. [5점]

00년시행기출

n이 임의의 정수일 때, 복소적분 $\int_{|z|=1} z^n dz$의 값을 구하시오. [5점]

06년시행기출

복소평면에서 C는 꼭짓점이 -1, $1-i$, $1+i$인 삼각형이고 방향이 반시계방향으로 주어졌을 때, $\int_C \frac{dz}{z(z-2)}$의 값을 구하시오. [4점]

예 제 34

다음의 각 함수 $f(z)$와 곡선 C에 대하여 복소선적분 $\int_C f(z) dz$의 값을 구하시오.

(1) $C: |z|=3/2$, $f(z) = \dfrac{1}{z^4+z^3-2z^2}$.

(2) $C: |z|=1$, $f(z) = e^{2/z}$.

(3) $f(z) = \dfrac{z+1}{z^2-(1+3i)z-2+2i}$

① $C: |z|=1$ ② $C: |z|=\sqrt{3}$
③ $C: |z|=3$

(4) $C: |z|=1$, $f(z) = \dfrac{z^3+e^z}{z^{10}+10z^3-100}$.

(5) $C: |z|=5$,
$f(x+iy) = (x^2-y^2+3x) + (2xy+3y)i$.

(6) $C: |z|=1$, $f(z) = \dfrac{1}{\cos z - 2}$.

풀 이

(1) $f(z) := \dfrac{1}{z^4+z^3-2z^2} \left(= \dfrac{1}{z^2(z+2)(z-1)}\right)$는 0, 1을 제외한 C의 경계와 내부에서 해석적,

$$\text{Res}[f, 0] = \lim_{z \to 0} \frac{d}{dz}(z^2 f(z)) = \lim_{z \to 0} \frac{-2z-1}{(z^2+z-2)^2} = -\frac{1}{4}$$

$((\because)$ 극의 위수$=2)$

$$\text{Res}[f, 1] = \lim_{z \to 1}(z-1)f(z) = \frac{1}{3}$$

$((\because)$ 극의 위수$=1)$

이다. 따라서 유수정리에 의하여

$$\int_C \frac{dz}{z^4+z^3-2z^2} = 2\pi i \left(\text{Res}[f, 0] + \text{Res}[f, 1]\right) = 2\pi i \left(-\frac{1}{4} + \frac{1}{3}\right)$$

$$= \frac{\pi i}{6}.$$

(2) $f(z) := e^{2/z} = 1 + \dfrac{1}{1!}\left(\dfrac{2}{z}\right) + \dfrac{1}{2!}\left(\dfrac{2}{z}\right)^2 + \cdots$ 는 0을 제외한 C의 경계와 내부에서 해석적, $\text{Res}[e^{2/z}, 0] = 2$이다. 따라서 유수정리를 이용하면

$$\int_C e^{2/z}dz = 2\pi i \operatorname{Res}[e^{2/z}, 0] = 2\pi i \cdot 2 = 4\pi i.$$

(3) ① 코쉬-구르사 정리에 의해,
$$\int_C \frac{z+1}{z^2-(1+3i)z-2+2i}dz = 0.$$

② $\int_C \dfrac{z+1}{z^2-(1+3i)z-2+2i}dz$

$= 2\pi i \lim_{z \to 1+i}(z-(1+i)) \cdot \dfrac{z+1}{z^2-(1+3i)-2+2i}$

$= 2\pi i \dfrac{2+i}{1-i}$ ((∵) 로피탈정리)

$= \pi(-3+i).$

③ $\int_C \dfrac{z+1}{z^2-(1+3i)z-2+2i}dz$

$= 2\pi i(\operatorname{Res}[f, 1+i] + \operatorname{Res}[f, 2i])$

$= 2\pi i \left(\dfrac{2+i}{1-i} + \dfrac{1+2i}{-1+i} \right)$

$= 2\pi i.$

(4) 루셰의 정리에 의해 C와 C내부에서 $z^{10}+10z^3-100 \neq 0$이므로 코쉬-구르사의 정리에 의해 $\int_C \dfrac{z^3+e^z}{z^{10}+10z^3-100}dz = 0.$

(5) $(x^2-y^2+3x)+(2xy+3y)i$는 C와 C내부에서 코쉬-리만 방정식을 만족하여 해석적이므로, 코쉬-구르사의 정리에 의해
$\int_C ((x^2-y^2+3x)+(2xy+3y)i)dz = 0.$

(6) (i) $\cos z - 2 = 0 \Leftrightarrow z = 2n\pi + i(\ln(2 \pm \sqrt{3}))(n \in \mathbb{Z})$이므로
$$|z| \geq |\ln(2 \pm \sqrt{3})| = \ln(2+\sqrt{3}) > 1$$
이다. 따라서 $\cos z - 2$는 C와 C의 내부에서 영점을 갖지 않는다.

(ii) (i)과 코쉬-구르사의 정리에 의해 $\int_C f(z)dz = 0.$

19년시행기출

정의역이 $\{x \in \mathbb{R} \mid -1 < x < 1\}$이 함수 $f(x) = \dfrac{e^x - 1}{1-x}$의 $x=0$에서의 3차 테일러 다항식을 구하시오. 또한 복소평면에서 원점을 중심으로 하고 반지름의 길이가 $\dfrac{1}{2}$인 원을 시계반대방향으로 한 바퀴 도는 곡선 C에 대하여 선적분 $\displaystyle\int_C \dfrac{e^z - 1}{z^4(1-z)} dz$의 값을 풀이 과정과 함께 쓰시오. [4점]

20년시행기출

복소함수 $f(z) = z^6 - 1$에 대하여

$$\int_C \dfrac{z^3 f'(z)}{f(z)} dz$$

의 값을 풀이과정과 함께 쓰시오.

여기서 C는 복소평면에서 점 $\left(\dfrac{1}{2}, 0\right)$을 중심으로 하고 반지름의 길이가 1인 원을 시계반대방향으로 한 바퀴 도는 곡선이다. [4점]

24년시행기출 (일련번호 24-B9)

복소수 $z = x + iy$ (x, y는 실수)에 대한 함수

$$f(z) = e^{-x} \cos y + iv(x, y)$$

(단, $v(x, y)$는 실숫값 함수)

가 정함수(전해석함수, entire function)이고 $f(0) = 1$을 만족시킬 때, $f(z)$를 풀이과정과 함께 쓰시오. 또한 복소평면에서 중심이 원점이고 반지름의 길이가 1인 원을 시계반대방향으로 한 바퀴 도는 곡선 C에 대하여 선적분 $\displaystyle\int_C f\left(\dfrac{1}{z}\right) dz$의 값을 풀이 과정과 함께 쓰시오. [4점]

유 제 20

다음의 각 함수 $f(z)$와 곡선 C에 대하여 복소선적분 $\displaystyle\int_C f(z) dz$의 값을 구하시오.

(1) $C : |z| = 2$, $f(z) = \dfrac{e^{-z}}{(z-1)^2}$.

(2) $C : |z| = 1$, $f(z) = \dfrac{\cot z}{z^2}$.

(3) $C : |z| = 2$, $f(z) = \dfrac{z^6}{z^5 + i}$.

(4) $C : |z| = 1$, $f(z) = z^2 \sin\left(\dfrac{1}{z}\right)$.

(5) $C : |z| = 2$, $f(z) = \dfrac{z^4 - z^3 - 17z + 2}{(z-1)^3}$.

풀 이

(1) $f(z) = \dfrac{e^{-z}}{(z-1)^2}$에 대하여

$f(z)$의 C내부에서 특이점은 $z=1$뿐이며, $z=1$은 위수가 2인 극이다.

$$\text{Res}[f, 1] = \lim_{z \to 1} \left((z-1)^2 \dfrac{e^{-z}}{(z-1)^2}\right)' = -e^{-1}$$

이므로 유수정리에 의해 $\displaystyle\int_C \dfrac{e^{-z}}{(z-1)^2} dz = 2\pi i \times (-e^{-1}) = -\dfrac{2\pi i}{e}$.

(2) 등비급수 전개공식을 이용하여 $f(z)$를 0의 충분히 작은 근방에서 로랑급수전개하면

$$f(z) = \dfrac{\cot z}{z^2} = \dfrac{\cos z}{z^2 \sin z}$$

$$= \dfrac{1 - z^2/2! + z^4/4! - \cdots}{z^2(z/1! - z^3/3! + z^5/5! - \cdots)}$$

$$= z^{-3}(1 - z^2/2! + z^4/4! - \cdots) \dfrac{1}{1 - (z^2/3! - z^4/5! + \cdots)}$$

$$= z^{-3}(1 - z^2/2! + z^4/4! - \cdots)$$
$$\times (1 + (z^2/3! - z^4/5! + \cdots) + (z^2/3! - z^4/5! + \cdots)^2 + \cdots)$$

$$= \cdots + \left(\dfrac{1}{3!} - \dfrac{1}{2!}\right) z^{-1} + \cdots$$

여기서 $|z^2/3! - z^4/5! + \cdots| \leq 1/3! + 1/5! + 1/7! + \cdots$

$$\le 1/2^2 + 1/2^3 + 1/2^4 + \cdots$$
$$\le \frac{1/2^2}{1-1/2} = \frac{1}{2} \, (\forall \, z \in B(0, 1/2))$$

따라서 $\operatorname{Res}\left[\dfrac{\cot z}{z^2}, 0\right] = a_{-1} = \dfrac{1}{3!} - \dfrac{1}{2!} = -\dfrac{1}{3}$, 유수정리에 의하여

$$\int_C \frac{\cot z}{z^2} dz = 2\pi i \operatorname{Res}\left[\frac{\cot z}{z^2}, 0\right] = -\frac{2}{3}\pi i.$$

(3) $z^5 + i = (z - z_1) \cdots (z - z_5) (|z_1| = \cdots = |z_5| = 1)$의 꼴로 인수분해된다. 단순극에 대한 유수의 계산공식에 의해

$$\operatorname{Res}[f(z), z_k] = \frac{z^6}{(z^5+i)'}\bigg|_{z=z_k} = \frac{z_k^2}{5} \, (k=1, \cdots, 5).$$

따라서 유수정리에 의해

$$\int_C \frac{f'(z)}{f(z)} dz = 2\pi i \sum_{k=1}^{5} \operatorname{Res}[f(z), z_k]$$
$$= \frac{2\pi i}{5} (z_1^2 + \cdots + z_5^2)$$
$$= \frac{2\pi i}{5} ((z_1 + \cdots + z_5)^2 - 2(\sum_{k \ne l} z_k z_l))$$
$$= \frac{2\pi i}{5} (0^2 - 2 \cdot 0) = 0.$$

(4) $f(z) = z^2 \sin\left(\dfrac{1}{z}\right)$이라 두면 f의 특이점은 $z=0$뿐이다.

$$f(z) = z^2 \sin\left(\frac{1}{z}\right) = z^2 \left(\frac{1}{z} - \frac{1}{3!z^3} + \frac{1}{5!z^5} - \cdots\right)$$
$$= \cdots - \frac{1}{6} z^{-1} + \cdots$$

이므로 $\operatorname{Res}[f, 0] = -\dfrac{1}{6}$이다. 따라서 유수정리에 의해

$$\int_C f(z) dz = 2\pi i \operatorname{Res}[f, 0] = -\frac{\pi}{3} i.$$

(5) (i) $f(z) = \dfrac{z^4 - z^3 - 17z + 2}{(z-1)^3}$ 이라 두자. 그러면 f의 특이점은 $z=1$뿐이다. $\lim\limits_{z \to 1}(z-1)^3 f(z) = -5 \neq 0, \infty$ 이므로 $z=1$은 위수 3인 극이다. 따라서 유수의 계산공식에 의해

$$\mathrm{Res}[f, 1] = \frac{1}{2!} \lim_{z \to 1} \frac{d^2}{dz^2}(z-1)^3 f(z) = 3$$

이고 유수정리에 의해

$$\int_C f(z)\, dz = 2\pi i\, \mathrm{Res}[f, 1] = 6\pi i.$$

보 기 10
다음의 복소함수 $f(z)$의 단순극 z_0에서의 유수 $\mathrm{Res}[f(z), z_0]$를 구하시오.
(1) $f(z) = \dfrac{1}{\sin z}$, $z_0 = 0$ (2) $f(z) = \dfrac{z^2+3}{z^3-1}$, $z_0 = 1$

풀 이

(1) $f(z) = \dfrac{1}{\sin z}$에 대하여 0은 $f(z)$의 단순극이므로

$$\mathrm{Res}[f(z), 0] = \frac{1}{\sin'(0)} = \frac{1}{\cos 0} = 1.$$

(2) $f(z) = \dfrac{z^2+3}{z^3-1}$에 대하여 1는 $f(z)$의 단순극이므로

$$\mathrm{Res}[f(z), 1] = \left.\frac{z^2+3}{(z^3-1)'}\right|_{z=1} = \left.\frac{z^2+3}{3z^2}\right|_{z=1} = \frac{4}{3}.$$

NOTE (선적분의 계산)
(1) 임의의 곡선
① 정의(정의9)
② 선적분의 기본정리(정리22)(=미적학의 기본정리(Ⅱ))
　→ 원시함수의 계산 : z의 식, 직교형식(x, y의 식)
　　　　　　　　　　　극형식(r, θ의 식)

(2) 단순폐곡선 (코, 코, 편, 가, 유)
① 코쉬-구르사의 정리(Ⅰ)(정리21)
→ 미분가능성(해석성)

→ $\begin{cases} \text{일반꼴인 경우} - \text{코쉬 리만의 정리} \\ \quad\quad\quad\quad\quad\quad (\text{직교형식 : 정리16} / \text{극형식 : 정리17}) \\ \text{분수꼴인 경우} - \begin{cases} \text{분모의 영점 구하기} \rightarrow \text{복소방정식의 계산} \\ \quad\quad\quad\quad\quad\quad \left(z\text{의 식} \rightarrow \begin{cases} \text{직교형식}(x, y\text{의 식}) \\ \text{극형식}(r, \theta\text{의 식}) \end{cases}\right) \\ \text{분모의 영점의 개수, 위치 구하기} \\ \quad\quad\quad\quad\quad\quad \rightarrow \text{루셰의 정리(정리31)} \end{cases} \end{cases}$

② 코쉬-적분공식(정리23)
③ 편각원리(정리31)
　→ 영점, 극의 개수 → $\begin{cases} \text{복소방정식} \\ \text{루셰의 정리} \end{cases}$
④ 가우스의 평균값정리(정리28)
⑤ 유수정리(정리45)
　→ 유수의 계산
　→ ㉠ 유수의 계산공식(정리44)을 이용
　　　→ 고립특이점의 분류 : $\begin{cases} \text{제거가능 특이점} \\ \text{위수 } k \text{인 극} \\ \text{진성특이점} \end{cases}$
　　㉡ 급수전개
　　　$\begin{cases} \text{해석점} - \begin{cases} \text{테일러의 정리(정리41), 매클로린 전개공식} \\ \text{무한등비급수 전개공식} \end{cases} \\ \text{특이점} - \begin{cases} \text{무한등비급수 전개공식} \\ \text{매클로린 전개공식} : \begin{cases} \text{분자} = \exp, \sin, \cos \\ \text{분모} = \exp, \sin, \cos \end{cases} \end{cases} \end{cases}$

6.3. 유수정리의 실적분으로의 응용

정 리 (유수정리를 이용한 실적분공식 I)
다항식 $P(z)$, $Q(z)$에 대하여
(i) $\deg Q(z) \geq \deg P(z) + 2$,
(ii) $z_1, z_2, \cdots, z_n$: 상반평면에 있는 $\dfrac{P(z)}{Q(z)}$ 의 극,
(iii) $Q(x) \neq 0$ ($\forall x \in \mathbb{R}$)
이면 다음을 만족한다.
$$\text{P.V.} \int_{-\infty}^{\infty} \frac{P(x)}{Q(x)} dx = 2\pi i \sum_{j=1}^{n} \text{Res}\left[\frac{P(z)}{Q(z)}, z_j\right].$$

NOTE
$$\text{P.V.} \int_{-\infty}^{\infty} f(x)dx$$
$$:= \lim_{R \to \infty} \int_{-R}^{R} f(x) dx$$

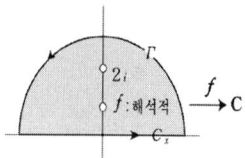

예 제 35
유수정리를 이용하여 다음 특이적분을 구하시오.
$$\text{P.V.} \int_{-\infty}^{\infty} \frac{dx}{(x^2+1)(x^2+4)}$$

풀 이
Γ : 반지름이 R인 양의 방향의 상반원, C_x : $-R$에서 R로의 x축상의 직선이라 하고 $C = \Gamma + C_x$라 두자. 이제
$$f(z) = \frac{1}{(z^2+1)(z^2+4)}$$
라 두면 $\displaystyle\int_C f(z)dz = \int_\Gamma f(z)dz + \int_{C_x} f(z)dz \quad \cdots \ (*)$

(i) 좌변 $= 2\pi i (\text{Res}[f, i] + \text{Res}[f, 2i]) = \dfrac{\pi}{6}$,

(ii) ① $:= \displaystyle\int_\Gamma f(z)dz$, ② $:= \displaystyle\int_{C_x} f(z)dz$라 두면 우변 $=$ ① $+$ ②,
$z = x + iy \in C_x$에 대하여 $z = x$, $dz = dx$이므로
$$② = \int_{-R}^{R} \frac{dx}{(x^2+1)(x^2+4)} \xrightarrow{R \uparrow \infty} \text{P.V.} \int_{-\infty}^{\infty} \frac{dx}{(x^2+1)(x^2+4)}$$
(즉, $\displaystyle\lim_{R \to \infty} ② = \text{P.V.} \int_{-\infty}^{\infty} \frac{dx}{(x^2+1)(x^2+4)}$).

08년시행모의평가

다음은 복소적분을 이용하여
$$\int_{-\infty}^{\infty} \frac{x^2}{(x^2+1)^2} dx$$
를 구하는 과정이다. (가), (나), (다)에 알맞은 것은? [2점]

함수 $f(z) = \dfrac{z^2}{(z^2+1)^2}$ 이라 하면 $\int_{-\infty}^{\infty} \dfrac{x^2}{(x^2+1)^2} dx$ 는 복소평면에서 실축(real axis)을 따른 $f(z)$의 적분을 나타낸다.
$R > 1$이라고 하자. 그림과 같이 $-R$에서 R까지의 선분과 상반평면(upper half plane)에서 반지름이 R인 반원 Γ로 구성된 폐곡선을 C라 하면

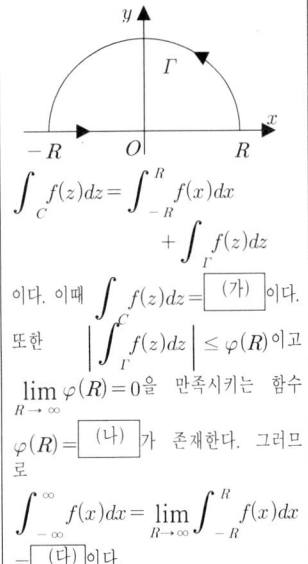

$$\int_C f(z)dz = \int_{-R}^R f(x)dx + \int_\Gamma f(z)dz$$

이다. 이때 $\int_C f(z)dz = \boxed{(가)}$ 이다.
또한 $\left|\int_\Gamma f(z)dz\right| \leq \varphi(R)$이고 $\lim_{R\to\infty} \varphi(R) = 0$을 만족시키는 함수 $\varphi(R) = \boxed{(나)}$ 가 존재한다. 그러므로
$$\int_{-\infty}^{\infty} f(x)dx = \lim_{R\to\infty} \int_{-R}^R f(x)dx = \boxed{(다)} \text{ 이다.}$$

	(가)	(나)	(다)
①	$\dfrac{\pi}{3}$	$\dfrac{\pi R^2}{(R^2-1)^2}$	$\dfrac{\pi}{3}$
②	$\dfrac{\pi}{2}$	$\dfrac{\pi R^3}{(R^2-1)^2}$	$\dfrac{\pi}{3}$
③	$\dfrac{\pi}{2}$	$\dfrac{\pi R^4}{(R^2-1)^2}$	$\dfrac{\pi}{2}$
④	$\dfrac{\pi}{2}$	$\dfrac{\pi R^3}{(R^2-1)^2}$	$\dfrac{\pi}{2}$
⑤	$\dfrac{\pi}{3}$	$\dfrac{\pi R^2}{(R^2-1)^2}$	$\dfrac{\pi}{2}$

$z \in \Gamma$에 대하여 $z(\theta) = Re^{i\theta}$, $dz = Rie^{i\theta}d\theta$ 이므로
$$\lim_{R\to\infty} |①| \leq \lim_{R\to\infty} \int_0^\pi \frac{|Rie^{i\theta}|}{(|R^2ie^{2i\theta}|-1)(|R^2ie^{2i\theta}|-4)} d\theta$$
$$= \lim_{R\to\infty} \int_0^\pi \frac{R d\theta}{(R^2-1)(R^2-4)}$$
$$= \lim_{R\to\infty} \frac{\pi R}{(R^2-1)(R^2-4)} = 0 \quad (\text{즉}, \lim_{R\to\infty} ① = 0).$$

따라서 (*)의 양변에 $\lim_{R\to\infty}$ 을 취하면
$$\text{P.V.}\int_{-\infty}^{\infty} \frac{dx}{(x^2+1)(x^2+4)} = 2\pi i(\text{Res}[f, i] + \text{Res}[f, 2i]) = \frac{\pi}{6}.$$

정 리 (유수정리를 이용한 실적분공식 II)

다항식 $P(z)$, $Q(z)$에 대하여
(i) $\deg Q(z) \geq \deg P(z) + 2$,
(ii) $z_1, z_2, \cdots, z_n$: 상반평면에 있는 $\dfrac{P(z)}{Q(z)}$의 극,
(iii) $t_1, t_2, \cdots, t_m$: x축 위의 $Q(z)$의 영점
이면 다음을 만족한다.
$$\text{P.V.}\int_{-\infty}^{\infty} \frac{P(x)}{Q(x)}dx = 2\pi i \sum_{j=1}^n \text{Res}\left[\frac{P(z)}{Q(z)}, z_j\right] + \pi i \sum_{j=1}^m \text{Res}\left[\frac{P(z)}{Q(z)}, t_j\right].$$

예 제 36

유수정리를 이용하여 다음 특이적분을 구하시오.

(1) $\text{P.V.}\displaystyle\int_{-\infty}^{\infty} \frac{x dx}{x^3-8}$ (2) $\text{P.V.}\displaystyle\int_{-\infty}^{\infty} \frac{1}{x(x^3-3)} dx$

풀 이

(1) $f(z) = \dfrac{z}{z^3-8}\left(= \dfrac{z}{(z-2)(z+1+\sqrt{3}i)(z+1-\sqrt{3}i)}\right)$라 두면
$$\text{P.V.}\int_{-\infty}^{\infty} \frac{x}{x^3-8} dx = 2\pi i \text{Res}[f, -1+\sqrt{3}i] + \pi i \text{Res}[f, 2]$$
$$= \frac{\sqrt{3}}{6}\pi.$$

(2) $f(z) = \dfrac{1}{z(z^3-3)}$
$$= \frac{1}{z(z-\sqrt[3]{3}e^{\frac{2\pi}{3}i})(z-\sqrt[3]{3}e^{\frac{4\pi}{3}i})(z-\sqrt[3]{3}e^{\frac{6\pi}{3}i})}$$

에 대하여
$$\text{Res}[f, 0] = \lim_{z \to 0} z f(z) = \lim_{z \to 0} \frac{1}{z^3 - 3} = -\frac{1}{3},$$
$$\text{Res}[f, \sqrt[3]{3}] = \lim_{z \to \sqrt[3]{3}} (z - \sqrt[3]{3}) f(z)$$
$$= \lim_{z \to \sqrt[3]{3}} \frac{z - \sqrt[3]{3}}{z^4 - 3z} = \lim_{z \to \sqrt[3]{3}} \frac{1}{4z^3 - 3} = \frac{1}{9},$$
$$\text{Res}[f, \sqrt[3]{3} e^{2\pi i/3}] = \lim_{z \to \sqrt[3]{3} e^{\frac{2}{3}\pi i}} (z - \sqrt[3]{3} e^{\frac{2}{3}\pi i}) f(z)$$
$$= \lim_{z \to \sqrt[3]{3} e^{\frac{2}{3}\pi i}} \frac{1}{4z^3 - 3} = \frac{1}{9},$$
$$\text{Res}[f, \sqrt[3]{3} e^{\frac{4}{3}\pi i}] = \lim_{z \to \sqrt[3]{3} e^{\frac{4}{3}\pi i}} (z - \sqrt[3]{3} e^{\frac{4}{3}\pi i}) f(z) = \frac{1}{9}.$$

따라서 $\text{P.V.} \int_{-\infty}^{\infty} \frac{1}{x(x^3 - 3)} dx = 2\pi i \left(\frac{1}{9} + \frac{1}{9} \right) + \pi i \left(\frac{1}{9} - \frac{1}{3} \right) = \frac{2}{9} \pi i.$

정 리 (유수정리를 이용한 실적분공식 III)

다항식 $P(z)$, $Q(z)$에 대하여
(i) $\deg Q(z) \geq \deg P(z) + 1$,
(ii) $z_1, z_2, \cdots, z_n$: 상반평면에 있는 $\frac{P(z)}{Q(z)}$의 극,
(iii) $Q(x) \neq 0$ ($\forall x \in \mathbb{R}$)
이면 다음을 만족한다.
(1) $I = \text{P.V.} \int_{-\infty}^{\infty} \frac{P(x)}{Q(x)} e^{i\alpha x} dx = 2\pi i \sum_{j=1}^{n} \text{Res}[f, z_j],$
(2) $\text{P.V.} \int_{-\infty}^{\infty} \frac{P(x)}{Q(x)} \cos\alpha x\, dx = \text{Re}(I),$
$\text{P.V.} \int_{-\infty}^{\infty} \frac{P(x)}{Q(x)} \sin\alpha x\, dx = \text{Im}(I).$

(단, $\alpha > 0$, $f(z) = \frac{P(z)}{Q(z)} e^{i\alpha z}$이다.)

14년시행기출

복소평면 $\mathbb{C}$에서 다음 그림과 같이 반지름의 길이가 R인 반원을
$$C_R = \{Re^{it} \in \mathbb{C} \mid 0 \le t \le \pi\}$$
라고 할 때, $a>0$과 $b>0$에 대하여
$$\lim_{R \to \infty} \int_{C_R} \frac{ze^{ibz}}{z^2+a^2} dz = 0$$임을 보이고
$$\int_{-\infty}^{\infty} \frac{xe^{ibx}}{x^2+a^2} dx$$
의 값을 풀이 과정과 함께 쓰시오. [5점]

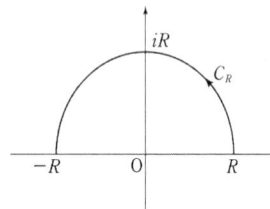

예 제 37

(1) 유수정리를 이용하여 다음 특이적분을 구하시오.
$$\text{P.V.} \int_{-\infty}^{\infty} \frac{x\sin x}{x^2+4} dx$$

(2) 유수정리를 이용하여 다음이 성립함을 보이시오.

① $\int_{-\infty}^{\infty} \frac{\cos(\alpha x)}{k^2+x^2} dx = \frac{\pi}{k} e^{-k\alpha}$

② $\int_{-\infty}^{\infty} \frac{\sin(\alpha x)}{k^2+x^2} dx = 0$ ($\alpha > 0$, $k > 0$)

풀 이

(1) $P(x) = x$, $Q(x) = x^2+4 = (x+2i)(x-2i)$, $\alpha = 1 (>0)$이라 두면

$$\text{P.V.} \int_{-\infty}^{\infty} \frac{x\cos x}{x^2+4} dx + i \left(\text{P.V.} \int_{-\infty}^{\infty} \frac{x\sin x}{x^2+4} dx \right)$$
$$= \text{P.V.} \int_{-\infty}^{\infty} \frac{x}{x^2+4} e^{ix} dx$$
$$= 2\pi i \operatorname{Res}[f, 2i] \text{ (단, } f(z) = \frac{ze^{iz}}{z^2+4}\text{)}$$
$$= 2\pi i \lim_{z \to 2i} (z-2i) \frac{ze^{iz}}{(z+2i)(z-2i)} = \frac{\pi}{e^2} i.$$

따라서 $\text{P.V.} \int_{-\infty}^{\infty} \frac{x\sin x}{x^2+4} dx = \frac{\pi}{e^2}$.

(2) C는 반지름 R인 상반평면의 원, C_1은 $-R$에서 R에 이르는 선분이라 두자. 그러면 $g(z) = \frac{1}{k^2+z^2} e^{i\alpha z}$라 할 때

$$2\pi i \operatorname{Res}[g(z), ki] = 2\pi i \frac{e^{-k\alpha}}{2ik} = \frac{\pi}{k} e^{-k\alpha},$$

$$2\pi i \operatorname{Res}[g(z), ki] = \int_{C+C_1} \frac{1}{k^2+z^2} e^{i\alpha z}$$
$$= \int_C \frac{1}{k^2+z^2} e^{i\alpha z} + \left(\int_{-R}^{R} \frac{\cos(\alpha x)}{k^2+x^2} dx + i \int_{-R}^{R} \frac{\sin(\alpha x)}{k^2+x^2} dx \right)$$
$$\xrightarrow{R \uparrow \infty} 0 + \left(\int_{-\infty}^{\infty} \frac{\cos(\alpha x)}{k^2+x^2} dx + i \int_{-\infty}^{\infty} \frac{\sin(\alpha x)}{k^2+x^2} dx \right).$$

따라서 $\int_{-\infty}^{\infty} \frac{\cos(\alpha x)}{k^2+x^2} dx = Re\left(\frac{\pi}{k} e^{-k\alpha}\right) = \frac{\pi}{k} e^{-k\alpha}$,

$$\int_{-\infty}^{\infty} \frac{\sin(\alpha x)}{k^2+x^2} dx = 0.$$

6.3 유수정리의 실적분으로의 응용

정 리 (유수정리를 이용한 실적분공식 IV)

cos, sin으로 이루어진 함수 $R(\cos\theta, \sin\theta)$의 적분은 단위원의 매개화함수 $z(\theta)=e^{i\theta}(0\leq\theta\leq 2\pi)$라 두자. 그러면

$$\sin\theta=\frac{e^{i\theta}-e^{-i\theta}}{2i}=\frac{1}{2i}\left(z-\frac{1}{z}\right), \quad \cos\theta=\frac{e^{i\theta}+e^{-i\theta}}{2}=\frac{1}{2}\left(z+\frac{1}{z}\right),$$

$$d\theta=\frac{1}{iz}dz$$

이므로 cos, sin으로 이루어진 실변수 함수의 적분을 단위원상의 복소선적분으로 바꾸어 계산한다.

예 제 38

유수정리를 이용하여 다음 적분을 구하시오.

$$\int_0^{2\pi}\frac{d\theta}{1+3\cos^2\theta}$$

풀 이

C : 복소평면상에 놓인 양의 방향으로의 단위원일 때

$$\int_0^{2\pi}\frac{d\theta}{1+3\cos^2\theta}$$
$$=\int_C\frac{1}{1+\frac{3}{4}(z+1/z)^2}\frac{1}{iz}dz$$
$$=\int_C\frac{-4i\,z}{3z^4+10z^2+3}dz$$

$((\because)\ 3z^4+10z^2+3=0 \Leftrightarrow z=\pm\sqrt{3}i,\ z=\pm i/\sqrt{3})$

$$=2\pi i(\text{Res}[f, i/\sqrt{3}]+\text{Res}[f, -i/\sqrt{3}])$$
$$=2\pi i\left(-\frac{i}{4}-\frac{i}{4}\right)=\pi((\because)\ C\text{내부의 극은 } z=\pm i/\sqrt{3}).$$

예제 39

두 실수 a, b가 $a > |b|$을 만족할 때
$$\int_0^{2\pi} \frac{1}{(a+b\cos\theta)}d\theta = \frac{2\pi}{\sqrt{a^2-b^2}}$$
임을 유수정리를 이용하여 보이시오.

풀 이

C : 복소평면상에 놓인 양의 방향으로의 단위원일 때
$$\int_0^{2\pi} \frac{1}{a+b\cos\theta}d\theta = \int_C \frac{1}{a+b\frac{1}{2}(z+1/z)} \frac{1}{iz}dz$$
$$= \frac{2}{i}\int_C \frac{1}{bz^2+2az+b}dz,$$

$bz^2 + 2az + b = 0$의 해를 α_1, α_2라 하자.

(단, $\alpha_1 = \dfrac{-a-\sqrt{a^2-b^2}}{b}$, $\alpha_2 = \dfrac{-a+\sqrt{a^2-b^2}}{b}$)

$\alpha_1 \alpha_2 = 1$, $|\alpha_1| > 1$에서 $|\alpha_2| < 1$이므로

$$\int_C \frac{1}{bz^2+2az+b}dz = \frac{2\pi i}{b}\frac{1}{\alpha_2-\alpha_1} = \frac{2\pi i}{b} \times \frac{b}{2\sqrt{a^2-b^2}}.$$

따라서, $\displaystyle\int_0^{2\pi} \frac{1}{a+b\cos\theta}d\theta = \frac{2}{i}\int_C \frac{1}{bz^2+2az+b}dz = \frac{2\pi}{\sqrt{a^2-b^2}}$.

유제 21

유수정리를 이용하여 다음의 특이적분을 구하시오.

(1) $\displaystyle\int_0^\infty \frac{1}{1+x^4}dx$ (2) $\displaystyle\text{P.V.}\int_{-\infty}^\infty \frac{x^2}{(1+x^2)(4+x^2)}dx$

(3) $\displaystyle\text{P.V.}\int_{-\infty}^\infty \frac{1}{(1+x^2)^2}dx$

[정 답] (1) $\dfrac{\pi}{2\sqrt{2}}$ (2) $\dfrac{\pi}{3}$ (3) $\dfrac{\pi}{2}$

풀 이

(1) C_1 : 반지름이 R인 양의 방향의 상반원($R>1$), C_2 : $-R$에서 R로의 x축 상의 직선, $C = C_1 + C_2$이라 두자. 그러면 $f(z) = \dfrac{1}{1+z^4}$은 C내부에서 단순극 $z = e^{\frac{\pi}{4}i}$, $e^{\frac{3}{4}\pi i}$을 갖는다.

$((\because)\ 1+z^4=0 \Leftrightarrow z=e^{\frac{\pi}{4}i},\ e^{\frac{3}{4}\pi i})$

따라서 $2\pi i(\text{Res}[f, e^{\frac{\pi}{4}i}]+\text{Res}[f, e^{\frac{3}{4}\pi i}])$

$$= \int_C f(z)dz$$

$$= \int_{C_1} f(z)dz + \int_{C_2} f(z)dz.$$

(i) $\int_{C_1} f(z)dz = \int_0^\pi \frac{1}{1+R^4 e^{4it}} Rie^{it} dt \xrightarrow{R\uparrow\infty} 0$

(ii) $\int_{C_2} f(z)dz = \int_{-R}^R f(t)dt$

$$= \int_{-R}^R \frac{1}{1+t^4} dt \xrightarrow{R\uparrow\infty} \int_{-\infty}^\infty \frac{1}{1+t^4} dt$$

$$= 2\int_0^\infty \frac{1}{1+t^4} dt.$$

이제 $\text{Res}[f, e^{\frac{\pi}{4}i}] = \lim_{z\to e^{\frac{\pi}{4}i}} \frac{z-e^{\frac{\pi}{4}i}}{1+z^4} = \lim_{z\to e^{\frac{\pi}{4}i}} \frac{1}{4z^3}$

$$= \frac{1}{4\cdot e^{\frac{3}{4}\pi}} = \frac{1}{-2\sqrt{2}+i2\sqrt{2}}.$$

$\text{Res}[f, e^{\frac{3}{4}\pi i}] = \lim_{z\to e^{\frac{3}{4}\pi i}} \frac{z-e^{\frac{3}{4}\pi i}}{1+z^4} = \lim_{z\to e^{\frac{3}{4}\pi i}} \frac{1}{4z^3} = \frac{1}{2\sqrt{2}+i2\sqrt{2}}.$

∴ 유수정리에 의해

$$\int_C f(z)dz = 2\pi i(\text{Res}[f, e^{\frac{\pi}{4}i}]+\text{Res}[f, e^{\frac{3}{4}\pi i}])$$

$$= \frac{\pi i}{-\sqrt{2}+i\sqrt{2}} + \frac{\pi i}{\sqrt{2}+i\sqrt{2}} = \frac{\sqrt{2}}{2}\pi.$$

$\frac{\sqrt{2}}{2}\pi = \int_C f(z)dz = \lim_{R\to\infty} \int_{C_1} f(z)dz + \lim_{R\to\infty} \int_{C_2} f(z)dz$

$$= 0 + \text{P.V.} \int_0^\infty \frac{1}{1+x^4} dx.$$

∴ $\text{P.V.} \int_0^\infty \frac{1}{1+x^4} dx = \frac{\sqrt{2}}{4}\pi.$

(2) C_1 : 반지름이 R인 양의 방향의 상반원($R>2$), C_2 : $-R$에서 R로의 x축 상의 직선, $C=C_1+C_2$라 두자. 그러면
$$f(z)=\frac{z^2}{(1+z^2)(4+z^2)}=\frac{z^2}{(z+i)(z-i)(z+2i)(z-2i)}$$
은 C 내부의 점 $z=i,\ 2i$에서 단순극을 갖는다.
$$\operatorname{Res}[f,\ i]=\lim_{z\to i}\frac{z^2}{(z+i)(z+2i)(z-2i)}=\frac{i}{6},$$
$$\operatorname{Res}[f,\ 2i]=\lim_{z\to 2i}\frac{z^2}{(z+i)(z-i)(z+2i)}=-\frac{i}{3}.$$
∴ 유수정리에 의해
$$\int_C f(z)dz=2\pi i(\operatorname{Res}[f,\ i]+\operatorname{Res}[f,\ 2i])=2\pi i\left(-\frac{i}{6}\right)=\frac{\pi}{3}.$$
이제 $\dfrac{\pi}{3}=\displaystyle\int_C f(z)dz=\int_{C_1}f(z)dz+\int_{C_2}f(z)dz$ 이고

(i) $\displaystyle\int_{C_1}f(z)dz=\int_0^\pi f(Re^{it})\cdot iRe^{it}dt$
$$=\int_0^\pi \frac{R^2 e^{2it}}{(1+R^2 e^{2it})(4+R^2 e^{2it})}iRe^{it}dt\xrightarrow{R\uparrow\infty}0$$

(ii) $\displaystyle\int_{C_2}f(z)dz=\int_{-R}^{R}\frac{t^2}{(1+t^2)(4+t^2)}dt$
$$\xrightarrow{R\uparrow\infty}\int_{-\infty}^{\infty}\frac{t^2}{(1+t^2)(4+t^2)}dt.$$

∴ $\dfrac{\pi}{3}=\displaystyle\int_C f(z)dz$
$$=\lim_{R\to\infty}\int_{C_1}f(z)dz+\lim_{R\to\infty}\int_{C_2}f(z)dz$$
$$=0+\text{P.V.}\int_{-\infty}^{\infty}\frac{x^2}{(1+x^2)(4+x^2)}dx.$$

∴ $\text{P.V.}\displaystyle\int_{-\infty}^{\infty}\frac{x^2}{(1+x^2)(4+x^2)}dx=\frac{\pi}{3}.$

(3) C_1 : 반지름이 R인 양의 방향의 상반원($R>1$), C_2 : $-R$에서 R로의 x축 상의 직선, $C=C_1+C_2$이라 두자. 그러면
$$f(z)=\frac{1}{(1+z^2)^2}=\frac{1}{(z+i)^2(z-i)^2}$$
은 C 내부의 점 $z=i$에서 위수 2인 극을 갖고

6.3 유수정리의 실적분으로의 응용

$$\text{Res}[f, i] = \frac{1}{1!} \lim_{z \to i} \frac{d}{dz} \frac{1}{(z+i)^2} = -\frac{i}{4}.$$

따라서 유수정리에 의해

$$\int_C f(z)dz = 2\pi i \,\text{Res}[f, i] = \frac{\pi}{2}.$$

이제 $\frac{\pi}{2} = \int_C f(z)dz = \int_{C_1} f(z)dz + \int_{C_2} f(z)dz$,

(i) $\displaystyle\int_{C_1} f(z)dz = \int_0^\pi f(Re^{it}) \cdot iRe^{it} dt$

$$= \int_0^\pi \frac{iRe^{it}}{(1+R^2 e^{2it})^2} dt \xrightarrow{R \uparrow \infty} 0,$$

(ii) $\displaystyle\int_{C_2} f(z)dz = \int_{-R}^R \frac{1}{(1+t^2)^2} dt$

$$\xrightarrow{R \uparrow \infty} \int_{-\infty}^\infty \frac{1}{(1+t^2)^2} dt.$$

$\therefore \ \dfrac{\pi}{2} = \displaystyle\int_C f(z)dz$

$= \displaystyle\lim_{R \to \infty} \int_{C_1} f(z)dz + \lim_{R \to \infty} \int_{C_2} f(z)dz = 0 + \int_{C_2} f(z)dz.$

$\therefore \ \text{P.V.} \displaystyle\int_{-\infty}^\infty \frac{x^2}{(1+x^2)(4+x^2)} dx = \frac{\pi}{2}.$

> **유제 22**
> 유수정리를 이용하여 다음 적분을 구하시오. (단, $0 < a < 1$)
>
> (1) $\displaystyle\int_0^{2\pi} \frac{d\theta}{2+\sin\theta}$
> (2) $\displaystyle\frac{1}{2\pi}\int_0^{2\pi} \frac{d\theta}{1-2a\cos\theta+a^2}$
>
> (3) $\text{P.V.}\displaystyle\int_{-\infty}^{\infty} \frac{x^3\sin x}{x^4+16}dx$
> (4) $\displaystyle\int_0^{\infty} \frac{\sin^2 x}{x^2}dx$

[정 답]

(1) $\dfrac{2\pi}{\sqrt{3}}$ (2) $\dfrac{1}{1-a^2}$ (3) $\pi e^{-\sqrt{2}}\cos(\sqrt{2})$ (4) $\dfrac{\pi}{2}$

풀 이

(1) $z = e^{i\theta}$라 할 때

$$\sin\theta = \frac{e^{i\theta}-e^{-i\theta}}{2i} = \frac{1}{2i}\left(z-\frac{1}{z}\right),\ dz = z'(\theta)d\theta = ie^{i\theta}d\theta$$

이므로 $d\theta = \dfrac{1}{ie^{i\theta}}dz = \dfrac{1}{iz}dz$. 그러므로 $C : |z| = 1$일 때

$$\int_0^{2\pi}\frac{d\theta}{2+\sin\theta} = \int_C \frac{2}{z^2+4iz-1}dz$$
$$= \int_C \frac{1}{(z-(-2+\sqrt{3})i)(z-(-2-\sqrt{3})i)}dz.$$

한편 $f(z) = \dfrac{1}{(z-(-2+\sqrt{3})i)(z-(-2-\sqrt{3})i)}$은 C의 내부의 점 $z = (-2+\sqrt{3})i$에서 단순극을 가지고

$$\text{Res}[f, (-2+\sqrt{3})i] = \lim_{z\to(-2+\sqrt{3})i}\frac{1}{z-(-2-\sqrt{3})i} = \frac{1}{\sqrt{3}i}.$$

따라서 유수정리에 의해

$$\int_0^{2\pi}\frac{d\theta}{2+\sin\theta} = 2\pi i\,\text{Res}[f,(-2+\sqrt{3})i] = \frac{2\pi}{\sqrt{3}}.$$

(2) $z = e^{i\theta}$라 할 때

$$\cos\theta = \frac{e^{i\theta}+e^{-i\theta}}{2} = \frac{z+z^{-1}}{2} = \frac{1}{2}\left(z+\frac{1}{z}\right),$$

$dz = z'(\theta)d\theta = ie^{i\theta}d\theta$이므로 $d\theta = \dfrac{1}{ie^{i\theta}}dz = \dfrac{1}{iz}dz$. 그러므로 $C : |z| = 1$일 때

$$\frac{1}{2\pi}\int_0^{2\pi}\frac{d\theta}{1-2a\cos\theta+a^2} = \frac{1}{2\pi}\int_C \frac{1}{1-a\left(z+\frac{1}{z}\right)+a^2}\frac{1}{iz}dz$$

$$= \frac{1}{2\pi}\int_C \frac{1}{i(1-az)(z-a)}dz$$

이므로 $f(z)$는 C내부의 점 $z=a$에서 단순극을 갖는다. 따라서 유수정리에 의해

$$\frac{1}{2\pi}\int_C f(z)dz = \frac{1}{2\pi}2\pi i\,\text{Res}[f,a] = \frac{1}{2\pi}\cdot 2\pi i\frac{1}{i(1-a^2)} = \frac{1}{1-a^2}.$$

(3) $P(x)=x^3$, $Q(x)=x^4+16$, $\alpha=1>0$라 두면

$$\text{P.V.}\int_{-\infty}^{\infty}\frac{x^3\cos x}{x^4+16}dx + i\left(\text{P.V.}\int_{-\infty}^{\infty}\frac{x^3\sin x}{x^4+16}dx\right)$$

$$= \text{P.V.}\int_{-\infty}^{\infty}\frac{x^3}{x^4+16}e^{ix}dx$$

$$= 2\pi i\left(\text{Res}\left[\frac{z^3}{z^4+16}e^{iz},\,\sqrt{2}+\sqrt{2}\,i\right]\right.$$
$$\left.+\text{Res}\left[\frac{z^3}{z^4+16}e^{iz},\,-\sqrt{2}+\sqrt{2}\,i\right]\right)$$

$$= 2\pi i\left(\frac{1}{4}e^{-\sqrt{2}+\sqrt{2}\,i} + \frac{1}{4}e^{-\sqrt{2}-\sqrt{2}\,i}\right) = \pi e^{-\sqrt{2}}\cos(\sqrt{2})i$$

따라서 $\text{P.V.}\displaystyle\int_{-\infty}^{\infty}\frac{x^3\sin x}{x^4+16}dx = \pi e^{-\sqrt{2}}\cos(\sqrt{2}).$

(4) $f(z)=\dfrac{\sin^2 z}{z^2}$이라 두면,

$$\text{P.V.}\int_{-\infty}^{\infty}\frac{\sin^2 x}{x^2}dx = \pi i\times\text{Res}[f,0] = \pi i\times(-i) = \pi.$$

$\dfrac{\sin^2 x}{x^2}$은 우함수이므로 $\displaystyle\int_0^{\infty}\frac{\sin^2 x}{x^2}dx = \frac{1}{2}\int_{-\infty}^{\infty}\frac{\sin^2 x}{x^2}dx = \frac{\pi}{2}.$

NOTE (죠르단의 부등식)
양의 실수 R에 대하여
$$\int_0^\pi e^{-R\sin\theta}\,d\theta < \frac{\pi}{R}.$$

($\because$) (i) ㉠ $0 \leq \theta \leq \frac{\pi}{2}$일 때
$$\frac{2}{\pi}\theta \leq \sin\theta$$
$$\Rightarrow -R\sin\theta \leq -\frac{2R}{\pi}\theta$$
$$\Rightarrow e^{-R\sin\theta} \leq e^{-\frac{2R}{\pi}\theta}.$$

㉡ $\int_0^\pi e^{-R\sin\theta}\,d\theta$
$$\leq \int_0^\pi e^{-\frac{2R}{\pi}\theta}\,d\theta$$
$$= \frac{\pi}{2R}(1-e^{-R}) < \frac{\pi}{2R}$$

(ii) $\int_0^\pi e^{-R\sin\theta}\,d\theta$
$$= \int_0^{\pi/2} e^{-R\sin\theta}\,d\theta + \int_{\pi/2}^\pi e^{-R\sin\theta}\,d\theta$$
$$= 2\int_0^{\pi/2} e^{-R\sin\theta}\,d\theta < 2\cdot\frac{\pi}{2R} = \frac{\pi}{R}.$$

예 제 40
유수정리를 이용하여 다음 적분을 구하시오.
$$\int_0^\infty \frac{\sin x}{x}\,dx$$

풀 이

(i) $0 < \epsilon < R$에 대하여 C_1은 반지름인 R인 상반원, C_2는 $-R$에서 $-\epsilon$으로의 선분, C_3는 반지름인 ϵ인 상반원, C_4는 ϵ에서 R으로의 선분일 때 $C = C_1 + \cdots + C_4$이라 하자. $f(z) = \dfrac{e^{iz}}{z}$에 대하여 코쉬-구르사정리에 의해 $\displaystyle\int_C f(z)\,dz = 0$이다.

(ii) ㉠ $\displaystyle\int_{C_4} f(z)\,dz = \int_\epsilon^R \frac{e^{it}}{t}\,dt$
$$\int_{C_2} f(z)\,dz = \int_{-R}^{-\epsilon} \frac{e^{it}}{t}\,dt = -\int_\epsilon^R \frac{e^{-ix}}{x}\,dx$$

이다. 따라서 $\displaystyle\lim_{R\to\infty}\lim_{\epsilon\to 0}\left(\int_{C_1} f(z)\,dz + \int_{C_2} f(z)\,dz\right)$

$$= \int_0^\infty \frac{e^{ix}}{x}\,dx - \int_0^\infty \frac{e^{-ix}}{x}\,dx$$
$$= 2i\int_0^\infty \frac{\sin x}{x}\,dx.$$

㉡ $\displaystyle\lim_{R\to\infty}\left|\int_{C_1} f(z)\,dz\right| = \lim_{R\to\infty}\left|\int_0^\pi \frac{e^{i(Re^{i\theta})}}{Re^{i\theta}} Rie^{i\theta}\,d\theta\right|$
$$\leq \lim_{R\to\infty}\int_0^\pi e^{-R\sin\theta}\,d\theta$$
$$\leq \lim_{R\to\infty} \frac{\pi}{R} = 0. \quad((\because)\text{ 죠르단 부등식}).$$

㉢ $f(z) = \dfrac{1}{z} + \dfrac{i}{1!} + \dfrac{i^2}{2!}z + \cdots = \dfrac{1}{z} + g(z)$라 하면 $g(z)$는 C_3에서 해석적이므로 연속이 되어 $|g(z)| \leq M$ ($\forall z \in C_3$: 컴팩트집합)인 상수 M이 존재한다. 따라서
$$\lim_{\epsilon\to 0}\int_{C_3} \frac{1}{z}\,dz = \lim_{\epsilon\to 0}\left(-\int_0^\pi \frac{1}{\epsilon e^{i\theta}} \epsilon i e^{i\theta}\,d\theta\right) = -i\pi.$$

$$\lim_{\epsilon \to 0} \left| \int_{C_3} g(z)\,dz \right| \leq \lim_{\epsilon \to 0} \int_{C_3} |g(z)|\,|dz|$$
$$\leq \lim_{\epsilon \to 0} M \times (C_3 \text{의 길이}) = \lim_{\epsilon \to 0} M\pi\epsilon = 0$$

이므로 $\lim_{\epsilon \to 0} \int_{C_3} f(z)\,dz = \lim_{\epsilon \to 0} \left(\int_{C_3} \frac{1}{z}\,dz + \int_{C_3} g(z)\,dz \right) = -i\pi$.

(i), (ii)에 의해
$$0 = \int_C f(z)\,dz$$
$$= \lim_{R \to \infty} \lim_{\epsilon \to 0} \int_C f(z)\,dz$$
$$= \lim_{R \to \infty} \lim_{\epsilon \to 0} \left(\int_{C_1} f(z)\,dz + \int_{C_2} f(z)\,dz \right.$$
$$\left. + \int_{C_3} f(z)\,dz + \int_{C_4} f(z)\,dz \right)$$
$$= 2i \int_0^\infty \frac{\sin x}{x}\,dx - i\pi.$$

$\therefore \int_0^\infty \frac{\sin x}{x}\,dx = \frac{\pi}{2}$ 이다.

7. 등각사상(conformal mapping)

7.1. 등각사상의 기본성질

정 의 15

복소함수 $w=f(z)$에 대하여
$f : z_0$에서 등각(conformal)
$\overset{정의}{\Leftrightarrow}$ f가 z_0에서 만나는 임의의 두 곡선 사이의 각의 크기와 방향을 보존

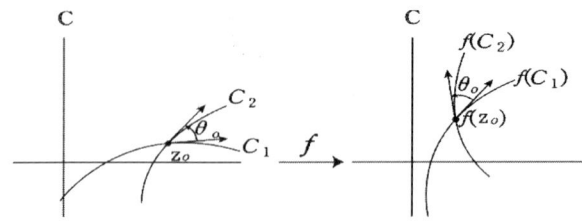

정 리 46

$f : z_0$에서 해석적, $f'(z_0) \neq 0 \Rightarrow f : z_0$에서 등각

증 명

$\alpha_1(t)$, $\alpha_2(t)$를 각각 곡선 C_1, C_2의 매개화 함수,
$$\alpha_1(0) = \alpha_2(0) = z_0.$$
$\theta : C_1$과 C_2의 z_0에서의 교각($= \arg \alpha_1'(0) - \arg \alpha_2'(0)$)이라면
$f(C_1)$과 $f(C_2)$의 $f(z_0)$에서의 교각
$\quad = \arg(f(\alpha_1(t)))'|_{t=0} - \arg(f(\alpha_2(t)))'|_{t=0}$
$\quad = \arg(f'(\alpha_1(0))\alpha_1'(0)) - \arg(f'(\alpha_2(0))\alpha_2'(0))$ (∵ 연쇄법칙)
$\quad = \arg f'(z_0) + \arg \alpha_1'(0) - \arg f'(z_0) - \arg \alpha_2'(0)$
$\quad = \arg \alpha_1'(0) - \arg \alpha_2'(0)$
$\quad = \theta$
$\quad = C_1$과 C_2의 z_0에서의 교각.

예 제 41

복소함수 $f: \mathbb{C} \to \mathbb{C}$, $f(z)=e^z (z \in \mathbb{C})$에 대한 다음의 물음에 답하시오.
(1) f는 $\mathbb{C}$ 상의 모든 점에서 등각임을 보이시오.
(2) 복소평면상의 한 점 z_0에서 직교하는 두 곡선 C_1, C_2가 주어져 있다. C_1, C_2가 각각 α_1, α_2에 의해 매개화된다고 할 때
$$\beta_1(t)=f(\alpha_1(t)), \ \beta_2(t)=f(\alpha_2(t))$$
에 의해 매개화되는 두 곡선 C_3, C_4의 $f(z_0)=e^{z_0}$에서의 사잇각을 구하시오.

풀 이

(1) f는 정함수이고 $f'(z)=e^z \neq 0$이므로 f는 $\mathbb{C}$ 상에서 등각사상이다.
(2) $z_0 \in \mathbb{C}$일 때 f는 $z=z_0$에서 등각적이므로
$\quad C_3$와 C_4의 $f(z_0)$에서의 사잇각
$= C_1$과 C_2의 z_0의 사잇각
$= \dfrac{\pi}{2}$.

유 제 23

복소함수 $w=f(z)=\cos z$는 점 $z_1=i$, $z_2=1$, $z_3=\pi+i$에서 등각적임을 설명하고 위의 점들에서의 회전각 $\rho_0=\arg f'(z)$를 구하시오.

[정 답] $\pi/2$

풀 이

$f'(z)=-\sin z$이므로 사상 $w=\cos z$는 n이 정수일 때 $z=n\pi$를 제외한 모든 점에서 등각사상이다. 계산하면
$\quad f'(i)=-\sin i=-i\sinh 1$,
$\quad f'(1)=-\sin 1$,
$\quad f'(\pi+i)=\sin(\pi+i)=i\sinh 1$
이다. 따라서 회전각은
$\quad \rho_1=\arg f'(i)=-\dfrac{\pi}{2}$,
$\quad \rho_2=\arg f'(1)=\pi$,
$\quad \rho_3=\arg f'(\pi+i)=\dfrac{\pi}{2}$.

7.2. 일차분수변환

정 의 16

$ad-bc \neq 0$ $(c \neq 0)$인 $a, b, c, d \in \mathbb{C}$에 대하여
$$w = f(z) = \frac{az+b}{cz+d}$$
(일차분수변환(linear fractional transformation))

NOTE

(1) $ad-bc=0$이면 w는 상수함수이고 $c=0$이면 w는 일차식이 된다.

(2) 일차분수변환 $w = \dfrac{az+b}{cz+d}$ $(ad-bc \neq 0,\ c \neq 0)$은 원과 직선에 사상한다. 특히 원과 직선이 점 $z=-\dfrac{d}{c}$(즉, 분모=0)를 지나면 직선으로, 지나지 않으면 원으로 사상한다.

원 혹은 직선 $\xrightarrow{\text{일차분수변환}}$ 원 혹은 직선

예 제 42

$|z|<1$일 때 $\operatorname{Re}\left(\dfrac{z}{1-z}\right) > -\dfrac{1}{2}$임을 보이시오.

풀 이

함수 $f(z) = \dfrac{z}{1-z}$이라 두자. 그러면

(i) f에 의해 $z=1$을 지나는 원 $|z|=1$은 한 원 혹은 직선으로 사상되고 $z=-1$, $z=i$는 각각 $w=-\dfrac{1}{2}$, $w=-\dfrac{1}{2}+\dfrac{i}{2}$에 사상하므로 $|z|=1$은 직선 $\operatorname{Re}(w)=-\dfrac{1}{2}$로 사상한다.

(ii) 일차분수변환의 연속성에 의하여 연결집합 $|z|<1$은 연결집합으로 사상되고 $z=0$는 $w=0$에 사상된다. 따라서 $|z|<1$의 f에 의한 상은
$$\operatorname{Re}\left(\frac{z}{1-z}\right) = \operatorname{Re}(w) > -\frac{1}{2}.$$

유 제 24

변환 $w=1/z$은 반평면 $\operatorname{Re}(z)>\dfrac{1}{2}$을 원판 $|w-1|<1$위로 사상함을 설명하시오.

풀 이

함수 $f(z)=\dfrac{1}{z}$이라 두자. 그러면

(ⅰ) f에 의해 $z=\dfrac{1}{2}$을 지나는 직선 $\operatorname{Re}(z)=\dfrac{1}{2}$은 원 혹은 직선으로 사상되고 $\operatorname{Re}(z)=\dfrac{1}{2}$은 $z=0$를 지나지 않으므로 원으로 사상한다. $z_1=\dfrac{1}{2}-\dfrac{i}{2}$, $z_2=\dfrac{1}{2}$, $z_3=\dfrac{1}{2}+\dfrac{i}{2}$는 각각 $w_1=i$, $w_2=2$, $w_3=-i$에 사상하므로 $\operatorname{Re}(z)=\dfrac{1}{2}$은 원 $|w-1|=1$로 사상한다.

(ⅱ) 일차분수변환의 연속성에 의해 연결집합 $\operatorname{Re}(z)>\dfrac{1}{2}$은 연결집합으로 사상되고 $z=1$은 $w=1$에 사상된다. 따라서 $\operatorname{Re}(z)>\dfrac{1}{2}$의 f에 의한 상은 $|w-1|<1$이다.

정 의 17

$$[z, z_1, z_2, z_3] := \frac{(z-z_1)(z_2-z_3)}{(z-z_3)(z_2-z_1)}$$
(z, z_1, z_2, z_3의 복비(cross ratio))

정 리 47

서로 다른 $z_1, z_2, z_3 \in \mathbb{C}$와 서로 다른 $w_1, w_2, w_3 \in \mathbb{C}$에 대하여
(1) $f(z_1)=w_1$, $f(z_2)=w_2$, $f(z_3)=w_3$인 일차분수변환 f는 유일하게 존재한다.
(2) 위의 일차분수변환 f에 대하여
$$w=f(z) \Leftrightarrow [w, w_1, w_2, w_3] = [z, z_1, z_2, z_3].$$

17년시행기출
확장 복소평면 $\mathbb{C} \cup \{\infty\}$에서 정의된 일차분수 변환(선형 분수 변환) T가
$T(0)=2$, $T(1)=2i$, $T(\infty)=-2$
를 만족시킬 때, $T(2i)$의 값을 구하시오.

24년시행기출
확장 복소평면(extended complex plane) $\mathbb{C} \cup \{\infty\}$에서 정의된 일차분수변환(선형 분수변환, linear fractional transformation, bilinear transformation) T가
$T(0)=-1$, $T(i)=-i$, $T(2)=3$
을 만족시킬 때, $T(z)$를 풀이 과정과 함께 쓰시오.
또한 $W=\{T(z) \mid |z|=1, z \in \mathbb{C}\}$라고 할 때, W의 원소와 복소수 $1+i$ 사이의 거리의 최솟값을 풀이 과정과 함께 쓰시오. [4점]

예 제 43
점 $z=i$, 2, -2를 $w=i$, 1, -1로 각각 사상하는 일차분수변환을 구하시오.

풀 이
일차분수변환 f에 대하여 $f(i)=i$, $f(2)=1$, $f(-2)=-1$라 두자. 그러면
$$w=f(z) \Leftrightarrow \frac{(w-i)(1+1)}{(w+1)(1-i)} = \frac{(z-i)(2+2)}{(z+2)(2-i)}$$
$$\Leftrightarrow w(=f(z)) = \frac{3z+2i}{iz+6}.$$

유 제 25
일차분수변환 $f(z)=\dfrac{az+b}{cz+d}$가 서로 다른 세 고정점을 갖는다면 $f(z)$는 항등사상임을 보이시오.

풀 이
z_1, z_2, z_3를 서로 다른 세 고정점이라 하고 f가 항등사상이 아니라고 가정하면, $z_0 \neq f(z_0)$를 만족하는 $z_0 \in \mathbb{C} \setminus \{z_1, z_2, z_3\}$가 존재한다. 이제 $w=f(z_0)$라 두면,
$$[w, z_1, z_2, z_3] = [z_0, z_1, z_2, z_3]$$
$$\Leftrightarrow \frac{(w-z_1)(z_2-z_3)}{(w-z_3)(z_2-z_1)} = \frac{(z_0-z_1)(z_2-z_3)}{(z_0-z_3)(z_2-z_1)}$$
$$\Leftrightarrow w=z_0$$
가 되어 모순이다. 따라서 $f(z)$는 항등사상이다.

기출문제 및 해설

95년시행기출

평가영역	복소수
평가내용 요소	편각, 내부극값정리

$|z-10i|=6$을 만족하는 복소수 z의 편각을 θ라고 할 때,
$$8\sin\theta + 6\cos\theta$$
의 최댓값과 최솟값의 곱은?

① 7   ② 14   ③ 21   ④ 28

[정 답] ④

[해 설] (i) 주어진 원주상의 점 $z=x+iy$에 대하여
$$\alpha \leq \mathrm{Arg}(z) \leq \pi - \alpha \ (단, \tan\alpha = \frac{4}{3})$$
이다.

(ii) 이제 $f(\theta) = 8\sin\theta + 6\cos\theta$ 의 폐구간 $[\alpha, \pi-\alpha]$에서의 최댓값과 최솟값을 구하자.

㉠ $0 = f'(\theta) = 8\cos\theta - 6\sin\theta$ 에서 $\tan\theta = \frac{4}{3}$ (즉, $\theta = \alpha$).

㉡ 내부극값정리에 의해
$$M = \max\{f(\alpha), f(\pi-\alpha)\} = \max\left\{10, \frac{14}{5}\right\} = 10,$$
$$m = \min\{f(\alpha), f(\pi-\alpha)\} = \min\left\{10, \frac{14}{5}\right\} = \frac{14}{5}.$$

따라서 구하는 곱은 $Mm = 28$.

94년시행기출

평가영역	복소수
평가내용 요소	드무아브르의 정리

$\omega = \cos 20° + i\sin 20° \ (i = \sqrt{-1})$일 때
$$\frac{1}{|\omega + 2\omega^2 + 3\omega^3 + \cdots + 18\omega^{18}|}$$
의 값은?

① $\frac{1}{9}\sin 10°$ ② $\frac{1}{8}\sin 20°$ ③ $\frac{2}{9}\sin 10°$

④ $\frac{1}{9}\sin 20°$

[정 답] ①

[해 설] $\omega = \cos 20° + i\sin 20°$ 이라 할 때 $\omega^{18} = 1$.

(i) $\alpha = \omega + 2\omega^2 + \cdots + 18\omega^{18}$ 이라 두면
$$\omega\alpha = \omega^2 + 2\omega^3 + \cdots + 17\omega^{18} + 18\omega^{19}$$
$$= \omega^2 + 2\omega^3 + \cdots + 17\omega^{18} + 18\omega$$
이므로 두 식을 빼면
$$(1-\omega)\alpha = \omega + \omega^2 + \omega^3 + \cdots + \omega^{18} - 18\omega$$
$$= \frac{\omega(1-\omega^{18})}{1-\omega} - 18\omega = -18\omega.$$

(ii) $\dfrac{1}{|\omega + 2\omega^2 + \cdots + 18\omega^{18}|}$

$= \left|\dfrac{1}{\alpha}\right| = \dfrac{|1-\omega|}{18|\omega|}$

$= \dfrac{|(\cos 20° - 1) + i\sin 20°|}{18|\cos 20° + i\sin 20°|}$

$= \dfrac{\sqrt{(\cos 20° - 1)^2 + \sin^2 20°}}{18\sqrt{\cos^2 20° + \sin^2 20°}}$

$= \dfrac{\sqrt{2 - 2\cos 20°}}{18} = \dfrac{1}{18}\sqrt{4\sin^2 10°}$

$= \dfrac{1}{9}\sin 10°.$

20년시행기출

평가영역	극형식
평가내용 요소	복소수의 절댓값

복소함수 $f(z) = \dfrac{1}{2}\left(z + \dfrac{1}{z}\right)$에 대하여, 집합 $\{z \in \mathbb{C} \mid |z| = 2\}$에서 $|f(z)|$의 최댓값과 최솟값을 구하시오. [2점]

[해 설]

$z = 2(\cos\theta + i\sin\theta)$라 하면 $\dfrac{1}{z}$
$= \dfrac{1}{2}(\cos\theta - i\sin\theta)$이므로
$|f(z)| = \left|\dfrac{5}{4}\cos\theta + \dfrac{3}{4}i\sin\theta\right|$
$= \dfrac{1}{4}\sqrt{9 + 16\cos^2\theta}$.

따라서 최댓값은 $\dfrac{5}{4}$, 최솟값은 $\dfrac{3}{4}$.

92년시행기출

평가영역	복소방정식
평가내용 요소	극형식, 편각

방정식 $z^n = 1$의 모든 해를 극형식으로 나타낼 때 편각 θ들의 합을 S_n이라 하자. 이때, $\lim\limits_{n\to\infty}\dfrac{S_n}{n}$의 값은? (단, $0 \leq \theta \leq 2\pi$)

① $\dfrac{\pi}{2}$ ② π ③ $\dfrac{3}{2}\pi$ ④ 2π

[정 답] ②

[해 설]
$z^n = 1 \Leftrightarrow z = \cos\left(\dfrac{2k\pi}{n}\right) + i\sin\left(\dfrac{2k\pi}{n}\right)$
$\quad (k = 0, 1, \cdots, n-1)$
이므로
$S_n = \dfrac{2\pi}{n}(0 + 1 + \cdots + (n-1)) = (n-1)\pi$
이다. 따라서 $\lim\limits_{n\to\infty}\dfrac{S_n}{n} = \lim\limits_{n\to\infty}\dfrac{(n-1)\pi}{n} = \pi$.

08년시행모의평가

평가영역	해석함수, 적분
평가내용 요소	코쉬-리만방정식, 코쉬적분공식

복소함수에 대한 설명으로 옳은 것을 <보기>에서 모두 고른 것은? [2점]

< 보 기 >

ㄱ. 함수 $f(z) = \text{Log}(z+3)$은 영역
 $D = \{z \mid z = x + iy, x > -2, y > -1\}$
에서 해석적(analytic)이다.
(단, $\text{Log}(z+3)$은 $z+3 = re^{i\theta}$라 할 때, $r > 0$, $-\pi < \theta < \pi$인 범위에서 정의된 함수이다.)

ㄴ. 모든 복소수 $z = x + iy(x, y$는 실수)에 대하여 $f'(z) = xy^3$인 정함수(entire function) f는 존재하지 않는다.

ㄷ. 복소평면에 어떤 단일폐곡선 C가 있다. 함수 $f(z)$가 곡선 C와 그 내부에서 연속이고 $\int_C f(z)dz = 0$이라 하면, $f(z)$는 C의 내부에서 해석적이다.

① ㄴ ② ㄱ, ㄴ ③ ㄱ, ㄷ ④ ㄴ, ㄷ ⑤ ㄱ, ㄴ, ㄷ

[정 답] ②

[해 설] ㄱ. ○
($\because$) $z + 3 = re^{i\theta}(r > 0, -\pi < \theta < \pi)$라 두면
$\text{Log}(z+3) = \text{Log}(re^{i\theta}) = \ln r + i\theta$
이다. $u(r, \theta) = \ln r$, $v(r, \theta) = \theta$라 두면
$u_r = \dfrac{1}{r}$, $u_\theta = 0$, $v_r = 0$, $v_\theta = 1$

이므로 u와 v는 연속인 일계 편미분을 갖고 $u_r = \dfrac{1}{r}v_\theta$, $v_r = -\dfrac{1}{r}u_\theta$를 만족한다. 따라서 $\text{Log}(z+3)$은 D에서 해석적이다.

ㄴ. ○
($\because$) $f(x+iy)$가 $f'(x+iy) = xy^3$을 만족하는 정함수라고 가정하면 $xy^3 = f'(x+iy) =: u + iv$도 정함수이므로 $\mathbb{C}$ 전체에서 코쉬-리만 방정식을 만족한다. 그러나
$u(x, y) = xy^3$, $v(x, y) = 0$
에 대하여 $y \neq 0$일 때 $u_x = y^3 \neq 0 = v_y$가 되어 모순이다. 따라서 $f'(x+iy) = xy^3$을 만족하는 정함수는 존재하지 않는다.

ㄷ. ✕
($\because$) 모레라의 정리와 비슷한 결과이지만 이 명제는 일반적으

로 성립하지 않는다. 반례는 $C: |z|=1$, $f(z)=|z|^2$.

[도움말] (모레라(Morera)의 정리)
복소평면상의 단순연결영역 D와 $f:D \to \mathbb{C}$에 대하여
(i) $f:D$에서 연속,
(ii) D 내부의 임의의 단순폐곡선 C에 대하여 $\int_C f(z)dz = 0$
이면 f는 D에서 해석적이다.

12년시행기출

평가영역	해석함수
평가내용 요소	코쉬-리만 방정식

두 실수 a와 b에 대하여 복소함수
$$f(x+iy) = (x^3 - 2axy - bxy^2) + i(2x^2 - ay^2 + bx^2y - y^3)$$
$(x, y$는 실수$)$
가 정함수(entire function)일 때, $a^2 + b^2$의 값은? [1.5점]
① 10 ② 13 ③ 17 ④ 18 ⑤ 20

[정 답] ②
[해 설] f는 정함수이므로 코쉬-리만의 정리에 의해
$$3x^2 - 2ay - by^2 = u_x = v_y$$
$$= -2ay + bx^2 - 3y^2,$$
$$4x + 2bxy = v_x = -u_y$$
$$= -(-2ax - 2bxy)$$
$$(\forall z = x+iy \in \mathbb{C})$$
이다. 따라서 $b=3$, $a=2$이므로 $a^2 + b^2 = 13$.

04년시행기출

평가영역	해석함수
평가내용 요소	코쉬-리만 방정식

복소평면 $\mathbb{C}$ 안의 영역(domain) D에서 정의된 함수 $f:D \to \mathbb{C}$가 해석적(analytic)이고, 모든 $z \in D$에 대해
$$\operatorname{Im} f(z) = 2\operatorname{Re} f(z)$$
가 성립한다. $f(z)$는 D에서 상수임을 보이시오. [5점]

[해 설] $\operatorname{Re}(f(x+iy)) = u(x, y)$,
$\operatorname{Im}(f(x+iy)) = v(x, y)$이라 할 때
$$2u = v,$$
따라서 양변을 x, y에 대하여 편미분하면
$$2u_x = v_x \cdots \text{①}, \quad 2u_y = v_y \cdots \text{②}$$
f는 영역 D에서 해석적이므로 D상에서 코쉬-리만의 방정식을 만족한다.
즉, $u_x = v_y \cdots \text{③}$, $v_x = -u_y \cdots \text{④}$.
③을 ①에 대입하면 $2v_y = v_x \cdots \text{⑤}$,
④를 ②에 대입하면 $-2v_x = v_y \cdots \text{⑥}$.
⑤와 ⑥을 연립하면 $v_x = v_y = 0$이므로 v는 D상에서 상수함수이다. 이를 ③과 ④에 대입하면 $u_x = u_y = 0$이므로 u는 D상에서 상수함수이다. 그러므로 $f = u + iv$는 상수함수이다.

10년시행기출

평가영역	해석함수
평가내용 요소	코쉬-리만 방정식

복소수 $z = x + iy$ $(x, y$는 실수$)$에 대한 정함수(entire function)
$$f(z) = u(x, y) + iv(x, y)$$
가 다음 조건을 만족시킬 때 $f(-1+i)$의 값은?
(단, u와 v는 실숫값 함수이다.) [2점]

> (가) 임의의 복소수 $z = x + iy$에 대하여
> $$\frac{\partial u}{\partial x} + \frac{\partial v}{\partial y} = 0 \text{ 이다.}$$
> (나) $f(1) = 0$, $f(i) = 1 + i$

① $1-i$ ② $1+i$ ③ $1-2i$ ④ $1+2i$ ⑤ $2-i$

[정 답] ④
[해 설] 복소함수
$$f: \mathbb{C} \to \mathbb{C}, \quad f(x+iy) = u(x, y) + iv(x, y)$$
$$(x + iy \in \mathbb{C})$$
가 정함수이면 f가 $\mathbb{C}$ 상에서 해석적이므로

$$u_{xx} + u_{yy} = 0 \cdots\cdots \text{㉠},$$
$$v_{xx} + v_{yy} = 0 \cdots\cdots \text{㉡},$$
$$u_x = v_y \cdots\cdots \text{㉢},$$
$$v_x = -u_y \cdots\cdots \text{㉣}$$

이 성립한다.
(i) (가), ㉢에 의해
$$u_x = 0, \ v_y = 0$$
가 되고
$$u_x = 0 \Leftrightarrow u = y\text{의 식}(\equiv u(y)),$$
$$v_y = 0 \Leftrightarrow v = x\text{의 식}(\equiv v(x))$$
가 성립한다.
(ii) $u_x = 0$이므로 $u_{xx} = 0$이고 ㉠에 의하여
$$0 = u_{xx} + u_{yy} = u_{yy}$$
이므로
$$u = y\text{의 1차식} =: ay + b \ (\exists \, a, b \in \mathbb{R}).$$
$v_y = 0$이므로 $v_{yy} = 0$이고 ㉡에 의하여
$$0 = v_{xx} + v_{yy} = v_{xx}$$
이므로 $v = x$의 1차식 $=: cx + d \ (\exists \, c, d \in \mathbb{R})$.
(iii) 이제 (나)를 만족하므로
$$0 = f(1) = f(1 + 0i)$$
$$= u(1, 0) + iv(1, 0)$$
$$= b + (c + d)i,$$
$$1 + i = f(i) = f(0 + 1i)$$
$$= (a + b) + id.$$
이다. 따라서 $b = 0 = c + d$, $a + b = 1 = d$이다. 그러므로
$$a = 1, \ b = 0, \ c = -1, \ d = 1$$
이다. 따라서 $f(x + iy) = y + i(-x + 1)$이므로 $f(-1 + i) = 1 + 2i$.

21년시행기출 (일련번호 21-1)

평가영역	복소함수 미분
평가내용 요소	조화공액함수, 복소함수의 미분공식

복소수 $z = x + iy$ (x, y는 실수)에 대한 함수
$$f(z) = e^{-3y}\cos(ax) + bx^2 - 4y^2 + iv(x, y)$$
가 정함수(entire function)가 되도록 하는 양의 실수 a, b의 값과, 이 때의 $f''\left(\dfrac{\pi}{2}\right)$의 값을 각각 풀이 과정과 함께 쓰시오.
(단, $v(x, y)$는 실숫값 함수이다.) [4점]

[정 답] $a = 3, \ b = 4, \ f''\left(\dfrac{\pi}{2}\right) = 8 + 9i$

[해 설] (1) $f(z) = u(x, y) + iv(x, y)$에 대하여 f가 정함수이므로 u, v는 조화함수이다. 따라서
$$0 = u_{xx} + u_{yy}$$
$$= -a^3 e^{-3y}\cos(ax) + 2b + 9e^{-3y}\cos(ax) - 8$$
이므로 $a = 3, \ b = 4$.
(2) $f(z) = u(x, y) + iv(x, y)$에 대하여
$$f'(z) = \frac{\partial}{\partial x}f(z) = u_x + iv_x = u_x + i(-u_y),$$
$$f''(z) = \frac{\partial}{\partial x}f'(z) = u_{xx} - iu_{yx}$$
$$= -9e^{-3y}\cos(3x) + 8 + i9e^{-3y}\sin(3x)$$
이다. 따라서
$$f''\left(\frac{\pi}{2}\right)$$
$$= -9e^{-3y}\cos(3x) + 8 + i9e^{-3y}\sin(3x)\big|_{(\pi/2,\, 0)}$$
$$= 8 + 9i.$$

97년시행기출

평가영역	해석함수
평가내용 요소	코쉬-리만 방정식, 조화공액함수

다음 조화함수의 조화공액을 구하여라. [7점]
$$u = \text{Arg}(z) \ (-\pi < \text{Arg}(z) < \pi)$$

[해 설] v를 u의 조화공액함수라고 두면 $u = \text{Arg}(z) = \theta$(극형식), u, v는 코쉬-리만 방정식을 만족하여
$$0 = u_r = \frac{1}{r}v_\theta \ (\text{즉, } v_\theta = 0) \cdots \text{①},$$
$$v_r = -\frac{1}{r}u_\theta = -\frac{1}{r}1 = -\frac{1}{r} \ (\text{즉, } v_r = -\frac{1}{r})$$
$\cdots$ ②.

②에서 $v = \displaystyle\int v_r dr = \int -\frac{1}{r}dr = -\ln r + c(\theta)$, ①

에서 $0 = v_\theta = \dfrac{\partial}{\partial \theta} c(\theta)$이므로 $c(\theta) = c$ (단, c는 실수 상수). 따라서 $v = -\ln r + c = -\ln|z| + c$.

16년시행기출

평가영역	해석함수
평가내용 요소	코쉬-리만 정리, 조화함수

복소수 $z = x + iy$ (x, y는 실수)에 대한 함수
$$f(z) = (x^n y + xy^n + x + y) + iv(x, y)$$
가 $z = 1$에서 해석적(analytic)이 되도록 하는 자연수 n의 값과 이때의 $f'(1)$의 값을 각각 구하시오. (단, $v(x, y)$는 실숫값 함수이다.) [2점]

[해 설] (i) $u(x, y) = x^n y + xy^n + x + y$라 하자. 그러면
$$f(x+iy) = u(x, y) + iv(x, y)$$
는 $z = 1$에서 해석적이므로 $z = 1$의 적당한 근방에서
$$0 = u_{xx} + u_{yy}$$
$$= n(n-1)x^{n-2}y + n(n-1)xy^{n-2}$$
이므로 $n = 1$.

(ii) (i)에 의해 $u(x, y) = 2xy + x + y$이고, $u_x = 2y + 1$, $u_y = 2x + 1$. 코쉬-리만의 정리에 의해 $f'(x+iy) = u_x + iv_x = u_x + i(-u_y)$이므로 $f'(x+iy) = (2y+1) + i(-2x-1)$, $f'(1) = 1 - 3i$.

23년시행임용(일련번호 23-A2)

평가영역	복소선적분
평가내용 요소	선적분의 정의, 유수정리

복소평면에서 중심이 원점이고 반지름의 길이가 1인 원을 시계 반대방향으로 한 바퀴 도는 곡선 C에 대하여 적분
$$\int_C \bar{z} dz - \frac{1}{z} d\bar{z}$$
의 값을 구하시오.(단, $\bar{z}$는 z의 켤레복소수이다.) [2점]

[정 답] $4\pi i$.

[해 설] 주어진 곡선 C의 매개화함수를 $z(t) = e^{it}$ ($0 \leq t \leq 2\pi$)이라 하자. 그러면

(i) $\int_C \bar{z} dz - \frac{1}{z} d\bar{z} = \int_C \bar{z} dz + \int_C \left(-\frac{1}{z}\right) d\bar{z}$.

(ii) ㉠ $\int_C \bar{z} dz = \int_0^{2\pi} \overline{z(t)} z'(t) dt = \int_0^{2\pi} e^{-it}(ie^{it}) dt$
$= 2\pi i$,

㉡ $\int_C \left(-\frac{1}{z}\right) d\bar{z} = \int_0^{2\pi} \left(-\frac{1}{z(t)}\right) (\overline{z(t)})' dt$
$= \int_0^{2\pi} \left(-\frac{1}{e^{it}}\right)(e^{-it})' dt$
$= i \int_0^{2\pi} dt = 2\pi i$.

구하는 선적분의 값은 $\int_C \bar{z} dz - \frac{1}{z} d\bar{z} = 2\pi i + 2\pi i = 4\pi i$.

[다른 방법((ii)㉠)]
$$\int_C \bar{z} dz = \int_C \frac{\bar{z}z}{z} dz = \int_C \frac{|z|^2}{z} dz = \int_C \frac{1}{z} dz$$
$$= 2\pi i \operatorname{Res}\left[\frac{1}{z}, 0\right] (\because \text{유수정리})$$
$$= 2\pi i.$$

93년시행기출

평가영역	복소적분
평가내용 요소	선적분의 정의

복소평면에서 $z = 0$으로부터 $z = 1 + i$에 이르는 선분을 C라 하자. $f(z) = y - x - i3x^2$일 때, $\int_C f(z) dz$의 값은?

① $1 - i$ ② $1 + i$ ③ $2 - i$ ④ $2 + i$

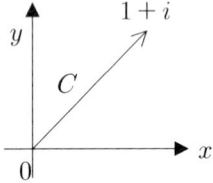

[정 답] ①

[해 설] $z(t) = t + it$ ($0 \leq t \leq 1$)이라 할 때, 복소선적분의 정의에 의해

$$\int_C f(z)dz = \int_0^1 f(z(t)) \cdot z'(t) dt$$
$$= \int_0^1 (-i3t^2)(1+i)dt = 1-i.$$

02년시행기출

평가영역	복소적분
평가내용 요소	그린의 정리

곡선 C는 다음 그림과 같이 1, $1+i$, i를 연결한 두 선분과 단위원의 일부로 이루어져 있다. 이 때, $\int_C \overline{z}\, dz$의 값을 구하시오. (단, $\overline{z}$는 z의 켤레복소수이다.) [5점]

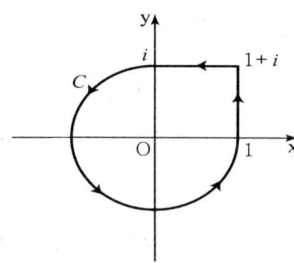

[해 설] 폐곡선 C에 의해 둘러싸인 영역을 D라 하고 $z = x+iy$라 두자. 그러면
$$\int_C \overline{z}\,dz = \int_C (x-iy)(dx+idy)$$
$$= \int_C (x-iy)dx + (xi+y)dy$$
$$= \int\int_D \left(\frac{\partial}{\partial x}(xi+y) - \frac{\partial}{\partial y}(x-iy)\right) dy\, dx$$
$$((\because)\ \text{그린의 정리})$$
$$= \int\int_D 2i\, dy\, dx$$
$$= 2i \cdot (D\text{의 넓이}) = 2i\left(\frac{3}{4}\pi + 1\right).$$

18년시행기출

평가영역	복소선적분
평가내용 요소	그린의 정리

복소평면에서 곡선 C가
$$C: z(t) = \begin{cases} e^{i\pi t}, & 0 \leq t \leq 1 \\ t-2, & 1 \leq t \leq 3 \end{cases}$$
일 때, 복소적분
$$\int_C ((x^2 - y^2 - y) + i(2xy - x))\, dz$$
의 값을 구하시오. (단, x, y는 실수이고 $z = x+iy$는 복소수이다.) [2점]

[해 설] $f(z) = f(x+iy) = (x^2 - y^2 - y) + i(2xy - x)$, 곡선 C 내부의 영역을 D라 하자. 그러면 그린의 정리에 의해
$$\int_C (x^2 - y^2 - y) + i(2xy - x)\, dz$$
$$= \int_C f(z)\, dz$$
$$= \iint_D \left(\frac{\partial}{\partial x}(if) - \frac{\partial f}{\partial y}\right) dx\, dy$$
$$= \iint_D 2\, dx\, dy = 2 \times (D\text{의 면적}) = \pi.$$

01년시행기출

평가영역	해석함수
평가내용 요소	루빌의 정리

복소평면 $\mathbb{C}$에서 해석적인 정함수(entire function) f가 임의의 $z \in \mathbb{C}$에 대하여 $\mathrm{Re} f(z) > 1$을 만족시킨다. 이 때, 상수함수임을 보여라. [5점]

[해 설] 복소함수 $g(z) = \dfrac{1}{f(z)}\ (z \in \mathbb{C})$라 두자. 그러면
$$|f(z)| \geq |\mathrm{Re} f(z)| > 1 > 0 (\forall z \in \mathbb{C})$$
이므로 g는 정함수이다. 또한
$$|g(z)| = \left|\frac{1}{f(z)}\right| \leq \frac{1}{|\mathrm{Re}(f(z))|} < 1 (\forall z \in \mathbb{C})$$
이므로 g는 유계이다. 루빌의 정리에 의해 g는 상수함수이고

$f = \dfrac{1}{g}$ 도 상수함수이다.

98년시행기출

평가영역	해석함수
평가내용 요소	루빌의 정리

복소평면 $\mathbb{C}$ 에서 미분가능한 정함수(entire function)가 임의의 $z \in \mathbb{C}$ 에 대하여 조건
$$f(z) = f(z+2) = f(z+i)$$
를 만족하고, $f(0) = i$ 라고 한다. 이 때, $f(1+i)$의 값을 구하시오. [6점]
(단, i는 허수단위)

[해 설] 집합 $R := \{x + iy \mid x \in [0, 2],\ y \in [0, 1]\}$ 이라 할 때 f는 유계폐집합(compact) R에서 연속이므로 $f(R)$은 유계폐집합이다. 가정에 의해
$$f(\mathbb{C}) = f(R)$$
이므로 f는 유계정함수이다. 따라서 루빌 정리에 의해 f는 상수함수이다. 그러므로 $f(1+i) = f(0) = i$이다.

03년시행기출

평가영역	해석함수
평가내용 요소	코쉬의 부등식, 루빌의 정리

복소평면 $\mathbb{C}$ 에서 해석적인 함수(entire function) f 가 다음 두 조건을 모두 만족시키면 $f(z) = z$ 임을 보이시오. [5점]

> (i) $f(1) = 1$
> (ii) 임의의 $z \in \mathbb{C}$ 에 대하여 $|f(z)| \leq |z|$

[해 설 1] (코쉬의 부등식을 이용)
가정에 의해 곡선 $|z - z_0| = r$ 상의 임의의 점 z에서
$$|f(z)| \leq |z| \leq |z - z_0| + |z_0| = r + |z_0|,$$
따라서 코쉬의 부등식을 적용하면
$$|f^{(2)}(z_0)| \leq \dfrac{(r + |z_0|)2!}{r^2}.$$
위의 부등식은 임의의 $r > 0$에 대하여 성립하고

$$\lim_{r \to \infty} \dfrac{(r + |z_0|)2!}{r^2} = 0 \text{이므로} \quad f''(z_0) = 0 \text{이다.}$$
(즉, 임의의 복소수 z_0에 대하여 $f''(z_0) = 0$).
따라서 적당한 복소상수 a, b에 대하여 $f(z) = az + b$이다. 가정에 의해 $f(0) = 0$, $f(1) = 1$이므로 $a = 1$, $b = 0$, $f(z) = z (z \in \mathbb{C})$이다.

[해 설 2] (루빌의 정리를 이용)
$g(z) = \dfrac{f(z)}{z} (z \in \mathbb{C} \setminus \{0\})$이라 할 때 z는 $z = 0$에서 고립특이점을 갖고
$$|g(z)| \leq 1 (\forall z \in \mathbb{C} \setminus \{0\}).$$
따라서 리만의 정리에 의해 $\exists \lim_{z \to 0} g(z) =: w$,
$$\overline{g} : \mathbb{C} \to \mathbb{C},\ \overline{g}(z) = \begin{cases} \dfrac{f(z)}{z}, & z \neq 0 \\ w, & z = 0 \end{cases}$$
라 두면 $\overline{g}$는 정함수이다. 따라서 $\overline{g}$는 유계인 정함수가 되고 루빌 정리에 의해 $\overline{g}$는 상수함수이다. 적당한 복소상수 a에 대하여 $\overline{g}(z) = a$라 두면
$$\dfrac{f(z)}{z} = a (\forall z \neq 0),\ f(1) = 1$$
이므로 $a = 1$이다. 따라서 $f(z) = z (\forall z \in \mathbb{C})$이다.

08년시행기출

평가영역	해석함수
평가내용 요소	코쉬부등식, 루빌의 정리

복소수 전체의 집합 $\mathbb{C}$ 에서 $\mathbb{C}$ 로의 정함수(entire function) f가 모든 $z \in \mathbb{C}$ 에 대하여 두 조건
$$|f(z)| \leq 2|ze^z|,\ f'(1) = 1$$
을 만족시킬 때, $f(1)$의 값은? [2점]

① $\dfrac{1}{3}$ ② $\dfrac{1}{2}$ ③ 1 ④ e ⑤ $2e$

[정 답] ②

[해 설] 주어진 조건으로부터 $\dfrac{f(z)}{e^z}$는 정함수이고

$$\left|\frac{f(z)}{e^z}\right| \leq 2|z| \ (\forall \, z \in \mathbb{C})$$

가 되어 코쉬의 부등식에 의해

$$\frac{f(z)}{e^z} = az + b(1차 \text{ 이하 다항식})$$
$$= az \,(\exists \, a \in \mathbb{C}) \,((\because) \, f(0) = 0).$$

따라서 $f(z) = aze^z$, $1 = f'(1) = a(2e)$이므로

$$f(z) = \frac{1}{2e}ze^z \,(z \in \mathbb{C}), \, f(1) = \frac{1}{2}.$$

17년시행기출

평가영역	해석함수
평가내용 요소	정함수, 리만의 정리, 루빌의 정리

정함수(entire function) $f(z)$가 모든 복소수 z에 대하여 부등식

$$|f(z)| \leq |e^z - 1|$$

을 만족시킨다. $f(1) = 1$일 때, $f'(0)$의 값을 풀이 과정과 함께 쓰시오. [4점]

※ 다음 정리는 필요하면 증명 없이 사용할 수 있다.

> 양수 r에 대하여 영역 $\{z \in \mathbb{C} \mid 0 < |z - a| < r\}$에서 함수 $g(z)$가 해석적이고 유계이면 $\lim_{z \to a} g(z)$가 존재하고 함수
>
> $$h(z) = \begin{cases} g(z), & 0 < |z - a| < r \\ \lim_{w \to a} g(w), & z = a \end{cases}$$
>
> 는 $z = a$에서 해석적이다.

[해 설] $g(z) = \dfrac{f(z)}{e^z - 1}$라 하고, 정수 n에 대해 영역

$$D_n = \{z \in \mathbb{C} \mid 0 < |z - 2n\pi i| < \pi\}$$

을 생각하자.

(i) 복소수 z가 임의의 정수 n에 대하여 $z \neq 2n\pi i$일 때,

$$|g(z)| = \left|\frac{f(z)}{e^z - 1}\right| \leq 1$$

이므로 유계이며 $g(z)$는 해석적이다.

(ii) ㉠ $r = \pi$, $a = 2n\pi i$인 영역 D_n과 $g(z)$대하여

<정리>를 적용하면

$$h(z) = \begin{cases} g(z), & z \neq 2n\pi i \\ \lim_{z \to 2n\pi i} g(z), & z = 2n\pi i \end{cases} (n \in \mathbb{Z})$$

는 $z = 2n\pi i$에서 해석적이다. 따라서 $h(z)$는 정함수이다.
㉡ 각각의 영역 D_n에 대하여 함수의 비교극한정리를 적용하면

$$|h(2n\pi i)| = \left|\lim_{z \to 2n\pi i} g(z)\right| \leq 1$$

이므로 $h(z)$는 $\mathbb{C}$에서 유계이다.

(1)과 (2)에 의해 $h(z)$는 유계인 정함수이므로 루빌의 정리에 의해 $h(z)$는 상수함수이다. $h(1) = \dfrac{f(1)}{e-1} = \dfrac{1}{e-1}$이므로 $f(z) = \dfrac{e^z - 1}{e - 1}$이다. 따라서, $f'(0) = \dfrac{1}{e-1}$이다.

19년시행기출

평가영역	루빌정리
평가내용 요소	루빌정리

다음 조건을 만족시키는 정함수(entire function) $f(z)$에 대하여 $|f(i)|$의 최솟값을 풀이 과정과 함께 쓰시오. [4점]

> (가) 모든 복소수 z에 대하여 $|f(z) + z^2| \geq 3$이다.
> (나) $|f(2)| = 3$

[정 답] $\sqrt{14}$.

[해 설] (i) $g(z) = \dfrac{1}{f(z) + z^2}$이라 하면 $f(z) + z^2 \neq 0 \,(\forall \, z \in \mathbb{C})$이므로 g는 정함수이다. 또한

$$|g(z)| = \left|\frac{1}{f(z) + z^2}\right| \leq \frac{1}{3} \,(\forall \, z \in \mathbb{C})$$

이므로 g는 유계함수이다. 따라서 루빌정리에 의해

$$g(z) = \frac{1}{f(z) + z^2} \equiv c(상수).$$

(ii) $d := \dfrac{1}{c}$라 두면

$|d - 4| = |f(2)| = 3$, $|d| \geq 3 \,((\because) \,(가))$.

따라서 기하학적 방법에 의해 $d = 2 \pm \sqrt{5}\,i$에서 $|f(i)| = |d + 1|$의 최솟값은 $\sqrt{14}$이다.

23년시행기출 (일련번호 23-B11)

평가영역	루빌정리
평가내용 요소	코쉬-리만의 정리, 루빌정리

실수값을 갖는 두 함수 $u(x,y)$, $v(x,y)$와 복소수 $z=x+iy$ (x, y는 실수)에 대하여 복소함수
$$f(z)=u(x,y)+iv(x,y)$$
는 정함수(전해석함수, entire function)이다. $\overline{f(\bar{z})}$가 정함수임을 보이시오. 또한 $f'(i)=\pi$, $f(-i)=1$이고 모든 실수 x, y에 대하여
$$\frac{\partial u}{\partial x}(x,y)\frac{\partial v}{\partial y}(x,y)-\frac{\partial u}{\partial y}(x,y)\frac{\partial v}{\partial x}(x,y) > (u(x,-y))^2+(v(x,-y))^2$$
일 때, $\dfrac{f'(1-i)}{f(1+i)}$의 값을 풀이 과정과 함께 쓰시오.
(단, $\bar{z}$는 z의 켤레복소수이다.) [4점]

[정 답] $\dfrac{f'(1-i)}{f(1+i)}=\pi$.

[해 설] (1) $g(x,y)=\overline{f(\bar{z})}$
$=u(x,-y)+i(-v(x,-y))$
$=:\alpha(x,y)+i\beta(x,y)$
이라 두자. 그러면
(i) α, β는 복소평면전체에서 C^1-함수이다.
(ii) ㉠ f는 정함수이므로 복소평면전체에서 $u_x=v_y$, $v_x=-u_y$.
㉡ $\alpha_x=u_x(x,-y)$, $\alpha_y=-u_y(x,-y)$, $\beta_x=-v_x(x,-y)$, $\beta_y=v_y(x,-y)$이므로 $\alpha_x=\beta_y$, $\beta_x=-\alpha_y$.
그러므로 코쉬-리만의 정리에 의해 g는 정함수이다.
(2) (i) ㉠ 코쉬-리만의 정리에 의해
$\dfrac{\partial u}{\partial x}(x,y)\dfrac{\partial v}{\partial y}(x,y)-\dfrac{\partial u}{\partial y}(x,y)\dfrac{\partial v}{\partial x}(x,y)=|f'(z)|^2$,
㉡ $(u(x,-y))^2+(v(x,-y))^2=|g(z)|^2$.
(ii) 가정에 의해 $0\leq|g(z)|^2<|f'(z)|^2 (\forall z\in\mathbb{C})$
이므로 $\dfrac{|g(z)|}{|f'(z)|}<1 (\forall z\in\mathbb{C})$.

따라서 $\dfrac{g(z)}{f'(z)}$는 유계정함수이므로 상수함수이다.(($\because$) 루빌의 정리). 그러므로 $\dfrac{g(i)}{f'(i)}=\dfrac{\overline{f(-i)}}{f'(i)}$
$=\dfrac{1}{\pi} (\forall z\in\mathbb{C})$. $\therefore \dfrac{f'(1-i)}{f(1+i)}$(상수)$=\pi$.

18년시행기출

평가영역	코쉬의 적분공식
평가내용 요소	코쉬-리만의 정리, 가우스의 평균값정리

실숫값을 갖는 두 함수
$$u(x,y), v(x,y)=e^{-y}(x\cos x - y\sin x)$$
와 복소수 $z=x+iy$ (x, y는 실수)에 대하여 $f(z)=u(x,y)+iv(x,y)$가 정함수(entire function)이다. 곡선 C가
$$x=\cos t, y=\sin t \ (0\leq t\leq 2\pi)$$
로 정의된 원일 때,
$$\int_C -yu(x,y)dx+xu(x,y)dy=6\pi$$
이다. $f(0)$의 값과 함수 $u(x,y)$를 각각 풀이 과정과 함께 쓰시오. [4점]
※ 다음 정리는 필요하면 증명 없이 사용할 수 있다.

복소평면의 열린 집합 D에서 해석적인 함수 $f:D\to\mathbb{C}$에 대하여, $r>0$이고 $\{z\in\mathbb{C}\,|\,|z-z_0|\leq r\}\subset D$이면
$$f(z_0)=\frac{1}{2\pi}\int_0^{2\pi}f(z_0+re^{it})dt$$
이다.

[해 설]
(i) ㉠ $\mathrm{Im}(f(0))=v(0,0)=0$.
㉡ $6\pi=\int_C -yu(x,y)dx+xu(x,y)dy$
$=\int_0^{2\pi}((-\sin t)u(\cos t,\sin t)(\cos t)'$

$$+(\cos t)u(\cos t,\sin t)(\sin t)'\,dt$$
$$=\int_0^{2\pi}u(\cos t,\sin t)\,dt.$$

주어진 정리(혹은 가우스의 평균값정리)에 의해
$$2\pi f(0)=\int_0^{2\pi}f(0+e^{it})\,dt$$
$$=\int_0^{2\pi}u(\cos t,\sin t)\,dt+i\int_0^{2\pi}v(\cos t,\sin t)\,dt$$
이므로
$$2\pi\mathrm{Re}(f(0))=\mathrm{Re}(2\pi f(0))$$
$$=\int_0^{2\pi}u(\cos t,\sin t)\,dt=6\pi.$$
(즉, $\mathrm{Re}(f(0))=3$). 따라서 $f(0)=3$이다.
(ii) 코쉬-리만의 정리에 의해 임의의 $z=x+iy\in\mathbb{C}$ 에 대하여
$$u_x=v_y=e^{-y}(y\sin x-x\cos x-\sin x)$$
$\cdots$①,
$$e^{-y}(\cos x-x\sin x-y\cos x)=v_x$$
$$=-u_y\cdots ②$$
이다. 식 ②의 양변을 y에 대하여 편적분하면 적당한 x에 관한 식 $C_1(x)$, $C_2(x)$에 대하여
$$u=e^{-y}(-x\sin x-y\cos x-C_1(x)\cos x)+C_2(x)$$
,
$$u_x=e^{-y}\left(y\sin x-\left(x+\frac{\partial C_1(x)}{\partial x}\right)\cos x+(C_1(x)-1)\sin x\right)$$
$$+\frac{\partial C_2(x)}{\partial x}$$
이므로 ①에 의해 $C_1(x)=0$, $C_2(x)=$상수이다. $f(0)=3$이므로 $u=-e^{-y}(x\sin x+y\cos x)+3$.

22년시행기출 (일련번호 22-A7)

평가영역	복소선적분
평가내용 요소	가우스 평균값정리, 최솟값

실수 a에 대하여 함수 $u:\mathbb{R}^2\to\mathbb{R}$ 를
$$u(x,y)=x^2-2xy+ay^2+4x-6y$$
라 하자. $a=-1$일 때 적분 $\int_0^{2\pi}u(1+2\cos\theta,2\sin\theta)d\theta$ 의 값을 풀이 과정과 함께 쓰시오.
또한 $a=2$일 때 $u(x,y)$의 최솟값을 풀이 과정과 함께 쓰시오. [4점]

[정 답] $\int_0^{2\pi}u(1+2\cos\theta,2\sin\theta)d\theta=10\pi$, -5.

[해 설] (1) (i) $a=-1$일 때
$$u_{xx}+u_{yy}=2+2a=0$$
이므로 u는 $\mathbb{C}$ 상의 조화함수가 되어
$$\exists f:\mathbb{C}\to\mathbb{C}\text{정함수 s.t. }\mathrm{Re}(f)=u.$$
가우스 평균값정리에 의해서
$$f(1)=\frac{1}{2\pi}\int_0^{2\pi}f(1+2e^{i\theta})d\theta.$$
(ii) $I=\int_0^{2\pi}u(1+2\cos\theta,2\sin\theta)d\theta$
$$=\mathrm{Re}\left(\frac{1}{2\pi}\int_0^{2\pi}f(1+2e^{i\theta})d\theta\right)$$
$$=2\pi\mathrm{Re}f(1)=2\pi u(1,0)=10\pi.$$
(2) $a=2$일 때
$$u(x,y)=(x+2-y)^2+(y-1)^2-5\geq -5$$
이므로 $x=-1$, $y=1$일 때 -5가 최솟값이다.

05년시행기출

평가영역	해석함수
평가내용 요소	최대절댓값 정리

복소평면 $\mathbb{C}$ 안의 영역(domain) $D=\{z\,|\,|z|<2\}$에서 정의된 함수 $f:D\to\mathbb{C}$ 가 해석적(analytic)이고, 모든 $z\in D$에 대하여 $|f(z)|\leq\sqrt{5}$ 이다. $f(0)=2+i$일 때, $f(1)+f'(i)$의 값을 구하시오. [4점]

[해 설] f는 영역 D에서 상수함수가 아니라고 가정하자. 그러면 최대절댓값정리에 의해 $|f|$는 D에서 최댓값을 갖지 않는다. 그러나

$$|f(0)| = \sqrt{5}$$

이므로 $|f|$는 $z=0(\in D)$에서 최댓값을 가지므로 모순이다. 따라서 f는 D에서 상수함수이다. 그러므로
$$f(1) = 2+i,\ f'(i) = 0$$
가 되어 $f(1) + f'(i) = 2+i$ 이다.

09년시행기출

평가영역	해석함수
평가내용 요소	최대절댓값정리, 테일러정리

다음은 주어진 문제의 풀이를 단계별로 제시한 것이다. (가), (나), (다), (라)에 알맞은 것은? [2.5점]

< 문제 >
복소수 전체 집합을 $\mathbb{C}$ 라 하자. $D = \{z \in \mathbb{C} \mid |z| < 2\}$ 이고, 함수 $f : D \to \mathbb{C}$ 가 D에서 해석적(analytic)이라 하자. $f(0) = f'(0) = 0$, $f''(0) \neq 0$이고 $f\left(\dfrac{1}{3}\right) = \dfrac{i}{12}$이며 모든 $z \in D$에 대해서 $|f(z)| \leq 3$일 때, $f\left(\dfrac{2i}{3}\right)$의 값은?

< 풀 이 >
<1단계> 함수 f가 D에서 해석적이므로
$$f(z) = \sum_{n=0}^{\infty} a_n z^n$$
이 되고, 따라서 $f(z) = \boxed{(가)} \cdot g(z)$의 꼴이다.
(단, $g(z)$는 D에서 해석적이며 $g(0) \neq 0$ 이다.)
<2단계> $0 < r < 2$인 r에 대하여 $|z| = r$일 때, $|g(z)| \leq \boxed{(나)}$이 성립한다. 여기서 최대 절댓값 정리 (maximum modulus theorem)를 적용하면 $|z| \leq r$일 때, $|g(z)| \leq \boxed{(나)}$이다. 이 명제는 임의의 $r < 2$에 대하여 성립하므로 모든 $z \in D$에 대하여 $|g(z)| \leq \boxed{(다)}$이다.
<3단계> 위의 결과와 $f\left(\dfrac{1}{3}\right) = \dfrac{i}{12}$를 사용하여 $g(z)$를 구할 수 있고, 이를 이용하면 $f\left(\dfrac{2i}{3}\right) = \boxed{(라)}$ 임을 알 수 있다.

	(가)	(나)	(다)	(라)
①	z	$\dfrac{3}{r}$	$\dfrac{3}{2}$	$\dfrac{i}{12}$
②	z	$\dfrac{3}{r}$	$\dfrac{3}{2}$	$-\dfrac{1}{3}$
③	z^2	$\dfrac{3}{r}$	$\dfrac{3}{2}$	$\dfrac{i}{12}$
④	z^2	$\dfrac{3}{r^2}$	$\dfrac{3}{4}$	$-\dfrac{1}{3}$
⑤	z^2	$\dfrac{3}{r^2}$	$\dfrac{3}{4}$	$-\dfrac{i}{3}$

[정 답] ⑤
[해 설] <1단계> $\exists g : D \to \mathbb{C}$ 해석함수
s.t. $f(z) = z^2 g(z)$, $g(z) \not\equiv 0$.
($\because$) f는 D에서 해석적이므로 복소함수의 테일러정리에 의해
$f(z)$
$= f(0) + \dfrac{f'(0)}{1!}z + \dfrac{f''(0)}{2!}z^2 + \dfrac{f'''(0)}{3!}z^3 + \cdots$

$$= z^2 \left(\frac{f''(0)}{2!} z^2 + \frac{f'''(0)}{3!} z^3 + \cdots \right),$$

$g(z) = \frac{f''(0)}{2!} z^2 + \frac{f'''(0)}{3!} z^3 + \cdots$ 는 D에서 해석적, $g(0) = \frac{f^{(2)}(0)}{2!} \neq 0$이므로 $g(z) \not\equiv 0$.

<2단계> $z \in D \Rightarrow |z| < 2$
$\Rightarrow$ 임의의 $|z| < r < 2$에 대하여
$$|g(z)| \leq \sup\{|g(w)| \,|\, |w| \leq r\}$$
$$= \sup\{|g(w)| \,|\, |w| = r\} \,((\because) \text{ 최대절댓값정리II)}$$
$$= \sup\left\{\frac{|f(w)|}{r^2} \,\middle|\, |w| = r\right\} \leq \frac{3}{r^2}$$

(즉, $|g(z)| \leq \frac{3}{r^2}$ ($|z| < \forall r < 2$))

$\Rightarrow$ 실함수의 비교극한정리에 의해 $|g(z)| \leq \lim_{r \to 2} \frac{3}{r^2} = \frac{3}{4}$.

<3단계> $g \equiv$ 상수

($\because$) $|g(1/3)| = \left|\frac{f(1/3)}{(1/3)^2}\right| = \frac{3}{4}$ (즉, $|g|$는 D에서 최댓값을 갖는다.)이므로 최대절댓값 정리 I에 의해
$$\left(\frac{f(z)}{z^2} = \right) g(z) = g(1/3) = \frac{i/12}{1/9} = \frac{3}{4}i \text{ (상수)}.$$
$$\therefore f(z) = \frac{3}{4}iz^2, \ f\left(\frac{2}{3}i\right) = \frac{3}{4}i\left(\frac{2}{3}i\right)^2 = -\frac{i}{3}.$$

11년시행기출

평가영역	복소적분
평가내용 요소	유수정리, 편각원리

복소평면에서 $C = \{z \in \mathbb{C} \,|\, |z| = 5\}$가 반시계방향으로 한 바퀴 도는 곡선일 때, $\frac{1}{2\pi i} \int_C \frac{\cos z}{\sin z} dz$의 값은? [2점]

① -1 ② 0 ③ 1 ④ 2 ⑤ 3

[정 답] ⑤

[해 설 1] 편각원리에 의해
$$\frac{1}{2\pi i}\int_C \frac{\cos z}{\sin z}dz = \frac{1}{2\pi i}\int_C \frac{(\sin z)'}{\sin z}dz = 3 - 0$$
$$= 3.$$

(단, N, P : 각각 $\sin z$의 C 내부에서의 영점과 극의 개수이다.)

[해 설 2] $f(z) = \frac{\cos z}{\sin z}$라 두자. 그러면

(i) 분모의 영점을 구하면
$$\sin z = 0 \Leftrightarrow z = n\pi \ (n \in \mathbb{Z})$$
이므로 C 내부의 분모의 영점은 $z = -\pi, 0, \pi$.

(ii) $-\pi, 0, \pi$는 모두 $f(z)$의 단순극이다. 따라서

㉠ $\mathrm{Res}[f, 0] = \lim_{z \to 0} z f(z) = 1$,

㉡ $\mathrm{Res}[f, \pi] = \lim_{z \to \pi}(z - \pi)f(z) = 1$,

㉢ $\mathrm{Res}[f, -\pi] = \lim_{z \to \pi}(z - (-\pi))f(z) = 1$.

$\therefore$ 유수정리에 의해
$$\frac{1}{2\pi i}\int_C \frac{\cos z}{\sin z}dz$$
$$= \mathrm{Res}[f, 0] + \mathrm{Res}[f, \pi] + \mathrm{Res}[f, -\pi] = 3.$$

07년시행기출

평가영역	해석함수
평가내용 요소	Rouche 정리

복소방정식 $z + e^{-z} = 2$는 $|z - 2| < 2$에서 오직 한 개의 복소수 근을 가짐을 보이고, 그 근이 실근임을 보이시오. [4점]

[해 설] (i) $f(z) = z - 2$, $g(z) = e^{-z}$라 두고 곡선 C를 원 $|z - 2| = 2$라 두자. $f(z)$와 $g(z)$는 C와 C의 내부에서 해석적이고 $z \in C$에 대하여
$$|f(z)| = |z - 2| = 2,$$
$$|g(z)| = \frac{1}{|e^z|} = \frac{1}{e^{\mathrm{Re}(z)}} \leq \frac{1}{e^0} = 1$$

이므로 $|f(z)| > |g(z)| (\forall z \in C)$이다. 따라서 루셰의 정리에 의해

$(z-2+e^{-z}$ 의 C내부에서의 영점의 수)
$= (f(z)+g(z)$ 의 C내부에서의 영점의 수)
$= (f(z)$의 C 내부의 영점의 수)
$= 1$.

그러므로 $z-2+e^{-z}=0$는 $|z-2|<2$에서 정확히 하나의 복소수 근을 갖는다.

(ii) $h(x)=x+e^{-x}-2$ $(x\in\mathbb{R})$이라 두면 실함수 h는 구간 $[0,4]$에서 연속이고
$$h(0)=-1<0<2+e^{-4}=h(4)$$
이므로 중간값 정리에 의해 적어도 하나의 실근을 갖는다. 따라서 위의 (i)의 결과에 의해 방정식 $z-2+e^{-z}=0$는 $|z-2|$에서 정확히 하나의 실근을 갖는다.

15년시행기출

평가영역	해석함수
평가내용 요소	테일러 급수, 코쉬 적분공식

복소함수 $f(z)=\dfrac{e^z}{e^{2z}+1}$ $(|z|<\dfrac{\pi}{2})$의 점 $z_0=0$에 관한 테일러(Taylor) 급수 전개를 $f(z)=\sum_{n=0}^{\infty}a_n z^n$이라 하자. 음이 아닌 모든 정수 n에 대하여 $a_{2n+1}=0$임을 보이시오.

또한 복소평면에서 시계반대방향의 단위원 $C:|z|=1$에 대하여 $\displaystyle\int_C \dfrac{f(z)}{z^3}dz$의 값을 풀이 과정과 함께 쓰시오. [4점]

[해 설] (i) $f(-z)=\dfrac{e^{-z}}{e^{-2z}+1}=f(z)$ $(\forall z\in\mathbb{C})$이므로 $|z|<\dfrac{\pi}{2}$인 z에 대해 $\sum_{n=0}^{\infty}a_n z^n$
$=\sum_{n=1}^{\infty}a_n(-z)^n$이 성립한다. 급수표현의 유일성에 의해
$$a_n=(-1)^n a_n$$
이 성립하므로 $a_{2n+1}=0$이다.

(ii) 코쉬 적분공식에 의해

$$\int_C \dfrac{f(z)}{z^3}dz = 2\pi i \cdot \dfrac{f''(0)}{2!} = -\dfrac{\pi i}{2}.$$

16년시행기출

평가영역	해석함수
평가내용 요소	제거 가능 특이점, 로랑의 정리, 리만 정리, 최대절댓값 정리

복소평면 $\mathbb{C}$의 영역 $D=\{z\in\mathbb{C}\,|\,0<|z|<1\}$에 대하여 함수 $f:D\to\mathbb{C}$는 해석적(analytic)이다. 임의의 $z\in D$에 대하여 함수 $f(z)$가 부등식
$$|f(z)|\leq 1+\ln\left(\dfrac{1+|z|}{2|z|}\right)$$
를 만족시킨다. $z=0$은 함수 $f(z)$의 제거 가능 특이점(없앨 수 있는 특이점, removable singular point)임을 보이고, $f\left(\dfrac{1}{2}\right)=1$일 때 $f\left(\dfrac{1+i}{3}\right)$의 값을 풀이 과정과 함께 쓰시오. [4점]

[해 설] (1)
(i) 로랑정리에 의해
$$f(z)=\sum_{n=-\infty}^{\infty}a_n z^n \ (0<|z|<1),$$
(단, $a_n=\dfrac{1}{2\pi i}\int_{C_r}\dfrac{f(z)}{z^{n+1}}dz$,
$C_r:|z|=r\in(0,1)$,
$n=\cdots,-1,0,1,2,\cdots$).

(ii) $n=-1,-2,-3,\cdots$일 때
$$|a_n|\leq \dfrac{1}{2\pi}\int_{C_r}\dfrac{|f(z)|}{|z|^{n+1}}|dz|$$
$$\leq \dfrac{1+\ln\left(\dfrac{1+r}{2r}\right)}{2\pi r^{n+1}}\cdot 2\pi r.$$

$$= \frac{1+\ln\left(\frac{1+r}{2r}\right)}{r^n} \ (\forall\, r \in (0, 1))$$

n은 음의 정수이므로 $n = -m\,(m \in \mathbb{N})$이라 할 때
$$0 \leq \lim_{r \to 0+} |a_n|$$
$$\leq \lim_{r \to 0+} r^m\left(1+\ln\left(\frac{1+r}{2r}\right)\right) = 0.$$
$$a_n = 0.$$
따라서
$$f(z) = \sum_{n=-\infty}^{\infty} a_n z^n = a_0 + a_1 z + a_2 z^2 + \cdots$$
$$(0 < |z| < 1)$$

이므로 $z = 0$는 f의 제거 가능 특이점이다.
(2) (i) (1)에 의해 해석함수
$$g : D \cup \{0\} \to \mathbb{C},\ g(z) = f(z)(\forall\, z \in D)$$
가 존재한다.
(ii) $D_1 = D \cup \{0\}$에 대하여
$|g(z)| \leq 1\,(\forall\, z \in D_1)$
($\because$) $z \in D_1$을 고정하자. 그러면 $|z| < r < 1$인 임의의 실수 r에 대하여
$$|g(z)| \leq \max_{u \in C_r}|g(u)| \leq 1+\ln\left(\frac{1+r}{2r}\right).$$
($\because$ 최대절댓값 정리)

따라서
$$|g(z)| = \lim_{r \to 1}|g(z)| \leq \lim_{r \to 1}\left(1+\ln\left(\frac{1+r}{2r}\right)\right) = 1.$$

(iii) g는 $z = \frac{1}{2}$에서 $|g(z)| = 1$이므로 D_1의 내부에서 최댓값을 가진다. 따라서 최대절댓값 정리에 의해 g는 상수가 되어
$$f\left(\frac{1+i}{3}\right) = g\left(\frac{1+i}{3}\right) = 1.$$

08년시행기출

평가영역	실해석함수와 복소해석함수의 비교
평가내용 요소	로랑급수전개, 유수정리

집합 X에서 X로의 함수 f를
$$f(t) = \begin{cases} t\cos\dfrac{1}{t}, & t \neq 0 \\ 0, & t = 0 \end{cases}$$
으로 정의할 때, <보 기>에서 옳은 것을 모두 고른 것은? [2점]
(단, $\mathbb{R}$는 실수 전체의 집합이고 $\mathbb{C}$는 복소수 전체의 집합이다.)

<보 기>
ㄱ. $X = \mathbb{R}$일 때 f는 $t = 0$에서 연속이다.
ㄴ. $X = \mathbb{C}$일 때 f는 $t = 0$에서 연속이다.
ㄷ. $X = \mathbb{C}$일 때 $f(t) = \displaystyle\sum_{n=0}^{\infty} (-1)^n \dfrac{t^{1-2n}}{(2n)!}$은 모든 $t \in \mathbb{C} - \{0\}$에 대하여 성립한다.
ㄹ. $X = \mathbb{C}$일 때 $\displaystyle\int_{|t|=1} f(t)dt = 2\pi i$이다.

① ㄱ, ㄷ ② ㄱ, ㄹ ③ ㄴ, ㄹ
④ ㄱ, ㄴ, ㄷ ⑤ ㄱ, ㄷ, ㄹ

[정 답] ①
[해 설] ㄱ. ○
($\because$) $|f(x)| \leq |x|\,(x \in \mathbb{R} - \{0\})$
가 성립하므로 조임정리에 의해 $\lim_{x \to 0} f(x) = 0 (= f(0))$
이다. 즉, f는 $x = 0$에서 연속이다.

ㄷ. ○
($\because$) $z \in \mathbb{C} \setminus \{0\}$에 대하여
$$f(z) = z\cos\frac{1}{z}$$
$$= z\left(1 - \frac{1}{2!}\left(\frac{1}{z}\right)^2 + \frac{1}{4!}\left(\frac{1}{z}\right)^4 - \frac{1}{6!}\left(\frac{1}{z}\right)^6 + \cdots\right)$$
$$= z - \frac{1}{2!}\frac{1}{z} + \frac{1}{4!}\frac{1}{z^3} - \frac{1}{6!}\frac{1}{z^5} + \cdots$$
$$= \sum_{n=0}^{\infty} \frac{(-1)^n}{(2n)!} z^{(1-2n)}.$$

ㄴ. ×
($\because$) ㄷ에 의해 $z \in \mathbb{C} \setminus \{0\}$에 대하여

$$f(z)=z\cos\frac{1}{z}=\sum_{n=0}^{\infty}\frac{(-1)^n}{(2n)!}z^{(1-2n)}$$

이므로 $\not\exists \lim_{z\to 0} f(z)$.

ㄹ. ✕

($\because$) ㄷ에 의해 $\mathrm{Res}[f(z),0]=-\frac{1}{2}$ 이므로 유수정리에 의하여 $\int_C f(z)dz=2\pi i\cdot \mathrm{Res}[f(z),0]=-\pi i$.

11년시행기출

평가영역	해석함수
평가내용 요소	테일러 정리, 모레라 정리, 코쉬 적분 공식

복소평면에서 영역 $D=\{z\in\mathbb{C}\,|\,|z|<1\}$에 대하여 연속함수 $f:D\to\mathbb{C}$가 해석적(analytic, holomorphic)이기 위한 필요충분조건을 <보기>에서 있는 대로 고른 것은? [2점]

<보기>

ㄱ. D에서 $f(z)$로 수렴하는 멱급수 $\sum_{n=0}^{\infty} a_n z^n$이 존재한다.

ㄴ. D에 포함되는 모든 단순닫힌경로(단순폐곡선, simple closed contour) C에 대하여 $\int_C f(z)dz=0$이다.

ㄷ. D에서 $\dfrac{dF}{dz}=f$를 만족하는 해석함수 F가 존재한다.

① ㄱ ② ㄱ,ㄴ ③ ㄱ,ㄷ ④ ㄴ,ㄷ ⑤ ㄱ,ㄴ,ㄷ

[정 답] ⑤

[해 설] ㄱ. ○

($\because$) ($\Rightarrow$) 테일러 정리에 의해 성립한다. ($\Leftarrow$) 자명하다.

ㄴ. ○

($\because$) ($\Leftarrow$) 모레라 정리에 의해 성립한다.
($\Rightarrow$) C-G정리의 의해 성립한다.

ㄷ. ○

($\because$) ($\Leftarrow$) 코쉬-적분공식에 의해 성립한다.

($\Rightarrow$) 정리22(1) 고정된 $a\in D$에 대하여 $F(z):=\int_a^z f(u)du$라 두면 $F'(z)=f(z)(z\in D)$ (단, $\int_a^z f(u)du$는 a에서 z로의 D상의 임의의 곡선 C에 대한 선적분이다.)

12년시행기출

평가영역	고립특이점의 분류
평가내용 요소	카소라티-와이어스트라스의 정리

<조건>을 만족시키는 고립특이점(isolated singularity) $z=0$을 갖는 복소함수만을 <보기>에서 있는 대로 고른 것은? [2.5점]

<조건>

임의의 $w\in\mathbb{C}$에 대하여 $\lim_{n\to\infty} z_n=0$이고 $\lim_{n\to\infty} f(z_n)=w$인 수열 $\{z_n\}$이 존재한다.

<보기>

ㄱ. $f(z)=z\sin\dfrac{1}{z}$ ㄴ. $f(z)=\dfrac{\sin z}{e^z-1}$

ㄷ. $f(z)=\dfrac{1}{\sin z}$

① ㄱ ② ㄴ ③ ㄱ,ㄴ ④ ㄱ,ㄷ ⑤ ㄴ,ㄷ

[정 답] ①

[해 설] ㄱ. ○

($\because$) $f(z)=z\sin\dfrac{1}{z}$
$=z\left(\dfrac{1}{1!}\cdot\dfrac{1}{z}-\dfrac{1}{3!}\cdot\dfrac{1}{z^3}+\cdots\right)$
$=z-\dfrac{1}{3!}\cdot\dfrac{1}{z^2}+\cdots$

이므로 $z=0$에서 진성특이점이다. 따라서 카소라티-와이어스트라스 정리에 의해 <조건>을 만족한다.

ㄴ. ✕

($\because$) $\lim_{z\to 0}\dfrac{\sin z}{e^z-1}=1$이므로 함수극한의 수열판정법에 의해 $\lim_{n\to\infty} z_n=0$이면 $\lim_{n\to\infty} f(z_n)=1$이다.

ㄷ. ✕

($\because$) $\sin z$는 $z=0$에서 연속이므로 $\lim_{z \to 0} \sin z = \sin 0 = 0$, $\lim_{z \to 0} \dfrac{1}{\sin z} = \infty$. 따라서 $\lim_{n \to \infty} z_n = 0$이면 $\lim_{n \to \infty} f(z_n) = \infty$ 이다.

09년시행기출

평가영역	복소적분
평가내용 요소	코쉬-구르사 정리, 유수정리, 급수전개

복소평면에서 곡선 C가 $C: z(t) = e^{it}$ ($0 \le t \le 2\pi$)로 나타내지는 단위원일 때, 다음 복소적분값 A, B에 대하여 $\dfrac{A}{B}$의 값은? [2점]

$$A = \int_C (e^{z^2} + z^2 e^{\frac{1}{z}}) dz, \quad B = \int_C \dfrac{1-z}{\sin z} dz.$$

① $\dfrac{1}{6}$ ② $\dfrac{1}{4}$ ③ $\dfrac{1}{3}$ ④ $\dfrac{1}{2}$ ⑤ 1

[정 답] ①

[해 설] (i) ㉠ 코쉬-구르사 정리에 의해 $\int_C e^{z^2} = 0$.

㉡ $z^2 e^{\frac{1}{z}}$
$= z^2 \left(1 + \dfrac{1}{1!}\left(\dfrac{1}{z}\right) + \dfrac{1}{2!}\left(\dfrac{1}{z}\right)^2 + \dfrac{1}{3!}\left(\dfrac{1}{z}\right)^3 + \cdots \right)$
$= \cdots + \dfrac{1}{6} z^{-1} + \cdots$

이므로 유수정리에 의해

$\int_C z^2 e^{\frac{1}{z}} dz = 2\pi i \operatorname{Re}[z^2 e^{\frac{1}{z}}, 0] = 2\pi i \dfrac{1}{6} = \dfrac{\pi}{3} i$.

따라서 ㉠, ㉡에 의해

$A = \int_C e^{z^2} dz + \int_C z^2 e^{\frac{1}{z}} dz = 0 + \dfrac{\pi}{3} i = \dfrac{\pi}{3} i$.

(ii) $f(z) = \dfrac{1-z}{\sin z}$에 대하여
$\lim_{z \to 0} |f(z)| = \infty$, $\lim_{z \to 0} z f(z) = 1 \ne 0$
이므로 $z=0$은 $f(z)$의 단순극, $\operatorname{Res}[f, 0]$

$= \lim_{z \to 0} z f(z) = 1$이다. 따라서 유수정리에 의해
$B = \int_C f(z) dz = 2\pi i \operatorname{Res}[f, 0] = 2\pi i$. 그러므로

$\dfrac{A}{B} = \dfrac{\frac{\pi}{3} i}{2\pi i} = \dfrac{1}{6}$.

10년시행기출

평가영역	복소적분
평가내용 요소	코시구르사 정리, 유수정리

복소평면에서 곡선 C는 $C: z(t) = e^{it}$ ($0 \le t \le 2\pi$)로 나타내어지는 단위원이다. 자연수 n에 대하여 복소적분

$$\int_C z^n (e^z + e^{\frac{1}{z}}) dz$$

의 값을 a_n이라 할 때, $\lim_{n \to \infty} \dfrac{a_{n+1}}{a_n}$의 값은? [1.5점]

① 0 ② $\dfrac{1}{4}$ ③ $\dfrac{1}{2}$ ④ $\dfrac{3}{4}$ ⑤ 1

[정 답] ①

[해 설] (i) 양의 정수 n에 대하여
$a_n = \int_C f(z) dz$
$= \int_C z^n \cdot e^z dz + \int_C z^n \cdot e^{\frac{1}{z}} dz$
$= 0 + \int_C z^n \cdot e^{\frac{1}{z}} dz$

(($\because$) 코쉬-구르사 정리에 의하여 $\int_C z^n \cdot e^z dz = 0$.)

$= 2\pi i \operatorname{Res}[z^n \cdot e^{\frac{1}{z}}, 0]$ (($\because$) 유수정리)
$= 2\pi i \dfrac{1}{(n+1)!}$.

(($\because$)
$z^n e^{\frac{1}{z}}$

$$= z^n\left(1 + \frac{1}{1!}z^{-1} + \frac{1}{2!}z^{-2} + \cdots + \frac{1}{k!}z^{-k} + \cdots\right)$$

$$= z^n + \frac{1}{1!}z^{n-1} + \frac{1}{2!}z^{n-2} + \cdots$$

$$+ \frac{1}{k!}z^{n-k} + \cdots$$

$$= \sum_{k=0}^{\infty} \frac{1}{k!} z^{n-k}$$

에서 z^{-1}의 계수는 $n-k = -1$(즉, $k = n+1$일 때)이므로 $\mathrm{Res}[z^n \cdot e^{\frac{1}{z}}, 0] = \frac{1}{(n+1)!}$.)

(ii) (i)에 의해 $\displaystyle\lim_{n \to \infty} \frac{a_{n+1}}{a_n} = \lim_{n \to \infty} \frac{1}{n+2} = 0$.

13년시행기출

평가영역	복소적분
평가내용 요소	유수정리, 선형사상

다음 4개의 복소함수

$$f_1(z) = z,\ f_2(z) = \bar{z},\ f_3(z) = e^z,\ f_4(z) = e^{\bar{z}}$$

로 생성되는 복소 벡터 공간

$$\{a_1 f_1 + a_2 f_2 + a_3 f_3 + a_4 f_4 \mid a_1, a_2, a_3, a_4 \in \mathbb{C}\}$$

를 V라 하자. 여기서 $\bar{z}$는 z의 켤레복소수이다. 복소평면 $\mathbb{C}$ 상의 시계반대방향의 단위원 $C : |z| = 1$에 대하여 사상(map) $T : V \to \mathbb{C}$를 다음과 같이 정의하자.

$$T(f) = \int_C f(z) dz$$

T가 선형사상임을 증명하시오. 선형사상 T의 핵(kernel) $\ker(T)$의 기저를 구하고, $\ker(T)$를 이용하여 $T^{-1}(2) = \{f \in V \mid T(f) = 2\}$를 나타내시오. [10점]

[해 설] (i) T : 선형사상

($\because$) $\alpha, \beta \in \mathbb{C}$와 $f, g \in V$에 대하여

$$T(\alpha f + \beta g) = \int_C (\alpha f + \beta g)\, dz$$

$$= \alpha \int_C f\, dz + \beta \int_C g\, dz$$

$$= \alpha T(f) + \beta T(g).$$

$\therefore\ T$는 V에서 선형사상이다.

(ii) $\ker T$의 기저 $= \{f_1, f_2 - f_4, f_3\}$

($\because$) ㉠ $f = a_1 f_1 + \cdots + a_4 f_4 \in \ker(T)$
$\Leftrightarrow 0 = T(f)$

$$= a_1 \int_C f_1(z)\, dz + \cdots + a_4 \int_C f_4(z)\, dz$$

$$= a_1 \cdot 0 + a_2 \cdot 2\pi i + a_3 \cdot 0 + a_4 \cdot 2\pi i$$

(($\because$) $\int_C f_2(z)\, dz = \int_C \frac{1}{z}\, dz = 2\pi i$,

$\int_C f_4(z)\, dz = \int_C e^{1/z}\, dz = 2\pi i$.)

$\Leftrightarrow a_2 + a_4 = 0$
$\Leftrightarrow a_4 = -a_2$.

$\therefore\ \ker T = \{f = a_1 f_1 + \cdots + a_4 f_4$
$\mid a_4 = -a_2,\ a_1, a_2, a_3 \in \mathbb{C}\}$
$= \{a_1 f_1 + a_2(f_2 - f_4) + a_3 f_3$
$\mid a_1, a_2, a_3 \in \mathbb{C}\}$
$= \langle f_1, f_2 - f_4, f_3 \rangle_{\mathbb{C}}$.

㉡ $c_1 f_1 + c_2(f_2 - f_4) + c_3 f_3 = 0$
(즉, $c_1 z + c_2(\bar{z} - e^{\bar{z}}) + c_3 e^z = 0$)이라 하자. 그러면
$z = 0$일 때 $-c_2 + c_3 = 0$,
$z = \pi i$일 때 $\pi i(c_1 - c_2) + c_2 - c_3 = 0$,
$z = \dfrac{\pi i}{2}$일 때 $\dfrac{\pi i}{2}(c_1 - c_2) + i(c_2 + c_3) = 0$

이므로 $c_1 = c_2 = c_3 = 0$이다. 그러므로 $\{f_1, f_2 - f_4, f_3\}$는 일차독립이다.

따라서 ㉠, ㉡에 의해 $\ker T$의 기저는 $\{f_1, f_2 - f_4, f_3\}$이다.

(iii) $T^{-1}(2) = \{f \in V \mid T(f) = 2\}$
$= \{f \in V \mid T(f) = T\left(\dfrac{1}{\pi i} f_2\right)\}$
$= \{f \in V \mid T\left(f - \dfrac{1}{\pi i} f_2\right) = 0\}$

$$= \left\{ f \in V \mid f - \frac{1}{\pi i} f_2 \in \operatorname{Ker} T \right\}$$
$$= \frac{1}{\pi i} f_2 + \ker T.$$

21년시행기출 (일련번호 21-2)

평가영역	복소선적분의 계산
평가내용 요소	유수정리, 단순극의 유수계산, 곡선의 매개화

복소평면에서 중심이 i이고 반지름의 길이가 2인 원을 시계반대방향으로 한 바퀴 도는 곡선 C에 대하여 선적분

$$\int_C \left\{ \frac{4e^{-iz}}{(z+6i)(z-2i)} + \overline{z} \right\} dz$$

의 값을 풀이 과정과 함께 쓰시오.
(단, $\overline{z}$는 z의 켤레복소수이다.) [4점]

[정 답] $\pi(e^2 + 8i)$

[해 설] (ⅰ) $f_1(z) = \dfrac{4e^{-iz}}{(z+6i)(z-2i)}$ 에 대하여

$$\int_C f_1(z)\, dz = 2\pi i \operatorname{Res}[f_1(z), 2i]\,((\because)\text{유수정리})$$
$$= 2\pi i \lim_{z \to 2i}(z-2i)f_1(z) = \pi e^2.$$

$f_2(z) = \overline{z}$에 대하여 각 $z \in C$에 대하여
$4 = |z-i|^2 = (z-i)(\overline{z}+i)$, $f_2(z) = \overline{z} = \dfrac{4}{z-i} - i$.

이므로 $\displaystyle\int_C f_2(z)\, dz = 2\pi i \operatorname{Res}[f_2(z), i]\,((\because)\text{유수정리})$
$$= 2\pi i \operatorname{Res}[4/(z-i), i] = 8\pi i.$$

(ⅱ) $\displaystyle\int_C \left\{ \frac{4e^{-iz}}{(z+6i)(z-2i)} + \overline{z} \right\} dz$
$= \displaystyle\int_C f_1(z)\, dz + \int_C f_2(z)\, dz = \pi(e^2 + 8i).$

22년시행기출 (일련번호 22-B11)

평가영역	복소선적분
평가내용 요소	루셰정리, 유수정리, 유수의 계산공식(단순극)

복소방정식 $z^3 - z - 4 = 0$이 영역 $\{z \in \mathbb{C} \mid |z| < 2\}$에서 갖는 근의 개수를 풀이 과정과 함께 쓰시오. 또한 원점을 중심으로 하고 반지름의 길이가 2인 원을 시계반대방향으로 한 바퀴 도는 곡선을 C라 할 때, 선적분 $\displaystyle\int_C \frac{1}{(z-3)(z^3-z-4)} dz$의 값을 풀이 과정과 함께 쓰시오.
(단, 다중근의 경우 중복되는 수만큼 근의 개수로 인정한다.)
[4점]

※ 다음 정리는 필요하면 증명 없이 사용할 수 있다.

> 함수 $f(z)$와 $g(z)$가 단순닫힌곡선(simple closed curve) γ와 그 내부에서 해석적이라 하자. 곡선 γ 위의 모든 점 z에 대하여 부등식 $|g(z)| < |f(z)|$이 성립하면 두 함수 $f(z)$와 $f(z) + g(z)$는 γ 내부에서 같은 개수의 영점(zero)을 갖는다.

[정 답] 근의 개수 $= 3$, $\displaystyle\int_C \frac{1}{(z-3)(z^3-z-4)} dz$
$= -\dfrac{\pi}{10} i.$

[해 설] (1) 곡선 $C : |z| = 2$의 내부에서 두 함수
$$f(z) := z^3, \quad g(z) := -z - 4$$
는 해석적이고
$$|g(z)| \leq |-z| + |-4| \leq 6 < 8 = |f(z)|\,(\forall z \in C).$$
따라서 루셰의 정리에
$$(|z| < 2 \text{에서 } z^3 - z - 4 = 0 \text{의 근의 개수})$$
$$= (|z| < 2 \text{에서 } f(z) + g(z) \text{의 영점의 개수})$$
$$= (|z| < 2 \text{에서 } f(z) \text{의 영점의 개수})$$
$$= 3.$$

(2) (ⅰ) $z = \dfrac{1}{w}$이라 두고 정리하면
$$z^3 - z - 4 = 0\,(2 < |z|) \Leftrightarrow 4w^3 + w^2 - 1 = 0\,(|w| < 1/2).$$
따라서
$$(|w| < 1/2 \text{에서 } 4w^3 + w^2 - 1 = 0 \text{의 근의 개수})$$
$$= (2 < |z| \text{에서 } z^3 - z - 4 = 0 \text{의 근의 개수})$$
$$= 0\,((\because)\,(1)).$$

(ⅱ) $z = \dfrac{1}{w}$이라 두고 주어진 복소선적분을 다시 정리하여 계산하면

$$\int_C \frac{1}{(z-3)(z^3-z-4)} dz$$
$$= \int_{C_1} \frac{1}{(1/w - 3)(1/w^3 - 1/w - 4)} \left(\frac{1}{w}\right)' dw$$

(단, C_1은 $|w|=1/2$의 시계방향으로 매개화 된 곡선.)

$$= \int_{C_1} \frac{w^4}{(1-3w)(1-w^2-4w^3)}\left(-\frac{1}{w^2}\right)dw$$

$$= \int_{|w|=1/2} \frac{w^2}{(3w-1)(4w^3+w^2-1)}dw$$

$$= 2\pi i \operatorname{Res}\left[\frac{w^2}{(3w-1)(4w^3+w^2-1)}, \frac{1}{3}\right]$$

$$((\because) \text{ 유수정리})$$

$$= 2\pi i \lim_{w \to 1/3}(w-1/3)\frac{w^2}{(3w-1)(4w^3+w^2-1)}$$

$$= -\frac{\pi}{10}i.$$

94년시행기출

평가영역	복소적분
평가내용 요소	유수정리

복소적분 $\oint_{|z|=1} e^{\frac{1}{z^2}}dz$의 값은? (단, $i=\sqrt{-1}$)

① $2\pi i$ ② πi ③ $\frac{\pi}{2}i$ ④ 0

[정 답] ④

[해 설] $C : |z|=1$, $f(z)=e^{\frac{1}{z^2}}$이라 할 때

$$e^{\frac{1}{z^2}} = 1 + \frac{1}{1!}\left(\frac{1}{z^2}\right) + \frac{1}{2!}\left(\frac{1}{z^2}\right)^2 + \cdots$$

이므로 $\operatorname{Res}[f, 0]=0$. 유수정리에 의해,

$$\int_C e^{\frac{1}{z^2}}dz = 2\pi i \operatorname{Res}[f, 0]=0.$$

95년시행기출

평가영역	복소적분
평가내용 요소	유수정리

$\int_{|z|=3} \frac{z^3+3z-1}{(z-1)(z+2)}dz$의 값은? (단, z는 복소수)

① $8\pi i$ ② $12\pi i$ ③ $16\pi i$ ④ $20\pi i$

[정 답] ②

[해 설] $f(z) = \frac{z^3+3z-1}{(z-1)(z+2)}$ 이라 할 때

$$\operatorname{Res}[f, 1] = \lim_{z \to 1}(z-1)f(z)$$

$$= \lim_{z \to 1}\frac{z^3+3z-1}{z+2} = 1.$$

$$\operatorname{Res}[f, -2] \lim_{z \to -2}(z+2)f(z)$$

$$= \lim_{z \to -2}\frac{z^3+3z-1}{z-1} = 5.$$

유수정리에 의해

$$\int_C f(z)dz = 2\pi i(\operatorname{Res}[f, 1] + \operatorname{Res}[f, -2])$$

$$= 12\pi i.$$

96년시행모의평가

평가영역	복소적분
평가내용 요소	유수정리

복소선적분 $\int_{|z|=3} \frac{(e^z-1)dz}{z(z-1)(z-i)}$ 을 계산하시오. [3점]

[해 설] $f(z) := \frac{(e^z-1)}{z(z-1)(z-i)}$는 $|z|=3$의 경계와 내부에서 세 점 $z=0, 1, i$을 제외한 모든 점에서 해석적이며 각 특이점에서의 유수를 구하면

㉠ $\operatorname{Res}[f, 0]=0$

($\because$) $\exists \lim_{z \to 0}f(z) = \lim_{z \to 0}\frac{(e^z-1)}{z(z-1)(z-i)} = -i$이므로 f는 0에서 제거가능 특이점이므로 $\operatorname{Res}[f, 0]=0$.

㉡ f는 $1, i$에서 단순극을 가지므로

$$\operatorname{Res}[f, 1] = \lim_{z \to 1}\frac{(z-1)(e^z-1)}{z(z-1)(z-i)}$$

$$= \frac{e-1}{1-i},$$

$$\operatorname{Res}[f, i] = \lim_{z \to i}\frac{(z-i)(e^z-1)}{z(z-1)(z-i)}$$

$$= \frac{1-e^i}{1+i}.$$

따라서 유수정리에 의하여
$$\int_{|z|=3} \frac{(e^z-1)dz}{z(z-1)(z-i)}$$
$$= 2\pi i(\text{Res}[f,0]+\text{Res}[f,1]+\text{Res}[f,i])$$
$$= \pi(2-e-\cos 1+\sin 1)+\pi i(e-\cos 1-\sin 1).$$

96년시행기출

평가영역	복소적분
평가내용 요소	유수정리

복소선적분 $\int_{|z|=1} z^3 \cos\left(\frac{1}{z}\right)dz$을 구하여라. [4점]

[해 설] 곡선 $C : |z|=1$와 복소함수
$$f(z) := z^3 \cos\left(\frac{1}{z}\right)$$
에 대하여 f는 0을 제외한 C와 C 내부의 모든 점에서 해석적이다.
$$f(z) = z^3 - 2z^1 + \frac{1}{4!}z^{-1} - \frac{1}{6!}z^{-3} + \cdots$$
이므로 $\text{Res}[f,0] = a_{-1} = \frac{1}{4!} = \frac{1}{24}$. 유수정리에 의해
$$\int_{|z|=1} z^3 \cos\left(\frac{1}{z}\right)dz = 2\pi i \,\text{Res}[f,0]$$
$$= 2\pi i \frac{1}{24} = \frac{\pi i}{12}.$$

98년시행추가임용기출

평가영역	복소적분
평가내용 요소	유수정리

$\int_{|z|=2} \frac{(z^2+7)e^{2z}}{(z-3)(z+1)^2}dz$의 값을 구하시오. [5점]

[해 설] 곡선 $C : |z|=1$와 함수

$$f(z) := \frac{(z^2+7)e^{2z}}{(z-3)(z+1)^2}$$

에 대하여 f는 -1을 제외한 C와 C의 내부에서 해석적이고, f는 -1에서 위수 2인 극을 갖는다. 따라서
$$\text{Res}[f,-1]$$
$$= \frac{1}{1!} \lim_{z \to -1} \left(\frac{d}{dz}(z+1)^2 f(z)\right)$$
$$= \lim_{z \to -1}\left(\frac{d}{dz}\frac{(z^2+7)e^{2z}}{(z-3)}\right)$$
$$= -4e^{-2}.$$

따라서 유수정리에 의해
$$\int_{|z|=2} f(z)dz = 2\pi i\,\text{Res}[f,-1] = \frac{-8\pi i}{e^2}.$$

00년시행기출

평가영역	복소적분
평가내용 요소	유수정리, 급수전개

n이 임의의 정수일 때, 복소적분 $\int_{|z|=1} z^n dz$의 값을 구하시오 [5점]

[해 설] $n \in \mathbb{Z}$에 대하여 z^n은 0 이외의 모든 점에서 해석적이고
$$z^n = \cdots + 0 + 0 + z^n + 0 + 0 + \cdots$$
이므로 $\text{Res}[z^n, 0] = \begin{cases} 1 &, n=-1 \\ 0 &, n \neq -1 \end{cases}$. 따라서 유수 정리에 의해
$$\int_{|z|=1} z^n dz = 2\pi i\,\text{Res}[z^n, 0]$$
$$= \begin{cases} 2\pi i &, n=-1 \\ 0 &, n \neq -1 \end{cases}.$$

06년시행기출

평가영역	복소적분
평가내용 요소	유수정리

복소평면에서 C는 꼭짓점이 -1, $1-i$, $1+i$인 삼각형

이고 방향이 반시계방향으로 주어졌을 때, $\int_C \dfrac{dz}{z(z-2)}$ 의 값을 구하시오. [4점]

[해 설] f는 곡선 C의 경계와 내부에서 $z=0$만을 단순특이점으로 갖는다. 따라서 유수정리에 의하여

$$\int_C \frac{1}{z(z-2)} dz = 2\pi i \operatorname{Res}\left[\frac{1}{z(z-2)}, 0\right]$$
$$= 2\pi i \lim_{z \to 0} z \cdot \frac{1}{z(z-2)} = -\pi i.$$

19년시행기출

평가영역	실수항급수, 복소선적분
평가내용 요소	테일러의 정리, 유수정리, 급수전개

정의역이 $\{x \in \mathbb{R} \mid -1 < x < 1\}$인 함수 $f(x) = \dfrac{e^x - 1}{1-x}$의 $x=0$에서의 3차 테일러 다항식을 구하시오. 또한 복소평면에서 원점을 중심으로 하고 반지름의 길이가 $\dfrac{1}{2}$인 원을 시계반대방향으로 한 바퀴 도는 곡선 C에 대하여 선적분 $\int_C \dfrac{e^z - 1}{z^4(1-z)} dz$의 값을 풀이 과정과 함께 쓰시오. [4점]

[정 답]

$$p_3(x) = x + \frac{3}{2}x^2 + \frac{5}{3}x^3,$$

$$\int_C \frac{e^z - 1}{z^4(1-z)} dz = \frac{10\pi i}{3}.$$

[해 설]

(ⅰ) $f(x) = \dfrac{1}{1-x}(e^x - 1)$

$= (1 + x + x^2 + x^3 + \cdots)\left(\dfrac{x^1}{1!} + \dfrac{x^2}{2!} + \dfrac{x^3}{3!} + \cdots\right)$

$= \dfrac{1}{1!}x + \left(\dfrac{1}{1!} + \dfrac{1}{2!}\right)x^2 + \left(\dfrac{1}{1!} + \dfrac{1}{2!} + \dfrac{1}{3!}\right)x^3 + \cdots$

$= x + \dfrac{3}{2}x^2 + \dfrac{5}{3}x^3 + \cdots.$

따라서 $x=0$에서의 3차 테일러다항식은

$$p_3(x) = x + \frac{3}{2}x^2 + \frac{5}{3}x^3.$$

(ⅱ) $g(z) = \dfrac{e^z - 1}{z^4(1-z)}$이라 할 때

$g(z) = z^{-4} f(z)$

$= z^{-4}\left(z + \dfrac{3}{2}z^2 + \dfrac{5}{3}z^3 + \cdots\right).$

따라서 유수정리에 의해

$$\int_C g(z) dz = 2\pi i \operatorname{Res}[g, 0] = 2\pi i \frac{5}{3} = \frac{10\pi i}{3}.$$

20년시행기출

평가영역	복소선적분
평가내용 요소	편각원리의 일반화, 유수정리

복소함수 $f(z) = z^6 - 1$에 대하여

$$\int_C \frac{z^3 f'(z)}{f(z)} dz$$

의 값을 풀이과정과 함께 쓰시오. 여기서 C는 복소평면에서 점 $\left(\dfrac{1}{2}, 0\right)$을 중심으로 하고 반지름의 길이가 1인 원을 시계반대방향으로 한 바퀴 도는 곡선이다. [4점]

[해 설](Ⅰ) (ⅰ) $w = e^{\frac{\pi i}{3}}$에 대하여 $w^1, w^2, \cdots, w^6(=1)$은 $f(z)$의 모든 근이다.

(ⅱ) $f(z)$의 근 중에서 C의 내부에 존재하는 점은 w^1, w^5, 1로서 세 점이므로 일반화된 편각의 원리에 의해

$$\int_C \frac{z^3 f'(z)}{f(z)} dz = 2\pi i((w^1)^3 + (w^5)^3 + 1^3)$$
$$= 2\pi i(-1 - 1 + 1) = -2\pi i.$$

[해 설](Ⅱ)

(ⅰ) $w = e^{\frac{\pi i}{3}}$에 대하여 $w^1, w^2, \cdots, w^6(=1)$은 $f(z)$의 모든 근이다.

(ⅱ) $f(z)$의 근 중에서 C의 내부에 존재하는 점은 w^1,

w^5, 1로서 세 점이다. $g(z) = \dfrac{z^3 f'(z)}{f(z)} = \dfrac{6z^8}{z^6-1}$는 각 점 $z_0 = w^1$, w^5, 1에서 단순극을 가지므로 유수는
$$\text{Res}[g(z), z_0] = \lim_{z \to z_0}(z-z_0)g(z) = z_0^3.$$
따라서 유수정리에 의해
$$\int_C \dfrac{z^3 f'(z)}{f(z)} dz = 2\pi i ((w^1)^3 + (w^5)^3 + 1^3)$$
$$= 2\pi i(-1-1+1) = -2\pi i.$$

24년시행기출 (일련번호 24-B9)

평가영역	해석함수, 복소선적분의 계산
평가내용 요소	코쉬-리만의 방정식, 유수정리

복소수 $z = x + iy$ (x, y는 실수)에 대한 함수 $f(z) = e^{-x}\cos y + iv(x, y)$ (단, $v(x, y)$는 실숫값 함수) 가 정함수(전해석함수, entire function)이고 $f(0) = 1$을 만족시킬 때, $f(z)$를 풀이 과정과 함께 쓰시오. 또한 복소평면에서 중심이 원점이고 반지름의 길이가 1인 원을 시계반대방향으로 한 바퀴 도는 곡선 C에 대하여 선적분 $\int_C f\left(\dfrac{1}{z}\right)dz$의 값을 풀이 과정과 함께 쓰시오. [4점]

[정 답] $f(z) = e^{-z}$, $\int_C f\left(\dfrac{1}{z}\right)dz = -2\pi i$.

[해 설] (1) $u(x, y) = e^{-x}\cos y$이라 두자. 그러면
$$f(z) = u(x, y) + iv(x, y).$$
(i) f는 정함수이므로 코쉬-리만의 정리에 의해
$-e^{-x}\cos y = u_x = v_y \cdots$①, $v_x = -u_y = e^{-x}\sin y \cdots$②.
(ii) ①에 의해 $v = -e^{-x}\sin y + g(x)$
  (단, $g(x)$는 x에 관한 실함수)
$\Rightarrow$ ②에 의해 $e^{-x}\sin y = v_x = e^{-x}\sin y + \dfrac{\partial}{\partial x}g(x)$
$\Rightarrow \dfrac{\partial}{\partial x}g(x) = 0$가 되어 $g(x) = c$(실수상수),
$v(x, y) = -e^{-x}\sin y + c$.
$\Rightarrow f(0) = 1$이므로 $v(x, y) = -e^{-x}\sin y$, $f(z) = e^{-z}$.
(2) (i) $f\left(\dfrac{1}{z}\right) = e^{-\frac{1}{z}}$

$$= 1 - \dfrac{1}{z} + \left(-\dfrac{1}{z}\right)^2 \cdot \dfrac{1}{2!} + \left(-\dfrac{1}{z}\right)^3 \cdot \dfrac{1}{3!} + \cdots$$
가 되어 $\text{Res}[f, 0] = -1$.
(ii) 유수정리에 의해 $\int_C f\left(\dfrac{1}{z}\right)dz = 2\pi i \text{Res}[f, 0]$
$$= -2\pi i.$$

08년시행모의평가

평가영역	유수정리
평가내용 요소	실적분의 계산

다음은 복소적분을 이용하여 $\int_{-\infty}^{\infty} \dfrac{x^2}{(x^2+1)^2}dx$를 구하는 과정이다. (가), (나), (다)에 알맞은 것은? [2점]

함수 $f(z) = \dfrac{z^2}{(z^2+1)^2}$ 이라 하면 $\displaystyle\int_{-\infty}^{\infty} \dfrac{x^2}{(x^2+1)^2}dx$는 복소평면에서 실축(real axis)을 따른 $f(z)$의 적분을 나타낸다. $R > 1$이라고 하자.

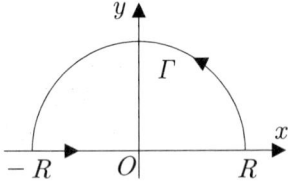

그림과 같이 $-R$에서 R까지의 선분과 상반평면 (upper half plane)에서 반지름이 R인 반원 Γ로 구성된 폐곡선을 C라 하면
$$\int_C f(z)dz = \int_{-R}^R f(x)dx + \int_\Gamma f(z)dz$$
이다. 이때 $\displaystyle\int_C f(z)dz = \boxed{(가)}$ 이다.

또한 $\left|\displaystyle\int_\Gamma f(z)dz\right| \leq \varphi(R)$이고 $\displaystyle\lim_{R\to\infty}\varphi(R)=0$을 만족시키는 함수 $\varphi(R) = \boxed{(나)}$ 가 존재한다. 그러므로
$$\int_{-\infty}^{\infty} f(x)dx = \lim_{R\to\infty}\int_{-R}^R f(x)dx = \boxed{(다)}$$
이다.

	(가)	(나)	(다)
①	$\dfrac{\pi}{3}$	$\dfrac{\pi R^2}{(R^2-1)^2}$	$\dfrac{\pi}{3}$
②	$\dfrac{\pi}{2}$	$\dfrac{\pi R^3}{(R^2-1)^2}$	$\dfrac{\pi}{3}$
③	$\dfrac{\pi}{2}$	$\dfrac{\pi R^4}{(R^2-1)^2}$	$\dfrac{\pi}{2}$
④	$\dfrac{\pi}{2}$	$\dfrac{\pi R^3}{(R^2-1)^2}$	$\dfrac{\pi}{2}$
⑤	$\dfrac{\pi}{3}$	$\dfrac{\pi R^2}{(R^2-1)^2}$	$\dfrac{\pi}{2}$

[정 답] ④

[해 설] (가) 폐곡선 C 내부의 특이점은 $z = i$ 뿐이고 $\text{Res}[f, i] = \dfrac{1}{4i}$ 이므로 $\displaystyle\int_C f(z)dz = 2\pi i \cdot \dfrac{1}{4i} = \dfrac{\pi}{2}$ 이다.

(나) $z \in \Gamma$에 대하여 $z(\theta) = Re^{i\theta}$, $dz = Rie^{i\theta}d\theta$ 이므로
$$\left|\int_\Gamma f(z)dz\right| \leq \int_\Gamma |f(z)||dz|$$
$$= \int_0^\pi \dfrac{|Re^{i\theta}|^2}{|R^2e^{2i\theta}+1|^2} \cdot |Rie^{i\theta}|d\theta$$
$$\leq \int_0^\pi \dfrac{R^3}{(|R^2e^{2i\theta}|-|1|)^2}d\theta$$
$$= \int_0^\pi \dfrac{R^3}{(R^2-1)^2}d\theta$$
$$= \dfrac{\pi R^3}{(R^2-1)^2} \to 0 \ (R \to \infty).$$
$\therefore \displaystyle\int_\Gamma f(z)dz = 0 \ (R \to \infty).$

(다) $R > 1$일 때 R의 값에 관계없이 $\displaystyle\int_C f(z)dz = \dfrac{\pi}{2}$ 이므로
$$\lim_{R\to\infty}\int_{-R}^R f(x)dx$$
$$= \lim_{R\to\infty}\left(\int_C f(z)dz - \int_\Gamma f(z)dz\right)$$
$$= \lim_{R\to\infty}\int_C f(z)dz - \lim_{R\to\infty}\int_\Gamma f(z)dz$$
$$= \dfrac{\pi}{2} - 0 = \dfrac{\pi}{2}.$$

14년시행기출

평가영역	복소적분
평가내용 요소	유수정리, 복소선적분의 실적분으로의 응용, 죠르단의 부등식

복소평면 $\mathbb{C}$ 에서 다음 그림과 같이 반지름의 길이가 R인 반원을 $C_R = \{Re^{it} \in \mathbb{C} \mid 0 \leq t \leq \pi\}$라고 할 때, $a > 0$과 $b > 0$에 대하여 $\lim_{R \to \infty} \int_{C_R} \dfrac{ze^{ibz}}{z^2 + a^2} dz = 0$임을 보이고 $\int_{-\infty}^{\infty} \dfrac{xe^{ibx}}{x^2 + a^2} dx$의 값을 풀이 과정과 함께 쓰시오. [5점]

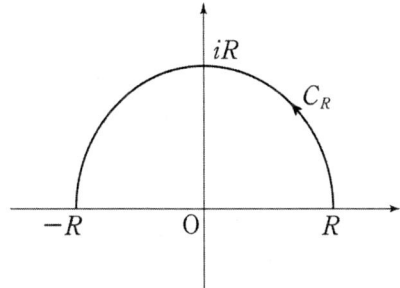

[해 설] $R > 1$. $\Gamma : -R$에서 R까지 선분,
$$f(z) := \frac{ze^{ibz}}{z^2 + a^2}, \ C := C_R + \Gamma$$
라 하자.

(i) $\lim_{R \to \infty} \int_{C_R} f(z) dz = 0$.

($\because$) C_R상에서
$$|f(z)| = \frac{|z||e^{ibz}|}{|z^2 + a^2|} \leq \frac{Re^{-bR\sin\theta}}{|z|^2 - |a|^2}$$
$$= \frac{R}{R^2 - a^2} e^{-bR\sin\theta}$$
$$\Rightarrow \left| \int_{C_R} f(z) dz \right| \leq \int_{C_R} |f(z)||dz|$$
$$\leq \frac{R^2}{R^2 - a^2} \int_0^\pi e^{-bR\sin\theta} d\theta$$
$$< \frac{\pi R}{(R^2 - a^2)b} \xrightarrow{R \uparrow \infty} 0.$$
(($\because$) 죠르단의 부등식)

(ii) ㉠ 유수정리에 의해
$$\int_C f(z) dz = 2\pi i \cdot \text{Res}[f, ai]$$
$$= 2\pi i \cdot \lim_{z \to ai} (z - ai) f(z)$$
$$= 2\pi i \frac{1}{2e^{ab}} = \frac{\pi i}{e^{ab}}.$$

㉡ $\int_C f(z) dz = \int_{C_R} f(z) dz + \int_\Gamma f(z) dz$
$$\xrightarrow{R \uparrow \infty} 0 + P.V. \int_{-\infty}^{\infty} \frac{xe^{ibx}}{x^2 + a^2} dx.$$

(($\because$) $\int_\Gamma f(z) dz = \int_{-R}^{R} \frac{xe^{ibx}}{x^2 + a^2} dx \xrightarrow{R \uparrow \infty}$
$P.V. \int_{-\infty}^{\infty} \frac{xe^{ibx}}{x^2 + a^2} dx$)

$\therefore \int_{-\infty}^{\infty} \dfrac{xe^{ibx}}{x^2 + a^2} dx = \dfrac{\pi i}{e^{ab}}.$

17년시행기출

평가영역	선형분수변환
평가내용 요소	선형분수변환의 계수

확장 복소평면 $\mathbb{C} \cup \{\infty\}$에서 정의된 일차 분수 변환(선형 분수 변환) T가
$$T(0) = 2, \ T(1) = 2i, \ T(\infty) = -2$$
를 만족시킬 때, $T(2i)$의 값을 구하시오.

[해 설] 복소상수 a, b, c에 대하여
$$T(z) = \frac{bz + c}{z + a} \ (z \in \mathbb{C} \setminus \{-a\})$$
이라 두자. 그러면 $-2 = T(\infty) = b$,
$2 = T(0) = \dfrac{c}{a}$,
$2i = T(1) = \dfrac{-2 + 2a}{1 + a}$이므로
$a = i, \ b = -2, \ c = 2i$가 되어
$T(z) = \dfrac{-2z + 2i}{z + i}$이고 $T(2i) = -\dfrac{2}{3}$이다.

24년시행기출 (일련번호 24-A7)

평가영역	일차분수변환
평가내용 요소	일차분수변환, 복비

확장 복소평면(extended complex plane) $\mathbb{C} \cup \{\infty\}$ 에서 정의된 일차분수변환(선형분수변환, linear fractional transformation, bilinear transformation) T가
$$T(0)=-1,\ T(i)=-i,\ T(2)=3$$
을 만족시킬 때, $T(z)$를 풀이 과정과 함께 쓰시오.
또한 $W=\{T(z)\mid |z|=1,\ z\in\mathbb{C}\}$라고 할 때, W의 원소와 복소수 $1+i$ 사이의 거리의 최솟값을 풀이 과정과 함께 쓰시오. [4점]

[정 답] $T(z)=\dfrac{z+1}{z-1}$, 거리의 최솟값은 1.

[해 설]

(i) 일차분수변환은 복비(cross ratio)한다. 따라서
$w=T(z)$
$\Leftrightarrow \dfrac{(z-0)(i-2)}{(z-2)(i-0)}=\dfrac{(w-(-1))((-i)-3)}{(w-3)((-i)-(-1))}$
$\Leftrightarrow w=\dfrac{z+1}{z-1}$.

그러므로 $w=T(z)=\dfrac{z+1}{z-1}$.

(ii) (i)에 의해 $z=\dfrac{-w-1}{-w+1}$ 이므로
$1=|z|=\dfrac{|-w-1|}{|-w+1|}=\dfrac{|w+1|}{|w-1|}$
$\Rightarrow |w-(-1)|=|w-1|$
$\Rightarrow \mathrm{Re}(w)=0$ (즉, $W=\{w\mid \mathrm{Re}(w)=0,\ w\in\mathbb{C}\}$).
그러므로 $1+i$로부터 W사이의 거리의 최솟값은 1이다.

연습문제

1. 복소수계와 복소함수

1. 두 조건
$$\log(3i)=z,\ 0\leq \mathrm{Im}(z)\leq 10$$
을 동시에 만족하는 복소수 z를 모두 구하시오.

2. 다음을 만족하는 실수 a와 b를 모두 구하시오.
2-1 $\sin(a+bi)=i$
2-2 $(a+bi)^{1/4}=2$
2-3 $a+bi=\tan i$
2-4 $\log(a+bi)=1+i$

2. 해석함수
2.1 복소함수의 미분과 해석함수, 2.2 코쉬-리만의 방정식

3. 복소평면전체에서 정의된 다음 복소함수 $f(z)$에 대하여 f의 미분가능점과 해석점을 모두 구하시오.
3-1 $f(z)=z(\bar{z})^2$
3-2 $f(z)=z|z|$

4. 복소평면 $\mathbb{C}$의 개연결집합 D에서 정의된 실함수 u, v, v_1, v_2에 대하여 다음이 성립함을 보이시오.
4-1 $u+iv$가 D에서 미분가능이면 $v-iu$도 D에서 미분가능이다.
4-2 두 함수 $u+iv_1$, $u+iv_2$가 모두 D에서 미분가능이면 D상의 모든 점에서 v_1-v_2는 상수함수이다.

5. 복소함수 f가 집합
$$R=\{x+iy\,|\,x+y>0\}(\subset \mathbb{C})$$
에서 1계미분가능이다. 만약
$$\mathrm{Re}(f(z))=\mathrm{Im}(f(z))(\forall z\in R),\ f(1)=1+i$$
이라 할 때 $f(2-i)+f'(2-i)$의 값을 구하시오.

2.3 조화함수

6. 복소평면 $\mathbb{C}$의 개연결집합 D에서 정의된 실함수 u, v에 대하여
$u=2x^2-y^2(x+iy\in D)$이면 $u+iv$는 D상의 모든 점에서 해석적이지 않음을 보이시오.

7. 복소수 전체의 집합 $\mathbb{C}$의 부분집합 $D=\{z\in\mathbb{C}\,|\,|z|<1\}$에서 복소함수 $f=u+iv$는 미분가능이다. 이때 실함수 $h=u^3-3uv^2$에 대하여 D에서
$$\frac{\partial^2 h}{\partial x^2}+\frac{\partial^2 h}{\partial y^2}=0$$
을 만족함을 보이시오.

8. 복소평면 $\mathbb{C}$에서 조화적인 실함수 u가 $\mathbb{C}$상에서 유계이면 상수함수이다.

9. 복소평면 $\mathbb{C}$의 부분집합 D를
$$D = \{z \in \mathbb{C} \mid |z| < 2\}$$
이라 할 때 D상의 임의의 점 z에서
$$\text{Re}(f'(z)) + \text{Im}(f'(z)) = x^3 + y^3$$
을 만족하는 미분가능인 복소함수 f는 존재하지 않음을 보이시오.

3. 복소선적분
3.1 복소선적분의 정의
3.2 그린의 정리와 코쉬-구르사의 정리

10. 다음 주어진 복소함수 $f(z)$와 복소평면 $\mathbb{C}$ 상의 곡선 C에 대한 복소선적분 $\int_C f(z)dz$의 값을 구하시오.

10-1 $f(z) = e^{\frac{1}{z^2}}$, C는 복소평면상의 2를 중심으로 하는 단위원이다.

10-2 $f(z) = 3z - 2\bar{z}$, C는 복소평면 위의 0에서 $2+2i$로의 $y^2 = 2x$ 상의 곡선이다.

11. 다음 주어진 복소함수 $f(z)$와 곡선 C에 대하여 복소선적분 $\int_C f(z)dz$를 구하시오.

11-1 $f(z) = 2z - 3\bar{z}$, C는 복소평면 위의 0에서 $1+2i$로의 $y = 2x^2$상의 곡선이다.

11-2 $f(z) = z^2 - 2|z| + \bar{z}$, C는 복소평면 위의 1에서 i까지의 반시계방향의 단위원의 일부이다.

12. 다음 주어진 복소함수 f와 양의 방향의 단위원
$$C: |z| = 1$$
에 대하여 복소선적분 $\int_C f(z)dz$의 값을 구하시오.

12-1 $f(z) = e^{z^3} + z^4$

12-2 $f(z) = 2\cos z + \sin^2 z$

12-3 $f(x+iy) = (x^2 - y^2 - x) + (2xy - y)i$

13. 다음 주어진 복소함수 $f(z)$와 곡선 C에 대하여 복소선적분 $\int_C f(z)dz$를 구하시오.

13-1
$f(x+iy)$
$= (x^3 + 2x - 3xy^2) + i(3x^2y + 2y - y^3)$,
C는 복소평면 위의 점 $z_1 = 1$, $z_2 = 3+i$, $z_3 = 1+3i$, $z_4 = 3i$, $z_5 = -1+2i$, $z_6 = 0$를 차례로 이은 다각선이다.

13-2 $f(z) = 2z + z^2 + \sin z$, C는 복소평면 위의 0에서 i로의 임의의 곡선이다.

14. 복소평면 $\mathbb{C}$의 부분집합
$$D = \{z \in \mathbb{C} \mid |z| < 2\}$$
에서 f는 미분가능이다. 이때 함수 $g(z) = \overline{f(\bar{z})}$ $(z \in D)$에 대하여 $\int_C g'(z)dz = 0$임을 보이시오. (단, $C: |z| = 1$이다.)

4. 코쉬의 적분공식
4.1 코쉬의 적분공식

15. 복소함수 $f(z) = \dfrac{z^4 - z^3 - 17z + 2}{(z-1)^3}$ 와 $z = 1$을 내부의 점으로 갖는 단순폐곡선 C에 대하여 복소선적분 $\int_C f(z)dz$ 의 값을 구하시오.

16. 복소수 전체의 집합 $\mathbb{C}$ 에서 복소함수 f는 미분가능이다. 임의의 복소수 $w \in \mathbb{C}$ 와 곡선 $C : |z - w| = 2$에 대하여
$$\int_C \frac{f(z)}{(z-w)^2}dz = 0$$
이면 f는 상수함수임을 보이시오.

17. 복소함수 $f : \mathbb{C} \to \mathbb{C}$ 에 대하여 f는 $\mathbb{C}$ 에서 미분가능이고 임의의 $w \in \mathbb{C}$ 에 대하여
$$\int_{|z-w|=1} \frac{f(z)}{z-w}dz \neq 0$$
이다. 그러면 $\mathbb{C}$ 상의 임의의 단순폐곡선 C에 대하여
$$\int_C \frac{z^3}{f(z)}dz = 0$$
임을 보이시오.

[보충연습(17)] 복소함수
$$f : D = \{z \in D \mid |z| < 2\} \to \mathbb{C},$$
$$f(z) = u + iv$$
가 D에서 해석적일 때, 다음의 각 경우에 $f(i) + f'(1)$의 값을 풀이 과정과 함께 쓰시오.
-1 $3v = 2u(\forall z = x + iy \in D)$,
$f(1+i) = 2+i$.
-2 $3v_x = 2v_y(\forall z = x+iy \in D)$,
$f'(1+i) = 2+i,\ f(0) = 2i$.

[도움말] 복소평면상의 영역 D에 대하여 $f : D \to \mathbb{C},\ f(z) = u + iv$가 해석적일 때
$$f'(z) = u_x + iv_x = v_y - iu_y.$$

4.2 코쉬의 부등식과 응용

18. $f(z)$는 복소평면 $\mathbb{C}$ 에서 해석적이고 모든 z에 대하여
$$|f(z)| \leq A|z|^{7/3} \text{ (단, } A\text{는 양의 실수)}$$
가 성립한다. 그러면 적당한 복소상수 $a_1,\ a_2$에 대하여
$$f(z) = a_1 z + a_2 z^2 \ (\forall z \in \mathbb{C})$$
임을 보이시오.

19. 복소함수 f가 $\mathbb{C}$ 전체에서 해석적이고
$$|f(z)| \leq A|z|^{5/4}$$
$$(\forall z \in R = \{z \in \mathbb{C} \mid |z| \geq 2\})$$
이다. 그러면 $f''(z) = 0(\forall z \in \mathbb{C})$임을 보이시오.
(단, A는 양의 실수)

20. 복소평면 $\mathbb{C}$ 전체에서 미분가능인 복소함수 f에 대하여 다음이 성립함을 보이시오.
20-1 임의의 $z = x + iy \in \mathbb{C}$ 에 대하여 $\text{Re}(f(z)) \geq x$이면
$$f'(z) = 1(\forall z \in \mathbb{C})\text{이다.}$$
20-2 임의의 $z = x + iy \in \mathbb{C}$ 에 대하여 $\text{Im}(f(z)) \leq e^x \sin y$이면
$$f'(z) = e^z(\forall z \in \mathbb{C})\text{이다.}$$

21. 다음 복소함수 $f(z)$는 복소평면 $\mathbb{C}$ 상에서 미분불능점이 존재함을 보이시오.

21-1 $f(z) = \dfrac{2e^z}{e^z + 1}$ 21-2 $f(z) = \dfrac{2\sin y}{x^4 + 1 + 3yi}$

22. 복소평면 $\mathbb{C}$ 전체에서 미분가능한 함수 $f(z)$에 대한 다음의 물음에 답하시오.
22-1 임의의 $z = x + iy \in \mathbb{C}$ 에 대하여
$$|f(z)| \geq e^x$$
이면 $f'(z) = f(z)(\forall z \in \mathbb{C})$임을 보이시오.
22-2 f가 상수함수가 아니면 f의 치역
$$f(\mathbb{C}) = \{f(z) \mid z \in \mathbb{C}\}$$
은 $\mathbb{C}$에서 조밀함을 보이시오.

23. 복소함수 f가 복소평면 $\mathbb{C}$ 전체에서 해석적일 때 함수 f에 대하여 다음이 성립함을 보이시오.
23-1 임의의 $z \in \mathbb{C}$에 대하여
$$\mathrm{Re}(2e^z + f(z)) > -1$$
가 성립한다면 $f''(z) = f'(z)(\forall z \in \mathbb{C})$이다.
23-2 임의의 $z \in \mathbb{C} \setminus \{0\}$에 대하여
$$f(z) = f\left(\dfrac{1}{z^2}\right)$$
가 성립한다면 f는 상수함수이다.

24. 복소평면상의 영역 $R = \{z \in \mathbb{C} \mid |z| < 2\}$에 대하여 복소함수 $f : R \to \mathbb{C}$가 R에서 미분가능이다. 임의의 자연수 n에 대하여 $f\left(\dfrac{1}{n}\right) = \dfrac{3}{n}$일 때 $f''(z)$를 구하시오.

25. 복소함수 $f(z)$에 대하여 다음 물음에 답하시오.
25-1 해석함수 $f : D = \{z \in \mathbb{C} \mid |z| < 2\} \to \mathbb{C}$가 존재하여
$$f\left(\dfrac{1}{n}\right) = \dfrac{2}{n} \ (\forall n \in \mathbb{N})$$
를 만족할 때 f를 구하시오.
25-2 정함수 $f : \mathbb{C} \to \mathbb{C}$에 대하여
$$E = \{z \in \mathbb{C} \mid f(z) = 0\}$$
가 유계인 무한집합이면 f는 상수로서 0임을 보이시오.

26. 복소함수 f가 $|z| < 3$에서 미분가능이고
$$f\left(\dfrac{2}{n}\right) = \dfrac{4 + 3n}{n} \ (n \in \mathbb{N})$$
을 만족할 때 $f(i)$의 값을 구하시오.

27. 복소수 전체의 집합 $\mathbb{C}$에서 미분가능인 복소함수 f에 대하여 복소수의 부분집합
$$A = \{z \in \mathbb{C} \mid f(z) = 0, |z| < 1\}$$
가 무한집합이면 f는 상수함수임을 보이시오.

4.3 최대, 최소절댓값 정리

28. 복소수 전체의 집합 $\mathbb{C}$에서 복소함수 f는 미분가능이다. $f(2) = 0$일 때 임의의 양의 실수 r에 대하여 실적분
$$\int_0^{2\pi} f((r\cos\theta + 2) + ir\sin\theta)d\theta$$
의 값을 구하시오.

29. 복소평면상의 영역 $R=\{z\in\mathbb{C}\,|\,|z|<2\}$에 대하여 복소함수 $f:R\to\mathbb{C}$가 R에서 미분가능이다. $f(0)=1$일 때 $\int_0^{2\pi}f(e^{it})dt$의 값을 구하시오.

30. 복소평면상의 집합 $R=\{z\in\mathbb{C}\,|\,|z-3i|\leq 2\}$에 대하여 복소함수 f가 R에서 해석적이고 두 조건
 (ⅰ) $|f(z)|\geq |z|^2\,(\forall z\in R)$
 (ⅱ) $f(1+3i)=-8+6i$
을 만족한다. 이러한 함수 f를 구하시오.

31. 집합 $R=\{z\in\mathbb{C}\,|\,|z|\leq 3\}$에 대하여 복소함수 f가 R상에서 해석적이고 두 조건
 (ⅰ) $|f(z)|\geq 2|e^z|\,(\forall z\in R)$
 (ⅱ) $f(2i)=2(\cos 2+i\sin 2)$
을 만족한다고 할 때 다음 물음에 답하시오.
31-1 복소함수 $f(z)$를 구하시오.
31-2 0에서 1까지의 R 위의 곡선 C에 대하여 $\int_C f(z)dz$의 값을 구하시오.

32. 복소평면 $\mathbb{C}$의 부분집합 $D=\{z\in\mathbb{C}\,|\,|z|\leq 1\}$에서 정의된 복소함수
$$f(z)=e^{-z^2}\ (z\in D)$$
에 대하여 절댓값 $|f(z)|$의 D에서의 최솟값과 최댓값을 각각 m, M이라 할 때 다음 물음에 답하시오.
32-1 $|f(z)|$의 D에서의 최솟값과 최댓값의 곱 mM을 구하시오.
32-2 집합 $A=\{z\in D\,|\,|f(z)|=M\}$와 집합 $B=\{z\in D\,|\,|f(z)|=m\}$의 위수를 각각 구하시오.

4.4 편각원리

33. 복소함수 $f(z)=\dfrac{g'(z)}{g(z)}$와 복소평면상의 원점을 중심으로 하는 반지름이 1인 원 C에 대하여 복소선적분 $\int_C f(z)dz$의 값을 구하시오.
(단, $g(z)=z^7+5i\,z^4+\sqrt{2}\,z+i$)

34. 다항식 $p(z)=z^{12}-9z^2+2$가
$p(z)=(z-z_1)(z-z_2)\cdots(z-z_{12})$ ($z_1, z_2, \cdots, z_{12}\in\mathbb{C}$)
와 같이 인수분해된다고 하자. 두 집합
$$A=\left\{k\in\{1,2,\cdots,12\}\,\bigg|\,|z_k|<\frac{1}{2}\right\},$$
$$B=\left\{k\in\{1,2,\cdots,12\}\,\bigg|\,\frac{1}{2}\leq |z_k|<2\right\}$$
의 위수를 각각 $|A|=a$, $|B|=b$라 할 때 $a-b$의 값을 구하시오.

35. 복소함수와 복소방정식에 대하여 다음 물음에 답하시오.

35-1 복소방정식 $3z^4 = e^z$의 $|z| < 1$인 복소수 근은 많아야 4개임을 보이시오.

35-2 복소함수 $f(z) = 10z + e^z$는 $|z| < 2$인 고정점(fixed point)의 개수를 구하시오.

36. 아래 그림과 같이 주어진 복소평면상의 0에서 1로의 곡선 C 상의 복소선적분
$$\int_C \frac{z^2 - 1}{z^3 - 3z + 13} dz$$
의 값을 구하시오.

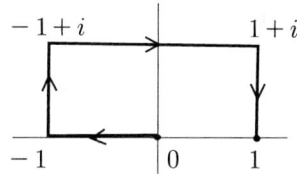

37. 복소함수 $f(z) = \dfrac{iz^6 - 3z^2 + 10\sqrt{3}z + 1}{4z^2 - 1}$ 와 복소평면상의 네 점 $1+i$, $-1+i$, $-1-i$, $1-i$, $1+i$ 를 선분으로 차례로 잇는 단순폐곡선 C에 대하여 복소선적분
$$\int_C \frac{f'(z)}{f(z)} dz$$
의 값을 구하시오.

5. 급수의 표현

38. 다음 복소함수 $f(z)$를 주어진 점 z_0의 근방에서
$$f(z) = \sum_{n=-\infty}^{\infty} a_n (z - z_0)^n$$
의 꼴로 나타낼 때 a_{-3}을 구하시오.

38-1 $f(z) = \log(1+z)$, $z_0 = 0$

38-2 $f(z) = \dfrac{z - \sin z}{z^3}$, $z_0 = 0$

38-3 $f(z) = (z-3)\sin\left(\dfrac{1}{z+2}\right)$, $z_0 = -2$

39. 다음 복소함수 $f(z)$를 주어진 점 z_0의 근방에서
$$f(z) = \sum_{n=-\infty}^{\infty} a_n (z - z_0)^n$$
의 꼴로 나타낼 때 a_{-3}을 구하시오.

39-1 $f(z) = \dfrac{e^{2z}}{(z-1)^3}$, $z_0 = 1$

39-2 $f(z) = \dfrac{z + z^5}{z^2 \sin z^3}$, $z_0 = 0$

40. 복소평면 전체에서 연속인 실함수 v와 복소함수 $f : \mathbb{C} \to \mathbb{C}$ 가
$$f(z) = (3x^2 + ay^2 + bx) + iv(x, y)$$
이라 하자. 만약 복소평면상의 임의의 단순폐곡선 C에 대하여
$$\int_C f(z) dz = 0$$
이고 $f(1) = 1 + i$를 만족할 때 그러한 복소함수 f를 구하시오.

6. 유수정리
6.1 유수의 정의와 특이점의 분류

41. 복소함수 f가 $D=\{z\in \mathbb{C}\mid |z|>0\}$에서 미분가능하고
$$|f(z)|\geq 1\,(\forall z\in D)$$
이다. 그러면 f는 D에서 상수임을 보이시오.

42. 복소함수 $f:\mathbb{C}\setminus\{0\}\to\mathbb{C}$가 $\mathbb{C}\setminus\{0\}$에서 해석적이고
$$|f(z)|\leq |z|^2 + \frac{1}{\sqrt{|z|}}\quad(\forall z\in\mathbb{C}\setminus\{0\})$$
이다. 이때 다음의 물음에 답하시오.

42-1 f는 $z=0$에서 제거가능특이점을 가짐을 보이시오.

42-2 $f(z)$는 $\mathbb{C}\setminus\{0\}$에서
$$f(z)=a_0+a_1z+a_2z^2\;(a_0,a_1,a_2\text{는 복소상수이다.})$$
의 꼴임을 보이시오.

6.2 유수의 계산과 유수정리

43. 다음 주어진 복소함수 f와 양의 방향의 단위원
$$C:|z|=1$$
에 대하여 복소선적분 $\int_C f(z)dz$의 값을 구하시오.

43-1 $f(z)=\dfrac{\sin z}{z^3}$ **43-2** $f(z)=\dfrac{\cos z}{z^3}$

44. 복소함수 $f(z)=\dfrac{e^{2z}}{z^2\sin z}$의 0 근방에서의 급수전개가
$$f(z)=\sum_{n=-\infty}^{\infty}a_nz^n\;(|z|<\frac{\pi}{2})$$
이라 할 때 다음 물음에 답하시오.(단, $C:|z|=1$)

44-1 a_{-3}와 $\int_C f(z)dz$의 값을 구하시오.

44-2 $\int_C \cos(z^5)f(z)dz$의 값을 구하시오.

45. 다음 함수 $f(z)$와 다음 복소평면상의 곡선 C에 대하여 복소선적분 $\int_C f(z)dz$의 값을 구하시오.

45-1 $f(z)=z^2\sin\left(\dfrac{1}{z}\right)$, C는 $z=0$를 내부의 점으로 갖는 단순폐곡선이다.

45-2 $f(z)=\dfrac{z^2+1}{z^7\cos(z^3)}$, C는 원점을 중심으로 하는 반지름이 1인 원이다.

46. 복소함수
$$f(z)=\frac{z}{(e^{z^3}-1)(1-z)}$$
와 다음 복소평면상의 양의 방향으로의 단순폐곡선
$$C:|z-1|=2$$
에 대하여 복소선적분 $\int_C f(z)dz$의 값을 구하시오.

47. 영역 $R = \mathbb{C} \setminus \{0\}$에서 미분가능인 복소함수 f가
$$x\,\text{Re}(f(z)) = y\,\text{Im}(f(z))\,(\forall z \in R),\ f(2) = 3i$$
을 만족한다. 이때, 복소선적분 $\int_{|z|=1} f(z)\,dz$의 값을 구하시오.

48. 복소계수 다항식 $f(z) = z^4 + \sqrt[3]{3}\,z - 100i$와 양의 실수 r에 대한 단순폐곡선 $C_r : |z - 5i| = r$에 대하여
$$I(r) = \int_{C_r} \frac{(z^2 + 2z - 1)f'(z)}{f(z)}\,dz$$
이라 정의하자. 이때, 극한값 $\lim_{r \to \infty} I(r)$의 값을 구하시오.

49. 복소함수 $g(z) = z^8 + z^7 + 4iz + 5i$에 대하여
$$f(z) = (2z - 1)\frac{g'(z)}{g(z)},\ C : |z| = 11$$
이라 할 때 복소선적분 $\int_C f(z)\,dz$의 값을 구하시오.

50. 복소평면 $\mathbb{C}$ 상의 다음의 곡선 C_1, C_2에 대한 복소선적분의 값 A, B에 대하여 $A + B$의 값을 구하시오.

$$A = \int_{C_1} \frac{z - i}{z^2 - i}\,C_1$$

$$B = \int_{C_2} \frac{3(z^2 + 1)}{z^3 + 3z + \sqrt[10]{2}\,i}\,dz,\ C_2 : |z| = 1$$

6.3 유수정리의 실적분으로의 응용

51. 다음 실변수적분의 값을 유수정리를 이용하여 구하시오.

51-1 $\displaystyle\int_0^{2\pi} \frac{\cos\theta}{3 + \sin\theta}\,d\theta$

51-2 $\displaystyle\int_0^{2\pi} \frac{1}{5 + 4\sin\theta}\,d\theta$

52. 다음 실변수적분의 값을 유수정리를 이용하여 구하시오.

52-1 $\text{P.V.}\displaystyle\int_{-\infty}^{\infty} \frac{x}{(x^2 + 2x + 2)^2}\,dx$

52-2 $\text{P.V.}\displaystyle\int_0^{\infty} \frac{x^2}{(x^2 + 9)(x^2 + 4)^2}\,dx$

7. 등각사상
7.1 등각사상의 기본성질

53. 복소평면상의 두 곡선
$$z(t) = \cosh(t+it^2)\sin(t+it^2) + (t+it^2)e^{t+it^2}$$
$$(-\infty < t < \infty)$$
$$w(t) = \cosh(t^2+it)\sin(t^2+it) + (t^2+it)e^{t^2+it}$$
$$(-\infty < t < \infty)$$
가 주어져 있다. 이때 편각 $\operatorname{Arg}\left(\dfrac{w'(0)}{z'(0)}\right)$의 값을 구하시오.

7.2 일차분수변환

54. 다음 주어진 점 z_1, z_2, z_3을 w_1, w_2, w_3로 각각 사상하는 일차분수변환을 구하시오.

54-1 $z_1 = 0$, $z_2 = i$, $z_3 = -i$, $w_1 = -1$, $w_2 = 1$, $w_3 = 0$

54-2 $z_1 = 1$, $z_2 = i$, $z_3 = 0$, $w_1 = 0$, $w_2 = \infty$, $w_3 = -i$

55. 복소평면의 영역 $D = \{z \mid \operatorname{Im} z > 0\}$에서 정의된 사상
$$T(z) = \frac{i-z}{i+z} \quad (z \in D)$$
의 치역 $T(D)$를 구하시오.

연습문제 해설

1	평가영역	복소방정식
	평가내용요소	극형식

(ⅰ) $z = \log(3i)$
$= \ln|3i| + i\arg(3i)$
$= \ln 3 + i(\frac{\pi}{2} + 2n\pi)$ $(n \in \mathbb{Z})$.

(ⅱ) $0 \le \text{Im}(z) \le 10$
$\Leftrightarrow 0 \le \frac{\pi}{2} + 2n\pi \le 10$
$\Leftrightarrow 0 \le 1 + 4n \le \frac{20}{\pi} (= 6.\text{xxx})$
$\Leftrightarrow n = 0, 1$.

따라서 구하는 복소수 z 는 $z = \ln 3 + \frac{\pi}{2}i$ 또는 $z = \ln 3 + \frac{5}{2}\pi i$.

2	평가영역	복소방정식
	평가내용요소	초등함수

2-1 $a = (2n+1)\pi$, $b = -\ln(1+\sqrt{2})(n \in \mathbb{Z})$.
또는 $a = 2n\pi$, $b = -\ln(\sqrt{2}-1)(n \in \mathbb{Z})$.
2-2 $a = 16$, $b = 0$.
2-3 $a = 0$, $b = \frac{e^2 - 1}{e^2 + 1}$.
2-4 $a = e \cdot \cos 1$, $b = e \cdot \sin 1$.

3	평가영역	해석함수
	평가내용요소	코쉬-리만 방정식

3-1 $z = x + iy$ $(x, y \in \mathbb{R})$라 두면
$f(z) = (x+iy)(x-iy)^2$
$= x^3 + xy^2 + i(-x^2y - y^3)$.

이 때, $u(x, y) = x^3 + xy^2$, $v(x, y) = -x^2y - y^3$이라 하자. 그러면 u, v는 $\mathbb{C}$ 상에서 C^1-함수이다.
$f : z = x + iy$에서 미분가능
$\Leftrightarrow u_x = v_y, \; u_y = -v_x$
$\Leftrightarrow x^2 + y^2 = 0, \; -2xy = -2xy$
$\Leftrightarrow x = y = 0$ (즉, $z = x + iy = 0$).
그러므로 f는 $z = 0$에서만 미분가능하고 해석적인 점은 없다.

3-2 (ⅰ) $z \ne 0$인 경우
$f(z) = re^{i\theta} \cdot r$
$= r^2\cos\theta + i(r^2\sin\theta)$.
이 때, $u(r, \theta) = r^2\cos\theta$, $v(r, \theta) = r^2\sin\theta$이라 하자.
그러면 $f : z = re^{i\theta}$에서 미분가능
$\Rightarrow u_r = \frac{1}{r}v_\theta, \; v_r = -\frac{1}{r}u_\theta$
$\Rightarrow \cos\theta = \sin\theta = 0$
이 되어 모순이다.

(ⅱ) $z = 0$인 경우
$\lim_{z \to 0} \frac{f(0+z) - f(0)}{z} = \lim_{z \to 0} \frac{z|z| - 0}{z} = \lim_{z \to 0} |z|$
$= 0$.
그러므로 f는 $z = 0$에서만 미분가능하고 해석적인 점은 없다.

4	평가영역	해석함수
	평가내용요소	코쉬-리만 방정식

4-1 (방법1) $u + iv = f : D$에서 미분가능
$\Rightarrow v - iu = -if : D$에서 미분가능.
(방법2) $u + iv = f : D$에서 미분가능하므로
$u_x = v_y, \; v_x = -u_y$
를 만족하고 u, v는 C^1-함수이다. 따라서
$v_x = -u_y, \; -u_x = -v_y$
를 만족하고 $v, -u$는 C^1-함수이다.
그러므로 코쉬-리만 정리에 의해 $v - iu$는 D에서 미분가능이다.

4-2 $u + iv_1$, $u + iv_2$가 모두 D에서 미분가능이므로
$(u + iv_1) - (u + iv_2) = 0 + i(v_1 - v_2)$
는 D에서 미분가능이다. 따라서 코쉬-리만 정리에 의해
$(v_1 - v_2)_x = -0_y = 0 = 0_x = (v_1 - v_2)_y$
이므로 $v_1 - v_2$는 D에서 상수함수이다.

5	평가영역	해석함수
	평가내용요소	코쉬-리만 방정식

$f = u + iv$는 R에서 미분가능하므로 코쉬-리만의 정리에 의해
$$u_x = v_y,\ v_x = -u_y.$$
가정에 의해 $u_x = v_x,\ u_y = v_y$이므로 $u_x = u_y = v_x = v_y = 0$. 따라서 $f = u + iv$는 상수함수이다. 또한 $f(1) = 1 + i$이므로 $f \equiv 1 + i$(상수).
그러므로 $f(2-i) + f'(2-i) = 1 + i + 0 = 1 + i$.

6	평가영역	해석함수
	평가내용요소	조화함수

$\exists z_0 = x_0 + iy_0 \in D$ s.t. $f = u + iv : z_0$에서 해석적
$\Rightarrow u, v : z_0$에서 조화적
$\Rightarrow z_0$에서 $0 = u_{xx} + u_{yy} = 4 - 2 = 2$

이므로 모순이다. 따라서 $u = 2x^2 - y^2$이면 $u + iv$는 D상의 모든 점에서 해석적이지 않다.

7	평가영역	해석함수
	평가내용요소	조화함수

$f = u + iv$는 D에서 미분가능이므로
$f^3 = (u^3 - 3uv^2) + i(3u^2v - v^3)$도 D에서 미분가능이다.
따라서 $h = u^3 - 3uv^2$는 D에서 조화적이므로
$$\frac{\partial^2 h}{\partial x^2} + \frac{\partial^2 h}{\partial y^2} = 0$$
이 성립한다.

8	평가영역	해석함수
	평가내용요소	조화함수, 루빌의 정리

u는 조화함수 이므로 $\text{Re}(f(z)) = u(z)\,(z \in \mathbb{C})$를 만족하는 정함수 $f(z)$가 존재한다.
$g : \mathbb{C} \to \mathbb{C},\ g(z) = e^{f(z)}\,(z \in \mathbb{C})$
라 두면 $u(z)$는 $\mathbb{C}$ 유계이고 $|g(z)| = e^{u(z)}$이므로 g도 $\mathbb{C}$에서 유계이다. 따라서 루빌의 정리에 의해 g는 상수함수이다. 그러므로 f도 상수함수가 되어 $u(z) = \text{Re}(f(z))$는 상수함수이다.

9	평가영역	해석함수
	평가내용요소	조화함수

f는 D에서 미분가능(해석적)이므로 f'도 D에서 미분가능(해석적)이다. 따라서 $\text{Re}(f')$와 $\text{Im}(f')$은 D에서 조화적이다.
조화함수 + 조화함수 = 조화함수이므로
$$u := x^3 + y^3 = \text{Re}(f'(z)) + \text{Im}(f'(z))$$
는 D에서 조화적이 되어
$$0 = u_{xx} + u_{yy} = 6x + 6y\ (\forall z = x + iy \in D)$$
이므로 모순이다. 따라서 주어진 조건을 만족하는 복소함수 f는 존재하지 않는다.

10	평가영역	복소선적분
	평가내용요소	선적분의 정의, 코쉬-구르사의 정리

10-1 f는 C와 C내부에서 해석적이고, C는 단순폐곡선이므로 코쉬-구르사 정리에 의해
$$\int_C f(z)dz = 0.$$

10-2 $z(t) = \dfrac{t^2}{2} + it$이라 할 때, $z = x + iy \in \mathbb{C}$에 대하여 $f(z) = 3z - 2\bar{z} = x + 5yi$이므로 선적분의 정의에 의해
$$\int_C f(z)dz = \int_0^2 f(z(t)) \cdot z'(t)dt$$
$$= \int_0^2 \left(\frac{t^2}{2} + 5ti\right) \cdot (t + i)dt$$
$$= -8 + \frac{44}{3}i.$$

11	평가영역	복소선적분
	평가내용요소	선적분의 정의, 선적분의 기본정리

11-1 (i) $z = x + iy$에 대하여
$$f(z) = 2z - 3\bar{z} = -x + i(5y)$$
이고 곡선 C는
$$z(t) = t + 2t^2 i\ (0 \leq t \leq 1)$$
에 의해 매개화된다.

(ii) $\displaystyle\int_C f(z)dz = \int_0^1 f(z(t))\cdot z'(t)dt$

$\displaystyle = \int_0^1 (-t+i(10t^2))(1+4ti)dt$

$\displaystyle = -\frac{21}{2}+2i.$

11-2 (i) C는 단위원의 일부이므로 $z\in C$이면

$$|z|=1,\ \bar{z}=\frac{1}{z}$$

이다. 따라서 C상에서 $f(z)=z^2-2+\dfrac{1}{z}$, $F(z)=\dfrac{1}{3}z^3-2z+\mathrm{Log}\,z$에 대하여 C를 포함하는 적당한 영역 D에서

$$F'(z)=f(z)$$

이다. 그러므로 선적분의 기본정리에 의해

$\displaystyle\int_C f(z)dz = F(i)-F(1)$

$\displaystyle = -\frac{7i}{3}+\mathrm{Log}\,i+\frac{5}{3}$

$\displaystyle = \frac{5}{3}+i\left(-\frac{7}{3}+\frac{\pi}{2}\right).$

12	평가영역	복소선적분
	평가내용요소	코쉬-구르사 정리

12-1 $f(z)=e^{z^3}+z^4$는 정함수이므로 코쉬-구르사 정리에 의해

$$\int_C f(z)dz=0.$$

12-2 $f(z)=2\cos z+\sin^2 z$는 정함수이므로 코쉬-구르사 정리에 의해

$$\int_C f(z)dz=0.$$

12-3 $u(x,y)=x^2-y^2-x$, $v(x,y)=2xy-y$이라 할 때 u,v는 C^1-함수이고

$$u_x=2x-1=v_y,$$
$$v_x=2y=-u_y$$

이므로 코쉬-리만 정리에 의해 f는 $\mathbb{C}$ 상에서 해석적이다. 따라서 코쉬-구르사 정리에 의해

$$\int_C f(z)dz=0.$$

13	평가영역	복소선적분
	평가내용요소	코쉬-구르사 정리, 선적분의 기본정리

13-1 (i) $u(x,y)=x^3+2x-3xy^2$,

$v(x,y)=3x^2y+2y-y^3$

라 두자. 그러면 u,v는 C^1-함수이고

$$u_x=3x^2+2-3y^2=v_y$$
$$v_x=6xy=-u_y$$

이므로 코쉬-리만 정리에 의해 f는 $\mathbb{C}$ 상에서 해석적이다.

(ii) C_1을 0에서 1으로의 선분이라 할 때 코쉬-구르사 정리에 의해

$\displaystyle 0=\int_{C+C_1}f(z)dz=\int_C f(z)dz+\int_{C_1}f(z)dz.$

따라서 $\displaystyle\int_C f(z)dz = -\int_{C_1} f(z)dz$

$\displaystyle = -\int_0^1 f(z(t))\cdot z'(t)dt$

$\displaystyle = -\int_0^1 f(t+0\cdot i)\cdot 1\,dt$

$\displaystyle = -\int_0^1 (t^3+2t)dt = -\frac{5}{4}.$

13-2 $F(z)=z^2+\dfrac{1}{3}z^3-\cos z$에 대하여

$F'(z)=f(z)$이므로 선적분의 기본정리에 의해

$\displaystyle\int_C f(z)dz = F(i)-F(0)$

$\displaystyle = -\frac{1}{2}\left(e+\frac{1}{e}\right)-\frac{1}{3}i.$

14	평가영역	해석함수
	평가내용요소	코쉬-리만 방정식, 코쉬-구르사 정리

$f=u+iv$이라 할 때 f는 D에서 미분가능이므로

$$u_x(x,y)=v_y(x,y),\ v_x(x,y)=-u_y(x,y)$$
$$(\forall z=x+iy\in D)$$

이 성립한다. 이제
$$g(z) = \overline{f(\bar{z})}$$
$$= \overline{f(x-yi)}$$
$$= u(x,-y) - \overline{iv(x,-y)}$$
$$= u(x,-y) + i(-v(x,-y)).$$

이때 $s(x,y) = u(x,-y)$, $t(x,y) = -v(x,-y)$라 두자. 그러면
$$s_x(x,y) = u_x(x,-y),$$
$$t_y(x,y) = -v_y(x,-y)(-1) = v_y(x,-y)$$
이므로 $s_x(x,y) = t_y(x,y)$. 그리고
$$t_x(x,y) = -v_x(x,-y),$$
$$-s_y(x,y) = -(u_y(x,-y)(-1))$$
$$= u_y(x,-y)$$
이므로 $t_x(x,y) = -s_y(x,y)$.

따라서 $g = s + ti$는 D에서 해석적이므로 코쉬의 적분공식에 의해 g'도 D에서 해석적이다. 그러므로 코쉬-구르사 정리에 의해
$$\int_C g'(z)dz = 0.$$

15	평가영역	복소선적분
	평가내용요소	코쉬의 적분공식

$g(z) = z^4 - z^3 - 17z + 2$라 하면 g는 C와 C내부에서 해석적이므로 코쉬 적분공식에 의해
$$\int_C f(z)dz = \int_C \frac{g(z)}{(z-1)^3}dz = \frac{2\pi i g^{(2)}(1)}{2!}$$
$$= 6\pi i.$$

16	평가영역	코쉬의 적분공식
	평가내용요소	코쉬의 적분공식

임의의 $w \in \mathbb{C}$에 대하여 f는 정함수 이므로 코쉬의 적분공식에 의해
$$0 = \int_C \frac{f(z)}{(z-w)^2}dz = \frac{2\pi i f^{(1)}(w)}{1!}$$
따라서 $f'(w) = 0$ ($\forall w \in \mathbb{C}$)이므로 f는 상수함수이다.

17	평가영역	해석함수
	평가내용요소	코쉬 적분공식, 코쉬-구르사 정리

(i) $f : \mathbb{C}$ 상에서 미분가능.
(ii) $w \in \mathbb{C}$에 대하여 코쉬 적분공식에 의해
$$0 \neq \int_{|z-w|=1} \frac{f(z)}{z-w}dz = \frac{2\pi i f^{(0)}(w)}{0!}$$
$$= 2\pi i f(w)$$
(즉, $f(w) \neq 0$ ($\forall w \in \mathbb{C}$)).

따라서 $\dfrac{z^3}{f(z)}$은 $\mathbb{C}$ 상에서 미분가능하고 C는 $\mathbb{C}$ 상의 단순폐곡선이므로 코쉬-구르사 정리에 의해
$$\int_C \frac{z^3}{f(z)}dz = 0.$$

[보충연습(17)]

17	평가영역	해석함수
	평가내용요소	코쉬 적분공식, 코쉬-리만의 정리

-1 (i) $f(z) = u + iv$라 하자. 조건에 의해 $3v(x,y) = 2u(x,y)$이고 양변을 x, y에 대하여 편미분하면
$$3v_x = 2u_x \cdots ①, \quad 3v_y = 2u_y \cdots ②.$$
f가 $\mathbb{C}$ 상에서 해석적이므로 코쉬-리만의 정리에 의해
$$u_x = v_y \cdots ③, \quad u_y = -v_x \cdots ④.$$
①, ②, ③, ④를 연립하여 풀면 D에서
$$u_x = 0, \ u_y = 0, \ v_x = 0, \ v_y = 0.$$
따라서 $f(z) = c$(단, c는 복소상수)이고 $f(1+i) = 2+i$에 의해 $f(z) = 2+i$이다. 그러므로 $f(i) + f'(1) = 2+i$

-2 (i) $f'(z) =: \alpha + i\beta$이라 할 때 조건에 의해
$$\alpha + i\beta = f'(z) = u_x + iv_x$$
$\Rightarrow 3\beta = 3v_x = 2u_y = 2\alpha$ (즉, $3\beta = 2\alpha$)
$\Rightarrow$ 양변을 x, y에 대하여 편미분하면
$$3\beta_x = 2\alpha_x \cdots ①, \quad 3\beta_y = 2\alpha_y$$
$\cdots ②$.

(ii) $f'(z)=:\alpha+i\beta$는 D에서 해석적이므로 코쉬-리만의 정리에 의해
$$\alpha_x=\beta_y\cdots ③, \qquad \beta_x=-\alpha_y$$
$\cdots ④$.

①, ②, ③, ④를 연립하여 풀면 D에서
$$\alpha_x=\alpha_y=\beta_x=\beta_y=0.$$
따라서 $f'(z)$는 상수함수, $f(z)=az+b(\exists a,b \in \mathbb{C})$이다. 초기조건 $f'(z)=2+i$, $f(0)=2i$에 의해 $f(z)=(2+i)z+2i$이므로 $f(i)+f'(i)=1+5i$.

18	평가영역	해석함수
	평가내용요소	코쉬 부등식

점 $z_0 \in \mathbb{C}$ 를 고정하고 $C:|z-z_0|=r(>0)$이라
하자. 임의의 $z \in C$에 대하여
$$|f(z)| \leq A|z|^{\frac{7}{3}}$$
$$\leq A(|z-z_0|+|z_0|)^{\frac{7}{3}}$$
$$= A(r+|z_0|)^{\frac{7}{3}} =: M$$
이다. 코쉬의 부등식에 의해
$$\left|f^{(n)}(z_0)\right| \leq \frac{Mn!}{r^n} = \frac{A(r+|z_0|^{\frac{7}{3}})n!}{r^n}.$$
$n \geq 3$일 때 $\lim_{r \to \infty}\left|f^{(n)}(z_0)\right|$
$$=\lim_{r\to\infty}\frac{A(r+|z_0|^{\frac{7}{3}})n!}{r^n}=0$$
가 되어 $f^{(3)}(z_0)=f^{(4)}(z_0)=\cdots=0$.
따라서 $f(z)=a_0+a_1z+a_2z^2$ ($\exists a_0, a_1, a_2 \in \mathbb{C}$).

가정에서 $|f(0)|\leq A\cdot|0|^{\frac{7}{3}}=0$이므로 $a_0=0$이다.
그러므로 $f(z)=a_1z+a_2z^2$ ($\forall z \in \mathbb{C}$)이다.

19	평가영역	해석함수
	평가내용요소	코쉬의 부등식

임의의 $z_0 \in \mathbb{C}$ 에 대하여
$$C:|z-z_0|=r(>|z_0|+2)$$
일 때 f는 정함수이고
$$|f(z)| \leq A|z|^{5/4} \leq A(|z-z_0|+|z_0|)^{5/4}$$
$$\leq A(r+|z_0|)^{5/4}(\forall z \in C)$$
이다. 코시부등식에 의해
$$|f''(z_0)| \leq \frac{A(r+|z_0|)^{5/4}\cdot 2!}{r^2}$$
이고 위의 부등식은 임의의 $r>0$에 대하여 성립하므로
$$\lim_{r\to\infty}|f''(z_0)|=0$$
이 되어 $f''(z_0)=0$이다. 그리고 z_0는 임의의 복소수이므로 $f''(z)=0(\forall z \in \mathbb{C})$이다.

20	평가영역	해석함수
	평가내용요소	루빌의 정리

20-1 $g(z)=\dfrac{1}{f(z)-z+1}$이라 두자. 그러면
$$\text{Re}(f(z)-z)=\text{Re}(f(z))-\text{Re}(z)$$
$$=\text{Re}(f(z))-x \geq 0$$
이므로 $|f(z)-z+1|\geq 1$이 성립하여
$$|g(z)|=\frac{1}{|f(z)-z+1|} \leq 1 \ (\forall z \in \mathbb{C})$$
이다. 따라서 g는 유계정함수가 되어 루빌의 정리에 의해
$$\frac{1}{f(z)-z+1}=g$$
는 상수함수이므로 $f(z)-z+1$도 상수함수이다. 그러므로 $f'(z)=1(\forall z \in \mathbb{C})$이다.

20-2 $g(z)=\dfrac{1}{f(z)-e^z+i}$이라 두면
$$|\text{Im}(f(z)-e^z+i)| \geq 1$$
이므로
$$|g(z)|=\frac{1}{|f(z)-e^z+i|}$$

$$\leq \frac{1}{|\text{Im}(f(z)-e^z+i)|} \leq 1 \quad (\forall z \in \mathbb{C})$$이다.

따라서 g는 유계정함수가 되어 루빌의 정리에 의해

$$\frac{1}{f(z)-e^z+i} = g$$

는 상수함수이므로 $f(z)-e^z+i$도 상수함수이다.(즉, $f(z)=e^z+i+c(\forall z \in \mathbb{C})$)

그러므로 $f'(z)=e^z(\forall z \in \mathbb{C})$이다.

21	평가영역	해석함수
	평가내용요소	해석성, 루빌의 정리

21-1 $e^z+1=0$
$\Leftrightarrow e^x(\cos y+i\sin y)=e^z=-1=1\cdot(\cos\pi+i\sin\pi)$
$\Leftrightarrow x=0, y=\pi+2n\pi \ (n\in\mathbb{Z})$
$\Leftrightarrow z=0+(2n+1)\pi i \ (n\in\mathbb{Z})$

이므로 $f(z)=\dfrac{2e^z}{e^z+1}$은 $z=(2n+1)\pi i(n\in\mathbb{Z})$에서 미분불가능하다.

21-2 임의의 $z=x+iy\in\mathbb{C}$에 대하여

$$|f(z)|^2 = \frac{4|\sin y|^2}{(x^4+1)^2+(3y)^2} \leq \frac{4}{1}=4$$

이므로 $|f(z)|\leq 2$. 따라서 f가 $\mathbb{C}$ 상에서 유계이다.

만약 f가 $\mathbb{C}$ 상에서 해석적이면 루빌의 정리에 의해 f는 상수함수이므로 모순이다. 따라서 f는 $\mathbb{C}$ 상에서 미분불능점이 존재한다.

22	평가영역	해석함수
	평가내용요소	루빌의 정리

22-1 $g(z)=\dfrac{e^z}{f(z)}$이라 두자. 그러면

$$|f(z)|>e^x>0(\forall z=x+iy\in\mathbb{C})$$

이므로 $f(z)=0$인 $z\in\mathbb{C}$는 존재하지 않는다. 따라서 g는 정함수이다. 임의의 $z=x+iy\in\mathbb{C}$에 대하여

$$|g(z)|=\frac{e^x}{|f(z)|}\leq 1$$

이므로 g는 유계이다.

그러므로 복소상수 $c(\neq 0)$에 대하여 루빌의 정리에 의해

$$f(z)=\frac{e^z}{c}$$

이므로 $f'(z)=f(z)(\forall z\in\mathbb{C})$이다.

22-2 $\overline{f(\mathbb{C})}\subsetneq\mathbb{C}$이라 가정하자.

그러면 $w_0\notin\overline{f(\mathbb{C})}$에 대하여
$$|f(z)-w_0|>r \ (\forall z\in\mathbb{C})$$
을 만족하는 양수 r이 존재한다.

$$g(z)=\frac{1}{f(z)-w_0}$$이라 두면

g는 복소평면 $\mathbb{C}$에서 해석적이고

$$|g(z)|=\frac{1}{|f(z)-w_0|}<\frac{1}{r}$$

이므로 g는 유계이다. 따라서 루빌의 정리에 의해 g는 상수함수이므로 f도 상수함수가 되어 모순이다.

그러므로 $\overline{f(\mathbb{C})}=\mathbb{C}$가 되어 $f(\mathbb{C})$는 $\mathbb{C}$에서 조밀하다.

23	평가영역	해석함수
	평가내용요소	루빌의 정리

23-1 $g(z)=2e^z+f(z)$에 대하여 $h(z)=\dfrac{1}{g(z)+2}$이라 두자. $\text{Re}(g(z))>-1 \ (\forall z\in\mathbb{C})$이므로

$$|g(z)+2|\geq 1(\forall z\in\mathbb{C})$$

이 성립한다. 그러므로 h는 정함수이고

$$|h(z)|=\frac{1}{|g(z)+2|}\leq 1(\forall z\in\mathbb{C})$$

이다. 따라서 루빌의 정리에 의해

상수$=g(z)+2=2e^z+f(z)+2$

이므로 $f''(z)=-2e^z=f'(z)$이다.

23-2 $R=\{z\in\mathbb{C}\,|\,|z|\leq 1\}$이라 두면 조건에

의해
$$f(\mathbb{C}) = f(R)$$
이다. 그리고 R은 유계폐집합(컴팩트)이므로 $f(R)$은 유계폐집합이다. 따라서 f는 유계정함수가 되어 루빌의 정리에 의해 f는 상수함수이다.

24	평가영역	해석함수
	평가내용요소	항등정리

$g : R \to \mathbb{C}$, $g(z) = 3z$ $(z \in R)$이라 하자. 그러면 f, g는 R에서 해석적이고 $z_n = \dfrac{1}{n}$ $(n \in \mathbb{N})$에 대하여
$$f(z_n) = g(z_n)(\forall n \geq 1)$$
$$\lim_{n \to \infty} z_n = \lim_{n \to \infty} \frac{1}{n} = 0, \quad z_n \neq z_m (\forall n \neq m)$$
이므로 항등정리에 의해 $f(z) = g(z) = 3z$ $(z \in R)$.
따라서 $f''(z) = g''(z) = 0 (z \in R)$.

25	평가영역	해석함수
	평가내용요소	항등정리, 볼자노-와이어스트라스의 정리

25-1 $g : D \to \mathbb{C}$, $g(z) = 2z$ $(z \in D)$이라 하자. 그러면 f, g는 D에서 해석적이고 $z_n = \dfrac{1}{n}$ $(n \in \mathbb{N})$에 대하여
$$f(z_n) = \frac{2}{n} = g(z_n) \ (\forall n \geq 1)$$
$$\lim_{n \to \infty} z_n = \lim_{n \to \infty} \frac{1}{n} = 0, \ z_n \neq z_m (\forall n \neq m)$$
이므로 항등정리에 의해 $f(z) = g(z) = 2z$ $(z \in D)$.

25-2 E : 유계무한집합이면 유계집합에 대한 볼자노-와이어스트라스의 정리에 의해 E상의 수열 $\{z_n\}$이 존재하여
$$\lim_{n \to \infty} z_n = z_0 \in \mathbb{C}, \ z_n \neq z_m (\forall n \neq m),$$
$$f(z_n) = 0 \ (\forall n \geq 1)$$
을 만족한다. 따라서 항등정리에 의해 $f \equiv 0$이다.

26	평가영역	해석함수
	평가내용요소	항등정리

$g : R = \{z \in \mathbb{C} \mid |z| < 3\} \to \mathbb{C}$, $g(z) = 2z + 3$ $(z \in \mathbb{C})$이라 하자. 그러면 f, g는 R에서 해석적이고
$$f(\frac{2}{n}) = g(\frac{2}{n}) \ (\forall n \geq 1), \ \lim_{n \to \infty} \frac{2}{n} = 0,$$
$$\frac{2}{n} \neq \frac{2}{m} (\forall n \neq m)$$
이므로 항등정리에 의해 $f(z) = g(z) = 2z + 3$. 따라서 $f(i) = 2i + 3$이다.

27	평가영역	해석함수
	평가내용요소	항등정리, 볼자노-와이어스트라스의 정리

A는 유계무한집합이므로 볼자노-와이어스트라스의 정리에 의해 A 상의 수열 $\{z_n\}$이 존재하여
$$\lim_{n \to \infty} z_n = z_0 \in A, \ z_n \neq z_m (\forall n \neq m),$$
$$f(z_n) = 0 \ (\forall n \geq 1)$$
을 만족한다. 따라서 항등정리에 의해 $f \equiv 0$이다.

28	평가영역	코쉬의 적분공식
	평가내용요소	가우스 평균값정리

임의의 $r > 0$에 대하여
f는 정함수이므로 가우스 평균값정리에 의해
$$\int_0^{2\pi} f(2 + re^{i\theta}) d\theta = 2\pi f(2) = 2\pi \cdot 0 = 0.$$

29	평가영역	코쉬의 적분공식
	평가내용요소	가우스의 평균값정리

$R' = \{z \in \mathbb{C} \mid |z| \leq 1\}$이라 할 때
f는 R'에서 해석적이므로 가우스의 평균값정리에 의해
$$1 = f(0)$$
$$= \frac{1}{2\pi} \int_0^{2\pi} f(0 + 1 \cdot e^{i\theta}) d\theta$$
$$= \frac{1}{2\pi} \int_0^{2\pi} f(e^{i\theta}) d\theta.$$
따라서 $\int_0^{2\pi} f(e^{i\theta}) d\theta = 2\pi$.

30	평가영역	해석함수
	평가내용요소	최대, 최소절댓값정리

$g(z) = \dfrac{f(z)}{z^2}$ 이라 두자. 그러면 조건 (i)에 의해

$$|g(z)| = \left|\dfrac{f(z)}{z^2}\right| \geq 1 (\forall z \in R)$$

이다. 그리고 조건 (ii)에 의해

$$g(1+3i) = \dfrac{f(1+3i)}{(1+3i)^2} = \dfrac{-8+6i}{-8+6i} = 1$$

이므로 g는 R내부점 $z = 1+3i$에서 최솟값을 갖는다. 따라서 최소 절댓값정리에 의해 g는 상수함수이므로 복소상수 c에 대하여

$$f(z) = cz^2 \ (\forall z \in R)$$

이라 쓸 수 있다. 그리고 조건 (ii)에 의해

$$-8+6i = f(1+3i) = c(1+3i)^2 = c(-8+6i)$$

이므로 $c = 1$이 되어 $f(z) = z^2$이다.

31	평가영역	해석함수, 복소선적분
	평가내용요소	최대, 최소절댓값정리, 선적분의 기본정리

31-1 $g : R \to \mathbb{C}$, $g(z) = \dfrac{f(z)}{e^z}$ 이라 할 때

(i) $g : R$(유계폐영역)에서 연속,

(ii) $g : R$의 내부에서 해석적,

(iii) $|g(z)| = \dfrac{|f(z)|}{|e^z|} \geq 2 > 0 (\forall z \in R)$이므로 $g(z) \neq 0 \ (\forall z \in R)$.

이제 g가 상수함수가 아니라고 가정하자. 그러면 최소절댓값 정리에 의해 $|g(z)|$는

$$\mathrm{Bd}(R) = \{3e^{it} \mid 0 \leq t < 2\pi\}$$

에서만 최솟값을 갖는다.
그러나 $z = 2i$는 R의 내부점이고

$$|g(2i)| = \dfrac{|f(2i)|}{|e^{2i}|} = \dfrac{2}{1} = 2$$

가 되어 $|g(z)|$는 R의 내부점에서 최솟값을 가지므로 모순이다.

따라서 c(상수) $= g(z) = \dfrac{f(z)}{e^z} (z \in R)$.

$$c = g(2i) = \dfrac{f(2i)}{e^{2i}} = \dfrac{2e^{2i}}{e^{2i}} = 2.$$

그러므로 $f(z) = 2e^z (\forall z \in R)$이다.

31-2 $\displaystyle\int_C f(z)dz = \int_C 2e^z dz$

$= 2e^z \big|_0^1$ ((∵) 선적분의 기본정리)

$= 2(e^1 - e^0)$

$= 2(e-1).$

32	평가영역	해석함수
	평가내용요소	최대, 최소절댓값 정리

32-1 (i) f는 $\overline{D}$에서 연속, D의 내부에서 해석적이고 상수함수가 아니다. 따라서 최대절댓값 정리에 의해
$|f(z)|$는 $\mathrm{Bd}(D) = \{z \in D \mid |z| = 1\}$

$= \{e^{it} = \cos t + i\sin t \mid 0 \leq t < 2\pi\}$
에서만 최댓값을 갖는다.

따라서 $M = \max_{z \in D}|f(z)|$

$= \max_{z \in \mathrm{Bd}(D)}|f(z)|$

$= \max_{0 \leq t < 2\pi}|f(\cos t + i\sin t)|$

$= \max_{0 \leq t < 2\pi} e^{-\cos(2t)}$

$= e^1.$

(ii) $f(z) \neq 0 \ (\forall z \in D)$이므로 최소절댓값 정리에 의해
$m = \min_{z \in D}|f(z)| = \min_{z \in \mathrm{Bd}(D)}|f(z)|$

$= \min_{0 \leq t < 2\pi} e^{-\cos(2t)}$

$= e^{-1}.$

따라서 $mM = 1$이다.

32-2 (i) $e^{-\cos(2t)} = e^1 \ (0 \leq t < 2\pi)$

$\Leftrightarrow 2t = \pi$ 또는 $2t = 3\pi$

$\Leftrightarrow z = i$ 또는 $z = -i$.

따라서 $A = \{i, -i\}$: 위수 $= 2$.

(ii) $e^{-\cos(2t)} = e^{-1}$ $(0 \leq t < 2\pi)$
$\Leftrightarrow 2t = 0$ 또는 $2t = 2\pi$
$\Leftrightarrow z = 1$ 또는 $z = -1$.
따라서 $B = \{1, -1\}$: 위수 $= 2$.

33	평가영역	복소선적분
	평가내용요소	편각원리, 루셰의 정리

$\alpha(z) = 5iz^4$, $\beta(z) = z^7 + \sqrt{2}\,z + i$ 에 대하여
$|\alpha(z)| = 5 > 2 + \sqrt{2}$
$\geq |z^7 + \sqrt{2}\,z + i| = |\beta(z)|$ ($\forall z \in C$)

이므로 루셰정리에 의해
$N = (g(z)$의 C내부에서의 영점의 수$)$
$= (\alpha(z)$의 C내부에서의 영점의 수$) = 4$.
$g(z)$는 정함수이므로 $P = (g(z)$의 C내부에서의 극의 수$) = 0$.
따라서 편각의 원리에 의해
$$\int_C f(z)\,dz = \int_C \frac{g'(z)}{g(z)}\,dz = 2\pi i(N - P)$$
$$= 2\pi i(4 - 0) = 8\pi i.$$

34	평가영역	해석함수
	평가내용요소	루셰의 정리

$C_1 = \{z \in \mathbb{C} \mid |z| = 2\}$, $C_2 = \left\{z \in \mathbb{C} \;\middle|\; |z| = \dfrac{1}{2}\right\}$ 일 때

(i) $\alpha(z) = z^{12}$, $\beta(z) = -9z^2 + 2$ 이라 두자. 그러면
α와 β는 C_1과 C_1내부에서 해석적이고
$|\alpha(z)| = 2^{12} > 9 \cdot 2^2 + 2 \geq |\beta(z)|$ ($\forall z \in C_1$)
이다. 따라서 루셰의 정리에 의해
 $(p(z)$의 C_1내부의 영점의 수$)$
$= (\alpha(z)$의 C_1내부의 영점의 수$)$
$= 12 = |A \cup B| = |A| + |B|$.

(ii) $\alpha(z) = -9z^2$, $\beta(z) = z^{12} + 2$ 이라 두자. 그러면
α와 β는 C_2과 C_2내부에서 해석적이고

$|\alpha(z)| = \dfrac{9}{4} > \dfrac{1}{2^{12}} + 2 \geq |\beta(z)|$ ($\forall z \in C_2$)

이다. 따라서 루셰의 정리에 의해
 $(p(z)$의 C_2내부의 영점의 수$)$
$= (\alpha(z)$의 C_2내부의 영점의 수$) = 2 = |A|$.
따라서 $a - b = 2 - 10 = -8$.

35	평가영역	해석함수
	평가내용요소	루셰의 정리

35-1 $3z^4 = e^z$의 복소수 근의 수는 $f(z) = 3z^4 - e^z$의 영점의 수와 동일하다. 이때, $\alpha(z) = 3z^4$, $\beta(z) = -e^z$라 두자.
$C: |z - 0| = 1$에 대하여 α와 β는 C와 C내부에서 해석적이고,
 $|\alpha(z)| = 3 > 1 = |\beta(z)|$ ($\forall z \in C$)
이므로 루셰의 정리에 의해
 (C내부의 f의 영점의 수)
$= (C$내부의 α의 영점의 수$) = 4$.

35-2 $f(z) = 10z + e^z$의 고정점의 수는
$$g(z) = 10z + e^z - z = 9z + e^z$$
의 영점의 수와 동일하다. 이때, $\alpha(z) = 9z$, $\beta(z) = e^z$라 두자.
$C: |z - 0| = 2$에 대하여 α와 β는 C와 C내부에서 해석적이고,
 $|\alpha(z)| = 18 > e^2 \geq |\beta(z)|$ ($\forall z \in C$)
이므로 루셰의 정리에 의해
 (C내부의 g의 영점의 수)
$= (C$내부의 α의 영점의 수$) = 1$.
따라서 $f(z) = 10z + e^z$는 $|z| < 2$인 고정점을 1개 갖는다.

36	평가영역	복소선적분
	평가내용요소	코쉬-구르사 정리, 루셰의 정리

$f(z) = \dfrac{z^2 - 1}{z^3 - 3z + 13}$ 에 대하여

(i) C_1을 1에서 0까지의 직선이라 하자.
① $C + C_1$은 단순폐곡선.

② C' : $|z|=\sqrt{2}$에 대하여 $\alpha(z)=z^3-3z$, $\beta(z)=13$이라 할 때
$$|\alpha(z)| \le |z|^3+3|z|=2\sqrt{2}+3\sqrt{2}<13$$
$$=|\beta(z)| \; (\forall z \in C')$$
이므로 루셰의 정리에 의해
  (C'내부의 z^3-z+13의 영점의 수)
$=$(C'내부의 $\beta(z)$의 영점의 수)$=0$.
따라서 f는 $C+C_1$와 $C+C_1$내부에서 해석적이다.
(ⅱ) 코쉬-구르사 정리에 의해
$$\int_{C+C_1} f(z)dz=0.$$
$$\int_{C+C_1} f(z)dz = \int_C f(z)dz + \int_{C_1} f(z)dz$$
$$= \int_C f(z)dz - \int_{-C_1} f(z)dz$$

$$= \int_C f(z)dz - \frac{1}{3}\int_0^1 \frac{3t^2-3}{t^3-3t+13}dt$$
$$= \int_C f(z)dz - \frac{1}{3}\left(\ln\left(\frac{11}{13}\right)\right)$$

이므로 $\int_C f(z)dz = \frac{1}{3}\ln\left(\frac{11}{13}\right)$.

37	평가영역	복소선적분
	평가내용요소	편각원리, 루셰의 정리

(ⅰ) $\alpha(z)=10\sqrt{3}\,z$, $\beta(z)=iz^6-3z^2+1$에 대하여
$$|\alpha(z)| \ge 10\sqrt{3} > 15 = (\sqrt{2})^6 + 3(\sqrt{2})^2 + 1$$
$$> |\beta(z)|(\forall z \in C)$$
이므로 루셰의 정리에 의해
$N=(f(z)$의 C내부에서의 영점의 수)
  $=(\alpha(z)$의 C내부에서의 영점의 수)$=1$.

(ⅱ) $4z^2-1=0 \Leftrightarrow z=\pm\frac{1}{2}$

이므로 $P=(f(z)$의 C내부에서의 극의 수)$=2$.
따라서 편각 원리에 의해

$$\int_C \frac{f'(z)}{f(z)}dz = 2\pi i(N-P)$$
$$= 2\pi i(1-2)$$
$$= -2\pi i.$$

38	평가영역	급수의 표현
	평가내용요소	급수전개

38-1 $f(z)=\log(1+z)$
$$= z - \frac{z^2}{2} + \frac{z^3}{3} - \frac{z^4}{4} + \cdots$$
이므로 $a_{-3}=0$이다.

38-2 $f(z)=\dfrac{z-\sin z}{z^3}$
$$= \frac{1}{z^3}\cdot\left(z-z+\frac{z^3}{3!}-\frac{z^5}{5!}+\cdots\right)$$
$$= \frac{1}{3!} - \frac{1}{5!}z^2 + \cdots.$$
따라서 $a_{-3}=0$이다.

38-3
$$f(z)=(z-3)\sin\left(\frac{1}{z+2}\right)$$
$$= ((z+2)-5)$$
$$\cdot\left(\frac{1}{z+2} - \frac{1}{3!(z+2)^3} + \frac{1}{5!(z+2)^5} - \cdots\right)$$

$$= 1 - \frac{5}{z+2} - \frac{1}{6(z+2)^2} + \frac{5}{6(z+2)^3} + \cdots.$$

따라서 $a_{-3}=\dfrac{5}{6}$이다.

39	평가영역	급수의 표현
	평가내용요소	급수전개

39-1 $w=z-1$이라 하자. 그러면
$$f(z)=\frac{e^{2z}}{(z-1)^3}$$
$$= \frac{e^{2w+2}}{w^3}$$

$$= \frac{e^2}{w^3}\left(1 + 2w + \frac{(2w)^2}{2!} + \frac{(2w)^3}{3!} + \cdots\right)$$

$$= \frac{e^2}{w^3} + \frac{2e^2}{w^2} + \frac{2e^2}{w} + \frac{4}{3}e^2 + \cdots$$

$$= \frac{e^2}{(z-1)^3} + \frac{2e^2}{(z-1)^2} + \frac{2e^2}{z-1} + \frac{4}{3}e^2 + \cdots.$$

따라서 $a_{-3} = e^2$이다.

39-2 $f(z)$

$$= \frac{z + z^5}{z^2 \sin z^3}$$

$$= (z + z^5) \cdot \frac{1}{z^2\left(z^3 - \frac{(z^3)^3}{3!} + \frac{(z^3)^5}{5!} - \frac{(z^3)^7}{7!} + \cdots\right)}$$

$$= (z^{-4} + 1) \cdot \frac{1}{1 - \left(\frac{z^6}{3!} - \frac{z^{12}}{5!} + \frac{z^{18}}{7!} - \cdots\right)}$$

는 충분히 작은 r에 대해 f는 $0 < |z - 0| < r$에서 해석적이고

$|z| < r$일 때, $\left|\frac{z^6}{3!} - \frac{z^{12}}{5!} + \frac{z^{18}}{7!} - \cdots\right| < 1$이므로

$f(z)$
$= (z^{-4} + 1)$
$\cdot \left(1 + \left(\frac{z^6}{3!} - \frac{z^{12}}{5!} + \cdots\right) + \left(\frac{z^6}{3!} - \frac{z^{12}}{5!} + \cdots\right)^2 + \cdots\right)$

$$= z^{-4} + 1 + \frac{1}{3!}z^2 + \cdots.$$

따라서 $a_{-3} = 0$이다.

40	평가영역	해석함수
	평가내용요소	모레라 정리, 코쉬-리만 방정식

$u(x, y) = 3x^2 + ay^2 + bx$이라 할 때 u, v는 $\mathbb{C}$ 상에서 연속이므로 모레라 정리에 의해 $f(x + iy) = u(x, y) + iv(x, y)$는 $\mathbb{C}$ 상에서 해석적이다.

(i) u는 $\mathbb{C}$ 상에서 조화적이므로
$$0 = u_{xx} + u_{yy} = 6 + 2a.$$
따라서 $a = -3$이다.

(ii) $1 + i = f(1 + 0i)$
$= (3 + b) + iv(1, 0)$

이므로 $b = -2$, $v(1, 0) = 1$이다.

(iii) 코쉬-리만 정리에 의해
$$6x - 2 = 6x + b = u_x = v_y$$
$\cdots$ ①

$$v_x = -u_y = -2ay = 6y \cdots ②.$$

①에 의해 $v = 6xy - 2y + c(x)$.

②에 의해 $6y = v_x = 6y + \frac{\partial c(x)}{\partial x}$ $\Rightarrow$

$\frac{\partial c(x)}{\partial x} = 0$.

따라서 $v(x, y) = 6xy - 2y + c$. (단, c는 복소상수) 그리고

$$1 = v(1, 0) = c$$

이므로 $v(x, y) = 6xy - 2y + 1$이 되어
$f(x + iy) = (3x^2 - 3y^2 - 2x) + (6xy - 2y + 1)i$
이다.

41	평가영역	해석함수
	평가내용요소	리만정리, 루빌의 정리

$g : D \to \mathbb{C}$, $g(z) = \frac{1}{f(z)} (z \in D)$

이라 할 때 g는 D에서 해석적이고, D상에 임의의 점 z에 대하여

$$|g(z)| = \frac{1}{|f(z)|} \leq 1$$

을 만족한다. 따라서 리만정리에 의해
$$\hat{g}(z) = g(z)(\forall z \in D)$$

를 만족하는 $\mathbb{C}$에서 해적적인 함수 $\hat{g}$가 존재한다. 그러므로 $\hat{g}$는 유계정함수가 되어 루빌의 정리에 의해 $\hat{g}$는 상수함수이다. 따라서 g는 D에서 상수함수가 되어 f도 D에서 상수함수이다.

42	평가영역	해석함수
	평가내용요소	리만정리, 코시부등식

42-1 $0<|z|<\infty$인 z에 대하여 로랑정리에 의해

$$f(z)=\sum_{n=-\infty}^{\infty}a_n z^n$$
$$=\cdots+a_{-1}+a_0 z+a_1 z^2+\cdots$$

이다. 따라서 $\mathbb{C}\setminus\{0\}$상의 임의의 점 z에 대하여

$$|\cdots+a_{-1}+a_0 z+a_1 z^2+\cdots|=|zf(z)|$$
$$\leq |z|^3+\sqrt{|z|}$$

을 만족하고 $\lim_{z\to 0}(|z|^3+\sqrt{|z|})=0$이므로 $a_{-1}=a_{-2}=\cdots=0$이다. 그러므로 f는 $z=0$에서 제거가능특이점을 가진다.

42-2 (ⅰ) f는 $z=0$에서 제거가능특이점을 가지므로

$$\overline{f}(z)=\begin{cases}f(z), & 0<|z|<\infty\\ a_0=\lim_{z\to 0}f(z), & z=0\end{cases}$$

라 할 때 리만정리에 의해 $\overline{f}$는 $\mathbb{C}$ 상에서 해석적이다.

(ⅱ) $z_0\in\mathbb{C}$를 고정하자. $C:|z-z_0|=r$ $(>|z_0|+1)$에 대하여 $\overline{f}$는 C와 C내부에서 해석적이고 C상의 임의의 점 z에 대하여

$$|\overline{f}(z)|\leq |z|^2+\frac{1}{\sqrt{|z|}}\leq |z|^2+1$$
$$\leq (|z-z_0|+|z_0|)^2+1$$
$$=(r+|z_0|)^2+1$$
$$=:M$$

을 만족한다. 따라서 코쉬 부등식에 의해

$$|\overline{f}^{(3)}(z)|\leq \frac{M\cdot 3!}{r^3}=\frac{((r+|z_0|)^2+1)\cdot 3!}{r^3}$$

이고 $\lim_{r\to\infty}\frac{((r+|z_0|)^2+1)\cdot 3!}{r^3}=0$이므로 $\overline{f}^{(3)}\equiv 0$이다.

그러므로 $\overline{f(z)}=a_0+a_1 z+a_2 z^2$ (a_0, a_1, a_2는 복소상수.)이다. 따라서 $\mathbb{C}\setminus\{0\}$에서

$$f(z)=a_0+a_1 z+a_2 z^2 \quad (a_0, a_1, a_2\text{는 복소상수이다.})$$

이다.

43	평가영역	복소선적분
	평가내용요소	유수정리, 급수전개

43-1 $f(z)=\dfrac{\sin z}{z^3}$

$$=z^{-3}\cdot\left(z-\frac{z^3}{3!}+\frac{z^5}{5!}-\cdots\right)$$
$$=\cdots+0\cdot z^{-1}+\cdots$$

이므로 $\text{Res}[f,0]=0$. 따라서 유수정리에 의해

$$\int_C f(z)dz=2\pi i\,\text{Res}[f,0]=0.$$

43-2 $f(z)=\dfrac{\cos z}{z^3}$

$$=z^{-3}\cdot\left(1-\frac{z^2}{2!}+\frac{z^4}{4!}-\cdots\right)$$
$$=\cdots+\left(-\frac{1}{2}\right)z^{-1}+\cdots$$

이므로 $\text{Res}[f,0]=-\dfrac{1}{2}$. 따라서 유수정리에 의해

$$\int_C f(z)dz=2\pi i\,\text{Res}[f,0]=-\pi i.$$

44	평가영역	복소적분
	평가내용요소	유수정리, 급수전개

44-1 $f(z)=z^{-2}\cdot e^{2z}\cdot\dfrac{1}{\sin z}$

$$=z^{-2}\cdot\left(1+\frac{2z}{1!}+\frac{(2z)^2}{2!}+\cdots\right)$$
$$\quad\cdot\left(\frac{1}{\dfrac{z}{1!}-\dfrac{z^3}{3!}+\dfrac{z^5}{5!}-\cdots}\right)$$

$$=z^{-3}\cdot\left(1+\frac{2z}{1!}+\frac{(2z)^2}{2!}+\frac{(2z)^3}{3!}+\cdots\right)$$

$$\cdot \left(1 + \left(\frac{z^2}{3!} - \frac{z^4}{5!} + \frac{z^6}{7!} - \cdots\right) + \cdots\right)$$

$$= z^{-3} + \cdots + \left(2 + \frac{1}{6}\right)z^{-1} + \cdots$$

이므로 $a_{-3} = 1$, $\text{Res}[f, 0] = \frac{13}{6}$. 따라서 유수정리에 의해

$$\int_C f(z)dz = 2\pi i \text{Res}[f, 0]$$

$$= 2\pi i \cdot \frac{13}{6}$$

$$= \frac{13}{3}\pi i.$$

44-2 $g(z) = \cos(z^5)f(z)$

$$= \left(1 - \frac{z^{10}}{2!} + \frac{z^{20}}{4!} - \frac{z^{30}}{6!} + \cdots\right) \cdot f(z)$$

$$= \cdots + \frac{13}{6}z^{-1} + \cdots$$

이므로 $\text{Res}[g, 0] = \frac{13}{6}$. 따라서 유수정리에 의해

$$\int_C g(z)dz = 2\pi i \text{Res}[g, 0]$$

$$= 2\pi i \cdot \frac{13}{6} = \frac{13}{3}\pi i.$$

45	평가영역	복소선적분
	평가내용요소	유수정리

45-1 $f(z) = z^2 \sin\left(\frac{1}{z}\right)$

$$= z^2 \cdot \left(\frac{1}{z} - \frac{1}{3! \cdot z^3} + \frac{1}{5! \cdot z^5} - \cdots\right)$$

$$= z - \frac{1}{3! \cdot z} + \frac{1}{5! \cdot z^3} - \cdots$$

이므로 $\text{Res}[f, 0] = -\frac{1}{6}$. 따라서 유수정리에 의해

$$\int_C f(z)dz = 2\pi i \text{Res}[f, 0] = -\frac{\pi i}{3}.$$

45-2 $f(z)$

$$= \frac{z^2 + 1}{z^7 \cos(z^3)}$$

$$= (z^{-5} + z^{-7})\left(\frac{1}{1 - \frac{(z^3)^2}{2!} + \frac{(z^3)^4}{4!} - \cdots}\right)$$

$$= (z^{-5} + z^{-7})\left(\frac{1}{1 - \left(\frac{z^6}{2!} - \frac{z^{12}}{4!} + \cdots\right)}\right)$$

$$= (z^{-5} + z^{-7})$$

$$\left(1 + \left(\frac{z^6}{2!} - \frac{z^{12}}{4!} + \cdots\right) + \left(\frac{z^6}{2!} - \frac{z^{12}}{4!} + \cdots\right)^2 + \cdots\right)$$

$$= z^{-7} + z^{-5} + \frac{1}{2}z^{-1} + \frac{1}{2}z + \cdots.$$

이므로 $\text{Res}[f, 0] = \frac{1}{2}$. 따라서 유수정리에 의해

$$\int_C f(z)dz = 2\pi i \text{Res}[f, 0] = \pi i.$$

46	평가영역	복소선적분
	평가내용요소	유수정리

(ⅰ) C 내부의 f의 특이점은 $z = 0$ 또는 $z = 1$이다.

㉠ f는 $z = 1$에서 단순극을 가지므로

$$\text{Res}[f, 1] = \lim_{z \to 1}(z-1)f(z)$$

$$= \lim_{z \to 1}\frac{-z}{e^{z^3} - 1} = \frac{-1}{e - 1} = \frac{1}{1 - e}.$$

㉡ $f(z)$

$$= z \cdot \frac{1}{1-z} \cdot \frac{-1}{1 - e^{z^3}}$$

$$= z(1 + z + z^2 + \cdots) \cdot (-1)$$

$$\cdot \frac{1}{1 - \left(1 + \frac{z^3}{1!} + \frac{z^6}{2!} + \frac{z^9}{3!} + \cdots\right)}$$

$$= (z + z^2 + z^3 + \cdots) \cdot z^{-3}$$

$$\cdot \frac{1}{1-\left(-\frac{z^3}{2!}-\frac{z^6}{3!}-\cdots\right)}$$

$$=(z^{-2}+z^{-1}+1+z+\cdots)$$

$$\cdot\left(1-\left(\frac{z^3}{2!}+\frac{z^6}{3!}+\cdots\right)+\left(\frac{z^3}{2!}+\frac{z^6}{3!}+\cdots\right)^2-\cdots\right)$$

$$=\cdots+1\cdot z^{-1}+\cdots$$

이므로 $\text{Res}[f,0]=1$.

(ⅱ) 유수정리에 의해

$$\int_C f(z)dz = 2\pi i(\text{Res}[f,0]+\text{Res}[f,1])$$

$$=2\pi i\left(1+\frac{1}{1-e}\right)=2\pi i\frac{e-2}{e-1}.$$

47	평가영역	해석함수, 복소선적분
	평가내용요소	코쉬-리만 정리, 유수정리

$z=x+iy$에 대하여 $g(z)=zf(z)$이라 하자. 그러면 주어진 조건에 의해

$$\text{Re}(g(z))=x\text{Re}(f(z))-y\text{Im}(f(z))\equiv 0(\forall z\in R)$$

이다. 따라서 실함수 v에 대하여 $g(z)=0+iv$이라 하면 g는 미분가능이므로 코쉬-리만 정리에 의해

$$0=v_y,\ v_x=0$$

이 되어 v는 상수함수이다. 즉, 실수상수 c에 대하여

$$g(z)=iv=ci$$

이다. 그리고 $ci=g(2)=2f(2)=6i$이므로 $c=6$이다.

따라서 $f(z)=\frac{6i}{z}$이므로 유수정리에 의해

$$\int_{|z|=1}f(z)dz=2\pi i\text{Res}[f,0]$$

$$=2\pi i\cdot 6i$$

$$=-12\pi.$$

48	평가영역	복소선적분
	평가내용요소	대수학의 기본정리, 유수정리

(ⅰ) 대수학의 기본정리에 의해

$f(z)$의 해 $z_1,\cdots,z_4\in\mathbb{C}$가 존재한다. 따라서

$$f(z)=(z-z_1)\cdots(z-z_4)$$

라 쓸 수 있다. 그러므로

$$g(z)=\frac{(z^2+2z-1)f'(z)}{f(z)}$$

$$=\frac{z^2+2z-1}{z-z_1}+\cdots+\frac{z^2+2z-1}{z-z_4}.$$

(ⅱ) $$\text{Res}[g,z_1]=\lim_{z\to z_1}(z-z_1)g(z)$$

$$=(z_1)^2+2z_1-1.$$

$$\vdots$$

$$\text{Res}[g,z_4]=\lim_{z\to z_4}(z-z_4)g(z)$$

$$=(z_4)^2+2z_4-1.$$

r이 충분히 클 때 f의 모든 해는 C_r 내부에 존재하므로 유수정리에 의해

$$\lim_{r\to\infty}I(r)$$

$$=2\pi i\sum_{k=1}^{4}\text{Res}[f,z_k]$$

$$=2\pi i((z_1^2+z_2^2+z_3^2+z_4^2)+2(z_1+z_2+z_3+z_4)-4)$$

$$=2\pi i((z_1+z_2+z_3+z_4)^2-2(z_1z_2+\cdots+z_3z_4)$$

$$+2(z_1+z_2+z_3+z_4)-4)$$

$$=2\pi i(0+0+0-4)=-8\pi i.$$

49	평가영역	복소선적분
	평가내용요소	대수학의 기본정리, 유수정리

(ⅰ) 대수학의 기본정리에 의해

$g(z)$의 해 $z_1,\cdots,z_8\in\mathbb{C}$가 존재한다. 따라서

$$g(z)=(z-z_1)\cdots(z-z_8)$$

라 쓸 수 있다. 그러므로

$$f(z)=(2z-1)\cdot\frac{g'(z)}{g(z)}$$

$$=\frac{2z-1}{z-z_1}+\cdots+\frac{2z-1}{z-z_8}.$$

(ⅱ) $\text{Res}[f,z_1]=\lim_{z\to z_1}(z-z_1)f(z)=2z_1-1.$

$$\vdots$$
$$\operatorname{Res}[f, z_8] = \lim_{z \to z_8}(z-z_8)f(z) = 2z_8 - 1.$$

$\alpha(z) = z^8$, $\beta(z) = z^7 + 4iz + 5i$라 하면
$$|\alpha(z)| > |\beta(z)| (\forall z \in C)$$
이므로 루셰정리에 의해 g의 모든 해는 C내부에 존재한다. 그러므로 유수정리에 의해
$$\int_C f(z)dz = 2\pi i \sum_{k=1}^{8} \operatorname{Res}[f, z_k]$$
$$= 2\pi i (2(z_1 + \cdots + z_8) - 8)$$
$$= 2\pi i \left(2 \cdot \frac{-1}{1} - 8\right) = -20\pi i.$$

50	평가영역	복소선적분
	평가내용요소	편각원리, 루셰의 정리, 유수정리

(i) $f(z) = \dfrac{z-2}{z^2-z}$는 C_1 내부에서 극 $z = 0, 1$을 갖는다. 주어진 C_1의 그림에서 왼쪽과 오른쪽의 원을 각각 C_3, C_4라 할 때 $C_1 = C_3 + C_4$이고 방향을 고려하면 유수정리에 의해
$$A = \int_C f(z)dz = \int_{C_3} f(z)dz + \int_{C_4} f(z)dz$$
$$= -2\pi i \operatorname{Res}[f, 0] + 2\pi i \operatorname{Res}[f, 1]$$
$$= -2\pi i \cdot 2 + 2\pi i (-1)$$
$$= -6\pi i.$$

(ii) $g(z) = z^3 + 3z + \sqrt[10]{2}\, i$에 대하여

① $\alpha(z) = 3z$, $\beta(z) = z^3 + \sqrt[10]{2}\, i$이라 두자.
$$|\alpha(z)| = 3 > 1 + \sqrt[10]{2} = |z|^3 + \sqrt[10]{2} \geq |\beta(z)|$$
$$(\forall z \in C_2)$$
이므로 루셰의 정리에 의해
$N = (C_2$ 내부에서의 $g(z)$의 영점의 수)
$\quad = (C_2$ 내부에서의 $\alpha(z)$의 영점의 수) $= 1$.

② $P = C_2$ 내부에서의 $g(z)$의 극의 수 $= 0$.

따라서 편각의 원리에 의해
$$B = \int_{C_2} \frac{g'(z)}{g(z)} dz = 2\pi i (N - P)$$
$$= 2\pi i (1 - 0) = 2\pi i.$$

그러므로 $A + B = -4\pi i$이다.

51	평가영역	복소선적분
	평가내용요소	유수정리의 실적분으로의 응용(공식Ⅳ)

51-1 (i) $C : |z| = 1$이라 두면 $z = z(\theta) = e^{i\theta}$ $(0 \leq \theta \leq 2\pi)$
$$\sin\theta = \frac{1}{2i}(e^{i\theta} - e^{-i\theta}) = \frac{1}{2i}\left(z - \frac{1}{z}\right).$$
$$\cos\theta = \frac{1}{2}(e^{i\theta} + e^{-i\theta}) = \frac{1}{2}\left(z + \frac{1}{z}\right).$$
$dz = z'(\theta)d\theta = ie^{i\theta}d\theta = iz d\theta$ 이므로 $d\theta = \dfrac{1}{iz}dz.$

(ii) $\displaystyle\int_0^{2\pi} \frac{\cos\theta}{3 + \sin\theta} d\theta$
$$= \int_C \frac{\frac{1}{2}\left(z + \frac{1}{z}\right)}{3 + \frac{1}{2i}\left(z - \frac{1}{z}\right)} \cdot \frac{1}{iz} dz$$
$$= \int_C \frac{z^2 + 1}{z(z^2 + 6iz - 1)} dz$$
$$= \int_C \frac{z^2 + 1}{z(z + i(3 + 2\sqrt{2}))(z + i(3 - 2\sqrt{2}))} dz.$$

$f(z) = \dfrac{z^2 + 1}{z(z^2 + 6iz - 1)}$ 이라 하면

$\displaystyle\int_0^{2\pi} \frac{\cos\theta}{3 + \sin\theta} d\theta$
$= 2\pi i (\operatorname{Res}[f, 0] + \operatorname{Res}[f, -i(3 - 2\sqrt{2})])$
$= 2\pi i \cdot ((-1) + 1) = 0.$

51-2 (i) $C : |z| = 1$이라 두면 $z = z(\theta) = e^{i\theta}$ $(0 \leq \theta \leq 2\pi)$
$$\sin\theta = \frac{1}{2i}(e^{i\theta} - e^{-i\theta}) = \frac{1}{2i}\left(z - \frac{1}{z}\right).$$

$dz = z'(\theta)d\theta = ie^{i\theta}d\theta = izd\theta$ 이므로 $d\theta$
$= \dfrac{1}{iz}dz$.

(ii) $\displaystyle\int_0^{2\pi} \dfrac{1}{5+4\sin\theta}d\theta$

$= \displaystyle\int_C \dfrac{1}{5+4\left(\dfrac{1}{2i}\left(z-\dfrac{1}{z}\right)\right)} \cdot \dfrac{1}{iz}dz$

$= \displaystyle\int_C \dfrac{1}{2z^2+5iz-2}dz$

$= \displaystyle\int_C \dfrac{1}{(2z+i)(z+2i)}dz$.

$f(z) = \dfrac{1}{(2z+i)(z+2i)}$ 이라 하면

$\displaystyle\int_0^{2\pi} \dfrac{1}{5+4\sin\theta}d\theta$

$= 2\pi i \cdot \text{Res}\left[f, -\dfrac{i}{2}\right] = 2\pi i \cdot \dfrac{2}{3i} = \dfrac{4}{3}\pi$.

52	평가영역	복소선적분
	평가내용요소	유수정리의 실적분으로의 응용(공식 I)

52-1 $P(x) = x$, $Q(x) = (x^2+2x+2)^2$이라 할 때

(i) $\deg Q(x) = 4 \geq 1+2 = \deg P(x) + 2$,

(ii) $-1+i$: $\dfrac{P(z)}{Q(z)}$의 상반평면의 극,

(iii) $Q(x) \neq 0 (\forall x \in \mathbb{R})$.

따라서 $\text{P.V.} \displaystyle\int_{-\infty}^{\infty} \dfrac{x}{(x^2+2x+2)^2}dx$

$= 2\pi i \cdot \text{Res}\left[\dfrac{P(z)}{Q(z)}, -1+i\right]$

$= 2\pi i\left(-\dfrac{1}{4i}\right) = -\dfrac{\pi}{2}$.

52-2 $P(x) = x^2$, $Q(x) = (x^2+9)(x^2+4)^2$이라 할 때

(i) $\deg Q(x) = 6 \geq 2+2 = \deg(P(x)) + 2$,

(ii) $3i, 2i$: $\dfrac{P(z)}{Q(z)}$의 상반평면의 극,

(iii) $Q(x) \neq 0 (\forall x \in \mathbb{R})$.

따라서 $\text{P.V.} \displaystyle\int_{-\infty}^{\infty} \dfrac{x^2}{(x^2+9)(x^2+4)^2}dx$

$= 2\pi i\left(\text{Res}\left[\dfrac{P(z)}{Q(z)}, 2i\right] + \text{Res}\left[\dfrac{P(z)}{Q(z)}, 3i\right]\right)$

$= \dfrac{\pi}{100}$.

그러므로 $\text{P.V.} \displaystyle\int_0^{\infty} \dfrac{x^2}{(x^2+9)(x^2+4)^2}dx$

$= \dfrac{\pi}{200}$.

53	평가영역	등각사상
	평가내용요소	등각사상의 기본성질

(i) $f(z) = \cosh z \sin z + ze^z$이라 하자. 그러면 f는 $z=0$에서 해석적이고

$f'(z) = \sinh z \sin z + \cosh z \cos z + e^z(z+1)$

이므로 $f'(0) = 1+1 = 2 \neq 0$이다. 따라서 f는 $z=0$에서 등각적이다.

(ii) $\alpha(t) = t+it^2$, $\beta(t) = t^2+it$ $(t \in \mathbb{R})$에 대하여

$z(t) = f(\alpha(t))$, $w(t) = f(\beta(t))$이다.

$\text{Arg}\left(\dfrac{w'(0)}{z'(0)}\right) = (w'(0)$과 $z'(0)$의 사이각$)$

$\qquad\qquad\quad = (\alpha'(0)$과 $\beta'(0)$의 사이각$)$

$\qquad\qquad\quad = (1$과 i의 사이각$) = \dfrac{\pi}{2}$.

54	평가영역	등각사상
	평가내용요소	복비

54-1 일차분수변환 f에 대하여 $f(0) = -1$, $f(i) = 1$, $f(-i) = 0$으로 두자. 그러면

$w = f(z) \Leftrightarrow \dfrac{(w+1)(1-0)}{(w-0)(1+1)} = \dfrac{(z-0)(i+i)}{(z+i)(i-0)}$

$\qquad\qquad \Leftrightarrow w(=f(z)) = \dfrac{z+i}{3z-i}$

54-2 복소상수 a, b, c에 대하여

$$f(z) = \dfrac{bz+c}{z+a} \quad (z \in \mathbb{C} \setminus \{-a\})$$

이라 두자. 그러면

$$0 = f(1) = \frac{b+c}{1+a},$$

$$\infty = f(i) = \frac{ib+c}{i+a},$$

$$-i = f(0) = \frac{c}{a}$$

이므로 $a=-i$, $b=1$, $c=-1$가 되어 $f(z) = \dfrac{z-1}{z-i}$ 이다.

55	평가영역	등각사상
	평가내용요소	일차분수변환

(i) 일차분수변환 T에 의해 직선
$$l = \{z \in \mathbb{C} \mid \text{Im}(z) = 0\}$$
는 원 또는 직선으로 대응된다.

(ii) l상의 세 점 $z_1=-1$, $z_2=0$, $z_3=1$의 함숫값은 $T(z_1)=-i$, $T(z_2)=1$, $T(z_3)=i$이므로 $T(l)$은 $-i$, 1, i를 지나는 원이다. 즉, $T(l) = \{w \in \mathbb{C} \mid |w|=1\}$이다.

(iii) $i \in D$에 대하여 $T(i)=0$이므로 원의 내부점이 되어 $T(D) = \{w \in \mathbb{C} \mid |w|<1\}$이다.

실해석학과 복소해석학의 개념비교

실해석학	복소해석학
1. 실수계와 수열의 극한	1. 복소수계와 수열의 극한
1.1 체공리(ℝ : 체) - 공리1 　순서공리 - 공리2 　완비성공리 - 공리3 　삼각부등식 - 정리3(2) 　자연수의 정렬성의 원리 - 정리 6	1.1 ℂ : 체 - 정리 1 　삼각부등식 - 정리2(5)
1.2 수렴수열의 성질 - 정리11 　수렴하는 실수열의 극한은 유일 　수렴하는 실수열은 유계 　볼자노-와이어스트라스정리 　　　(유계집합, 유계수열) - 정리14(3)	1.2 복소수열극한의 성질 - 정리5(3) 　수렴하는 복소수열의 극한은 유일 　수렴하는 복소수열은 유계 　볼자노-와이어스트라스정리 　　　(유계수열, 유계집합) - 정리5(6)
1.3 수열극한의 계산 - 정리12 　수열의 조임 정리 　수열의 비교극한 정리 　수열 극한의 대수적 성질 　단조수렴정리	1.3 수열극한의 계산 　복소수열 극한의 대수적 성질 - 정리5(4)
1.4 수열극한의 존재성 　단조수렴정리 　부분수열판정법 - 정리 13 　코쉬판정법 - 정리14(5) 　상하극한비교판정법 - 정리15(3)	1.4 수열극한의 존재성 　부분수열판정법 - 정리5(5) 　코쉬판정법 - 정리5(7)
2. 무한급수와 함수열	2. 무한급수와 함수열
2.1 실수항급수의 수렴성 - 정리 16 　합, 스칼라곱 　실수항급수에 대한 단조수렴정리 　실수항급수에 대한 코쉬판정법 　절대수렴하면 수렴 　실수항급수의 부분수열판정법	2.1 복소수항급수의 수렴성 - 정리 33 　합, 스칼라곱 　복소수항급수에 관한 코쉬판정법 　절대수렴하면 수렴 　복소수항급수의 부분수열판정법
2.2 실수항급수의 수렴판정법 - 정리 18, 19 　교대급수판정법 　비교판정법, 극한비교판정법 　적분판정법 　p-급수판정법	2.2 복소수항급수의 수렴판정법 - 정리 34

근판정법 비판정법 디리클레판정법 아벨판정법 라베판정법 코쉬응집판정법	근판정법 비판정법
## 3. 함수극한과 연속 3.1 함수극한의 성질 - 정리21 　수렴하는 실함수의 극한값은 유일 　수렴하는 실함수는 적당한 빠진 근방에서 유계 3.2 함수극한의 계산 - 정리22 　함수의 조임 정리 　함수의 비교극한정리 　함수극한의 대수적 성질 　함수극한의 단조수렴정리 3.3 함수극한의 존재성 　함수극한의 단조수렴정리 　좌우극한비교판정법 - 정리23 3.4 연속함수의 성질 　연속함수의 대수적 성질 - 정리 24 　연속의 수열판정법 - 정리25(1) 　함수극한의 수열판정법 - 정리 25(2) 　최대최소정리 - 정리26(1) 　중간값정리 - 정리26(2) 　역함수의 연속성(연속역함수정리) - 정리 27(3) 3.5 균등연속함수의 성질 　하이네정리 - 정리28 　연속확장정리 - 정리29	## 3. 함수극한과 연속 3.1 함수극한의 성질 - 정리5 　수렴하는 복소함수의 극한값은 유일 　수렴하는 복소함수는 적당한 빠진 근방에서 유계 3.2 함수극한의 계산 　복소함수극한의 대수적 성질 - 정리6(1) 3.3 함수극한의 존재성 　함수극한의 경로비교판정법 - 정리9(1) 3.4 연속함수의 성질 　함수연속의 대수적 성질 - 정리6(2) 　연속의 수열판정법 - 정리7(1) 　함수극한의 수열판정법 - 정리7(2) 　절댓값함수의 최대최소정리 　　　(컴팩트의 연속상은 컴팩트) - 정리8 　연결의 연속상은 연결 - 정리8 3.5 균등연속함수의 성질 　하이네정리 - 정리8(1)
## 4. 미분 4.1 미분가능성(함수극한의 존재성) 　정의($\epsilon-\delta$) 　좌우미분계수비교 　함수극한의 수열판정법 4.2 미분의 계산 　합, 차, 곱, 몫, 합성함수의 미분 - 정리30 　곱의 미분 → 라이프니츠의 법칙 - 정리31 　로피탈의 법칙 - 정리36	## 4. 미분 4.1 미분가능성(함수극한의 존재성) 　정의($\epsilon-\delta$) 　코쉬-리만의 방정식 - 정리16, 17 　함수극한의 수열판정법 4.2 미분의 계산 　합, 차, 곱, 몫, 합성함수의 미분 - 정리14 　곱의 미분 → 라이프니츠의 법칙 　로피탈의 법칙 - 정리15

4. 미분	**4. 미분**
4.1 미분가능성(함수극한의 존재성)	4.1 미분가능성(함수극한의 존재성)
정의($\epsilon - \delta$)	정의($\epsilon - \delta$)
좌우미분계수비교	코쉬-리만의 방정식 - 정리16, 17
함수극한의 수열판정법	함수극한의 수열판정법
4.2 미분의 계산	4.2 미분의 계산
합, 차, 곱, 몫, 합성함수의 미분 - 정리30	합, 차, 곱, 몫, 합성함수의 미분 - 정리14
곱의 미분 → 라이프니츠의 법칙 - 정리31	곱의 미분 → 라이프니츠의 법칙
로피탈의 법칙 - 정리36	로피탈의 법칙 - 정리15
4.3 미분의 응용	4.3 미분의 응용
내부극값정리 - 정리33(2)	최대최소절댓값정리1,2 - 정리29
롤의 정리 - 정리33(3)	
평균값정리 - 정리34(1)	
코쉬의 평균값정리 - 정리34(2)	
다르부의 정리 - 정리35(2)	
미분과 함수의 증감, 미분과 상수함수 - 정리37	편미분과 상수함수 - 정리7(3)
극값에 대한 1계도함수판정법 - 정리38	
역함수의 미분가능성(역함수정리) - 정리27(3)	
5. 적분	**5. 적분**
5.1 리만적분의 계산	5.1 복소선적분의 계산
정의 - 정의22	정의 - 정의9
치환적분법, 부분적분법 - 정리39	
급수전개를 통한 적분계산 - 정리71	급수전개를 통한 적분계산(유수정리) - 정리45
	단순연결영역에 대한 코쉬-구르사의 정리
$\int_a^a f(x)dx = 0$ - 정의22(6)	- 정리21(1)
5.2 리만적분의 존재성	5.2 복소선적분의 존재성
정의 - 정의22	정의 - 정의9
르벡정리 - 정리43	
리만판정법 - 정의22	
5.3 리만적분의 성질	5.3 복소선적분의 성질
적분의 선형성 - 정리44	적분의 선형성 - 정리19
적분에 대한 평균값정리 - 정리44(5)①	가우스의 평균값정리 - 정리28
일반화된 적분에 대한 평균값정리 - 정리44(5)①	
슈와르츠 부등식 - 정리44(6)	
미적분학의 기본정리1 - 정리45(1)	미적분학의 기본정리1의 유사정리 - 정리22(1)
미적분학의 기본정리2 - 정리45(2)	미적분학의 기본정리2의 유사정리
	(선적분의 기본정리) - 정리22(2)

5.4 부정적분의 계산
   부정적분공식 - 정리47
   부정적분의 치환적분 - 정리48
   삼함수의 적분
   무리함수의 적분
   부정적분의 부분적분 - 정리49
   유리함수의 적분
   역함수의 적분
5.5 특이적분
   특이적분의 계산 - 정의24
   특이적분의 존재성(함수극한의 존재성)
     - 특이적분의 단조수렴정리 - 정리50
     - 특이적분의 p-급수유사판정법 - 정리58(1)②
     - 특이적분의 비교판정법 - 정리58(1)①
     - 특이적분의 극한비교판정법 - 정리58(1)②
     - 특이적분의 코쉬판정법 - 정리57(3)
 	
6. 함수열과 멱급수
6.1 함수열의 균등수렴성
   정의 - 정의27
   $\|\cdot\|_\infty$ - 정의27
   균등수렴과 연속 - 정리64(1)
   균등수렴과 리만적분 - 정리64(2)
   균등코쉬판정법 - 정리64(3)
   균등수렴과 미분 - 정리64(4)
   유계수렴정리 - 정리65(1)
   디니정리 - 정리65(1)
6.2 함수항급수의 균등수렴성 - 정리66
   함수항급수의 균등수렴과 연속 - 정리66(1)
   함수항급수의 균등수렴과 리만적분 - 정리66(2)
   함수항급수의 균등코쉬판정법 - 정리66(3)①
   함수항급수의 균등수렴과 미분 - 정리66④
   와이어스트라스 M-판정법 - 정리66(3)②
   와이어스트라스의 다항식근사정리 - 정리67
6.3 급수전개
   테일러정리 - 정리68
   맥클로린급수 전개공식 - NOTE(p.266)
	6. 함수열과 멱급수
	6.1 함수열의 균등수렴성
	   정의 - 정의11
	   $\|\cdot\|_\infty$ - 정의11
	   균등수렴과 연속 - 정리36(1)
	   균등수렴과 선적분 - 정리36(2))
	   균등코쉬판정법 - 정리35(1)
	   균등수렴과 해석성 - 정리43
	
	6.2 함수항급수의 균등수렴성
	   함수항급수의 균등수렴과 연속
	   함수항급수의 균등수렴과 선적분
	   함수항급수의 균등코쉬판정법 - 정리35(2)
	   함수항급수의 균등수렴과 미분
	   와이어스트라스 M-판정법 - 정리35(3)
	
	6.3 급수전개
	   테일러정리, 로랑의 정리 - 정리41
	   맥클로린급수 전개공식 - NOTE(p.118)

6.4 멱급수의 수렴성
   수렴반경 - 정리69
   수렴구간 - 정리69
   코쉬-아다마르의 정리 - 정리69
6.5 멱급수의 균등수렴성
   멱급수의 균등수렴과 연속, 아벨정리
                     - 정리67, 71(1)
   멱급수의 균등수렴과 미분 - 정리71(2)
   멱급수의 균등수렴과 적분 - 정리71(3)
   멱급수전개의 유일성 - 정리71(4)
	6.4 멱급수의 수렴성
	   수렴반경 - 정리37
	   수렴원 - 정리37
	   코쉬-아다마르의 정리 - 정리37
	6.5 멱급수의 균등수렴성
	   멱급수의 균등수렴과 연속 - 정리39(1)
	
	   멱급수의 균등수렴과 미분 - 정리39(2)
	   멱급수의 균등수렴과 적분
	   멱급수전개의 유일성 - 정리40

찾아보기

(C)
Cauchy-Goursat의 정리   71
Cauchy-Riemann 방정식   50
Cauchy수열   19
Cauchy의 부등식   83
Cauchy의 적분공식   79
Cauchy의 판정법   20

(D)
De Moivre 공식   10

(G)
Gauss의 평균치정리   91
Green의 정리   70

(H)
Hurwitz의 정리   107

(J)
Jordan곡선   64
Jordan곡선 정리   64

(L)
Laurent의 정리   118
Liouville의 정리   83

(M)
Maclaurin 급수전개의 예   118
Morera의 정리   128

(R)
Riemann의 정리   136

(T)
Taylor의 정리   118

(W)
Weierstrass M-판정법   112

찾아보기

(ㄱ)

가법성 3
가합 109
가합성 3, 4
개사상정리 107
개집합 17
거리공간 8
거리위상 8
거리함수 8
경계점 17
고립특이점 131
공액복소수 2
균등수렴 111
균등수렴성과 리만적분가능성 115
균등수렴성과 연속성 114
균등연속 25
극한점 17
극형식 10
근판정법 110
길이 65

(ㄴ)

내부 64
내점 17

(ㄷ)

다중연결영역 71
다중연결영역에서의 Cauchy-Goursat의 정리 71
단순곡선 64
단순극 132
단순연결영역 71
단순폐곡선 64
대수학의 기본정리 83
도집합 17
등각 162

(ㄹ)

라그랑지의 나머지식 118

라플라스 방정식 60
로랑 급수전개 118
로피탈의 법칙 47
루셰의 정리 100

(ㅁ)

맥클로린 급수전개 118
멱급수의 평등수렴성과 연속성 116
면분 18
무리수의 조밀성 4
미분가능 46
미적분학의 기본정리 1 70, 75
미적분학의 기본정리 2 70, 75

(ㅂ)

복비 165
복소선적분 64
복소선적분의 성질 65
복소수계 2
복소함수의 급수전개 123
복소함수의 미분공식 47
부분수열 18
분지 36
비연결 17
비판정법 110

(ㅅ)

삼각부등식 6
삼분법 3, 4
삼일율 3, 4
수렴 109
수열 극한의 대수적 성질 19
순서공리 3
슈바르츠의 보조정리 98
시점 64
실수부 2

(ㅇ)

아르키메데스의 원리 4

양의 실수 3
연결 18
연속 25
연속의 수열판정법 29
연쇄율 47
영역 18
오일러의 공식 11
완비성공리 4
외부 64
외점 17
위수 k인 극 100, 132
유계 17
유도집합 17
유리수의 조밀성 4
유수 130
유수의 계산공식 139
유수정리 141
음의 실수 3
일반항판정법 110
일차분수변환 164

(ㅈ)
적분의 선형성 65
절대수렴 109
절대치 2
점별수렴 111
점별연속 25
정칙 46
정함수 47
제거가능특이점 132
조건수렴 110
조화공액함수 60
조화적 60
조화함수 60
종점 64
죠르단의 부등식 160
주분지 36
주치 10
직교형식 10

진성특이점 132
집적점 17

(ㅊ)
체공리 3
초등함수 35
최대절대치 정리 1 91
최대절대치 정리 2 91
최소절대치 정리 91
추이성 4

(ㅋ)
코쉬-리만의 방정식 50, 51
코쉬-리만의 정리 50, 51
코쉬-슈바르츠의 부등식 8

(ㅌ)
테일러 다항식 118
테일러급수전개 118
특이점 131

(ㅍ)
편각 10
편각원리 100
평등수렴 111
평등연속 25
평등코쉬 판정법 112
평등코쉬 함수열 112
폐집합 17
폐포 17
폐포점 17

(ㅎ)
함수극한과 연속의 수열판정법 29
함수극한의 수열판정법 29
항등정리 89
해석가능 46
해석적 46
허수부 2
확장된 복소함수극한의 정의 132

클리닉 전공수학 2 복소해석학 편

ISBN 979-11-94613-03-9

발행일 · 2021년 3월 9일 초 판 1쇄
　　　　2025년 1월 24일 개정판 1쇄
저　자 · 김현웅 ｜ 발행인 · 이용중
발행처 · 도서출판 배움 ｜ 주소 · 서울시 영등포구 영등포로 400 신성빌딩 2층 (신길동)
주문 및 배본처 ｜ Tel · 02) 813-5334 ｜ Fax · 02) 814-5334

본서는 저작권법 보호대상으로 무단복제(복사, 스캔), 배포, 2차 저작물 작성에 의한 저작권 침해를 금합니다. 또한 저작권법 제136조에 따라 5년 이하의 징역 또는 5천만 원 이하의 벌금에 처하거나 이를 병과할 수 있으며, 저작권법 제125조에 따라 1억 원 이상의 손해배상책임이 발생할 수 있습니다.

저작권 침해 제보 · 이메일 : baeoom1@hanmail.net ｜ 전화 : 02) 813-5334

정가 8,000원